Innovators' Counterattack
18 Cases from Business School

创新者的逆袭 2

商学院的十八堂案例课

郑 刚
陈 劲
■编著■

北京大学出版社
PEKING UNIVERSITY PRESS

图书在版编目(CIP)数据

创新者的逆袭.2,商学院的十八堂案例课/郑刚,陈劲编著.—北京:北京大学出版社,2020.12

ISBN 978-7-301-31826-3

Ⅰ.①创… Ⅱ.①郑… ②陈… Ⅲ.①企业管理—研究生教育—教案(教育) Ⅳ.①G643

中国版本图书馆 CIP 数据核字(2020)第 215481 号

书　　名	创新者的逆袭2：商学院的十八堂案例课
	CHUANGXINZHE DE NIXI 2: SHANGXUEYUAN DE SHIBA TANG ANLIKE
著作责任者	郑　刚　陈　劲　编著
责任编辑	周　莹
标准书号	ISBN 978-7-301-31826-3
出版发行	北京大学出版社
地　　址	北京市海淀区成府路 205 号　100871
网　　址	http://www.pup.cn
微信公众号	北京大学经管书苑(pupembook)
电子信箱	em@pup.cn
电　　话	邮购部 010-62752015　发行部 010-62750672　编辑部 010-62752926
印 刷 者	天津中印联印务有限公司
经 销 者	新华书店
	730 毫米×980 毫米　16 开本　21.5 印张　368 千字
	2020 年 12 月第 1 版　2022年1月第2次印刷
定　　价	66.00 元

未经许可，不得以任何方式复制或抄袭本书之部分或全部内容。
版权所有，侵权必究
举报电话：010-62752024　电子信箱：fd@pup.pku.edu.cn
图书如有印装质量问题，请与出版部联系，电话：010-62756370

目 录
CONTENTS

第一篇
核心技术突破：依靠科技创新逆袭之路

第 1 堂课	高铁核心技术能力突破之谜：中车"核"战略的演进	003
第 2 堂课	大疆创新：科技创新引领公司快速逆袭	012
第 3 堂课	自主赢尊重：京东方的产业颠覆之路	029
第 4 堂课	双"核"驱动，助力徐工集团锻造世界级企业	040
第 5 堂课	华为海思：半导体芯片关键技术是如何突破的？	063
第 6 堂课	天空飘来"阿里云"：中国自主云计算技术如何从 0 到 1？	079

第二篇
商业模式颠覆：移动互联网时代的逆袭之道

第 7 堂课	"黑马"拼多多：在电商红海中快速逆袭	095
第 8 堂课	从专车到出行："曹操"能行吗？	109
第 9 堂课	微脉：如何用互联网+AI 撬动万亿级医疗健康市场？	122
第 10 堂课	小米：构建商业系统生态链	140
第 11 堂课	今日头条：以大数据与 AI 颠覆传统媒体	154
第 12 堂课	江小白：一瓶青春小酒的社会化营销	168

第三篇
迈向全面创新：变革时代企业创新制胜之道

第 13 堂课　新东方的互联网变革与转型 ………………………… 195

第 14 堂课　传音：如何死磕本地化体验创新成就非洲手机之王？…… 212

第 15 堂课　新潮传媒：继续跑马圈地还是寻找下一片蓝海？ …… 229

第 16 堂课　一企两制：海康威视的内部创业探索 ………………… 241

第 17 堂课　中国商飞的"双屏创新"：用知识管理打造企业核心能力 … 255

第 18 堂课　跨国并购视角下吉利整合式创新"逆袭"之路 ……… 260

附录 1　教学案例使用说明示例 …………………………………… 279

附录 2　案例分析涉及的主要理论依据 …………………………… 295

后　记　创新者的逆袭：变革时代的创新思维与创新战略 ……… 329

第一篇

核心技术突破：依靠科技创新逆袭之路

第1堂课 高铁核心技术能力突破之谜：中车"核"战略的演进*

中国高铁：从追赶到引领

人类文明的进步历史，就是一部创新的历史。自中华人民共和国成立以来，以"两弹一星"、航空航天等为代表的创新工程为我国科技创新的发展与国家民族的富强奠定了重要基础。伴随国际竞争的日益加剧，中国科技工程与产业创新的竞争优势面临更大的挑战，如芯片核心技术自主创新能力不足、汽车等传统产业大而不强等事实引起政府、产业部门与学术研究机构的高度重视。根据清华大学吴贵生等人的研究发现，核心技术与核心技术能力的"空心化"严重阻碍着国家主要制造业的转型升级。然而，作为制造业转型升级的示范性产业，中国高铁通过引进、消化、吸收与自主创新等的结合，实现了对发达国家高铁产业的追赶与超越，并成为中国高端装备"走出去"的靓丽名片。根据国家统计局相关统计数据，仅2015年，我国铁路总运营里程达到12.1万公里，同比增长8.2%。其中，高铁运营里程为1.9万公里，占世界高铁总运营里程的60%以上，占全国铁路总运营里程的16%。除了运营里程，中国高铁在总运量、技术等级、建设速度、运营时速、动车谱系等方面，均处于世界领先地位，如表1所示。成就这种国际竞争优势的基础，在于高铁实现了核心技术与核

---

* 本案例由清华大学经济管理学院陈劲、梅亮、赵闯撰写，版权归作者所有。核心内容原刊于《清华管理评论》2018年第6期。未经允许，本案例的任何部分都不能以任何方式与手段擅自复制或传播。由于企业保密的要求，在本案例中对有关名称、数据等做了必要的掩饰性处理。本案例仅供讨论，并无意暗示或说明某种管理行为是否有效。

心技术能力的突破,通过自主创新真正打造了全球范围内的竞争优势。作为后发产业从追赶跃升到引领全球的创新典型,中国高铁及其典型龙头企业为何能够在如此短的时间内实现核心技术能力的自主创新,值得我们深入思考与重点关注。

表1　我国高铁的十大世界之最

运营里程最长	截至2015年年底,我国高铁运营里程达到1.9万公里,居世界第一位,占世界高铁总里程的60%以上
建设速度最快	2004年,中国高铁踏上引进、消化、吸收再创新之路。短短10年间,"四纵四横"的高铁网骨架已经基本成形
运营时速最高	每小时486.1公里
轮轨试验时速最高	每小时605公里
世界等级最高	2011年6月,京沪高铁建成投产,这是世界上建成的等级最高的高铁
世界第一条建于高寒地区的高铁	2012年12月1日,中国第一条也是世界第一条建于高寒地区的高铁——"哈尔滨—大连"高铁投入运营
世界单条运营里程最长的高铁	2012年12月26日世界单条运营里程最长的高速铁路(全长2 298公里)京广高铁全线开通
世界上一次性建成的通车里程最长的高铁	2014年12月26日,兰新高铁全线贯通。全长1 776公里的兰新高铁是世界上一次性建成的通车里程最长的高铁
动车组谱系最全	我国拥有世界上200—500公里各种速度级别的动车组:初期引进的CRH1、CRH2、CRH3、CRH5,时速200—300公里不等,引进后提升到350公里;后自主研发的有CRH380系列,时速可达380公里;之后还有CRH380AM(时速500公里)试验车和为城际铁路研发的CRH6系列动车组
高铁运量最惊人	2014年,有8亿多人次选择高铁出行,其中最繁忙的是京沪高铁,单条线路就有上亿人次乘坐

资料来源:根据http://www.xinhuanet.com/2015-01/25/c_1114122302.htm的数据整理得到,访问时间:2019年3月。

与产业共进:中车集团"核"战略的演进

中国高铁的基础是薄弱的,正如中国中车集团的相关负责人(同时也是中

第1堂课
高铁核心技术能力突破之谜：中车"核"战略的演进

国中车集团前身中国南车集团的负责人）所提到的：中国铁路在刚改革开放的时候，甚至到20世纪90年代，与发达国家如欧洲、北美国家的铁路相比，起码落后30年都不止，夸张地说50年也是有的。然而中国高铁在政府的产业政策驱动下，通过自主研发、引进消化吸收、自主创新等模式，实现了产业从追赶到引领的转变。这一过程中，作为高铁产业的龙头企业，中国中车集团聚焦"归核—强核—造核—扩核"的战略①，与产业共进，最终成为世界高铁产业的龙头企业，其产业共进的演化道路如图1所示。表2对其进行了详细的论述（2015年之前体现为南车集团的环境及战略）。

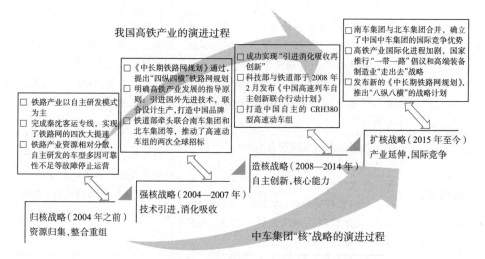

图1　我国高铁产业与中车集团"核"战略的演进过程

表2　我国高铁产业与中车集团的共演过程

发展阶段	产业环境	"核"战略
2004年之前	中国铁路产业以自主研发模式为主，形成了"蓝箭号""春城号""大白鲨号""中华之星号"等系列动车产品，建设完成了秦沈客运专线，并实现了铁路网的四次大提速。然而铁路产业资源相对分散，自主研发的车型多因可靠性不足等故障停止运营	归核战略：整合重组，把所有的业务资源，即企业的优势资源和能力整合到有竞争优势的方面；在轨道交通装备方面进行聚合、归集和整合

---

① 中车集团的前身为南车集团和北车集团，在中车集团成立之前，中国高铁产业以这两家企业为主导企业。"归核—强核—造核—扩核"的战略是中国南车集团战略到中国中车集团战略的延续。

（续表）

发展阶段	产业环境	"核"战略
2004—2007年	2004年1月,国务院常务会议通过了《中长期铁路网规划》,提出"四纵四横"铁路网规划,同时明确了高铁产业发展的指导原则:引进国外先进技术,联合设计生产,打造中国品牌。在这个基础上,铁道部牵头联合南车集团和北车集团等,推动了高速动车组的两次全球招标(速度等级分别为200km/h和300km/h)	强核战略:在国家引进国外技术的背景下,推行"做强"计划。做强意味着要追赶国外先进企业,缩短与其的距离,然后借助一些资本市场及其他力量,提升企业的管理水平,实现产业升级、管理升级
2008—2014年	在成功实现"引进消化吸收再创新"的基础之上,围绕时速350公里的高速列车设计目标,科技部与铁道部于2008年2月发布《中国高速列车自主创新联合行动计划》,打造中国自主的CRH380型高速动车组	造核战略:依靠自主创新能够实现技术领先,推进自主创新相关的工作,包括实施一些先进的管理办法、培育一些品牌;造核的本质即培育企业的核心竞争力
2015年至今	南车集团与北车集团合并,确立了中国中车集团的国际竞争优势。同时,高铁产业国际化进程加剧,国家推行"一带一路"倡议和高端装备制造业"走出去"战略,并发布新的《中长期铁路网规划》,推出"八纵八横"的战略计划	扩核战略:扩核就是利用优势将企业业务向相关的产业再延伸,通过几年时间的培育,实现企业的持续增长与竞争优势提升

"归核—强核—造核—扩核":中车集团"核"战略的实践

根据中车集团官网介绍,该公司于2014年12月30日由中国南车集团与中国北车集团合并成立,是全球规模领先、品种齐全、技术一流的轨道交通装备供应商。作为中国高铁的领军企业,中国中车集团始终聚焦于自主创新引导下的组织核心技术能力打造,并通过"归核—强核—造核—扩核",实现了从追赶到领先的演进之路,如图2所示。

归核战略实施于中车集团前身南车集团的成立初期,当时南车集团的发展状况是:主业不大、不强,副业也不强,而且资源分散,各下属子公司存在较多重复建设的情况。这种背景下,南车集团高层聚焦专业化与资源整合,确立

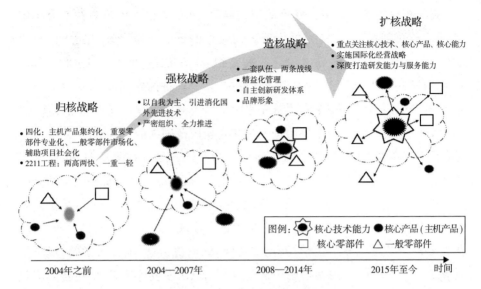

图 2 中车集团"核"战略的演进

了集团专业化生产、规模化经营的目标,并由此提出"四化"战略,即主机产品集约化、重要零部件专业化、一般零部件市场化和辅助项目社会化,其具体措施如表 3 所示。此外,为了适应这一归核过程,南车集团推进了"2211 工程"(两高两快、一重一轻),其中"两高"聚焦高速列车、高原列车的技术工程;"两快"涉及铁路的发展,包括客运快速和货运快捷;"一重一轻"则涉及货运重载、轻轨地铁。南车集团通过业务结构的调整,推进资源集聚,从而实现集团核心技术能力的打造。

表 3 中国南车集团"四化"战略的内容

"四化"战略	核心内容
主机产品集约化	所建主机生产厂的数量,集中资源
重要零部件专业化	缩减重要零部件生产厂的数量,实施专业化分工,避免重复建设
一般零部件市场化	将一般零部件做成标准件,统一螺栓螺帽、垫片、法兰轴等,对符合材料要求与性能要求的一般零部件进行购买,以降低成本,促进分工与规模化
辅助项目社会化	明晰主业,强力推进副业剥离,分离社会职能;通过"瘦身",优化配置资源,把业务集中到最优势的资源和能力的轨道交通装备领域

强核战略始于南车集团发展的第二阶段,是集团根据中国高铁产业实施"引进消化再创新"的产业发展大背景而做出的重大战略决策,包含"以自我为主、引进消化国外先进技术"和"严密组织、全力推进"两个战略过程。2004年,随着原铁道部[①]明确高铁产业发展原则——"引进国外先进技术,联合设计生产,打造中国品牌",南车集团首先明确了引进消化吸收的五大战略原则,总结如表4所示。而后,南车集团进一步整合全国范围内的优势资源,对整个研发体系进行布局,并通过产学研协同创新与开放式创新体系的打造,严密组织,全力推进。分工上,像青岛四方、株机电力、戚墅堰内燃等优势企业联合研发,分工重点攻克一些比较系统的高铁动车技术难题。为了实现对关键技术的攻关和关键技术能力的获取,南车集团进一步联合原铁道部的科学研究院、清华大学、北京航空航天大学、西南交通大学、同济大学、浙江大学等,成立了一个以主机厂为主体、产学研用相结合的一体化研发设计体系,借由各方力量共同建构的开放平台实现对技术的引进消化吸收再创新。此外,南车集团还于2007年年底成立了南车股份,通过上市融资200多亿元人民币[②],投入到企业的研发与技术工程项目之中。

表4 南车集团引进消化吸收的五大战略原则

五大战略原则	内容描述
合资合作不合并	中国南车青岛四方—加拿大庞巴迪成立的合资公司中标1包共计20列动车组的投标,开展和谐号动车组CRH1A车型(速度等级200km/h)的联合开发;中国南车青岛四方—日本川崎重工等六家企业的联合体中标3包共计60列动车组的投标,开展和谐号动车组CRH2A车型(速度等级200km/h)的联合开发
按照双方的协议引进技术,严格控制国产化	合资合作中,未来高铁关键技术的转移必须达到60%、75%、80%。高速动车组、大功率电力机车、内燃机车、总程、车体、转向架等九大关键系数均制定了详细的要求,南车集团内部要实现国产化,整车国产化率必须要大于80%

---

① 铁道部于2013年3月10日进行机构改革,实行铁路政企分开:组建国家铁路局,由交通运输部管理,承担铁道部的其他行政职责;组建中国铁路总公司,承担铁道部的企业职责。

② 作者调研数据。

第 1 堂课
高铁核心技术能力突破之谜：中车"核"战略的演进

（续表）

五大战略原则	内容描述
充分地消化吸收，做一些资金的配套	按照1∶3的比例进行资金投入，即南车集团每引进来1元钱，就再往里投3元钱
先僵化、后固化、再优化	僵化就是人家怎么做南车就怎么做，一步一步地严格按照国外学；再把先进的技术精髓，通过设计文件、工艺手段、操作规程等固化下来；固化过程后进行技术的优化，思考哪些步骤流程可以改进，能够节省时间与成本，提升效率，创造更好的生产力
依赖自主研发积累形成一个好的技术能力基础	南车集团在这个过程中建立了设计、制造、产品的三大技术平台，再通过创新对技术进行优化，推动产业升级与技术升级

造核战略实施于引进、消化、吸收过程之后，通过技术的引进、消化与吸收，南车集团开始有意识地培育组织的核心能力与竞争优势，并通过自主创新进一步强化核心技术能力。人员队伍建设方面，南车集团明确高铁动车引进消化与自主创新两条战线必须配置同一套人员队伍的原则，明确研发队伍不分散，坚持走自主创新和引进消化两条腿协同的模式；组织管理方面，南车集团于2007年提出打造"精益南车"的方针，推动集团精益化管理，同步塑造南车集团的品牌，从而为增强核心竞争力、构筑差异化竞争优势提供保障。在实施精益生产带动管理升级的过程中，南车集团把精益生产作为赶超世界一流战略目标的最重要的举措来抓，着力打造科学的工艺流程、准确的生产节拍、清洁的生产环节、有序的物流环节、安全的作业场所和文明的操作目标；在研发能力建设方面，南车集团在内部自主创新体系建设的基础上进一步在国外建立电子电器研发中心，推进在美国、英国的技术研发实验认证，通过全球化开放式创新模式下的生产制造能力优化支撑集团内部轨道交通装备相关核心技术能力的升级与完善；在品牌建设方面，南车集团明确统一的品牌来塑造企业形象，将南车的品牌缩写确定为CSR，而这也是社会责任（Corporate Social Responsibility）的首字母缩写。基于造核战略的相关举措，南车集团为我国高速动车的自主创新示范性工程CRH380A动车组的成功实践输出了核心贡献。

扩核战略实施于高速动车组自主创新的成功实践之后、南车集团合并至中车集团前，其业务结构的60%靠国铁，20%靠城轨，20%依赖其他新产业与出口,这样以高速动车为基础的单一产品体系会给企业的持续发展带来风险。随着 CRH380A 自主创新项目的成功实施,以及国家先后整合资源组建中车、发布"一带一路"倡议、制订高端装备制造业"走出去"计划、建设"八纵八横"铁路网、启动高铁外交等举措,南车集团及之后组建成立的中国中车通过实施扩核战略,进一步巩固优化自身的核心技术能力。扩核战略主要包含以下几个层面:

第一个层面是重点关注核心技术、核心产品和核心能力的成长和突破。首先强调一个核心基础,即通过中车现有的装备制造业理论基础与工程底蕴来支撑,用集团积累的核心技术支撑集团向其他产业领域的发展,比如制造业中的控制论、弓网关系、轮轨关系等。其次是核心技术,中车集团结合其前身南车集团与北车集团的快速发展积累了大量的核心技术,包括信息技术、轻量化技术、安全性技术、气密性技术、电磁兼容技术、可靠性技术等,实现了中国高铁面向九大关键技术[主要包括动车组总成(即系统集成)、车体、转向架、牵引变压器、主变流器、牵引电机、牵引传动控制系统、列车控制网络系统、制动系统等]与十项配套技术(包括空调系统、集便装置、车门、车窗、风挡、钩缓装置、受流装置、辅助供电系统、车内装饰材料和座椅等)的完全自主化。最后是产品,通过扩核战略进一步丰富了中车的核心产品族,如动车组、电力机车、轻轨地铁等。

第二个层面是实施组织的国际化经营战略。早在中车集团合并前,其重要的前身南车集团便明确制定了国际化南车战略,通过"走出去"扩展领域。伴随影响力的扩大,中车集团也采用贸易、许可经营、信贷、合资合作、战略联盟等一系列模式拓展海外市场,涉及东南亚、北美、南美、中东、中亚、非洲、南亚、欧洲等地区,并通过兼并收购及海外中心本地化运作等模式推进国际化运营。

第三个层面是深度打造自身研发能力与服务能力。以合并前的南车集团数据为例,南车集团一直保持年均研发投入大于 5% 收入的强度,远远高于中国制造业企业研发投入 1.7%—1.8% 的平均水平[①]。在高研发投入打造研究能力的基础之上,中车也放眼全球向全球客户提供细致和周到的产品生命周期的全过程服务,实现高铁产业产品的高性价比输出。

"归核、强核、造核、扩核"为中车突破核心技术能力瓶颈,实现追赶到引领

---

① 数据来自公司访谈资料。

第1堂课
高铁核心技术能力突破之谜：中车"核"战略的演进

提供了实践基础，也为中国高端装备制造业企业的核心技术能力打造、国际竞争环境下的追赶到跃升以及持续竞争优势的形成与完善，提供了重要参考和借鉴。

阅毕请思考：

1. 中车"核"战略的发展演进经历了几个阶段？每个阶段的侧重点和主要举措是什么？

2. 中国高铁从引进国外先进技术到比较短的时间内实现核心技术突破，其主要成功因素有哪些？

3. 中车"核"战略对其他产业和企业提升自主创新能力，具有哪些借鉴意义？有没有可复制性？

第2堂课
大疆创新：科技创新引领公司快速逆袭

摘要： 深圳大疆创新科技有限公司（以下简称"大疆创新"）于2006年由香港科技大学毕业生汪滔等人创立，是全球领先的无人飞行器控制系统及无人机解决方案的研发和生产商。目前，大疆占据全球70%左右的市场，产值突破100亿元，最新融资估值240亿美元，被称为首个在全球主要的科技消费产品领域成为先锋者的中国企业。本案例以大疆创新为对象，介绍其坚持技术创新完成从0到1的突破，最终在全球无人机市场成为绝对王者的过程，同时也描述了其作为科技创业企业在快速发展中遇到的一些问题。大疆创新从创始人的个人兴趣、小众产品到开辟消费级无人机新市场、依靠科技创新异军突起的成功案例不仅可以为其他企业加强技术创新、掌握核心技术、赢得持续竞争优势提供借鉴和启示，也对其他高校科技成果商业化有重要的借鉴作用。

关键词： 大疆创新；无人机；核心技术；颠覆式创新；从0到1

> 我们的经历证明，初出茅庐的年轻人只要踏实做事，就能够取得成功。我们相信，那些回归常识、尊重奋斗的人，终将洞见时代机遇，并最终改变世界。
>
> ——汪滔，大疆创新创始人、CEO

第2堂课
大疆创新：科技创新引领公司快速逆袭

引 言

深圳市南山区高新南四道18号的创维半导体设计大厦，在高楼林立的深圳高新区原本并不起眼，但是盘踞此处的全球消费级无人机"超级独角兽"——深圳大疆创新科技有限公司（DJI-Innovations）却令这座大厦散发着与众不同的气质。走进展厅，一系列型号的无人机，如Phantom精灵系列、Osmo灵眸系列、DJI飞行眼镜等依次陈列，令人仿佛置身未来空间。

2006年大疆创新刚成立时，包括汪滔在内，公司创始团队只有3个人，都是初出茅庐、研究生还没毕业的香港科技大学学生。但如今，大疆已经发展到全球员工数量超过1.4万名，客户遍布百余个国家和地区的全球消费级无人机领军企业。

这家来自深圳的无人机高科技创业公司，凭借其过硬的产品质量和技术优势，长期在全球消费级无人机市场占据着领先地位，并不断扩展自己的疆界。Frost & Sullivan分析师迈克尔·布雷兹认为大疆创新的成功在于其开创了非专业无人驾驶飞行器市场，所有人都在追赶它的脚步。公开数据显示，当前，大疆创新占据全球消费级无人机7成以上的市场份额。在国内的消费级无人机市场上，大疆创新更是占据9成以上的份额。2015—2017年，大疆创新营业收入分别达59.8亿元、97.8亿元、175.7亿元，净利润则分别为14.2亿元、19.3亿元和43亿元。

从国内热门综艺《爸爸去哪儿》《奔跑吧兄弟》，到热播美剧《摩登家庭》《国土安全》；从在尼泊尔7.8级地震中绘制灾区图，到在美国农场监测麦田；从美国干洗公司利用无人机快递衣服，到亚马逊、顺丰快递将无人机运输提上日程……大疆创新用了13年的时间登上了行业之巅。《华尔街日报》称大疆创新是"首个在全球主要的科技消费产品领域成为先锋者的中国企业"，甚至也有媒体将大疆创新与苹果公司相提并论。过往10年，中国鲜有科技企业能够就某一领域在全球形成这样的影响力。

大疆创新为什么能于短时间内在无人机领域做到全球领先，其成功的秘诀何在？它在成长道路上又有哪些推动者？大疆创新的成功对我国高校科技成果商业化及高科技创业具有哪些借鉴意义？是否有可复制性？快速成长的大疆创新存在哪些烦恼，又该如何解决？

从 0 到 1

孩童时代的梦想

大疆创新这家公司,可以说是孕育于创始人汪滔的孩童梦想——让航模能够自由地悬停。

汪滔出生于 1980 年,在阿里巴巴总部所在地杭州长大。和很多孩子一样,他也对天空充满想象,但与众不同的是,他把这个想象留存在了心里,并一直坚持着要将梦想变为现实。

"我对直升机有很多美好的想象,以为直升机可以停在空中不动,想让它飞到哪里就飞到哪里。但实际上根本不是那么一回事,遥控直升机很难操控,基本上一飞就会摔坏。"汪滔提到,他很早就想做一个能够自动控制直升机飞行的东西,他将大部分时间都花在了与航模有关的资料上面。

梦想起航

在杭州读完高中,汪滔考入华东师范大学电子系。2003 年,大三在读的汪滔就显示出了对"精益求精"的追求,他从华东师大退学,转而向斯坦福大学、麻省理工学院等世界名校递交了入学申请,却以失败告终,最终选择了香港科技大学,在那里就读于电子与计算机工程学系。

可以说,大疆创新的成功与创始人在香港求学时期的研发积累和导师李泽湘教授的帮助有重要关系。

一直以来,香港科技大学致力于发展尖端科研,促进创业创新。大疆创新是该校自己孵化出来的优质企业之一。香港科技大学建立了世界级创业实践王牌平台——"香港科技大学百万奖金国际创业大赛",该赛事自 2011 年成立以来已成功举办八届,为人熟知的大疆无人机、云洲无人船就是该项大赛的第一届参赛项目。正是通过这种学生创业项目,大疆创新的创始人们一步步走出了自己的创业之路。

香港科技大学教授李泽湘是汪韬的伯乐。1992 年,李泽湘教授加入香港科技大学,创办了自动化技术中心,再之后创办固高科技公司。通过创办公司,他对于产业发展需要什么样的人才,或者学生需要具备什么样的能力,才能在实际应用中大显身手,有了比较深刻的认识和体会,对学校研究与企业应

第 2 堂课
大疆创新：科技创新引领公司快速逆袭

用相互之间的关系和定位有了较深的理解。为此，他开创了两门产学研结合的课程：一门是"智能机器人设计入门"，这已成为香港科技大学工学院大学一年级学生的课程；另一门是香港科技大学最受欢迎的 Robocon 课程，该课程聚集了各种不同专业、不同年级、不同背景的学生。在短短 8 个月时间内，学生们经历了从概念学习到做出机器人原型机去参赛的过程。通过这门课程的学习，他们不仅熟悉了机械系统、电子系统、软件系统的设计，更学会了良好的团队合作和沟通技巧。为制造机器人，他们必须到深圳采购零部件，制造印制电路板和机械部件，从而熟悉了深圳的产业链。

这门课程培养了一批优秀的学生，从课堂走出来的学生们，相继创办了如大疆创新、李群自动化、云州智能、逸动科技和奇诺动力等优秀的科技公司。汪滔就是其中代表，他是这门课程第一届和第二届的队长，后来还担任这门课的助教，从中受益匪浅。

始于 2002 年的"全国大学生机器人大赛"[①]，已成为大学生科技创新创业的沃土。作为 2005 年 Robocon 的队员，汪滔所在的香港科技大学机器人代表队当年问鼎亚洲太平洋广播联合会（ABU）香港地区 Robocon 冠军，随后他作为队员之一参加了同年第四届 ABU 年度总决赛，荣获季军。显然，Robocon 上崭露头角为汪滔点燃了新的创新激情和创业自信。

汪滔从小就对飞行和航模飞机非常感兴趣，但是航模飞机的控制非常困难，要花很多精力才能熟练掌握。由此，他萌生了一个想法，能不能通过设计一款自动控制器，把航模飞机的飞行变得比较简单。一有想法他就开始行动，他的本科毕业设计就选择了这个课题。自此，人生轨迹发生改变。很少有本科生自己决定毕业课题的方向，汪滔还找了两位同学一起说服老师同意他们的研究。汪滔的执着最终打动了老师，学校给了他们团队 18 000 元港币作为课题启动经费，然而大半年过去后，在最终的演示阶段，本应悬停在空中的飞机却掉了下来，失败的毕业设计只得了一个"C"，这个很差的成绩甚至让他失去了去欧盟名校继续深造的机会。但他的心血并没有白费，因为这个毕业设计引起了李泽湘教授的注意，李教授发现了汪滔的领导才能及对技术的理解能力。在其引荐下，这个性格倔强的青年得以在香港科技大学继续攻读研究生课程。在读研期间，他把这个技术做了进一步完善，终于在 2006 年 1 月做出第一台样品，汪滔试着把产品放到航模爱好者论坛上卖，竟然接到了订单，

---

① 简称 Robocon，是"亚洲太平洋广播联合会大学生机器人电视大赛"国内选拔赛。

他随即就决定创业,把研究成果转化出来。

2006年,在深圳车公庙不足20平方米的房间内,汪滔和一起做毕业课题的两位同学用筹集到的200万元港币创办了大疆创新,但他把母公司放在香港,以借助香港的技术人才、低税制优惠等,继续研发生产直升机控制系统。

2014年年底,李泽湘与其团队共同创建"东莞松山湖机器人基地",并向学校申请了两年停薪留职,希望在东莞松山湖地区精心打造一个发展高端装备产业的平台——"机器人梦工厂",涵盖产品、设备、核心部件、芯片等产业链环节及相应的硬件设施,以及人才和创业孵化体系、创业基金等软件设施,希望探索高校科技成果转化新模式,培育孵化更多像大疆创新这样的高科技创业公司。

从2015年起,大疆创新携手共青团中央、全国学联、深圳市人民政府,发起并承办"全国大学生机器人大赛RoboMaster机甲大师赛"①,迄今的4年中投入超过3亿元,为全社会选拔了工程师人才,提高了机器人与自动化领域的人才密度。此外,大疆创新也积极参与创新产学合作、协同育人,向合作高校实验室提供大疆创新自主研发的经纬M100、妙算Manifold等开发者平台,并为每个合作项目资助了数十万元的科研资金,推动相关领域的科研发展,激发高校科研成果的转化潜力,助力有关领域创新工程人才的培养。

"黎明前的黑暗"

可创业又谈何容易?一是公司招不到优秀人才,"人来了,一开门,看是小作坊,基本掉头就走";二是创始团队三人中,唯有汪滔有无人机技术背景,他时常需要手把手教授技术;三是资金也并不充裕,大疆创新曾向中国高校和国有电力公司等客户售出6 000美元的零件,这些产品的销售不足以让汪滔养活一个团队,他和香港技大学的几个同学只能依靠剩余的奖学金生活。由于缺乏早期愿景,加之汪滔个性要强,最终导致大疆创新内部纷争不断,有的员工投靠其他合作商,甚至有人里应外合卖盗版飞控。

当初像无人机这种门槛高却没有太多市场的蓝海领域,做好了确实是个

---

① "全国大学生机器人大赛RoboMaster机甲大师赛"是由共青团中央、全国学联、深圳市人民政府联合主办,大疆创新发起并承办的机器人赛事,作为全球首个射击对抗类的机器人比赛,在其诞生伊始就凭借其颠覆传统的机器人比赛方式、震撼人心的视听冲击力、激烈硬朗的竞技风格,吸引了全球数百所高等院校、近千家高新科技企业以及数以万计的科技爱好者的深度关注。详见https://www.robomaster.com。

第 2 堂课
大疆创新:科技创新引领公司快速逆袭

巨大机会,做不好没准就陷入泥潭。汪滔是技术执着派,不是市场中的急功近利者,他选择了技术这条最艰难的路;在收手和维持下去之间,他选择了后者。

汪滔戏称这段历史为"黎明前的黑暗"。后来,导师李泽湘加入,不仅带来了资金,还给大疆引荐了很多他的学生,情况终于逐渐好转。之后不久,大疆创新第一款较为成熟的直升机控制系统 XP3.1 面市,迎来了曙光,利用原创技术完成了"从 0 到 1"的跨越。

"这个世界很笨"

在通向天空的道路上,大疆创新就像蹒跚起步的孩子,相比于今天大量涌现的"PPT 派"创业者,对技术创新毫不妥协、对梦想始终坚持的汪滔,透露出他的期望:"我常常在想,皇帝穿着所谓最美的新衣游街,却只有小孩子敢指出真相。而现在的社会有那么多问题,却连敢大声指责的孩子都没有了。事实上,没有不需要埋头苦干就能获得的成功,没有只靠 PPT 就能得到的财富,没有从天而降的高科技。追求卓越,需要无数苦思冥想的深夜,需要连续工作 72 小时的执着,更需要敢于大声说出真相的勇气。"

身上带着完美主义精神的汪滔,对产品和细节的要求当然也是精益求精的,细致到对一颗螺丝钉的松紧程度都有规定。

2016 年 8 月,汪滔在接受《中国企业家》采访时说:"(这个世界)笨得不可思议。工作以后发现,不靠谱的人和事太多了,这个社会原来是这么愚蠢,包括很多出名的人,或者大家以前当成神、现在也当成神的人,其实 level 也不高嘛。我也经常在怀疑自己,你这玩意儿是不是有点脑子发昏了?我时时刻刻都在质问自己脑子有没有发昏,但还是发现,这个世界很笨。"

"汪滔是否比别人更聪明,这我倒不清楚。"李泽湘说,"但是,学习成绩优异的人不见得在工作中就表现非常突出。"李教授不仅是汪滔的引荐者、大疆的早期顾问及投资者,现在更是该公司的董事会主席,持有 10% 的股份。

从 1 到 100:快速成长

商业模式转型:从大国企到航模爱好者

在大疆创新创立初期,汪滔曾列出一张愿望清单,根据无人机特点,要解决稳定性、清晰度、传输距离三个问题,大疆创新后来的产品线正是依照这份清单而展开的。

这份清单中的三大问题对应着大疆创新的三大技术：云台、航拍摄影及传输系统。

最初大疆创新的客户主要是一些国企，它们购买产品的需求主要是用于科技展示，一个单品可以卖到20万元。"但是我觉得初期的商业模式非常畸形"，汪滔说。一台机器卖20万元看起来很诱人，但那意味着为了拉拢大客户要拿出很大精力做公关，每天围着他们转，这样一来会偏离技术轨迹，背离自己的初衷。于是，当核心团队逐渐搭建起来后，汪滔决定带领团队持续自主研发无人机悬停技术，主动转型，降低价格，让更多人使用，客户不再只是企业级，而是面向全世界的航模爱好者。大疆创新的这一次商业模式转型，击败了美国和德国的竞争对手，让它在行业站稳了脚跟。

技术转型：从"组装机"到"一体机"

以前，无人飞行器在操作体验方面存在很多不便，把大量的普通消费者挡在了门外。大疆创新认为，凭借自己的技术积累，能够推出一款高度集成化的产品，一举解决这个痛点，并且创造价值。Phantom系列的成功，证明他们的决定是正确的。

在销售过程中，德国、新加坡等用户纷纷发来邮件，有人提出无人机应该从单旋翼设计转变，因为多旋翼飞行器价格更便宜，也更容易编程。2010年，大疆创新从一位新西兰代理商那里得到一条消息：90%购买了云台①的用户，会将云台悬挂到多旋翼飞行器上，相比较每个月只能售出几十个的无人机飞行控制系统，多旋翼飞行器云台每个月可以卖出两百多个。

当时多旋翼飞行控制系统的主要厂商是一家名叫MikroKopter的德国公司，但其产品体验不佳，可靠性也不行。也正在此时，香港科技大学向大疆创新投资了200万元，汪滔意识到，市场升级机会来临，他们能做的还有很多，于是敏锐地将研发重心转移——由飞行配件构成的"组装机"转为开箱后即可操作的"一体机"，并且是做多旋翼的！说实话，这一转移在当时完全看不到前景，没有任何参考，十分冒险。但事实证明，这个决定让大疆创新获得了先发制人的效益。

基于过去几年的技术积累，大疆创新从2011年开始不断推出多旋翼控制

---

① 安装、固定摄像机的支撑设备。

第 2 堂课
大疆创新：科技创新引领公司快速逆袭

系统及地面站系统、多旋翼控制器、多旋翼飞行器、高精工业云台、轻型多轴飞行器以及众多飞行控制模块，并研发出了消费级"一体机"成品，飞机起飞了。

做"无人机界的福特"：从小众产品到大众消费者市场

在2012年12月以前，消费级无人机市场尚未形成，当时，无人机的主要受众只是航模爱好者，并未进入大众视野，大疆创新也在默默无闻地进行研发。随着2013年1月多旋翼飞行器Phantom的上市，无人机走下神坛，其触角延伸至普通消费者。"19世纪初期，美国有几百家汽车配件厂，可能只有几十家汽车组装厂。很多配件厂以前是生产马车配件的，核心模块的可靠性都有待提高。福特出现后，就把其他汽车组装厂干掉了。"汪滔说，"大疆有点像汽车启蒙时代的福特，做出整体化的产品，才能开辟较大的市场。我们正是瞄着这个点抢占先机，才有了现在的市场份额。"Phantom的零售价只有679美元，是一款入门级产品，但也是大疆创新最畅销的产品，这个单品使公司的收入增长了4倍，其中，美国、欧洲、亚洲三个地区各占30%，剩余10%由拉美和非洲地区贡献。

建立高技术壁垒，保持"系统优势"

2014年，创业团队、上市公司纷纷涌入无人机市场，产业链上下游极度繁荣，无人机概念大热。但汪滔丝毫不畏惧激烈的市场竞争，因为"大疆团队有相当强的技术积累与研发实力，基因和品位都难以被模仿"。至此，其又一款三轴手持云台产品Ronin（如影）发布，这是对陀螺稳定云台系统商业潜力的深入挖掘，其改变了原有的影像拍摄方式，摄像师不必借助摇轨道车等设备就可以轻松完成长镜头的拍摄。

大疆创新在竞争中一直保持"系统优势"，即把一个个子系统极致突破，如完整的技术链条，包括飞行模板、飞机整体、高清无线图像传输、专业级摄像机电子稳定器等。作为一家技术驱动的科技公司，大疆创新一直快速奔跑着，其扎实的技术实力不但让追赶者失去了规模优势和技术优势，赶超成本也高到让它们无法承受。

大疆创新身上映衬出汪滔强烈的个人色彩。截至2018年上半年，大疆创新已拥有员工1.4万名，近一半在做工程开发工作，其中从事研发的人员在3 000名以上，占比超过40%，每年公司的研发投入比在15%左右，这样的研发配置在全球无人机企业中处于领先地位。

持续创新垂直领域产品

在汪滔眼里,研发团队应有诗人和艺术家的品位:"我们把极致创新和独特创意视为发展的内在动力,在零件设计、外观造型甚至海报绘制的每一处细节,都致力于给人带来美感和享受。"

大疆创新投入大量成本不断提升飞行器控制系统的稳定性;飞行器控制稳定后,为了保证图像的稳定,又研发了相机增稳系统;为了节约消费者在购买不同设备时所投入的精力和时间,大疆创新自主研发了相机;为了降低无人机威胁民航机的可能性,在全球范围内收录超过 6 800 座主要机场的地理位置信息,通过技术手段严格执行禁飞、限飞指令。于是,飞行器控制、高清摄像机、电池、卫星定位模块和其他配件,就这样一步步解决了用户的所有需求。

大疆创新把航拍技术、飞行器控制技术等通过自己的产品带入更大的市场,是技术扩散的受益者。

建立"无人机平台生态圈"

大疆创新眼中的自己,是一个航拍影像系统解决方案公司,也是一个为各个行业提供无人机飞行平台的公司,其从三个维度搭建围绕"无人机"的生态圈。

(1)开发软硬件套件。无人机本身包括实现控制的硬件平台和基于手机端与飞行器控制装置的软件平台。除了销售无人机系列产品,大疆创新在软件上还有一个开放式的 SDK 平台,基于这个平台,用户可以对无人机进行特殊定制,以满足自身的个性化需求。这一"硬软结合"的组合拳,让大疆创新从产品导向的路径中解放出来,升级成一个集产品和服务为一体的开放平台。

(2)投资航拍图片社区。大疆创新为了提高用户黏性,选择了航拍图片社区 SkyPixel 为切入口,让用户在社区中进行内容输出,这一举措为内容提供商提供了发挥的空间,使得每一次输出不仅是用户的分享和交流,更是大疆品牌的曝光和背书,这比铺天盖地的广告更有针对性和感染力。

(3)成立无人机基金。大疆创新在 2016 年 5 月宣布,与投资机构 Accel 联合推出全国首个无人机基金 SkyFund,旨在向无人机开发者提供资金、技术等支持,为那些同样对天空充满执念的人提供圆梦机会的同时,也为自己的人

第 2 堂课
大疆创新:科技创新引领公司快速逆袭

才储备做出了准备。"人才是第一资源",与其断后来者的路,不如一同飞得更高、看得更远。

重视知识产权保护

大疆产品走向国际化,除了过人的技术创新能力,更离不开知识产权为企业"走出去"保驾护航。

截至 2019 年 2 月 15 日,大疆创新全球专利申请数量已超过 8 700 件,全球授权专利超过 3 000 件,连续多年 PCT 专利申请量居国内前十。特别是在无人机领域的热门市场(如美国、欧盟、日本等国家或地区)的授权专利超过 1 000 件。

此外,大疆创新还积极在全球维权,打击仿冒大疆产品外观和技术的无人机产品,涉案侵权产品的销售金额超 1 亿美元。

作为创新性企业,大疆创新不仅重视对知识产权的数量,更重视知识产权的质量和含金量。以专利为例,其发明专利的比例是 36.9%,PCT 专利申请的比例是 33.6%,这两者加起来的比例是 70.5%。

在商标方面,"大疆"和"DJI"被国家知识产权局认定为中国驰名商标。截至 2019 年 2 月 15 日,大疆创新全球商标申请数量已超过 2 000 件,累计注册超过 1 400 件,覆盖 66 个国家和地区,并荣获"中国商标金奖"。

"竞价排名"的融资模式

先后经历过五轮融资的大疆创新,在 2018 年 4 月展开新一轮融资。这场融资采取竞价的方式,融资金额在 10 亿美元。据媒体报道,大疆创新此次融资,采用了基于 D 类股/B 类股认购比例的方式进行竞价排名。即需要认购一定比例无收益无投票权、类似"无息债"的 D 类普通股,才能获得 B 类普通股投资资格;最终以 D 类股/B 类股认购比例的高低排名,排名低者将被剔除出名单。

大疆创新给出的融资方式虽然特立独行,但其本身的"独角兽"特质,还是让各家投资机构趋之若鹜。首轮近 100 家机构递交了保证金和竞价申请,认购金额较计划融资额超过了 30 倍。

火爆的首轮竞价,让大疆创新不得不开启第二轮乃至第三轮竞价。历时 1 个月,大疆创新的此轮融资终于在 2018 年 5 月初落下帷幕。据悉,确定的投资方有五六家,每家至少1亿美元。不过,最终的投资方并未披露。

大疆创新还给出了一个退出机制:3年锁定期之后,投资者可要求大疆创新进行回购,或者由投资机构进行旧股转让。而IPO依然不是大疆创新的选项。

成长的烦恼

如何平衡技术与管理

大疆创新一直在加速奔跑。2006年,大疆创新刚创立时,汪滔的团队只有几个人,即使遇到困难,汪滔也可以一个个联络交流,手把手地教授经验。而如今,大疆创新的公司业务急剧扩张,首先考验的就是身兼CTO和CEO两职的汪滔:作为CTO,时常要求他学会突破创新、大开脑洞与团队尝试新的可能,具体问题具体分析;但是作为CEO,他又需要提醒自己"要都是一堆人讲来讲去,就很容易偏离实际,掉进坑里""你做了具体事情就不能做管理,公司可能就没办法发展很快"。

2015年接受《福布斯》采访时,汪滔就声称他已经将中心转移到管理工作上,至于他喜欢的产品,只能依赖于他的团队。但实际上,作为工科出身的他,却无法百分百信任他们,"有时,他们开发产品过慢,我都不知道是否应该批评他们,我不知道他们是否正在做一些愚蠢的事情,或者在偷懒,或者他们确实正在做正确的事情并为之努力"。有员工认为他是个厉害的产品经理,但不是一个合格的CEO,高冷的汪滔很难接受外界的批评。而且,他对负责产品研发的员工不能百分之百地信任,生气的时候就直接开骂。

在这样的担忧下,他决定采取强硬的管理风格,对于没能完成绩效的员工,大疆创新挥起"屠刀"毫不留情。员工一般都处于高压状态下工作,"别想找女朋友""基本没有在晚上11点前离开过""凌晨两点研发部门办公室的灯还亮着""对于设计不好的东西,老板会直接骂'这是什么垃圾'"。他甚至会因为觉得产品"不像他想象得那么完美"而不出席产品发布会……但在一定程度上,这种严厉也确实让员工快速成长起来了。

严厉归严厉,汪滔也从不掩饰对于极富创造力和激情的人才的喜爱,尤其是年轻人,在大疆创新并不缺乏大展拳脚的机会。将"激极尽志,求真品诚"视为企业文化内核的大疆创新建立了产品经理竞聘制度,不管来自哪个岗位、入

第 2 堂课
大疆创新：科技创新引领公司快速逆袭

职多久的员工，只要有点子，计划书能经受住研发团队的推敲和拷问，就能带队开发产品。2012年，在解决Phantom系列空中悬停、画面平稳等问题的时候，一个叫陈逸奇的大学生提出了自己的想法，汪滔二话没说，让这个未毕业的实习生成为一个上百人规模团队的领导，并提供数千万元的研发资金。

大疆创新的管理体系很扁平化。2014—2015年，据说红杉投资大疆创新后曾经空降一批职业经理人，由于商业管理上讲求"因事设人"，但前期技术人才供给太稀缺，大疆创新必须做"因人设事"的事，才能保证技术的产出，职业经理人与大疆文化产生了较大冲突。结果是，这批高管纷纷离职，汪滔不再在公司内部设立各种"CXO"，主张让有能力者有权限调动资源。

炸机风波

相比较技术和管理，更令汪滔挠头的是外界对于大疆产品质量的指责。有文章称，仅在2016年6月，大疆无人机的炸机事件报道就超过30起，这其中还包括无人机在公众场所砸伤人的事故。2016年，腾讯科技一篇名为"大疆无人机神话破灭？炸机事故频发"的报道，披露了大疆无人机的各种炸机事件，汪滔看到后直接将文章链接转发给马化腾，称作者是收钱黑大疆创新。虽然文章最后被撤下，但作者随即公布与汪滔的消息记录，要求他为其中言论道歉，本次公关风波最后以汪滔的一封公开信收场。汪滔坦言大疆创新虽小有成就，但还是一个需要不断解决各种阻碍才能持续发展的年轻公司，由于企业的技术特色，导致媒体管理和公关能力的不足，欠缺的地方也在加大力度改革。

随着市场占有率的不断升高，口碑问题会更容易凸显。"比如A家卖50台炸5台，B家卖1 000台炸10台，然后就有5个人吐槽A，10个人吐槽B，但哪家的质量更好？"他表示，"这种口碑特性对无人机行业的技术、可靠性和售后都有着非常苛刻的要求。大疆没有把这种苛刻要求看成负担，我们希望可以在这种高要求中锻炼自己。"

竞争对手的围追堵截

据中国商务部消息，2018年8月30日，美国Autel Robotics公司向国际贸易委员会(International Trade Commission，ITC)提出申请，指控大疆创新对美出口、在美进口或在美销售的无人机及其组件侵犯其专利权，请求ITC发起337

调查并发布有限排除令和禁止令。有报道指出,请求ITC对大疆创新发起调查的美国公司,实则是同在深圳的道通智能的在美子公司。此次调查申请,其实是大疆与道通智能的专利战。

值得一提的是,2017年大疆创新高达180亿元的销售额中,约有80%的收入是来自中国以外的市场,大疆创新在北美市场的市场份额约在6成左右。这意味着,若大疆创新在此次调查中落败,其业绩或许会遭遇不小的打击。

内部反腐风波

随着公司业务的扩张,其各部门职能、职责也越来越复杂,2018年,大疆创新决定进行内部管理改革,其宗旨本是梳理内部流程,重新设置审批节点,更换和任命一些领导岗位,但这一过程中竟发现了严重的腐败问题,导致损失超过10亿元,这一数字是2017年所有年终福利的2倍以上。

供应链引入决策链条中的采购、研发、品控人员的大量腐败行为,造成大疆创新的平均采购价格超过合理水平的20%以上,其中:高价物料高出20%—50%,低价物料则以市场合理水平2—3倍的价格采购。除此之外,在行政、销售、售后服务方面,也有员工利用手中职权谋取个人私利。

"这损失掉的10亿元每一分都是纯利,我们原本可以用来做公司发展投入和员工福利,却由于腐败白白损失掉了。"大疆创新在公告中称。截至2019年1月,涉嫌腐败和渎职人员45人,其中:涉及供应链引入决策腐败的研发、采购人员最多,共计26人;销售、行政、设计、工厂共计19人。问题严重、移交司法处理的有16人,另有29人被直接开除。大疆创新已在公司内部公告上述涉案人员名单。"腐败的范围要比想象中大得多,现在只处理到冰山一角"。

相比于传统行业相对固化的体制和流程,互联网企业业务的迅速迭代,也使得对其腐败问题的发掘和整治相对困难,为此,大疆创新已成立专门的反腐小组深入调查,在保证科技创新的同时,也有必要开展诚信文化建设。

有被大疆创新开除的员工出来向汪滔喊话,称"公告贪腐名单上面的人,一半以上都是冤枉的、被扣帽子的,为的是向你交差吗?"

"外部离职人员都说D厂这么做太不厚道了,连带离职的人名声都不好了,现在名单在外部还没有大范围传播,已经有外部人员拿到名单了,又给名单上面被冤枉的人造成了不少的伤害。"

"现在的D厂早已不是当年那个纯粹的D厂了,现在就是宫斗。那个时

第2堂课
大疆创新：科技创新引领公司快速逆袭

候一心只想把产品做好，现在一心只想拿到年终奖早点离开。"①

遭遇行业天花板？

有调研数据认为，大疆创新已经摸到消费级无人机的天花板，而在技术+行业级市场，大疆创新树敌无数。竞争者认为，大疆创新的一方独大"玩死"了一批无人机厂家，大疆创新还将"铁蹄"踏入行业级应用，企图独霸市场。2018年4月，一场充满争议的融资后，大疆创新被冠以高冷与强势之名，资本哗然。无论在同行、资本还是媒体眼中，大疆创新都表现出"人缘"不佳。

如果无人机行业是一个电子游戏的话，汪滔表示，大疆创新距离通关还差最后一个大Boss——高通。

在2016年1月初的国际消费电子产品展会上，高通发布了名为Flight（骁龙）的无人机芯片解决方案，高通主管拉杰夫表示："有了骁龙Flight，我们能将市面售价1 200美元级的高端4K无人机价格拉低到300至400美元，让每个人都能用上无人机。"

除高通外，英特尔、三星、英伟达及华为等芯片厂商，也纷纷推出了自己的无人机芯片解决方案，试图让无人机公司变成手机公司。面对芯片厂商的围堵，汪滔却依然笃定"我们不会让这个事情发生，把芯片厂商下家的数量控制好，量是起不来的，无人机这么小的一个方向，它们也就看不上了。"大疆创新副总裁王帆也表示："芯片只是无人机的一个部分，而且作用不像手机芯片那样重要，而且大疆无人机的技术壁垒高峻，体验更非同行所能比，差距不是一个芯片所能填平的。"

研究机构EVTank分析称，受低空逐步开放的利好，中国民用无人机未来几年将保持50%以上的增长，到2020年，全球无人机年销量将达到433万架，市场规模将达到259亿美元——跟智能手机相比，无人机确实是个小方向。而汪滔的估算比这个数字更加悲观，他认为无人机市场很快就将饱和，大疆创新的收入到200亿元也就到顶了，专业级产品还处于"打江山"阶段，行业级产品也并未盈利。关于大疆创新的未来，汪滔表示，目前市面上的机器人都还是"瞎子"，大疆创新目前正在做的都跟机器人视觉相关，如果在这方面取得突破，将在无人驾驶、工业制造等方面取得用武之地。

---

① 新浪科技.大疆被开员工喊话汪滔：内部宫斗 名单一半以上被冤[EB/OL].https://tech.sina.com.cn/it/2019-01-27/doc-ihrfqzka1305150.shtml，访问时间：2019年3月.

向行业级无人机和"无人机+"转型？

据三胜咨询调研报告显示，2016年中国行业级无人机市场规模约为26.1亿元，2022年该行业规模将增长至527亿元。

不过，在消费级无人机市场占据绝对主导地位的大疆创新，目前在利润更丰厚的工业级无人机领域还处于"打江山"的阶段。除消费级别之外，大疆创新正在尝试行业级无人机和"无人机+"。

有分析指出，行业级无人机的研发、服务成本和售价都相对较高，且在植保、运输、测绘、警用安防、巡检等不同的细分领域中，对产品的要求又有诸多不同。整体而言，门槛更高，资产较重。

据悉，目前我国民用无人机研制单位包括军工集团下属单位和科研院所，以及民企。数据显示，目前全国以无人机作为业务运营的企业超过1 000家。

2015年，大疆进入植保领域。艾瑞咨询数据显示，国内无人机市场总规模将在2025年达到750亿元，其中行业应用农林植保则将达到约200亿元。大疆创新表示，2018年在广东，其与南方电网一道成功实验无人机全自动巡线方案，广东电网也据此提出了"全面实现无人机自动化飞行"的目标。2018年，大疆创新旗下大疆农业的植保无人机保有量，在国内拥有三分之二的市场份额，全年累计进行无人机植保作业1.3亿亩次，并随着市场深入和技术积累，推出了自主创新的行业第二代植保无人机，通过有限元仿真设计，引入人工智能、数字波束合成雷达技术，将植保无人机实地作业效率一举提升到了每小时150亩。①

在农业无人机领域，大疆创新遇到了极飞农业无人机的顽强抵抗。两家农业无人机公司采取了不同的设计思路。大疆创新直接沿用消费级市场思路，注重飞手操控飞机喷洒农药。而极飞农业在研究了农业实际情况后，力推飞机自主飞行，通过一种叫RTK（类似于GPS）的信号装置，设置好路线后，让无人机实现"傻瓜式"飞行喷药，减少人为因素，更加注重打药效果的标准化。

而在农业无人机的销售渠道上，大疆创新也面临一些困难。任佳琦是浙江省大疆农业无人机的主要代理商，他说，与他对接的大疆无人机区域经理

---

① 大疆创新响应大湾区战略：专注人才 进一步提升竞争力［EB/OL］.https://tech.sina.com.cn/it/2019-02-22/doc-ihqfskcp7572772.shtml，访问时间：2019年3月.

"连水稻都不认识,只管收钱发货"。经过2017年的厮杀,现在极飞农业成为农业无人机细分行业中口碑公认的第一,超过了大疆创新。①

尾　声

　　大疆无人机在短短几年时间里便更新了十几代,国内无人机行业企业虽然上升到数百家,但有资本和技术陪大疆创新玩的寥寥无几,而且在汪滔心中,方法论才是大疆创新最有价值的财富。什么是方法论?除了"具体问题具体分析""技术创新和人才",汪滔语焉不详,但显然他已经跃跃欲试要跨行输出了。

　　2015年,汪滔罕见地做了一次公开演讲。他在演讲中指出,中国机会大把,却缺少拥有大量真知灼见、能看到事物本质、通过独立思考找出更好的解决方案且做事靠谱的核心人才。他评价中国教育体系:"知识的学习固然重要,但是我们的社会大环境忽视了对人的思辨能力的培养。在现在的教育体系中,学生被放在一个预先设定好的轨道里,他们所要做的只是埋头比谁跑得快,无须自己抬头看路,更谈不上主动去规划未来的人生路径,而后者恰恰是在商业、艺术、科研等创造性社会活动中最为看中的环节。我们当下的教育体系偏爱循规蹈矩、观点平庸的学生,忽视甚至轻视对思维能力和真知灼见的培养。事实上,在不再有章可循的商业及创造性工作中,不具备这些能力就很难看透本质、寻找到解决问题的突破口。"②

　　目前,大疆创新的模式在于,先把靠谱的人才聚在一起,然后看这些人想要做什么,再看这些人想做的技术能否互通,或者大疆创新已有的经验、模式能否将他们的想法实现得更牛一些。在吸引人才方面,大疆创新也不局限于无人机这一技术领域,而是一直在招揽跨界的高端人才,且其拓展的三大方向包括医疗影像市场、教育市场,以及和人工智能及先进制造、机器人相关的新兴产业。

　　很显然,大疆创新已经不满足于做一家无人机制造商了,但未来它将有哪

---

　　① 农世网.两大巨头争夺战:大疆的软肋、极飞的专注[EB/OL].https://www.sohu.com/a/231038037_189731,访问时间:2019年3月.
　　② 搜狐网.汪滔:未来的发展,我们缺少了什么?[EB/OL].https://www.sohu.com/a/114530639_480386,访问时间:2019年3月.

些更惊喜的创新突破,我们或许应该相信汪滔说的:"未来,无所不能!"

阅毕请思考:

1. 大疆创新为什么在消费级无人机领域可以做到全球市场份额领先?有什么秘诀?
2. 香港科技大学和李泽湘教授对大疆创新的崛起起到了什么样的作用?这对其他高校科技成果商业化有哪些借鉴意义?
3. 快速发展的大疆创新遇到了哪些烦恼?你认为应该如何解决?
4. 大疆创新的高科技创业模式是否具有可复制性?

参考文献

[1] 吉克.大疆创新:全球无人机领航者[J].中国品牌,2015(04):72-74.

[2] 黎晋.消费无人机几何级扩容　产业发展积蓄洪荒之力[EB/OL].慧聪安防网,2016-08-18[219-02-11].http://info.secu.hc360.com/2016/10/180835871479.shtml

[3] 清辰.大疆创始人汪滔:不招人待见的"完美主义者"[EB/OL].凤凰网,2015.5.12[2019-02-11].http://tech.ifeng.com/wys/special/djiwangtao/

[4] 舒虹.独家|大疆痛下反腐狠手:涉案百余人,预计损失超10亿元[EB/OL].全天候科技,2019-01-18[2019-02-11].https://awtmt.com/articles/3471955?from=wscn

[5] 舒中进.大疆创新占领天空[J].宁波经济(财经视点),2016(05):56-57.

[6] 王潘.大疆无人机神话破灭?炸机事故频发[EB/OL].环球网,2016-07-05[2019-02-11].http://tech.huanqiu.com/news/2016-07/9123403.html

[7] 新浪军事.港媒称中国学生研发小型无人机　销量占全球一半[EB/OL].新浪网,2015-05-06[2019-02-11].http://mil.news.sina.com.cn/2014-05-06/1405777777.html

[8] 悦云天.大疆创新:打造天空之城[J].中国工业评论,2016(04):106-111.

[9] 周超臣.大疆创始人汪滔回应媒体质疑,那事情究竟是怎样的呢[EB/OL].虎嗅网,2016-08-29.[2019-02-15].https://www.huxiu.com/article/161865/1.html?f=zolc

[10] 周英芬,徐明.大疆无人机突破式创新的启示[J].中国战略新兴产业,2017(40):42-43.

[11] 朱文彬.大疆创新:从无人机到无所不能[EB/OL].上海证券报,2018-06-14[2019-02-11].http://company.cnstock.com/company/scp_gsxw/201806/4234210.htm

第3堂课
自主赢尊重：京东方的产业颠覆之路[*]

过去二十年，全球半导体显示产业经历了一场波澜壮阔的行业变迁。

作为中国半导体显示行业的领军企业，京东方科技集团股份有限公司（以下简称"京东方"）彻底结束了中国"少屏"的局面，颠覆了全球产业格局。央视纪录片《大国重器》评论道："大国重器，京东方引领国产 OLED 产业崛起。"

"一家为信息交互和人类健康提供智慧端口产品和专业服务的物联网公司"，这是京东方给自己的新定义。2017 年，京东方实现营业收入约 938 亿元，同比增长约 36.15%，归属上市公司股东净利润 75.68 亿元，同比增长约 301.99%。从市场占有率来看，根据市场调研机构 IHS 数据，2017 年京东方液晶显示屏出货数量约占全球的 25%，总出货量居全球第一。其中，智能手机液晶屏、平板电脑显示屏、笔记本电脑显示屏市场占有率继续保持全球第一，电视显示屏、显示器显示屏居全球第二。全球每三台平板电脑或每四台手机的显示屏，其中就有一块来自京东方。

京东方的愿景是成为世界上受人尊敬的伟大企业。之所以有这样的愿景和底气，是因为京东方坚持"技术领先、全球首发、价值共创"的创新理念，不断强化自主创新能力，并已实现了质的飞跃。京东方创始人、董事长王东升曾经

---

[*] 本案例由清华大学经济管理学院陈劲、贾筱撰写，版权归作者所有。发表于《清华管理评论》2018 年第 5 期，未经允许，本案例的任何部分都不能以任何方式与手段擅自复制或传播。由于企业保密的要求，在本案例中对有关名称、数据等做了必要的掩饰性处理。本案例仅供讨论，并无意暗示或说明某种管理行为是否有效。

说过,在京东方二十几年的发展历程中,最重要的就是"对技术的尊重和对创新的坚持"。

可以看到,多年以来,与经营业绩一起腾飞的,是京东方的研发创新和全球专利布局能力。2017 年,京东方新增专利申请量 8 678 件,其中发明专利占比超过 85%;目前累计可使用专利数量超过 6 万件。世界知识产权组织(WIPO)发布的 2017 年全球国际专利申请(PCT)情况中,京东方以 1 818 件 PCT 专利申请位列全球第七。京东方连续 5 年新增专利数业内排名第一,研发投入比例在业内排名第一。

京东方成立于 1993 年 4 月,其国际化和产业创新之路随之开启。在全球半导体显示行业风起云涌的二十余年间,京东方是如何突破国际技术封锁和资本压力,获得核心技术和核心能力,改写中国"缺芯少屏"状况的?又是如何在全球竞争中,构建企业技术创新框架和体系,获得持续性创新动力,从而实现"自主赢尊重"的?带着这些问题,我们从京东方的战略、研发、技术创新与变革等方面进行了剖析,可以认为,京东方是一个以战略为引领的、基于核心技术的创新型企业。

企业级战略与技术创新战略为引领

企业级五阶段长期发展战略模型

1998 年,京东方已经开始布局进军液晶显示领域,并开始进行战略规划与技术积累。

2003 年,京东方以 3.5 亿美元收购韩国现代公司(HYNIX)旗下的 HYDIS-TFT-LCD 业务,获得 HYDIS 的全面知识产权(包括 TFT-LCD 应用技术、设计技术和制造技术等),并且获得了全球性 TFT-LCD 市场份额和营销网络。这起并购案标志着京东方开始进入薄膜晶体管液晶显示器件领域,其 TFT-LCD 事业的战略布局正式全面启动。

进入 TFT-LCD 领域之初,京东方就制定了 25 年的战略发展规划,将迈向世界领先的过程划分为"进入者—追赶者—挑战者—领先者—领导者"五个阶段,并仿照中国武学高手的功力境界分别确定战略目标,实施"扎根战略、钢剑战略、铁剑战略、木剑战略、无剑战略"等相应战略措施,将创新引领发展的理念和价值观贯彻于始终(见图 1)。

第 3 堂课
自主赢尊重：京东方的产业颠覆之路

图 1　京东方五阶段发展战略模型

在不同的战略阶段，京东方具有不同的战略举措重点：进入者阶段，京东方实施"扎根"战略，通过消化、吸收、再创新，逐步建立和完善技术、制造、营销、供应链和专业管理等方面的能力和体系；追赶者阶段，京东方实施"钢剑"战略，实行投资驱动和创新引领，扩大产能规模，积极参与全球竞争；挑战者阶段，京东方实施"铁剑"战略，实现企业年平均复合增长20%以上；领先者阶段，京东方将实施"木剑"战略，进一步提升显示技术竞争力，持续保持全球领先，同时加快向传感器件、智慧系统和健康医疗事业的发展，快速形成领先优势，完成软硬融合、应用整合和服务化发展转型，实现营业收入和利润持续稳定增长；领导者阶段，京东方将通过"无剑"战略的实施，进一步增强创新能力，不断实现价值创造，巩固和提升全球领先地位，成为一家受人尊敬的伟大企业。

开放两端，芯屏气/器和的技术创新战略

京东方的转型升级，恰与第四次工业革命和第三次能源革命的发展方向，与大数据、人工智能和万物互联的发展方向相一致。2016年，京东方董事长王东升在京东方全球伙伴大会上创造性地提出物联网生态理念"开放两端，芯屏气/器和"。进一步地，京东方将其设定为京东方未来的创新发展战略(见图2)。

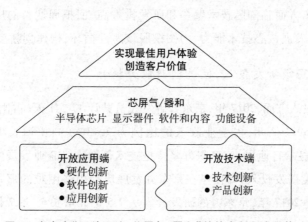

图 2　京东方"开放两端，芯屏气/器和"的技术创新发展战略

该理念认为,如果将一个物联网系统简化为基本物理要素来理解,物联网是由功能硬件、计算单元、传感单元、人机交互单元、通信单元、软件与内容等要素组成的系统。芯片是计算、通信、传感等单元的核心部件;显示屏是人机交互单元的核心部件,也是物联网的信息出入口;软件和内容是无形的,如同空气一样存在或被传送,称之为"气";各类功能硬件是有形的,称之为"器",它们要成为物联网的节点或端口,需要辅以芯、屏和软件。

物联网就是将相关的芯片、显示器件、软件和内容,功能硬件和谐地组合起来,形成一个人与人、人与物、物与物相连的价值创造系统,也是一个开放、协同、共赢的产业生态系统。京东方将这样一个新的包容性产业生态系统称为芯屏气/器和。

物联网包容性产业生态系统的建设,需要各界以更加开放的姿态来积极应对。对此,京东方启动"开放两端"的创新发展战略:开放应用端,与物联网领域的组织和个人开展合作,进行硬件创新、软件创新、应用创新;开放技术端,与掌握显示、传感、大数据和人工智能技术的组织和个人开展合作,不断推动技术创新和产品创新,推动半导体芯片、显示器件、传感器件、软硬件的结合,加快向"软硬融合、应用整合、服务化转型"的方向转变。

核心技术:京东方创新型企业的基础

曾经,中国企业基础创新工作长期陷入"引进—落后—再引进—再落后"的恶性循环,企业缺乏自主核心技术是多年来制约中国科技与经济发展的重要问题。京东方面临国际技术壁垒和研发投入高、回报周期长的压力,决定采用自主创新,发展核心技术能力,力图摆脱该恶性循环,构建创新型企业。

逆周期高额研发投入,促进创新能力提升

在创新投入方面,2017 年,京东方研发人员共计 17 141 人(占比为 27.42%),研发投入为 69.7 亿元,占营业收入的比例为 7.43%(同比增长 1.42%)。自 2003 年进入显示行业以来,京东方坚持把技术创新作为企业发展的原动力,一直保持高强度研发投入,即使是在京东方发展历程中最困难的那几年,也风雨无阻。2010—2017 年,京东方的研发投入从 7.5 亿元增长至 69.7 亿元,增长超 8 倍(见图 3)。

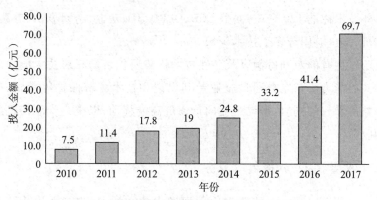

图 3　京东方历年研发投入金额（2010—2017）

在创新成果方面，2017 年，京东方新增专利申请量 8 678 件，其中发明专利超 85%，累计可使用专利数量超过 6 万件，位居全球业内前列。根据美国专利服务机构 IFI Claims 发布的 2017 年度美国专利授权量统计报告，京东方全球排名由 2016 年的第 40 位跃升至第 21 位（仅次于第 20 位的华为），美国专利授权量达 1 413 件，同比增长了 62%，连续两年成为美国 IFI Claims TOP50 中增速最快的企业。根据 WIPO 发布的 2017 年 PCT 申请情况，京东方以 1 818 件 PCT 申请位列全球第七（三星紧随其后）。截至 2017 年年底，京东方累计获得中国专利金奖 2 项、中国专利优秀奖 19 项、中国外观设计优秀奖 1 项。图 4 展示了京东方近 10 年来的新增专利申请量。

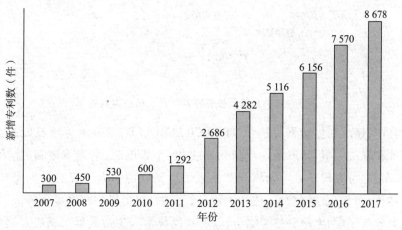

图 4　京东方新增专利（2007—2017）

此外，京东方主持推进了包括 IEC 国际标准、中国国家标准、电子行业标准及团体标准等 42 个国际、国内标准的制定和修订项目，累计参与制定和修订国内外技术标准 120 余项,涵盖 LCD、OLED、3D、触控、透明显示、健康显示、系统整机、接口应用等多个技术领域。

企业所拥有的专利份额以及显性技术优势所代表的相对技术能力反映了企业的核心能力。京东方通过企业专利申请和技术秘密保护等措施,在掌握创新收益主导权的同时,推动企业向价值链高端移动,以进一步获得创新引致的超额收益。

基于核心技术,打造核心业务

基于显示、传感、人工智能和大数据四大核心技术,京东方构建了显示和传感器件、智慧系统和健康服务三大核心事业部,加速完成软硬融合、应用整合及服务化转型(见图 5)。

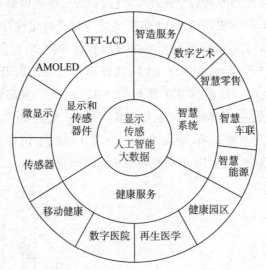

图 5　京东方四大核心技术与三大核心事业部

其中,显示和传感器件提供 TFT-LCD、AMOLED、微显示等领域的智慧端口器件和解决方案;其产品广泛应用于手机、平板电脑、笔记本电脑、显示器、电视、车载、可穿戴设备等领域。智慧系统以物联网和人工智能为主要方向,为新零售、车载、金融、教育、艺术等细分行业领域,提供物联网整体解决方案。健康服务与医学、生命科技相结合,以物联网技术和生命数据为核心发展移动健康、数字医院、再生医学,整合健康园区资源。据京东方 2017 年年度报告数据显示,三大核心事业部营业收入依次为:显示和传感器件 826.4 亿元(同比增长 35.01%);智慧系统 181.3 亿元(同比增长 45.04%);健康服务 10.2 亿元

(同比增长12.86%)。从以上核心技术和三大事业部数据可以看到,京东方核心技术驱动核心业务,核心业务相互支持、演变共生。

企业的核心技术能力构成了企业的核心竞争优势,成为连接企业现有各业务的黏合剂,也是发展新业务的引擎,为企业进入新兴市场提供了有效的潜在通道。王东升在2017年京东方全球创新伙伴大会上详细阐述了京东方三大业务进化逻辑(见图6):核心显示事业从显示器件向显示、传感并重融合转型升级,为物联网系统提供各类智慧端口;将人工智能和智慧端口技术进行软硬融合和应用整合,在智造服务、智慧车联、智慧零售和智慧能源四个细分领域,提供物联网系统解决方案和专业服务;将传感、人工智能、大数据技术与健康医疗专业技术跨界融合创新,在移动健康、再生医学、数字医院、健康园区四个细分领域提供专业的智慧健康服务。

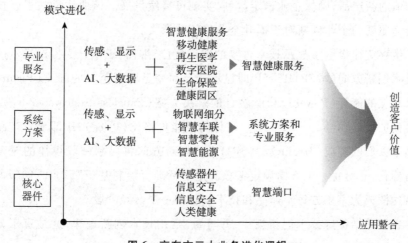

图6　京东方三大业务进化逻辑

京东方以四大技术为核心能力,在业务布局日趋清晰的同时,努力培育企业下一个增长极,实现了企业营业收入与利润的长期稳定可持续发展,最终实现了创造客户价值的企业终极目标。

总结经验,尊重规律,主导创新

TFT-LCD液晶显示是一个技术和资金密集型行业。由于工业创新与市场需求之间的动态互动关系,该行业具有特殊的行业周期性风险。如何摆脱这一"过山车般"的周期性影响,实现企业的可持续性的稳定盈利,需要行业企业培育和建设自身的核心能力。基于对显示行业规律的深入研究,在多年洞察和思考的基础上,京东方集团董事长王东升于2010年提出"显示产业生存定律",业界称为"王氏定律",即"若保持价格不变,显示产品性能每36个月须提升一倍以上。这一周期正被缩短"。其中,产品性能是指产品功能与品质的总和。液晶显示产品的性能将朝着更真美、更轻薄、更节能、更环保、更便利、更人性的方向进步。

产品性能提升可以用产品性能指数来衡量,产品性能指数是产品成本创新和价值创新程度的衡量工具,可以某时间点代表产品的边际收益为基准计算。这一对勾曲线揭示了液晶显示企业的生存法则:标准液晶显示产品价格下降趋势不可避免,企业必须通过技术价值创造驱动不断提升产品性能、成本力和产线效能。也就是说,以产线最佳盈利性为原则,不断推出有成本优势和附加值的新产品,确保企业稳定盈利,实现可持续发展。该曲线反映了以技术创新为驱动的企业创新对于提升企业价值的意义。

生存定律揭示了显示技术进步的速度规律,继而,王东升又提出显示产品和技术创新方向的"5P1H":5P即显示产品须满足至真至美的画质(Picture)、越来越低的能耗(Power)、功能融合的解决方案(Panel as System/Service)、引领时尚的气质(Pilot of Fashion)、最佳的性能价格比(Price),H即显示产品应有利于人们的健康(Health)。"5P1H"的创新方向将揭示一般规律的对勾曲线指标化,并对每一个方向设定考核和定量标准。绘制基于"5P1H"创新方向的雷达图成为京东方每个产品和技术创新的一个必经阶段。

善于总结提炼技术创新规律,并尊重、运用技术创新规律,这是京东方为半导体显示行业及其他行业提出的新的创新思路。

技术能力反映了企业配置与其发展相关的各类技术资源的能力。其中的技术主要指与行为主体(这里主要指企业)各类生产经营活动相关的知识和信息要素。显示、传感、人工智能和大数据构成了京东方的四大核心技术。

其中的能力主要指以上知识、信息要素和技能与资源等组合协同的方式。京东方在梳理企业业务、保持现金流业务的同时,也在抓紧培育和布局下一个业务增长极。与此同时,京东方还战略性地调整组织架构,搭建企业技术创新体系,总结提炼技术创新规则,从而实现企业战略性、持续性地创新发展。京东方的技术能力从本质上提升了企业竞争优势。

创新体系：京东方创新型企业的构建和完善

在积累核心技术专利和深刻理解行业规则等核心能力基础之上，京东方实施 SOPIC 组织创新变革，将企业战略落实到组织层面；构筑技术创新体系，来获取企业未来持续性领先的机制保障。

SOPIC 创新变革：战略实施的保障

为了全面实现公司发展战略，2010 年，京东方开始了以客户导向运营机制、提升产品竞争力和产线盈利力为目标的 SOPIC 创新变革（见表 1）。指导 SOPIC 创新变革的原则有三：一是运营机制从生产导向转变为客户导向；二是运营管理从单个工厂区域性管理向整理事业为中心全球化管理转变；三是商业模式从单一显示器件服务商向物联网产品、技术和服务整体解决方案提供商转变。其目的在于通过提高京东方的专业化、集中化和信息化程度，强化企业的市场应对能力和运营精细化水平，从而全面提高企业的盈利能力。SOPIC 创新变革服务于企业五阶段发展战略，通过集中化和专业化的组织变革，意图将企业层面发展战略固化为规范的组织程序，随之将其内化为组织能力。

表 1　SOPIC 创新变革的含义

要素	含义
战略（Strategy）	在一定时期内为达成一定目标而采取的一系列企划作业和有序行动。有两个特点：有明确目标，沿着逻辑轴、空间轴、时间轴三个轴展开
组织（Organization）	积累能力的载体，实现战略的保障
流程（Process）	将战略目标和组织行为有效连接和协同，实现价值创造
信息化及信息化赋能（Information）	两层含义：基于企业信息化要求的 IT 架构保证；通过信息化应用增强的企业洞察力（Insight）、整合力（Integration）、创新力（Innovation）、员工能动力（Individual）
内控（Control）	基于经营管理合法合规、资产安全、财务报告及相关信息真实完整，提高经营效率；促进企业实现发展战略等五大目标基础上的企业内控建设

技术创新体系:未来持续性竞争优势的保障机制

技术与业务的演变共生,有赖于完善的技术创新体系。京东方从 2009 年开始着手构建技术研发体系:成立 CTO 组织,技术研发中心人员数量不断增多,人员结构趋于多样;2010 年建成研发中心大楼和实验线。京东方技术创新体系的搭建和成熟,扩展了企业研发活动的范围,成为促进企业获得持续性创新的核心动力基础。从 2010 年构建技术研发体系开始,2011 年京东方专利申请数量突破 1 000 件,比 2010 年增加一倍。经过多年的技术和人才积累,京东方形成了能够保障未来持续竞争优势的技术创新体系。

该体系由集团级和事业群级两个层级协同推进,由技术战略专家委员会、集团技术管理中心、集团 IP 管理中心、集团技术研发中心和三大事业部技术研发、产品开发中心共同搭建,成为京东方获得可持续性创新的核心动力基础。

集团层面,集团技术管理中心承担集团技术战略、技术寻源、技术人才、战略合作、技术标准、产业孵化、知识管理等管理和服务职能,引领和支撑集团事业的创新和升级。集团 IP 管理中心承担知识产权管理和服务职能。集团技术研发聚焦在中长期新材料与器件、物联网与人工智能、信息医学与大数据及云计算等领域,通过不断获取下一代新技术,引领和支撑集团重大事业的发展和业务升级。在此基础上,京东方通过集团全面管控,将中长期前瞻性研究和短期市场需求相结合,既探索未来技术的发展趋势,防范颠覆性技术替代风险,又满足客户当前需求,推出客户满意、公司盈利的产品,为公司持续创新提供坚实保障。此外,京东方还成立了技术战略专家委员会,通过内外部资源的整合,对重大技术方向进行战略把控,为重大技术战略项目提供技术战略决策建议。

事业部层面,三大事业部(显示和传感事业部、智慧系统事业部、健康服务事业部)分别拥有自己的技术研发和产品开发中心,聚焦于中短期技术研发和产品开发,充分支撑产品的持续创新。

在高新技术领域,技术的发展日新月异。而京东方作为一家创新型企业,在其整个技术创新体系中,既关注当下新兴技术与技术的商业化,也将相当一部分的时间、精力和经费投入于未来三五年甚至更长时间的前瞻性技术研发中。

第3堂课
自主赢尊重：京东方的产业颠覆之路

京东方通过完整的技术创新体系，不断进行技术和产品的创新，为公司业务发展提供强有力的技术支撑，以获得持续性竞争优势。

作为全球半导体显示产业的领军企业，京东方一次次打破国外技术垄断，彻底改变了中国显示产业"缺芯少屏"的局面，打破了全球显示面板产业格局。回顾京东方的创新之路，京东方坚持"二十五年规划"企业级长期战略为引领，专注"开放两端，芯屏气/器和"的创新发展战略；以逆周期的高额研发投入和总结与尊重技术创新规律为保障，来积累企业核心技术；实施SOPIC创新变革以保障战略实施；构建科学完善的技术创新体系，从而形成了保持持续性竞争优势的保障。京东方的发展不是随着市场潮汐而起伏不定，而是通过自主创新应对市场变化，从而参与国际竞争、提升全球竞争优势所实现的一种持续性发展。

阅毕请思考：

1. 京东方为什么提出"开放两端，芯屏气/器和"的技术创新战略？其背景和内涵是什么？

2. 京东方SOPIC创新变革与"芯屏气/器和"的技术创新战略是什么关系？具体做法有哪些？

3. 京东方的创新战略与创新体系建设经验对其他企业有哪些借鉴意义？

第4堂课
双"核"驱动,助力徐工集团锻造世界级企业*

> 发展实体经济,就一定要把制造业搞好,当前特别要抓好创新驱动,掌握和运用好关键技术。
>
> ——习近平

> 徐工之所以能成为29年来中国工程机械行业的排头兵,靠的就是创新。创新是一个国家进步的灵魂,也是徐工存在的灵魂。
>
> ——王民,徐工集团董事长

2017年12月12日,习近平总书记来到位于江苏徐州的徐工集团总部进行考察。作为习近平总书记在中共十九大之后首个考察的企业——徐工集团,自1989年成立(历史可追溯至1943年创建的八路军鲁南第八兵工厂)以来,连续29年保持中国行业第一,构建了独具特色的"一线"(国家创新驱动发展战略与行业转型升级趋势下由企业发展使命所引领的创新)、"两核"(核心技术能力与核心管理能力)、"三支撑"(国际化、信息化与开放创新平台)的"三有一可"(有质量、有效益、有规模、可持续)企业创新模式。在企业技术创新能力方面,徐工集团通过打造主机核心优势以及研发关键核心零部件,构建了以"三高一大"(高端、高附加值、高可靠性、大吨位)产品战略、"技术领先、

---

* 本案例由清华大学经济管理学院陈劲、赵闯、尹西明、何文天撰写,版权归作者所有。核心内容发表于《清华管理评论》2018年第1—2期,未经允许,本案例的任何部分都不能以任何方式与手段擅自复制或传播。由于企业保密的要求,在本案例中对有关名称、数据等做了必要的掩饰性处理。本案例仅供讨论,并无意暗示或说明某种管理行为是否有效。

第4堂课
双"核"驱动,助力徐工集团锻造世界级企业

用不毁"行动金标准为核心的企业创新系统,形成了自己的独特优势;在管理创新方面,徐工集团通过打造管理知识体系,构建管理核心能力,与技术核心能力实现双"核"互动,大大提高了基于核心能力的企业创新系统的效率。近年来,徐工集团自主研发的多种工程机械的市场占有率均名列前茅,产品销往全球170多个国家和地区,同时在国家开发智能制造、参与军民融合发展、参加"一带一路"建设等方面取得了重要进展。

创新是企业核心竞争力的来源,徐工集团围绕制造业转型升级,通过战略转型、技术创新、全球布局的快步提升,成功奠定了其世界工程机械产业强有力竞争者的全球市场地位,并始终保持较高发展质量和运营效率,实现主要指标持续居全国行业第一位和世界行业第七位(最高曾跻身世界行业第五位)。

为何习总书记十九大后调研的首站是徐工集团?很多人好奇这个问题。徐工集团董事长王民在接受媒体采访时给出了答案:从徐工集团"可以一窥中国制造业",徐工集团的发展历程可为中国制造业转型升级提供思路和启发。

那么,徐工集团在企业创新管理实践中究竟是如何构建自身的企业技术创新系统,实现制造业转型升级和占据行业领先地位的?徐工集团构建企业创新系统的历程有哪些独特之处?其构建的创新模式又有哪些是"中国制造"所能借鉴的?以徐工集团为代表的中国制造业企业如何抓住"工业4.0"的战略机遇,应对全球化竞争挑战,赢得持续竞争优势?本文试图剖析徐工集团基于核心能力的企业创新系统构建过程,总结徐工集团引领中国制造的创新模式,为中国制造业企业两化融合,以及加快中国制造业转型升级、赢得全球创新优势和可持续竞争力提供理论与实践指导。

徐工集团:国之重器向世界级企业迈进

1943年,徐工集团的前身华兴铁工厂(八路军鲁南第八兵工厂)正式成立;1989年3月,徐工集团成立。如前所述,徐工集团成立29年来始终保持中国工程机械行业第一的位置,2017年位居世界工程机械行业第7位,是全球工程机械行业前10强中唯一的中国企业,同时位居中国500强企业第196位、中国机械工业百强第5位。徐工集团被授予国家质量领域最高奖"全国质量奖"

和国家工业领域最高奖"中国工业大奖"①,是中国工程机械行业规模最大、产品品种与系列最齐全、最具竞争力和影响力的大型企业集团。徐工集团以产业报国为使命,秉承"担大任、行大道、成大器"的核心价值观和"严格、踏实、上进、创新"的企业精神。

徐工集团成立时年营业收入 3.86 亿元,发展至今营业收入一度过千亿元,一直保持着较高的复合增长率。公司主要生产 14 大类、70 大品系的工程机械主机及重卡、环卫机械、关键零部件等高端装备。在 7 大类高端工程机械领域(全地面起重机、履带起重机、大吨位装载机、矿卡、大吨位挖掘机、登高平台消防车和大吨位旋挖钻机)实现了重大技术突破,跻身国际一流水平。

徐工集团发展至今,主要有三个阶段:第一阶段为 1943—1988 年,是公司的起步期和艰苦奋斗期。公司历经战争洗礼,在中国基本没有自己的工程机械制造业的历史背景下,成功研制出中国第一台汽车起重机、压路机,成为中国工程机械产业的奠基者。第二阶段为步入正轨之后寻找方向的改革探索期,时间从 1989 年集团成立一直到 1999 年现任董事长王民掌舵徐工集团。公司起源的"三厂一所"作为全国集团化改革的样板,组为一个现代化的集团公司并成功上市,逐步成为中国工程机械产业的开拓者。第三阶段为公司的变革奋进期,时间为 1999 年至今。徐工集团抓住中国装备产业发展黄金周期的历史机遇,加快变革调整和国际化进程,经营规模不断取得历史性突破。2003 年成为中国工程机械行业第一个百亿级集团,2012 年经营规模成功突破 1 000 亿元人民币,目前是全球工程机械产业前 10 强中唯一的中国企业。徐工集团在创新发展和国际化战略等方面百花齐放,从奠基者、开拓者向变革者转型,持续创新,不断发展。表 1 列示了徐工集团发展的标志性事件。

表 1 徐工集团发展的里程碑

发展历程	年份	标志性事件
艰辛岁月 (1943— 1988)	1943 年	徐工集团的前身华兴铁工厂(八路军鲁南第八兵工厂)正式成立
	1957 年	成功试制出第一台塔式起重机,徐工集团开始涉足工程机械产业
	1960 年	徐工集团成功研发中国首台 10 吨蒸汽压路机

---

① 徐工集团荣获第三届"中国工业大奖",该奖项是由国务院批准设立的中国工业领域的最高奖项,被誉为中国工业的"奥斯卡",由中国工业经济联合会联合 12 家全国性行业协会共同组织实施,每三年评选、表彰一次。

第4堂课
双"核"驱动,助力徐工集团锻造世界级企业

(续表)

发展历程	年份	标志性事件
	1963年	徐工集团成功研发出中国首台5吨汽车起重机
	1976年	徐工集团成功研发出中国第一台QY16吨全液压汽车起重机
	1982年	徐工集团成功研发出中国首台CA25全液压单缸轮振动压路机
改革探索(1989—1998)	1989年	徐工集团正式组建成立,作为全国工业集团化改革的样板
	1989年	徐工集团成功研发出国内第一台高等级沥青摊铺机
	1994年	徐工集团利税突破2亿元,这是集团初创10年经营最好、发展最快的时期
	1995年	徐工集团成功研发160吨全地面起重机
	1996年	徐工集团在深圳证券交易所挂牌上市
	1998年	徐工集团资产负债率超90%,核心企业濒临破产且管理混乱,陷入经营无序的困境
变革奋进(1999年至今)	1999年	徐工集团新一届领导班子上任伊始,集中开展"七项专项治理",厉节治奢,掀开徐工集团发展新篇章
	2000年	徐工集团深化"用工、人事、工资"三项制度改革,大力推进总部机构改革、结构优化、干部竞聘上岗和"能上能下"等一系列改革举措
	2000年	大力推进债转股;推进主业归核,56家二、三、四级单位被出售合并、股份制改造和破产重组,涉及资产约20亿元,人员约万人,用于破产改制和解决历史遗留问题的资金约15亿元
	2000年	徐工集团推进"董事长一号工程",成功研发出中国第三代装载机的标志性产品ZL50G
	2002年	徐工集团成功研发出中国首台具有自主知识产权的QAY25全地面起重机
	2003年	徐工集团率先成为中国工程机械行业首家营业收入、销售收入双超百亿元的集团
	2006年	徐工重庆工程机械建设基地奠基,徐工集团面向海内外的战略布局迈出了重要一步
	2009年	徐工集团机械整体上市,走出了此前四年因引入凯雷集团合作改制所导致的战略困局
	2011年	徐工集团ET110步履式山地挖掘机获得全国科技进步二等奖

(续表)

发展历程	年份	标志性事件
	2011年	徐工集团启动"汉风计划"改革行动,构建战略经营型管控模式和五大事业部平台
	2012年	徐工集团成功研制出全球最大吨位、技术含量最高的XCA5000全地面起重机
	2012年	全球最大的DE400矿用自卸车在徐工集团成功下线
	2012年	徐工集团荣登全球移动式起重机行业榜首
	2012年	徐工集团并购全球混凝土机械领军企业德国施维英公司
	2012年	徐工集团四大产业基地同时开业,逐步形成国际领先的精益制造品质能力
	2012年	投资10亿元建设的江苏徐州工程机械研究院落成,徐工集团逐步构建起辐射全球的研发体系
	2012年	徐工集团营业收入在行业内率先突破1 000亿元
	2013年	徐工集团自主研制的"全球第一吊"4 000吨级履带式起重机首吊成功
	2013年	位于德国杜塞尔多夫的徐工欧洲研究中心落成,一批全球高端技术人才汇聚徐工集团
	2014年	徐工集团首个海外全资生产基地——徐工巴西制造基地竣工投产
	2015年	在行业市场持续断崖式下滑中,班子成员带头降薪22%以上,打出系列结构调整组合拳,成功应对行业低谷
	2015年	成立专业化徐工环境产业公司,目前已拿下50多亿元环卫一体化大单
	2016年	历经调整整合的德国施维英公司实现全面盈利,徐工集团混凝土机械产业跻身世界行业前两强
	2017年	总价值近2亿美元的大型成套矿业设备出口发车,打破了该产业的全球竞争格局
	2017年	徐工集团的重卡和挖掘机销量双双首次过万台,成为强有力的新支柱产业
	2018年	徐工巴西公司拿下巴西军方十几年来工程机械第一大单(价值近3亿元),成为当地工程机械主流品牌

资料来源:根据徐工集团官方网站(http://www.xcmg.com/)资料整理得到。

基于核心能力的企业创新系统：战略引领双"核"驱动的整合式创新之路

清华大学陈劲教授在 1999 年首次提出了企业创新系统的概念,认为企业创新系统应由企业家精神、研发系统、技术培训和政府四个子系统构成,以实现企业在战略设计、研发活动、人才培养以及环境适配等方面的创新实践。[①] 而后,学界将企业创新系统视为创新动力驱动的结构模型,将研究的重点聚焦于企业动力要素的交互联系,引导创新价值的输出。[②] 福州大学何郁冰教授在 2008 年对企业创新系统的内涵做了进一步界定,认为在企业创新过程复杂性的基本前提下,企业难以进行独立创新,而需要与各类异质性组织(包括供应商、用户、竞争者、大专院校、研究机构、投资银行、政府机构等)开展互动合作,企业创新系统由此包含了一个多元行为主体的交互过程。基于此,企业创新系统可以认为是企业围绕技术创新活动,由企业内外部的技术要素和非技术要素以非线性方式组成的、存在反馈路径的复杂网络,以提升企业创新绩效与持续竞争优势。[③]

徐工集团的装备制造业创新之路,无论是在艰苦奋斗时期的技术研发,还是在改革探索时期的集团化集群发展,抑或步入 21 世纪后的经营管控模式变革、信息化改革以及依靠自主创新和国际化封喉高端制造,跻身全球工程机械领域前 5 强,其本质均是在不断构建和完善企业创新系统,培育和强化自身的核心能力与行业竞争力。回顾徐工集团的创新发展之路,我们依稀可以看到一个由"一线""两核""三支撑"打造的基于核心能力的整合式创新生态系统。

国家战略与企业使命引领徐工集团跨越式发展

我国一直高度重视发展壮大实体经济,尤其是在党的十九大之后,中央提出推动经济发展质量变革、效率变革、动力变革的重大决策,实现中国制造向中国创造转变、中国速度向中国质量转变、中国产品向中国品牌转变。而抓实体经济一定要抓好制造业,制造业是立国之本、兴国之器、强国之基,工程机械

---

① 陈劲.技术创新的系统观与系统框架[J].管理科学学报,1999,2(3):66-73.
② Achilladelis B., Antonakis N. The dynamics of technological innovation: The case of the pharmaceutical industry[J]. *Research Policy*, 2001, 30(4): 535-588.
③ 何郁冰.企业技术创新的系统观及启示[J].系统科学学报,2008,16(2):77-82.

产业更是为国家建设工程提供机械化施工装备的高端装备制造业的核心组成部分。装备制造业是制造业的"脊梁",具有举足轻重的地位。

徐工集团的企业使命和愿景是成为全球信赖、具有独特价值创造力的世界级企业。作为当前唯一一家进入世界工程机械行业前十的中国企业,徐工集团的战略目标是,到2025年跻身世界工程机械行业前三——这也是徐工集团一直肩负着并脚踏实地践行的"珠峰登顶"的使命意识:通过关键技术领域的自主创新和信息化时代的管理创新,实现装备制造业企业的创新升级与转型发展,推动中国制造业企业实现从量到质的根本性转型,打造大国重器,贯彻国家创新驱动发展战略。

"要搞好制造业,遵照总书记的要求,要着眼世界前沿,努力探索创新发展的好模式、好经验",徐工集团董事长王民强调,"徐工集团要在产业发展方面为国家'两个一百年'奋斗目标做出新的贡献"。

徐工集团技术知识体系:三路并举打造技术核心能力

在关键核心零部件突破上,徐工集团走出了一条"自主创新+并购消化+联合与协作创新"的三路并举的独特道路,构建了徐工集团全员参与的技术知识体系,打造卓越的技术核心能力。

"技术领先、用不毁":自主创新突破核心零部件封喉高端制造

徐工集团通过自主创新,攻克多项产业化关键技术,多项技术指标达到国际先进水平并实现引领。通过整合创新性技术,徐工集团推出领先全球的世界级产品,被授予国家首批、江苏省首个国家技术创新示范企业,技术中心在历年国家企业技术中心评价中均居全行业首位,被国家发改委、科技部等五部委联合授予"国家技术中心成就奖"。为了保证企业的技术领先地位,徐工集团每年销售收入的近5%用于研究开发。

徐工集团对技术创新追求的理念是"技术领先、用不毁":"技术领先"体现了徐工集团在技术创新水平上的追求,"用不毁"体现了其对产品质量的严格要求和控制,努力实现技术创新和质量控制的共同发展。徐工集团坚持"高端、高品质、高附加值、大吨位"的"三高一大"发展战略,在智能化、轻量化、节能环保等高端装备制造领域拥有多项专利和装备,为中国制造屹立于世界强国之林增添了关键的砝码。徐工集团注重对产业颠覆性技术的提前布局。公司的新技术、新产品重点投向全球标杆的"三高一大"核心技术领域,贯彻执行"中长期发

第4堂课
双"核"驱动,助力徐工集团锻造世界级企业

展规划"中的各项"全球对标赶超计划",聚焦各项赶超计划攻克路径、分阶段目标和行动时间表,开发出与全球标杆竞争的国际化产品。在具体执行中,盯住和突破最后10%的"珠峰登顶"技术难题,力图占领全球产业技术制高点。

G一代起重机产品是徐工技术创新的一个代表;2016年徐工G一代的诞生,颠覆了全球起重机行业的格局。从8吨到千吨级的舒适款G一代起重机产品,从技术平台、核心技术、核心零部件到性能、节能、智能、人性化各个方面实现了全面突破,攻克了"智能臂架"等行业最高水准的15项关键技术(其中6项是行业首发)。目前,G一代新产品销量已占徐工起重机市场份额的50%以上,不断获得海外高端市场的青睐和认可。此外,徐工集团的超级移动式起重机被工程装备行业公认为科技含量最高、研发难度最大的产品之一,被誉为世界工程机械技术的"珠峰之顶"。徐工集团以十年磨一剑的不懈奋斗,用不到30年的时间走过了国外近半个世纪的超级起重装备创新之路,替代进口并打破了跨国公司的国际市场垄断格局,使中国与德国、美国一起成为世界上仅有的3个能够自主研发制造千吨级超级移动起重机的国家。

如今,徐工高端装备制造领域拥有近200余项核心技术,拥有有效授权专利5 977项,其中授权发明专利1 215项,取得国外授权的PCT国际专利25件,100多项产品为国产首台套产品。公司已攻克掌握了"大型轮式起重机多轴重载高速越野底盘关键技术""千吨级履带起重机研制关键技术""第四代成套路面机械系列核心关键技术""全地面起重机关键技术""消防车系列关键技术""第四代成套路面机械系列核心关键技术"等200余项世界领先技术,创造了多项世界纪录,连续3次获得中国国家科技进步奖,5次获得中国机械工业科技进步一等奖。

并购消化:自主创新与市场资源获取的双螺旋

除了依托自主创新的核心战略,徐工集团在集团发展战略的引领下,依托其对产业的深刻理解,精准定位,主动出击,面向全球进行技术并购,通过消化吸收实现与自主创新技术的耦合,从而加速对关键核心零部件技术的突破和攻关。

例如,360吨挖掘机油缸以工作时长超过10 000小时跻身该领域世界最顶尖产品行列,并在工程机械高端液压阀、智能控制系统及新型电控箱等领域形成批量产出能力,打破了跨国公司的全球垄断。徐工集团还收购了荷兰AMCA和德国FT这两家欧洲企业,把触角伸到了高端液压件制造领域,进一步拓展高端零部件和关键配套核心技术能力,满足了主机差异化的发展需要。

徐工集团以并购的两家欧洲企业及欧洲研发中心为平台,加快突破阀、泵、马达及液压系统等核心技术;与德国、美国、韩国等多国企业合作,突破回转支承、驱动桥、发动机、控制元器件等瓶颈技术,实现了液压油缸、驱动桥、回转支承等核心零部件销量的全国第一。

协同创新:国内外协同创新加快国际化进程

徐工集团的协同创新不但体现在与国内产业链上下游的供应商、合作伙伴以及研究机构形成高效的协同生产研发体系,更体现在利用全球在地化的跨区域协同合作模式,实现自主创新技术与国内外前沿技术的全时空协同,为徐工集团跻身关键零部件的国际顶尖行列、赢得国际声誉和持续竞争优势提供了强有力的助推剂。

例如,徐工集团副总经理李锁云在徐工集团欧洲公司开业时就表示:"投资、融合、创新,是徐工集团进入欧洲历程的总结和展望。我们的投资着眼长远,持续推进,但这仅仅是第一步;我们希望在欧洲建立稳定的企业,为当地社会的和谐幸福做出贡献,努力促进徐工集团与欧洲企业、中国工程师与欧洲工程师、全球市场与欧洲技术的融合;我们希望这里的创新活动能够蓬勃开展,通过我们与欧洲伙伴的协同,实现战略和管理创新、产品和技术创新、采购价值链创新,从而为全球提供物超所值的高品质的徐工产品。"[①]国家工业和信息化部部长苗圩在 2017 年 4 月到徐工集团欧洲研发中心调研,对徐工集团在德国的智能制造、零部件研发、国际化发展给予了充分肯定。欧洲研发中心是由徐工集团独立投建的,有 60 多个外籍工程师和 20 多个中国工程师;类似的研发中心在美国和巴西也相继建立,徐工集团还基于南美产品特点和在巴西绿地建厂基础,把企业唯一的挖掘装载机研究所放在了巴西。

徐工集团在扎实稳健的全球市场建设中,逐步构建形成了涵盖 2 000 余个服务终端、6 000 余名技术专家、5 000 余名营销服务人员,辐射 177 个国家和地区的庞大网络,不断为全球客户提供售前、售中、售后及融资租赁,一站式、一体化的高效便捷服务,这个立足中国、布局全球、激励良好的全球创新与服务网络,成为徐工集团构建全球范围内可持续竞争力的重要生态依托。

对徐工集团而言,"一带一路"不仅是一场海外"掘金"行动,更意味着责任

---

① 中国广播网.徐工集团成立欧洲总部 国际化战略迈出实质步伐[EB/OL]. http//news.sina.com.cn/o/2013-10-11/203028408880.shtml,访问时间:2019 年 3 月.

第4堂课
双"核"驱动，助力徐工集团锻造世界级企业

和担当。"国内外市场同步发展、同步进步，真正使我们国家的制造业和民族企业走出一条创新发展之路"，徐工起重机械事业部副总经理张汉徐这样表示。

徐工集团管理知识体系：三管齐下打造管理核心能力

管理创新是技术创新的助燃剂和制度保障。徐工集团依托整合式创新范式①，立足自主核心技术创新，在技术领先战略的执行实施下，积极推进管理创新，实施了以"343"经营模式②为代表的卓越绩效管理、以"315"经营魔方体系为代表的风险管控激励机制、以全面预算管理为核心的战略管控等三位一体的管理模式变革，打造了支撑徐工核心能力建设的管理知识体系，为徐工集团引领中国制造业转型升级、跻身世界级创新企业构建了制度与文化的双重保障（见图1）。

图1　徐工集团管理创新的主要标志性改革事件

资料来源：徐工集团培训 PPT 资料。

卓越绩效管理：以战略创新撬动运营创新

徐工集团在多年的公司实践中，总结出一条战略制定和发展的主线，那就是转型升级，并以产业多样化、产品智能化、制造服务化三个方面作为支撑，从而能够加速技术创新和国际化进程（见图2）。

---

① 陈劲,尹西明,梅亮.整合式创新:基于东方智慧的新兴创新范式[J].技术经济,2017(12):1-10.

② 第一个"3"指"三个更加注重"的经营思想，即更加注重经济增长的质量和效益、更加注重体系运行的效率和务实、更加注重产品技术的先进性和可靠性，这指导目标相互平衡；"4"指"国际化、精益化、补短板、可持续"这四大经营理念，它们贯穿了经营管理闭环；第二个"3"指"三个全面"的经营方针，即全面对标行业最先进的企业和产品，全面推出新思维、新招数和新业态，全面提升企业资产质量、盈利能力和核心竞争力，"三个全面"的方针全面提升了五项基础能力建设。

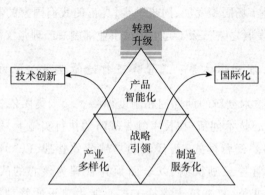

图 2　徐工集团的战略思想

资料来源:根据对徐工集团的访谈资料整理得到。

"343"经营模式以"315"经营魔方为方法论,以全面预算管理体系为载体,涵盖了卓越绩效模式的七大要素:领导、战略、市场、资源、过程、监测、结果,以一种新颖的表达方式升华了卓越绩效模式,将与绩效相关的各种管理理论进行梳理,对企业所运用的各种管理工具和手段进行整合,使各种理论各得其所,各种管理工具和手段各司其职,从而形成合力,将绩效管理渗透到运营管理的方方面面,将战略与执行结合起来,使战略最终得以落地。

卓越绩效管理目标的实现离不开对新兴产业的提前布局和产品结构的不断优化。徐工集团十分注重对战略性新兴产业的提前布局,不断调整产品结构。

一是培育和发展战略性新兴产业。徐工集团重点培育矿山机械、环卫、消防、高空作业装备和掘进机等,对高端农机、大型浮吊、能源装备也正在做战略考量,做到既转移优势产能、又提高产品差异化竞争能力;同时对新型业态也在寻求突破,徐工集团向金融投资、经营租赁、信息技术等服务产业发力,逐步向服务型制造转型,并将其作为新的利润增长点。

二是产品结构调整初见成效。对于量大利薄的产品,徐工集团从设计源头狠抓产品毛利率,通过全面对标分析,深入剖析产品成本结构及配置状况,换代升级产品,实现国产化、轻量化、模块化设计,切实提高盈利能力,实现创新突破;对于高新技术、高附加值的产品,徐工集团为使其摆脱常规产品的同质化竞争,不断整合资源向中高端产品倾斜,提升中高端产品市场占有率,不断优化产品结构,实现创新升级。

三是产能调剂、资产盘活稳步整合推进。对产能相对过剩的制造基地进行智能化改造升级或切换全新产品线,对闲置厂房、场地、设备进行内部调剂

第4堂课
双"核"驱动,助力徐工集团锻造世界级企业

盘活;不断扩大外协回收自制、事业部间配套调剂和公司层面核心零部件协同制造力度,最大限度地释放公司已建成产能,充分提升产能利用率。

经营魔方:风险管控激励战略落地

经营魔方是徐工集团基于全价值链动态整合的战略管控系统,体现了系统、动态、多维的整合理念,它以企业全价值网整合为导向,以相关学科整合为基础,以多种管理工具整合为支撑,以核心业务流程整合为关键。推动经营魔方有序运转,有利于提升企业整体价值,最终实现整个企业集团的战略目标。经营魔方由三个完全不同又紧密相连的维度构成,分别为企业战略、职能战略和产品战略,而每个战略又根据"二八法则"选取五个关键子维度(见图3)。经营魔方由多个小魔方组成,魔方中的每个方格分别是一个小系统,是三类战略的汇总和交集,并具有其内在的含义和核心作用。如图3所示,左上角"VF"代表集团战略中A产品的企业战略中的愿景、职能战略中的风险管控与产品战略的交集,其含义是,假设A产品是企业的核心产品,企业应根据其愿景制定其战略目标,并根据战略目标选择产品战略,同时企业应考虑对该产品所在的生产管理和市场环境进行风险管控,以支持企业战略目标的实现。

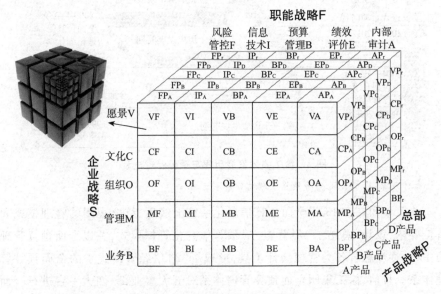

图3 经营魔方管控体系模型

资料来源:第十九届全国企业管理现代化创新成果主报告,《基于经营魔方的管控体系建设》(徐工集团)总结材料。

经营魔方也可以分为多个层级,通过层层分解来实现魔方的核心功能。借由魔方体系的重重分解,最终实现"人人有魔方,魔方分大小;人人配资源,价值共创造"。在经营魔方的多级体系下,每个员工都有一个对应自己位置的魔方,但魔方的大小和作用有所区别:财务总监负责统筹运营魔方体系,不同分子公司、不同级别人员分别对应二级魔方、三级魔方甚至四级魔方体系,众多的大小魔方形成一个有机融合的"魔方云"。与此同时,企业每个员工都可以根据自己手中魔方所对应的价值创造导向进行资源配置,每个人都能抓住价值创造的关键因素,最终提升企业的整体价值。

全面预算管理:徐工集团进行战略管控的有效工具

"343"经营模式下的全面预算管理体系,能够有效解决管理层级多、业务链条长的难题,为徐工集团战略落地起到了良好的促进作用,是管理会计应用的有效实践。徐工集团预算管理先后经历了三个阶段:1999—2001年是财务预算管理阶段,2002—2008年进入全面预算管理阶段,2009年以来进入全面预算管理精细化、信息化阶段(见图4)。

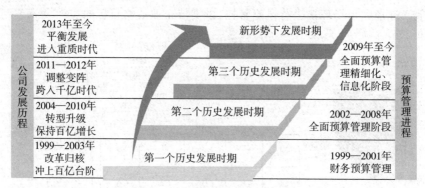

图4 徐工集团发展历程与预算管理进程

资料来源:徐工集团全面预算管理总结材料。

徐工集团在2013年全面预算信息化系统上线后,结合集团的管理模式和管控要求,设计、总结了"经营魔方"预算信息化管控模式,并以全面预算管理为主线,逐步融合各类管理会计工具,形成了"343"经营模式下的全面预算管理体系。目前,徐工集团全面预算管理体系对五大事业部、四大平台进行全面覆盖,已经形成"343"经营模式下的,以全面预算信息化系统为载体,以"315"经营魔方为方法论,上承战略,下接绩效,纵贯组织、横向协同,突出全员、全过程、全业务、全价值链的全面预算管理体系,打通"战略规划—预算计划—执行

第4堂课
双"核"驱动,助力徐工集团锻造世界级企业

监控—分析改进—考核评价"的管理闭环,促进"集团—事业部—分/子公司—部门—员工"的目标和行动的协同,推动企业集团战略落地(见图5)。

图5 徐工集团全面预算管理体系

资料来源:第十九届全国企业管理现代化创新成果主报告,《基于经营魔方的管控体系建设(徐工集团)》总结材料。

徐工集团通过多年的预算管理体系建设,在公司内部建立了全员、全过程、全业务、全价值链的全面预算管理文化,树立了所有员工一盘棋、一体化的价值理解和管理意识。经营魔方是企业管理意识的具体存在和表现形式,有助于巩固和加强员工的价值理念,更好地贯彻其战略意图。

在明确以"315"经营魔方为评价体系的基础上,徐工集团制定分解指标,明确评价维度、评价指标、评价标准及评价周期(见图6),并根据评价结果对各单位、各层级进行分类、分级、分策管理,引导先进、督促后进,实现共同提升。

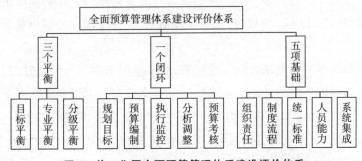

图6 徐工集团全面预算管理体系建设评价体系

资料来源:徐工集团全面预算管理总结材料。

国际化战略：立足中国，占领全球价值链中高端

为了更好地拓展海外市场，提高公司的创新绩效，徐工集团于2014年成立了国际发展部，主要负责国际化战略的落实及海外相关研发和制造基地的运营管理。企业决策和执行都是为了服务于企业战略目标的实现，在执行策略上，公司制定了两个主要的国际化方向：一是南美方向，以获取市场为目标，因为该区域与中国的国际关系比较友好，贸易往来较多，市场门槛没有那么高，有利于徐工集团的市场拓展和稳步发展。二是欧洲方向，以获取技术为目标，因为以德国等为代表的欧洲制造业强国的技术、工业基础比较好，徐工集团在该区域以并购当地领先企业为主，并结合国内整个行业在核心零部件等方面的短板和徐工集团自身的不足，实现扬长补短。

在具体实践中，徐工集团从以下三个方面入手。

一是整合全球产业价值链。通过整合全球资源打造以徐工集团为核心的全球工程机械产业价值链，并占据产业价值链的高端位置（见图7）。2011年，徐工集团并购荷兰AMCA公司、德国FT公司两家基础零部件研发制造企业，初步拥有了世界先进液压系统技术。2012年，徐工集团并购混凝土机械全球领先企业德国施维英公司。2013年，徐工集团在德国、美国的研发中心和欧洲采购中心投入运营，在乌兹别克斯坦的挖掘机合资工厂投产（继波兰、伊朗等地合资工厂之后的6大海外装配厂之一）。2014年，年产主机7 000台的徐工巴西制造基地一期项目竣工投产，在南美打造出第一个国际化样板。国际化战略的实施不仅需要全球化的视野，也需要全球化的能力，一种对世界顶级资源的整合能力。其中，对德国老牌名企施维英的并购是徐工集团国际化行进路线图上关系全局的关键一步。徐工集团与施维英协同合作的混凝土机械品牌已经呈现出"1+1>2"的效应，稳居全球前三，并在中国以外的市场保持了龙头位置。

二是加快国际化网络布局。近年来，徐工集团全方位布局全球，构建覆盖五大洲的营销服务网络。徐工集团如今每年出口万台主机到170多个国家和地区，在全球建立了280多个海外代理商、260个服务网点、200多个备件网点，为用户提供全方位的营销服务，不仅在南美、东南亚、中东、中亚、中东欧等主要发展中国家和地区的市场占有率持续位居全球行业前三，在发达国家市场的布局也在不断加快，如在美国、加拿大、日本已实现小批量主机市

第4堂课
双"核"驱动,助力徐工集团锻造世界级企业

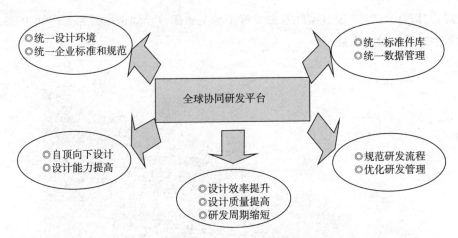

图7　徐工集团的全球研发协同平台

资料来源:引自谢真臻、尹西明编写案例《两化融合驱动价值链协同创新——以徐工集团为例》。

场的突破性进入;在巴西、德国、荷兰、奥地利、印度、美国拥有先进的制造基地,形成全球制造体系;在德国、巴西、美国、印度拥有研发中心,形成了全球研发体系。

三是前瞻布局"一带一路"。随着"一带一路"倡议的铺开,中国工程机械产业迎来了历史性的发展机遇。作为中国工程机械龙头企业,徐工集团已经先行一步,在"一带一路"沿线的65个国家布局了较完善的营销网络,不断完善在"一带一路"区域内的渠道和网络布局,加快在"一带一路"区域内备件中心、服务中心的建设。如在俄罗斯、印度、波兰等国建立了分/子公司,在乌兹别克斯坦、波兰、哈萨克斯坦、马来西亚、伊朗等国建立了散装件工厂。徐工集团与走出去的中资企业通过优势互补、强强联合、抱团出海等多种模式实现多方互利共赢,以促进产业转型升级。

信息化提升:两化融合促进价值链高效协同

徐工集团的信息化与工业化融合工作在业内起步较早,1985年至今分别经历了破冰起步(1985年)、迅速发展(1998年)、整体提升(2008年)、深度融合(2012年)、产业跃升(2014年)五个主要阶段,目前已经完成了由深度融合阶段向产业跃升阶段的过渡(见图8)。在"八五""九五""十五"期间,徐工集团信息化都走在同行业的前列。徐工集团的"信息化引擎"打造出服务云、管

理云、信息云的"三云驱动",有效支撑了徐工集团技术知识体系和管理知识体系的建设和融合发展。

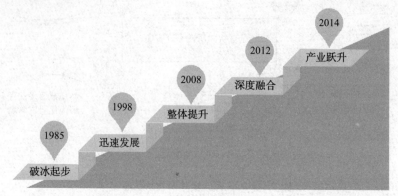

图8　徐工集团信息化助力两化融合驱动价值链协同创新的发展历程

资料来源:引自谢真臻、尹西明编写案例《两化融合驱动价值链协同创新——以徐工集团为例》。

徐工集团以价值链理论为指导,围绕企业内部职能以及外部产业链上下游供应商、经销商、客户等全价值链关键主题,打造企业信息化管理提升平台,实现企业内外协同和前后协同。纵向上,支持徐工集团向战略经营管控模式转变,提高对下属企业的管理深度;横向上,基于供应、生产、销售、服务和财务一体化的全价值链协同管理,实现企业核心业务一体化。信息化的整体提升从徐工集团自身的信息化应用,向价值链的前向和后向应用延伸,实现其与前向的供应商、后向的经销商乃至客户的长链条业务协同,通过整合价值链上下游资源,形成适应企业战略发展的管理机制和新型能力。

徐工集团借由两化融合,提升价值链协同创新主要依靠"三驾马车"驱动:一是驱动价值链前向协同,快速发展电子商务与物联网。二是驱动价值链后向协同,促进智能化制造,对徐工集团的采购、运输和生产过程进行集约化改进。三是基于经营魔方的财务管控所支撑的辅助活动驱动价值链协同。

通过两化融合驱动的价值链协同,徐工集团的企业管理水平有了显著提升:产品设计周期缩短20%,产品数据准确率提高30%,市场响应能力提高30%;生产计划协同由原来的2天缩短为40分钟;装载机典型产品的生产周期由原来的18天减少为7天;应收账款降低7%,财务结账时间由原来的10天缩短为1天完成结账、3天出具财务报表。两化融合的发展成果还包括:聚焦于物联网、智能控制系统、智能制造等业务领域的徐工信息技术公司2017年收入过亿元,成为国家工业互联网领域前三强,获批在新三板挂牌;2017年新创建的专业化跨境电商公司成立当年收入过亿元,网上交易的工程机械营销服务新模式受到多国用户点赞,开创了全新的海外成长空间和国际化平台。

另外,徐工集团作为行业龙头企业,有上游供应商1 214家,下游经销商290家,年交易额以千亿元计。实施以价值链协同为目标的信息化后,徐工集团在优化企业内部决策和业务流程、实现价值链上企业之间的协同采购、协同销售和决策支持等功能方面有了整体提升,最终实现零库存供货和订单式生产,促进企业与供应商、经销商、合作伙伴及客户的协同发展,打造出合作共赢的价值链协同体系,增强了行业整体竞争力。

通过两化融合,徐工集团实现了企业内部的有效协同,竞争能力大幅度提升,同时,企业价值链前后协同显著增强,上下游协同发展的良好生态业已形成。此外,徐工初步实现两化深度融合,其行业示范作用成效显著。徐工集团两化融合驱动的价值链协同创新也得到了国家和行业的认可。2017年,徐工集团在智能制造、两化融合、服务型制造、双创平台建设领域分别被国家工信部等评为示范试点企业。徐工集团也作为行业的唯一代表,参与起草了国家两化融合管理体系,并作为专家组组长主导制定了两化融合评估标准,将徐工集团实现价值链协同创新的信息化整体提升的主要做法和经验写入标准,对国家和行业的两化融合起到了重要的示范作用。

开放创新:撬动全球创新人才与资源

培养一流的创新人才,并借助全球创新资源为我所用,是建设世界级企业的根本。立足中国、布局全球的创新人才队伍建设与不断完善的激励机制,是徐工集团构建企业核心能力的关键要素。一方面,徐工集团以各产业技术中心为研发主体,以江苏徐州工程机械研究院为技术研究平台,打造国家级技术中心三级研发体系。它在全球多个国家和地区设立研究中心,形成了辐射全球的研发布局,全面开展新产品开发、产品适应性、共性技术及实验技术研究。目前,徐工集团拥有一支6 000多人的强大研发队伍,汇集了100多名国内最高端工程机械领军型技术人才。其设立的八大实验研究中心集聚了百余名高端技术人才,另有100多位来自德国、美国、日本等国的工程机械专家在全球各地服务于徐工集团的创新工作。徐工集团先后设立了院士工作站和博士后科研工作站,依托"千人计划"专家资源成立了先进技术研究院。徐工集团努力构建极具创新活力和全球影响力的国际研发平台,吸引了大批顶尖工程机械技术人才。

与此同时,徐工集团在科技创新管理方面,给予技术研发人员以自由发挥的空间,将技术研发人员从非技术工作中解放出来,使其能全身心地投入科研工作。此外,徐工集团建立了科学合理的薪酬体系,鼓励团队进行项目研究和核心技术攻关,并对成功完成技术攻关的团队予以重金奖励,重大项目完成团队一次性可获最高奖励达1 000万元。徐工集团在核心骨干人才激励机制方面还有一个大胆尝试,就是在新业务、新业态企业中全面实施混合所有制改革。徐工信息技术公司率先完成骨干层持股40%的混合所有制改革。江苏省产业技术研究院支持徐工集团筹建的道路工程技术与装备研究所完成注册,骨干团队实现持股,这是国企研发机构机制改革的重要探索。3家直销公司、PC构件公司、养护机械公司、跨境电商混合所有制改革基本完成,骨干层基本持股10%左右,均体现了业绩增长快、运营质量高的特点。环境公司、矿业设备公司等混合所有制改革在有序推进。这些新业务板块全部实现了爆发性成长,混合所有制改革和机制创新的驱动力是关键因素。

另一方面,徐工集团积极构建全球研发中心,布局全球领先制造。徐工集团目前已经全面实施国际化战略,在研发、市场、销售服务和备件网点等多个方面实现了全球布局。徐工集团以研究总院为平台,积极创建国家级研究实验室,建设工程机械综合试验场;在完成南京研究院建设的基础上,加快北京、上海研究中心的布局建设;欧洲、美国、巴西等海外研究中心相继设立,不仅研发主机,而且对一些关键零部件进行技术攻关,同时把这些核心零部件技术带到中国来生产。2012年,徐工集团五大高端制造基地在徐州相继投产。五大基地是国内最先进的工程机械高端装备制造产业基地,也是徐工集团自身转型升级高端制造的广阔平台,凝聚了徐工集团的几十年产业积淀。总投资超过150亿元的五大基地汇聚了国际最前沿的工艺技术和最顶尖的工艺装备:一是通过高度集约化、柔性化、智能化和全数字化管理,形成与国际最先进标杆企业同一平台的精益制造和品质制造能力,并凸显了高效、节能、环保和坚持走新型工业化道路的国家高端产业的方向性特点。二是突破性地创造出6吨以上大吨位装载机、120吨以上超大吨位起重机批量化在线制造的崭新模式。三是创造出与德国施维英技术完美融合的成套混凝土机械制造体系。四是打造出现代化、高效率、国际领先的大型挖掘机生产流水线。

在国内,徐工集团还在重庆、南京、阜新、天门等地建立基地;在海外,徐工集团不仅建立了德国、巴西、美国、印度、奥地利五大制造基地,还在波兰、乌兹别克斯坦等国开设一批 KD(散装组件)工厂。高端化、智能化、现代化工程机械研发制造基地的全球布局,为徐工集团散件全系列高端产品的研制搭建起一个行业领先的孵化器,每年上百种高端新品投放市场。习总书记在宁煤集团观摩过的"全球第一吊"4 000 吨履带起重机、"神州第一挖"700 吨大型矿用挖掘机、2 000 吨全地面起重机、1 200K 大吨位装载机、第四代成套智能化筑养护机械、百米级登高平台消防车,还有总书记亲自试驾的 G1 代轮式起重机,以及观摩过操作演示、获全军科技进步一等奖的"钢铁螳螂"ET110 山地挖掘机等产品,确立了徐工集团在全球大型工程机械领域的领导地位。平地机、摊铺机、高空消防车等 9 类主机中国销量第一;工程机械液压油缸、回转支承、驱动桥等 3 类核心零部件中国销量第一;移动式起重机、大吨位成套筑路机械销量多年位居世界第一。

基于核心能力的创新系统:战略引领与双"核"驱动的整合式创新模式

依托企业技术创新系统打造企业核心能力[1]是企业获得可持续发展动力和赢得持续竞争优势[2]的关键所在。在技术创新领域之外,加强管理创新和组织变革,拥抱国际化、信息化和开放式合作,打造可持续的核心能力。一方面通过"自主创新,并购消化,协同创新"三路并举构建技术核心能力,强化企业技术知识体系,实现装备制造业核心零部件的核心突破;另一方面,通过卓越绩效管理、经营魔方战略管控以及全面预算管理等管理创新,构建企业管理知识体系,打造企业管理核心能力(见图 9)。在此基础上,依托国际化、信息化和开放式合作等发展战略,贯彻落实徐工集团在制造业领域实现"珠峰登顶"的企业使命,并引领制造业转型升级,成为中国创新驱动国家战略的排头兵和中国式工匠精神的践行者。

---

[1] 王毅,陈劲,许庆瑞.企业核心能力:理论溯源与逻辑结构解析[J].管理科学学报,2000,1(3).
[2] 陈劲,郑刚.创新管理:赢得持续竞争优势(第三版)[M].北京大学出版社,2016.

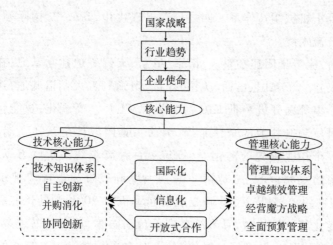

图9 徐工集团基于核心能力的创新系统：战略引领与双"核"驱动的整合式创新模式

依托双"核"驱动的企业创新系统，徐工集团不仅在机械制造领域的核心零部件关键技术方面实现了质的突破，也通过国际化、信息化和开放合作战略成功地将自主创新的技术成果推广到全世界，不断向全球制造业价值链中高端迈进。以徐工集团起重机产品为例，2017年徐工集团起重机出口同比增长37.84%，"一带一路"沿线国家销售额占起重机出口总金额的81.3%，其中在25个国家市场占有率居首位，在27个国家市场占有率实现同比增长。同年，占国内市场半壁江山的轮式起重机海关自营占有率40.5%，稳居出口第一，履带起重机和塔式起重机同比增长均超过110%。[1]

未来：机遇与挑战并存，创新与品牌同行

回顾徐工集团的创新之路，作为一家国有企业性质的制造业企业，徐工集团的企业创新系统建设具有强烈的"徐工特色"，那就是四个"坚持不动摇"：坚持创新驱动发展不动摇，坚持走国际化道路不动摇，坚持打造一流人才队伍不动摇，坚持党的领导发挥政治优势不动摇。在此基础上，徐工集团在创新驱动转型升级之路上探索出了一个国有企业建设基于核心能力的企业创新系统

---

[1] 徐工集团."走一带一路，攀世界高峰"，230台徐工起重机械出口"一带一路"[EB/OL]. https://www.cehome.com/news/20180207/221047.shtml，访问时间：2019年3月.

第4堂课
双"核"驱动,助力徐工集团锻造世界级企业

的有效模式,同时也充分展现了国有企业继承红色基因、适应时代发展、引领产业变革的实力和潜力,其创新道路和创新模式更为中国制造业转型提供了一个可借鉴的"最佳创新实践案例"。

展望未来,徐工集团机遇与挑战并存。一方面,未来巨大的市场机遇为徐工集团的发展提供了无限可能,总体来看,中国工程制造产业还有很大的发展空间,徐工集团在该领域的深耕发展、保持住国内领先地位是其发展的基础。

另一方面,面对快速迭代的技术工艺、瞬息万变的市场格局和越来越激烈的竞争形势,徐工集团如何能够保持自己的核心能力,并通过一系列的管理水平提升和管理创新保证技术创新产生更多可持续的市场价值是其面临的新问题。技术创新依然是徐工集团的战略重点,加强与高校的合作,构建企业技术创新体系,是公司实现技术突破的重要抓手。同时,企业的竞争归根到底是人才的竞争,对于地处江苏徐州、远离北上广深等人才集聚区的徐工集团,如何吸引优秀的人才、为企业创新注入活力,也是公司需要长久规划和进行顶层设计的重要事宜。

随着"一带一路"倡议的影响日益增加,"中国制造"的品牌日趋彰显,徐工集团如何在原有市场保持优势,在新的领域提前布局,在国际市场中发挥更大的价值?如何在技术创新上保持技术领先,在团队管理上更加精细化,在文化营造上既保障质量又促进创新?这些都是徐工集团面临的问题。

中国高端装备制造业的最终登顶,需要几代人持续不断地去努力,产业创新和企业创新也不是一蹴而就的,需要扎实、持续的技术攻关和研发。面对中国经济转入中高速增长的新常态和世界经济低迷的重重困难,徐工集团更要担当起振兴国家高端装备制造业、冲向全球工程机械产业最高峰的使命和责任,努力抢抓国家"一带一路"倡议实施等历史机遇,持续突出转型升级的战略主线,突出技术创新与国际化两个战略重点,全面对标全球行业最先进企业和产品,不断提升企业的核心竞争力。在未来,以徐工集团为代表的中国制造业企业,如何将制造业和现代服务业、金融、现代物流和后市场服务等紧密结合?如何通过整合式创新实现从中国制造到中国创造的真正转型?如何将中国产品打造为中国品牌?在全球工程机械这个竞争异常激烈且为国际民生和国家重大工程施工提供基础性建设装备的领域,徐工集团如何探索发展的新经验、新模式,并为进入世界工程机械行业前三做好全面的支撑设计?以及如何在

集团层面推进混合所有制改革,全面建立长治久安的新机制、新优势和世界级管控模式？这些都是值得思考的重要议题。

阅毕请思考：

1. 在提升技术核心能力的过程中,徐工集团是如何实现关键零配件突破的？

2. 徐工集团构建企业创新系统的历程有哪些独特之处,其构建的创新模式又有哪些是"中国制造"所能借鉴的？

3. 徐工集团战略引领与双"核"驱动的整合式创新模式对其他中国装备制造业企业的转型升级有哪些启示？

第5堂课

华为海思：半导体芯片关键技术是如何突破的？*

摘要：华为海思是中国近年来典型的依靠自主创新实现行业领先的代表，开发了面向智能设备的麒麟系列、用于数据中心的鲲鹏系列服务CPU等芯片产品，到如今供应着华为手机、华为服务器等产品的芯片，是中国第一大、全球第五大芯片设计公司。然而，华为海思的创新之路并不平坦；1991年华为成立ASIC设计中心，2004年10月成立深圳市海思半导体有限公司，2007年从0到1突破安防市场，2008年突破机顶盒市场，2008年、2012年陆续推出K3、K3V2芯片，但都因为质量问题不被看好。直到2014年年初推出麒麟910，才赢得手机市场的肯定。到如今，华为海思手机芯片已经进入了全球手机芯片的第一梯队，构建起华为系列手机的核心竞争力。本案例介绍了华为海思在中国缺乏半导体研发设计能力的背景下，是如何依靠持续研发投入突破关键技术的。华为海思的创新发展之路为其他本土企业如何依靠创新突破行业关键核心技术、摆脱对国外行业巨头的依赖提供了参考。

关键词：华为；海思半导体；手机芯片；关键技术；突破

---

* 本案例由浙江大学管理学院郑刚、中山大学岭南学院林文丰撰写，版权归作者所有。未经允许，本案例的任何部分都不能以任何方式与手段擅自复制或传播。由于企业保密的要求，在本案例中对有关名称、数据等做了必要的掩饰性处理。本案例仅供讨论，并无意暗示或说明某种管理行为是否有效。

> 不能因为一个点，让别人卡住脖子，最后死掉。①
>
> ——任正非，华为创始人

引　言

回想当年华为海思制作第一块 ASIC 芯片的时候，任正非清楚自主研发很困难，为了研发成功，他不但投入了华为全部的现金，还背负了高利贷。1991 年，华为首颗具备自有知识产权的 ASIC 芯片诞生，成为华为芯片事业的起点。

在市场研究机构 DIGITIMES Research 发布的 2018 年全球前 10 无晶圆厂 IC 设计公司排名中，海思是排行榜中增长率最高的芯片设计公司，增长率达 34.2%。华为海思 2018 年的年营业收入达到 75.73 亿美元，位列全球芯片设计（Fabless）公司第 5 的位置。目前，华为 Mate 系列、P 系列、Nova 系列、荣耀旗舰手机等，基本上都采用了海思麒麟旗下的处理器。然而谁会知道 1993 年 49 岁的任正非最难的时候几乎考虑轻生，2000 年甚至曾考虑出售华为海思，2007 年基带芯片被高通"卡脖子""说不出话来"，2008 年、2012 年陆续推出的 K3、K3V2 芯片都因为质量问题不被看好……

迥异的境遇，不禁让人好奇：1991 年资金困难的华为为什么要下决心自己研发 ASIC 芯片？华为海思手机芯片的设计之路遇到了哪些困难和挑战？华为攻克难关取得行业关键核心技术背后的关键是什么？

漫漫征途

尝到自有 ASIC 芯片的甜头

1987 年，任正非集资 21 000 元人民币创立华为技术有限公司。仅仅 4 年后，1991 年，华为就成立了自己的 ASIC 设计中心，开始了芯片设计的漫漫征途。

设立初始，任正非从万利达挖来了当时因擅长硬件设计而闻名的徐文伟。

---

① 快科技.华为高通恩怨往事：穷人家的华为，资本家的高通［EB/OL］.https://baijiahao.baidu.com/s? id=1631394086612409512&wfr=spider&for=pc，访问时间：2020 年 1 月.

第 5 堂课
华为海思：半导体芯片关键技术是如何突破的？

当时的华为刚结束代理生涯，创立仅仅四年，员工只有几十人，资金非常紧张，但任正非毅然决定开始研发用户交换机 HJD48，郑宝用负责整个系统的开发。徐文伟来了之后，建立了器件室，从事印刷电路板（PCB）设计和芯片设计，通过反求过程开发了一款数字芯片 SD502，这是华为芯片研发的开端。

1993 年是任正非职业生涯的低谷。华为费劲全力开发出来的空分模拟局用交换机 JK1000 刚一问世就面临技术被淘汰的窘境。任正非又孤注一掷地开始了数字程控交换机 C&C08 的研发。如何差异化地将 C&C08 做成拳头产品，是摆在所有参研人员面前的首要问题。经过充分考虑，他们决心将精力聚焦在交换机最关键的芯片研发上面。

在背负一屁股债的情况下，任正非仍咬着牙东拼西凑了十几万美元，从国外买来一套 EDA 设计软件，支持芯片研发。正是 1993 这一年，49 岁的任正非曾站在深圳南油深意工业大厦十楼的窗边，对员工说："新产品研发不成功，你们可以换个工作，我只能从这里跳下去了！"

有了自己的 EDA 工具，经过夜以继日的开发和验证，具有 2K*2K 无阻塞交换功能的专用集成电路（ASIC）当年就问世了。这颗拇指大小的芯片，被命名为 SD509。1993 年年中，在 SD509 的加持下，华为拳头产品 C&C08 交换机研发成功。由于有了自己的芯片，华为交换机的成本大幅度降低，性能也得到了提高。由于城市交换机市场大多被上海贝尔公司占领，华为 C&C08 2000 门交换机转而深入中国广大农村地区。后来 C&C08 万门机被研发出来，凭借价格便宜、质量可靠，产品"从农村进入城市"，销量大增。1994 年，C&C08 销售额达到 8 亿元，1995 年达到 15 亿元，到 2003 年，累计销售额达到千亿元，成为全球销售量最大的交换机机型。①

自此，华为在芯片研发的道路上义无反顾：分别在 1996 年、2000 年、2003 年，研发成功十万门级、百万门级、千万门级 ASIC；并于 1998 年生产第一款混合信号芯片，于 2001 年推出第一款 SOC 芯片，于 2002 年推出第一款 COT 芯片……

差点卖给美国公司

任正非在谈及海思芯片的发展时曾提到，"我们在 2000 年左右也很犹豫，

---

① 农村包围城市：一部商业史［EB/OL］.https://www.sohu.com/a/258927285_267673，访问时间：2020 年 1 月.

曾经准备100亿美金,(把海思)卖给一个美国公司,合同全部签订了,所有手续都办完了,就等对方董事会批准了。我们都穿上花衣服,在沙滩上跑步、打球,等着批准,这个时候美国(公司)的董事会换届了,拒绝了这次收购。当时我们决定卖给美国公司以后,想的是一群中国人带着美国人去跑,后来我们问公司内部(意见)还卖不卖,少壮派都说不卖,那我就说我们准备和美国交锋了,要做好所有一切准备,(所以)从那个时候就开始准备了。"①

"不能让别人卡住脖子"

随着华为海思的出售作罢,以及在ASIC方面不断突破技术难关,任正非和其他华为高层更加认定华为未来的竞争力是芯片。

展望未来,华为海思能发展到什么程度,任正非依旧拿捏不准。中国在20世纪70年代才实行开放政策,而现代芯片是1958年左右发明的,存在20年的发展时间差。投入方面,中国改革开放初期的几十年,劳动密集型产业是致富的主要途径,而半导体产业需要动辄几十亿元的前期投入,而且要10年甚至更久才能见效,鲜有中国企业有这等财力或经验能进行这种理性投资。技术引进方面,日韩可以从美国购买技术或者与之结成伙伴关系,但中国没法那样做,收购美国半导体公司的要约常被否决,日韩等也对中国的收购采取类似严厉的审核。

其实早在1956年,周恩来总理就主持制定了《1956—1967年科学技术发展远景规划》,把半导体、计算机、自动化和电子学等列为国内急需发展的高新技术。1958年,中科院半导体研究室成功研制第一只锗晶体管,1959年成功研制第一只硅晶体管,到了1968年又成功研制第一个集成电路,这些都仅仅比美国晚10年,甚至比韩国都早。但后来因为一些不可抗力的历史因素,中国的半导体发展远远滞后,1983年有一份报告曾指出,中国的芯片产业跟日本有15年、跟美国有16年左右的差距。等到了1978年中国改革开放初期,中国"一穷二白",没有足够的资金进行投入研发。事实上,2000年中国的GDP是1.2万亿美元,而当时英特尔一家芯片公司的市值就有3 280亿美元,接近中国GDP的30%。英特尔动辄上百亿美元的研发投入,更是让中国望而却步。更难的是,芯片是一个高度市场化的行业,怎么解释这个市场化? 在2002年,中

---

① 北青网.员工平均月薪16 500元 华为海思有何杀手锏?[EB/OL].https://money.163.com/19/0603/08/EGNV0HLB00258105.html,访问时间:2020年1月.

第 5 堂课
华为海思：半导体芯片关键技术是如何突破的？

国手机市场 80% 都是由外资公司占据,仅摩托罗拉、诺基亚两家就分别占据了 25.9%、20.4% 的市场份额。①

假设这时出来一个国产芯片,性能落后美国和日本十几年,摩托罗拉和诺基亚有何理由采购？不仅外资品牌不敢用,国内的波导、TCL 等厂商也不敢用,因为它们一旦用了,跟外资的竞争就处于下风了。与此同时,中国企业也逐渐发现了缺乏自主芯片总会被牵着走的劣势,一直在等大规模投资芯片的机会。②

在等待的过程中,有两棵嫩芽冒出,一棵叫中芯国际,2000 年成立于上海；另一棵叫海思半导体,2004 年 10 月成立于深圳,其基础是华为 ASIC 设计中心。当时任正非找到何庭波说："你的芯片设计团队能不能发展到两万人,我们用两万人来强攻。怎么强攻,这个要靠你说了算,我只能给你人、给你钱。"而后任正非拍板给出了每年 4 亿美金(合计约人民币 20 亿元)的研发费用,任正非说一定要站起来,适当减少对国外的依赖。

当时整个华为的销售额达到人民币 462 亿元,员工数也刚突破 1 万。任正非再次把重注押在了华为芯片的研发上,把这副重担交到了何庭波手里。

与芯片行业清一色的男性 CEO 不同,海思总裁何庭波是女性,1996 年,27 岁的她从北京邮电大学硕士毕业,之后就加入华为。在受此任务之前,何庭波曾负责光通信芯片设计、3G 芯片研发。她曾被调往硅谷工作了两年,也是在那里亲眼目睹了中美两国在芯片设计上的巨大差距,为日后海思大规模引进海外人才埋下了伏笔。

另外有一件事情刺激华为加大了对海思的支持。

基于高通的基带解决方案,华为最早做出了 USB 数据卡,并逐渐垄断了全球数据卡业务。手持核心专利的高通却以失去话语权为由,转而扶持了"中兴",并有意优先供应中兴,而给华为供货采取不及时甚至断供的策略。在高通改变策略之后,华为经常被高通通信基带芯片断货的行为"卡脖子",导致生产延误,遭受了巨大损失。痛定思痛,华为于 2007 年决定由华为海思成立巴龙项目组,专攻通信基带芯片研发。正是因为这件刻骨铭心的事,华为 CEO 任正非曾多次在公司讲话中呼吁,"不能因为一个点,让别人卡住脖

---

① 控数.中国芯片的极限突围[EB/OL].https://36kr.com/p/5253925,访问时间:2020 年 1 月.
② 同上.

子,最后死掉"。① 而这个后来被攻坚出来的通信基带芯片,成了之后华为多款芯片(包括手机芯片)的重要基础。

安防芯片和机顶盒芯片的"从0到1"

说到华为海思,很多人都会联想到如今华为手机普遍使用的麒麟(Kirin)处理器。其实,华为海思虽然从事芯片的研发,但并不仅限于手机芯片。事实上,华为在开发 ASIC 后,在海思总裁何庭波的带领下,布局了交换机、视频监控、机顶盒芯片等垂直场景专用芯片以及用于智能设备的 Kirin 系列;用于数据中心的鲲鹏(Kunpeng)系列服务 CPU;用于人工智能的场景 AI 芯片组 Ascend 系列 SoC;基带芯片系列(基站芯片 Tiangang、终端芯片 Balong)四个系列板块。

基于电信运营商"全球眼"视频监控网络需求,华为海思进入视频编解码芯片领域。2007 年获得国内安防企业巨头大华股份的订单,实现"从0到1"的突破。目前,全球的摄像机大部分是在中国制造的,而海康威视、大华、宇视科技是这一市场的前三强,供应它们摄像机视频编解码芯片的主要厂商正是海思。如今海思的安防芯片产品打败了德州仪器、博通等巨头,占据了全球 70% 的份额,做到了全球第一。

基于电信运营商的交互式网络电视(IPTV)需求,华为海思也进入了机顶盒芯片领域,2008 年获得广东电信订单,成功实现"从0到1"的突破,后续伴随国内 IPTV 市场推广做大做强自身机顶盒产品。如今华为海思在机顶盒芯片市场打败意法半导体和高通等,做到了国内第一、全球第二、仅次于博通,占据全国该市场 70% 的份额。

造华为手机"芯"

K3 系列:走过最难的路

在核心的手机芯片上,海思一直进展缓慢。从 2006 年开始着手研发手机芯片方案,海思一做就是三年。在手机芯片设计上面,华为购买过 ARM 的设

---

① 快科技.华为高通恩怨往事:穷人家的华为,资本家的高通[EB/OL].https://baijiahao.baidu.com/s?id=1631394086612409512&wfr=spider&for=pc,访问时间:2020 年 1 月.

第 5 堂课
华为海思：半导体芯片关键技术是如何突破的？

计授权，并在其基础上进行设计，并委托台积电等制造，故被称为 Fabless（无工厂）芯片商。何庭波带领着团队夙兴夜寐，除只在视频编解码芯片和机顶盒芯片上小有斩获外，手机芯片的研发无甚进展。何庭波每次看到员工碰到难以逾越的困难而士气低落时，总是给他们打气，"做得慢没关系，做得不好也没关系，只要有时间，海思总有出头的一天"。

2008 年，海思推出了首款手机芯片 K3V1，采用了 110 纳米工艺，与主流厂商的 65 纳米相差一代。这意味着 K3V1 从一开始就注定无法满足市场需求，K3V1 最终没有应用于华为自己的终端，而是被大量使用于山寨手机里。

也正是这一年，华为在花了 4 年时间完全打开欧洲的基站市场后，曾一度考虑效仿高通 1998 年的做法将手机业务出售。然而，在协议已经基本定型的 2008 年 9 月，金融海啸爆发，这让华为手机的出售因资本方的频频压价而告吹。出售协议终止后，任正非专门带着一众高管，与华为终端业务的人开了个跨部门的大会，决心全面建立自己手机的品牌影响力。在商业上被高通"卡脖子"的华为，毅然决定用自研手机 SoC 的各组成部分来扶持手机业务的发展，其中手机 SoC 核心部件的通信基带芯片被视为重中之重①。

也许在今天看来，华为决定自研 SoC 是一件颇为明智的决定，但在 2009 年前后，进军手机 SoC 市场对于华为海思无异于从零开始。

作为华为手机主要对手之一的 iPhone，给艰难前行的海思手机芯片的发展之路指明了方向："芯片要突破，离不开自研核心部分，离不开母厂的支持！"在 iPhone4 之前，苹果 iPhone 一直用的都是三星生产的处理器。2010 年，iPhone4 搭载 A4 自研处理器发布，由于保留了原有三星 S5PC110 蜂鸟处理器 CPU 和 GPU 的部分不变，仅去掉了一些指令集部分多余的东西，把 L2 缓存扩大为 640KB，所以在使用效果上依旧次于三星 S5PC110。这也让 iPhone 发现稍稍改动的路是走不通的，只有自研核心部分才有用。2011 年，搭载 A5 处理器的 iPhone4S 亮相，这款跨时代产品的"芯片" A5 是 iPhone 上第一枚双核 SoC 处理器。A5 运用了 32 纳米和 45 纳米工艺、Cortex-A9 双核心架构，GPU 也变成了 PowerVR SGX 543 MP2，图形性能较上一代提升了 7 倍之多，拥有低功耗的特征。

2010 年，华为海思在研发猛人、时任海思无线芯片开发部部长王劲的带领

---

① 华为高通恩怨往事：穷人家的华为，资本家的高通 [EB/OL]. https://baijiahao.baidu.com/s？id=163139 4086612409512&wfr=spider&for=pc，访问时间：2020 年 1 月.

下,推出首款TD-LTE基带芯片——巴龙700,将高通最坚固的防线撕开了一道口子。

兴奋的海思团队,则在何庭波的带领下,继续向深远处挺进。曾经的Windows Mobile被弃用,代之以安卓系统,芯片架构也换成最流行的ARM。在一次次反复测试和改进后,2012年8月,华为海思推出K3V2处理器。这一次,华为把它用在了自家手机中。这款号称全球最小的四核A9处理器,采用台积电40纳米工艺,在当时算得上一款比较成熟的产品。但与高通、三星的28纳米工艺相比,K3V2仍有不小的差距。首款搭载K3V2芯片的四核手机,因为发热量大,被网友戏称为"暖手宝"。各种兼容性问题更是层出不穷,以致开发人员不得不日夜兼程,从软件层面来弥补芯片上的漏洞。何庭波和她的海思团队,每天承受着巨大的压力。最终,用户没有接受,手机整体的销量很差。K3V2虽然开启了海思芯片应用于自己手机的传统,但以失败告终。

更要命的是,K3V2之后的长达一年半时间,没有升级换代,导致其后发布的D2、P6等一系列手机,一直沿用老款芯片。媒体和消费者因海思迭代芯片极慢,调侃其为"万年海思"。面对外界的一致质疑,海思内部却出奇地安静,只有实验室里的灯火彻夜通明。在华为海思看来,高通太贵,自主研发替代它还是必经之路。

麒麟芯片:终成中流砥柱

2014年年初,华为第一款SoC芯片麒麟910问世,工艺升级至28纳米,追平了高通的芯片品牌"骁龙"。这个高度集成的手机主处理芯片,也是一块SoC芯片。SoC芯片相当于控制中枢,它既包括基带芯片,也包括CPU、GPU、其他芯片(如电源管理芯片)等。以麒麟910为例,它的CPU是ARM的1.6GHz四核Cortex-A9,GPU是ARM的Mali-450,基带芯片是自家的Balong710(巴龙710)。

在麒麟910发布之前,高通几乎垄断了高端基带芯片,高傲如苹果,也不得不为其折腰。海思研发的SoC芯片麒麟910终结了这一格局,并以此为起点,开始了手机芯片史上一段波澜壮阔的逆袭。2014年4月,麒麟910T被应用在华为P7上,该手机以2 888元价位开卖,销量破700万台;6月,海思推出麒麟920,集成全球第一款LTE Cat.6的巴龙720基带,应用于荣耀6,搭载麒麟920的荣耀6一出来,就飙升到各跑分软件的第一名,使海思麒麟芯片第一

第5堂课
华为海思：半导体芯片关键技术是如何突破的？

次达到与行业领袖高通对飙的地位；9月，麒麟925发布，首次集成"i3"协处理器，应用于华为Mate 7和荣耀6 Plus上，其中，Mate 7成为华为历史上首款真正意义上的爆款手机，创造了在国产3 000元价位上高端旗舰的历史，全球销量超750万台。

为了实现这一蜕变，海思历经各种艰辛，有时甚至是生命的代价。2014年7月26日，那个撕开高通防线的研发猛人王劲，突发昏迷，不幸离开了人世。在他去世后，华为消费者业务CEO余承东沉痛悼念，"一位一起征战十几年的无线老兄弟，昨夜突感胸闷，去医院路上昏迷，抢救无效去世了。难以置信啊！无尽的哀思！曾经为基站产品做出突出贡献，海思终端麒麟芯片能有今天的强大竞争力，他功不可没……"

《华为研发》一书记载了王劲他们逆境奋斗的事，"一年、两年、三年，日复一日，年复一年，早出晚归，付出的努力并不比别人少，但开发出的产品却得不到市场应用或遭遇失败，甚至部门被迫解散，公司投入的几千万、几个亿血本无归……这种难受的心情相信只有经历过失败之痛的人才会有切身的体会。在逆境中默默成长，从幼稚走向成熟，是华为公司中研部，以及华为研发人员的成长之路。华为的研发也是在重重的问题和在失败的教训堆积中不断发展的"。

重新赢得口碑的华为海思，在何庭波的带领下继续拼命狂奔。2015年11月，与台积电合作规划的麒麟950发布，主频2.3GHz，采用16纳米工艺，凭借高性能、低功耗、早面世，赢了高通半个身位。Mate 8、荣耀8、荣耀V8等延续了Mate 7的辉煌，帮助华为站稳了中高端市场。自此，海思的更新周期与高通呈现差异化，每年下半年更新，首发在其旗舰智能终端Mate系列。

2016年4月，华为推出麒麟955，同时联盟相机界领先企业"徕卡"推出徕卡双摄手机镜头，在两者的绝妙搭配下，华为P9系列成为华为旗下第一款销量突破千万台的旗舰手机。同年10月又推出麒麟960，不仅进一步解决了基带问题，还极大提升了GPU性能，在2017年1月被美国科技媒体Android Authority评选为"2016年度最佳安卓手机处理器"，其代表机型为华为Mate 9、P10。

麒麟智能芯片：面向下一代需求

2017年是智能手机AI元年。这一年，华为推出麒麟970，采用了10纳米工艺,是全球首款内置独立 NPU 的手机 AI 芯片。搭载麒麟 970 的 Mate 10 上市 10 个月销量就突破 1 000 万台。截止到 2017 年 8 月 20 日,搭载麒麟芯片的华为、荣耀两个品牌的手机发货量累计已超过 1 亿部。竞争对手紧跟推出自己的 AI 芯片:苹果推出 A11 仿生芯片;高通骁龙推出 660AIE、670AIE、710AIE、845 等;三星推出 Exy9810。

2018 年,华为海思在软硬技术结合方面投入精力。2018 年 7 月,华为推出革命性图形处理加速技术 GPU Turbo 和搭载此技术的麒麟 710。同年 8 月 31 日,华为海思推出全球首款 7 纳米的麒麟 980 芯片,在中国移动发布的"移动主流旗舰芯片 AI 性能评测排行榜"上,超越高通骁龙 845,位列第一。这一年,华为海思同时拿下了 ARM 的 Cortex-A76 CPU 内核和 Mali-GPU 内核的首发,并首次集成了双 NPU。在市场方面,2018 年华为形成了高端 P 系列、Mate 系列,中端荣耀系列,低端 Nova 系列等全系列的产品家族,整体手机出货量超过 2 亿部,位列全球第三。

2019 年是华为海思自主研发的大年,持续进化 5G、AI 技术,接连发布了鲲鹏 920 处理器(业界最高性能 ARM-based 处理器)、巴龙 5000(业界标杆 5G 多模终端芯片)、麒麟 810(首款采用华为自研达芬奇架构的手机 AI 芯片)、昇腾 910 & MindSpore(算力最强的 AI 处理器及全场景 AI 计算框架)、麒麟 990 系列(华为最新一代旗舰手机芯片,首款 5G SoC)、麒麟 A1(全球首款 BT/BLE 双模 5.1 可穿戴芯片)。至此,华为拥有 6 个全球首创且唯一的芯片产品。在市场方面,2019 年华为整体手机出货量超过 2.4 亿部,超过苹果出货量(略低于 2 亿部),成为全球出货量第二大的手机供应商,仅次于出货 3 亿部的三星手机。

海思手机芯片的靠山

母公司的全力支持

讨论海思半导体成功的关键,不得不提的是华为母公司的大量订单。

根据互联网数据中心的数据,2012 年 7 月华为成为全球第三大智能手机厂商,仅次于三星和苹果,这说明华为在自研手机芯片设计的早期就有大量订货的能力和需求。

第 5 堂课

华为海思：半导体芯片关键技术是如何突破的？

全球智能手机市场的迅速发展是从 2009 年开始的，表现为全球智能手机迅速抢占市场，销量迅速上升，在 2012 年达到 72.5 亿部，主要原因是智能机的使用更加方便，再加上居民可支配收入水平的提高，引起发了第一波换机潮。从 2013 年开始，4G 手机引领换机热潮。直到 2016 年，全球智能手机销量达到顶峰 147 亿部，主要原因是智能手机在功能上实现了一个跨越式发展，屏幕从 3.5 寸逐步升级到 6 寸屏，内存配置上逐步扩容到 4G/6G，移动软件应用的体验不断提升。

在全球智能手机市场迅速发展的过程中，华为的表现十分突出，长期处于智能手机出货量的全球前三名。2018 年，华为智能手机出货量 2.06 亿部，占全球出货量份额约为 14.7%，同比增速高达 30%。与此同时，华为 2018 年半导体芯片总采购额高达 211 亿美元，给海思半导体提供了巨大的优先市场，助力海思半导体大获成功。

麒麟芯片搭载在华为手机上，对于华为海思和华为母公司而言既是挑战又是机遇。华为采取芯片同自己手机绑定销售的商业战略，将华为暴露在手机滞销的风险之下。比如 2012 年华为海思推出的 K3V2 处理器，用在了自家定位旗舰的 Mate 1、P6 等机型，就不被消费者接受，影响了华为手机销量。但是这一战略不仅能解决麒麟芯片出货量的问题，提升华为手机的技术领先性和溢价能力，而且能够促进华为海思研发部门加强技术研发。麒麟系列芯片与华为终端手机品牌的相互配合，最终帮助华为海思成长起来，也使得华为终端品牌迅速做大做强。

持续高强度投入研发

华为一直保持着高强度的研发投入，2018 年的研发投入高达 1 015 亿元，超过了英特尔和苹果，其中很大一部分用在华为海思上。华为近十年研发投入更是超过 4 850 亿元，超过中国 BAT 等互联网公司研发投入的总和。华为现有研发人员 8 万多名，约占公司总人数的 45%。截至 2018 年年底，华为在全球累计获得授权专利 87 805 件，其中美国授权专利 11 152 件。根据 WIPO 公布的数据，2018 年华为共计提交 5 405 份专利申请，全球排名第一。

半导体行业是需要企业持续高强度研发投入的行业。对比海外半导体龙头的研发投入，华为是唯一能够跟上国外龙头企业的中国企业，这也是国内大部分半导体企业一直在成长但是仍与国外企业差距越来越大的核心原因。

以华为自主研发的巴龙系列基带芯片为例。相对于麒麟系列的高知名度，巴龙系列似乎低调得多，但实际上后者是前者的重要组成部分。基带芯片技术能力直接决定了包括智能手机在内的通信行业的竞争实力和市场格局，只有将基带芯片通信规格提高到全球顶级，才能跻身手机芯片的高端俱乐部。正是基于巴龙迅速成长的通信实力，麒麟系列芯片才能在全球通信方面具备业界领先的能力，并且不断加速华为终端业务的核心产品优势和迭代速度。

战略选择，定位 Fabless

在半导体芯片行业，企业的模式主要分三种：有的公司，从设计到制造、封装测试以及投向消费市场一条龙全包，被称为 IDM（Integrated Design and Manufacture）公司，如英特尔；有的公司，只做设计，是没有工厂的，通常被称为 Fabless，如 ARM、AMD、高通、华为海思等；还有的公司，只做代工，只有工厂，不做设计，被称为 Foundry（代工厂），如台积电等。

中国与美国、欧洲、日本和韩国的半导体产业模式具有本质的不同。欧洲等国及日本和韩国都是以 IDM 企业为主，Fabless 产业比例基本为零；只有美国是 IDM 模式和 Fabless 模式均衡发展，并且都占据全球较高的份额；而中国则正好相反，Fabless 占据份额很高，而 IDM 占比明显偏低。

这是由于 IDM 模式需要与国内相关上游设备、材料以及晶圆代工厂逐步摸索合作，这是一个相对漫长的过程，而 Fabless 相对容易。中国的半导体发展时点最晚，已经错失了早期 IDM 模式发展的黄金阶段，且台湾地区有晶圆代工企业台积电、中国大陆有 2000 年创立的中芯国际，最终华为采取了 Fabless 模式。

华为战略选择定位于 Fabless，使其能够充分使用台积电等的制造基础，并能较低成本地专注于芯片设计，产品转型相对灵活。

基于国内巨大电子消费需求，抓住发展机遇

在过去 40 多年的改革开放中，家电、安防监控、服务器、路由器、无线通信设备以及智能手机等产品需求在中国大范围爆发。这些产品端的巨大需求成为国内电子产业企业自主可控、创新升级的核心优势。

第 5 堂课
华为海思:半导体芯片关键技术是如何突破的?

产业链国产化配套需求的增长,促使国内终端产品使用国产芯片,提供了在应用端试错、改进、提升的机会。华为主要抓住了安防监控、电视机顶盒、智能手机产品等的芯片需求,迅速崛起。

海思的未来

备胎转正?

2018年5月15日,特朗普签署了一项总统令,宣布美国进入国家紧急状态,以给予美国商务部更大的权力去禁止美国企业使用华为这种会"威胁美国国家安全"的公司的设备。随后,美国商务部工业与安全局(BIS)将华为列入其一份会威胁美国国家安全的实体名单中,从而禁止华为从美国企业那里购买技术或配件。①

2018年5月17日凌晨,华为海思总裁何庭波在致员工的内部信中写道:"多年前,还是云淡风轻的季节,公司做出了极限生存的假设,预计有一天,所有美国的先进芯片和技术将不可获得,而华为仍将持续为客户服务。为了这个以为永远不会发生的假设,数千海思儿女走上了科技史上最为悲壮的长征,为公司的生存打造'备胎'。数千个日夜中,我们星夜兼程,艰苦前行。华为的产品领域是如此广阔,所用技术与器件是如此多元,面对数以千计的科技难题,我们无数次失败过、困惑过,但是从来没有放弃过……今天,命运的年轮转到这个极限而黑暗的时刻,超级大国毫不留情地中断全球合作的技术与产业体系,做出了最疯狂的决定,在毫无依据的条件下,把华为公司放入了实体名单……今天,是历史的选择,所有我们曾经打造的备胎,一夜之间全部转'正'!多年心血,在一夜之间兑现为公司对于客户持续服务的承诺。是的,这些努力,已经连成一片,挽狂澜于既倒,确保了公司大部分产品的战略安全,大部分产品的连续供应!今天,这个至暗的日子,是每一位海思的平凡儿女成为时代英雄的日子!"②

2018年5月21日,75岁的华为创始人任正非在华为深圳总部接受媒体

---

① 环球时报.美国人惊呼华为的噩梦来了,可华为却说早就等着这一天[EB/OL].https://www.sohu.com/a/314556592_419351,访问时间:2020年1月.

② 同上.

群访时说:"华为不会出现'断供'这种极端情况,已经做好准备了。如果出现供应困难的情况,我们有备份……其实这个备胎计划,都是公开的,在过去八年的总裁办文件都可以查到,我反复讲的,只是社会不重视,美国打了一下,才重视。备胎就是为了保持汽车抛锚的时候还能开……好多东西已经投产了,但是不排外,外面的货还订。每年我们至少买高通5 000万套芯片,不是5 000万件,是5 000万套,因此我们从来没有去排斥和抵制……动用备胎,体现了自主创新,但不想孤家寡人,我们的朋友遍天下,不能伤害朋友。"①

华为海思总裁何庭波和华为创始人任正非的发言揭示了"突破半导体芯片关键技术"的华为海思对华为集团的战略"备胎"意义,更表明华为海思的产品早已被长期使用,并和美国产品同时使用。

未来是否独立?

当被问及海思是否会在未来进一步独立时,任正非表示:"华为主战部队是CNBG(网络连接部门),只有这个部门才是称霸世界的,美国首打的也是这个部门。海思是华为的附属品,跟着华为的队伍前进,就像一个坦克车、架桥车、担架队的地位。既然是主战部队里面的加油车、架桥部队,不是主战部队,怎么会独立呢?珠穆朗玛峰对这个世界的意义是很大的,这是战略高地,美国就是争夺不到,才使用这种手段,我们怎么会见钱眼开,放弃了这个战略高地呢?不会的。网络连接部门在我们公司就是放出去的儿子当长工,赚了钱养妈妈,妈妈称霸世界。"②

华为海思作为华为集团的有机体和承担芯片创新任务的核心部门,在可预见的未来,独立的可能性很小。

抢占手机芯片供应市场份额?

2019年9月,华为消费者业务CEO余承东在回答外媒提问"华为是否考虑销售麒麟芯片给其他手机厂商"时回应:麒麟芯片供内部使用,也考虑对外销售。在2019年12月举行的2019 ELEXCON深圳国际电子展期间,上海海

---

① 凤凰网科技.任正非:华为不会出现极端断供情况,已经做好准备了[EB/OL].https://tech.ifeng.com/c/7mqnNK 2G8tk,访问时间:2020年1月.

② 澎湃新闻.任正非:海思是华为的附属品,跟着华为的队伍前进[EB/OL].https://www.sohu.com/a/315378853_260616,访问时间:2020年1月.

第 5 堂课
华为海思：半导体芯片关键技术是如何突破的？

思科技有限公司平台和解决方案营销总监赵秋静透露了海思向行业外部销售芯片的开放战略。2020年1月1日，《EE Times》官网报道，海思半导体在公开市场上发布了4G通信芯片，这正式表明华为内部的芯片设计部门现在正在向该行业外部提供大量芯片。①

海思过去不对外出售芯片的原因并不是害怕手机的竞争对手采用了海思高端的麒麟芯片，使华为手机优势下降；而是因为海思麒麟芯片要与华为的EMUI结合才通畅，麒麟芯片相较于高通芯片还是未经市场考验的新品，稳定性、可靠性不敢保证，手机厂商也不敢轻易使用海思芯片。海思对外出售芯片，说明海思芯片的成本和性能已经能够与国际巨头芯片供应商媲美。海思作为中国最大的芯片设计公司，对外出售芯片，可能将会抢占手机芯片供应市场份额。而此时，华为海思直面的将是高通、英特尔、三星等具有长期市场影响力的竞争对手。

尾　声

华为海思一路走过来，克服了重重困难。正如任正非所说的，华为没有成功，只是在成长。伟大都是熬出来的。

到如今，华为海思已经历经23年风雨，设计了200多种型号的芯片，拥有8 000多种专利，客户遍及100多个国家和地区。宝剑锋从磨砺出，成功突破芯片关键技术并成为中国最大、最强的芯片设计公司的华为海思，有哪些值得总结的经验与反思？面对国际政治动荡局势和VUCA②变革时代，以及高通、英特尔、三星等竞争对手，下一步半导体芯片之路该如何走？华为海思能否可以持续赋能华为，使其成为更伟大的商业帝国，又能否可以实现"把数字世界带给每个人、每个家庭和每个组织，构建万物互联的智能世界"的使命？

---

① 新浪财经.海思半导体进入公开市场，供应链国产替代迎机遇[EB/OL].https://baijiahao.baidu.com/s?id=1655044136387788282&wfr=spider&for=pc,访问时间：2020年1月.

② 源于军事用语，VUCA是Volatility（易变性）、Uncertainty（不确定性）、Complexity（复杂性）、Ambiguity（模糊性），概述了剧变时代的特点。

阅毕请思考：

1. 华为当时为什么决心要做自己的芯片？有哪些内外关键因素？

2. 华为海思在芯片开发过程中经过了哪几个阶段？各阶段遇到了哪些困难和挑战？

3. 根据华为海思半导体芯片目前突破关键核心技术和"卡脖子"取得的阶段性成绩，主要采取的是什么样的创新路径与模式？有哪些关键成功因素？

4. 华为海思下一步应该如何创新以保持持续竞争优势？

第6堂课

天空飘来"阿里云":中国自主云计算技术如何从0到1?*

摘要: 作为中国近年来典型的依靠自主创新快速崛起的代表,阿里云自主开发了云计算系统"飞天",如今不仅支撑着阿里体系巨大的计算量,还服务国内外各行各业,成为仅次于亚马逊 AWS 和微软 Azure 的全球第三大云计算公司。然而,阿里云的自主创新之路并不平坦,从2008年立项,2009年公司正式成立,在服务蚂蚁阿里金融、攻破"5K"难题等最困难的五年里,历经一波三折,内部反对声音不断,80%的员工选择离职。2013年6月,阿里云技术终于取得突破,实现了"从0到1",随后技术和业务不断发展。本案例介绍了阿里云在中国缺乏自主云计算服务的背景下,是如何依靠自主技术创新实现从0到1的发展的。

关键词: 阿里云;云计算;自主创新;从0到1;核心技术

> 8年前,别人都说我忽悠了马云,因为云计算这么不靠谱的东西他也信了;其实是马总忽悠了我,他让我相信这事只有在阿里干得成。①
>
> ——王坚,阿里云创始人

---

* 本案例由浙江大学管理学院郑刚、中山大学岭南学院林文丰撰写,版权归作者所有。未经允许,本案例的任何部分都不能以任何方式与手段擅自复制或传播。由于企业保密的要求,在本案例中对有关名称、数据等做了必要的掩饰性处理。本案例仅供讨论,并无意暗示或说明某种管理行为是否有效。

① 钛媒体.阿里 CTO 王坚:YunOS 的 N 种可能性[EB/OL].http://tech.ifeng.com/a/20150422/41064007_0.shtml,访问时间:2020年1月.

引　言

2019年天猫"双11"再次刷新世界纪录，订单峰值达到54.4万笔/秒，单日数据处理量达到970PB，堪称全球最大流量洪峰。这一巨大流量洪峰100%由阿里云的公共云支持。"不是任何一朵云都能撑住这个流量。中国有两朵云，一朵是阿里云，一朵叫其他云。"2019年11月11日晚，阿里巴巴集团CTO张建锋表示，"阿里云不一样，10年前我们从第一行代码写起，构建了中国唯一自研的云操作系统'飞天'"。[①]

王坚，阿里巴巴技术委员会主席，曾是杭州大学、浙江大学心理学系博士生导师兼系主任。他2008年选择从微软亚洲研究院离职、加入阿里巴巴担任首席架构师，在2009年创建阿里云并担任首任总裁，在从零开始的情况下，"狂妄"地舍弃了相对保险的开源路线，坚持做大规模分布式计算系统——飞天。[②]

2019年11月22日，当年中国工程院院士的增选结果揭晓。王坚当选院士，成为唯一出自民营企业的院士。王坚最为知名的成就之一，是领导阿里云的工程师团队，研发了中国云计算操作系统"飞天"。

飞天团队正式组建于2008年10月，到如今服务客户超过230万，承接了阿里巴巴100%核心系统。人们不禁会问：2008年，电商业务发展迅猛的阿里巴巴为什么要决定自己做云计算操作系统？阿里云在开发过程中遇到了哪些困难和挑战？阿里云在短短几年中攻克难关、取得行业关键核心技术的突破，其背后的创新密码是什么？

艰难起步

"计算力"危机

2008年，马云把王坚从微软亚洲研究院常务副院长的位置挖来，以解决阿

[①] 云栖社区.2684亿！阿里CTO张建锋：不是任何一朵云都撑得住双11[EB/OL].https://m.aliyun.com/yunqi/articles/726666？spm=5176.11156470.0.0.1e5c54668cEjob，访问时间：2020年1月.

[②] 钛媒体.阿里CTO王坚：YunOS的N种可能性[EB/OL].http://tech.ifeng.com/a/20150422/41064007_0.shtml，访问时间：2020年1月.

第 6 堂课

天空飘来"阿里云":中国自主云计算技术如何从 0 到 1?

里巴巴"计算力"不够的危机。阿里巴巴需要具备可以处理淘宝订单、支付宝转账等海量交易的计算力,以及可以存储海量商品和交易记录的数据库及存储设备。在没有自研服务器、数据库和存储设备的中国,阿里巴巴需要的此类服务只能由"IOE"提供:I 即 IBM,提供服务器;O 即 Oracle,提供数据库;E 即 EMC,提供存储设备。[①]

随着阿里巴巴的淘宝、支付宝、B2B 业务的用户和业务激增,需要处理、存储的数据越来越多。服务器的处理器使用率每日有超过一半时间会超过 98%。

马云意识到,包括服务器、数据库等在内的基础技术设施已经成为卡住阿里巴巴"脖子"的技术。而 IOE 的方案很贵,如果随着用户和业务增长持续增加对 IOE 的采购,阿里巴巴几乎所有的收入都会花在购买 IOE 产品和服务上面,阿里巴巴终将"买到破产"。让马云更加不能采取 IOE 方案的原因是,随着阿里巴巴用户数的迅速提升,在可预见的未来,IOE 方案也不一定能够支撑阿里巴巴未来几亿用户的访问需求。

于是,阿里在 2008 年中旬开会决定,要研发一套新的技术架构,其足够经济实惠,足够调度数千台计算机,并用这套技术更替 IOE,推动阿里前行。这套设想的技术,不同于传统的 IOE 技术,而需要基于云计算。

然而云计算技术很"新",能借鉴的很少。国外企业也是在 2006—2008 年才陆续开始推出云计算服务。1963 年,美国国防高级研究计划局向麻省理工学院提供津贴启动 MAC 项目,要求麻省理工学院开发"多人可同时使用的电脑系统"技术,这产生了"云"和"虚拟化"技术的雏形。2003—2006 年,谷歌发表了四篇文章奠定了云计算发展的基础;2006 年,亚马逊才推出 Amazon Web Services(AWS)云计算服务;2008 年,微软推出 Windows Azure 云计算服务(现更名为"Microsoft Azure");谷歌和 IBM 等巨头也是 2006 年以后才陆续推出了自己的云计算服务。

阿里巴巴之前少有底层技术研发的成功经验,而且自主研发云计算需要大量的人力和物力投入,以马云为首的阿里巴巴管理团队一时难以做出抉择。

---

① 云栖社区.阿里云的这群疯子[EB/OL].https://yq.aliyun.com/articles/653511,访问时间:2020 年 1 月.

阿里云成立

时间回到2007年,王坚以微软亚洲研究院副院长身份出席了阿里召开的"网侠大会",并在这次大会上第一次见到马云,并提醒他,"如果阿里还不掌握技术,未来将不会有它的身影"。这个建议让马云感触颇深。两年后,王坚被马云请进阿里,以阿里首席架构师的身份为阿里输出技术,并从零开始尝试建立阿里云计算系统。

2008年10月,飞天团队诞生。王坚回顾"飞天"这一命名时表示,"为什么叫了这么一个名字?是因为在中国的神话里面,其实飞天是一个给人带来幸福跟吉祥的神,这也代表着我们对这项技术跟未来的敬畏。同时,这个神是需要有一个清水的环境才能生长好的,杭州得天独厚有一条江,有一个西湖,可能在这儿生长得最好,这是我们可能做这件事情的起因,可在那个时候,云计算还远远没有变成大家的意志、大家真正的行动"。①

在王坚看来,飞天意味着他们创造的技术将要给人带来幸福和吉祥,而这个技术系统需要自主研发,需要大家真正行动起来。而此时王坚身边只有几位从微软带来的旧部,阿里云的发展极其缺乏人才。于是,阿里云的招聘团队短时间内跑遍全国主要的几大城市的十几个学校。到2008年年末,阿里云工程师终于达到30位。

2009年2月1日,也是春节假期后的第一个工作日,在北京上地汇众大厦203这一间因为没有暖气而格外寒冷的办公室里,阿里云工程师敲出了"飞天"的第一行代码。②

困难重重

种子用户:阿里金融

"明明可以坐高铁,却偏偏要骑自行车去上海。"

2009年6月,从金融机构跳槽来阿里巴巴已有4年的胡晓明被马云委以

---

① 虎嗅.阿里王坚:世界上最遥远的距离是红绿灯跟交通摄像头的距离[EB/OL].http://www.sohu.com/a/116093032_115207,访问时间:2020年1月.

② 云栖社区.阿里云的这群疯子[EB/OL].https://yq.aliyun.com/articles/653511,访问时间:2020年1月.

第6堂课
天空飘来"阿里云":中国自主云计算技术如何从0到1?

重任——阿里金融的总裁,同时马云嘱托他两件事:"第一件事,你只能做100万元人民币以下的贷款生意,帮助像当年的我一样借不到钱的创业者。第二件事,你必须跟刚成立的阿里云绑在一起,用它们的技术架构支撑你的服务。"①

金融业务最大的特点是风控为先,对错误的容忍度极低,任何一笔交易出错都可能失去用户的信任,甚至带来负面舆论。因此,在 2009 年前后,中国金融机构广为使用的是 IOE 基础设施,而不是刚刚起步的飞天系统。

研发工程师王国涛的抱怨"明明可以坐高铁,却偏偏要骑自行车去上海",形象地代表了很多阿里金融同事们的不理解。阿里金融的首个产品"牧羊犬"是给淘宝商家贷款的项目,王国涛回忆说:"当时阿里云一边搭建飞天平台,我们就一边在飞天上面开发牧羊犬应用。这就像是开发商一边在造房子,我们一边在室内装修铺地板。"②随着开发的推进,阿里金融团队对飞天系统频繁出现的数据传输、计算稳定性、处理速度等各式各样的问题愈发无可奈何。

"人肉云计算"

牧羊犬项目进行的这段时间里,阿里金融的工程师轮班 24 小时不间断盯着系统。提到阿里云,阿里金融的程序员们都是"眼睛干干的,有种想哭的心情"。他们的经典吐槽依然留在内部论坛:"人家的是云计算,我们家的是'人肉云计算';人家的是'分布式计算',我们家的是'分步试计算'……"

日子一步步逼近春节,如果项目进展达不到预期,阿里金融的程序员们都难以过个好年。于是,胡晓明带着核心骨干跑到王坚办公室门口"讨说法"。王坚无奈,派出所有的技术工程师,驻扎在阿里金融的现场加班开发,只为了"让兄弟团队能过个好年"。

在这段日子里,阿里云工程师林晨曦等人每天都满脸堆笑地给阿里金融团队排除 Bug,又转身收回笑容、紧锁眉头地回部门和同事们一起修改阿里云代码。最无奈的是,他们不知道这种 Bug 频繁的日子什么时候会是尽头。

从"满是 Bug"到"一飞冲天"

春节过后,阿里云发布了一次大版本升级。升级完成的一瞬间,空气突然

---

① 云栖社区.阿里云的这群疯子[EB/OL].https://yq.aliyun.com/articles/653511,访问时间:2020年1月.

② 同上.

安静了:飞天系统稳定得不像阿里云的作品,从"满是 Bug"跃升为"一飞冲天"。飞天系统提供的巨大计算力让阿里金融实现了"小额多次"放贷、"秒级"放贷。"低成本"放贷使得阿里金融在不良贷款率和单账户每年的信息技术成本等方面全面低于传统银行。阿里云技术使得阿里金融的普惠金融变成可能。

阿里金融,即后来蚂蚁金服旗下的网商银行、飞天种子用户,成为中国首个上云的银行。

云梯计划

淘宝网在计算力方面的主要需求是"大规模数据计算",实现这个需求的计划被阿里内部称为"云梯计划"。这个计划关乎阿里巴巴的存亡。公司内部为保险起见做了两个方案:用一些已有的开源软件为基础,研发的数据计算系统被称为"云梯1"计划;以"飞天"为基础,自主研发的数据计算系统,被称为"云梯2"计划。①

这两个计划的目标都是"能独自调度5 000台服务器,肩负起阿里巴巴的底层计算系统",而5 000台服务器这个目标,就写为"5K"。先达到目标的计划,将会成为阿里巴巴未来的技术解决方案,而另外一个将会成为弃子。

从2010年到2012年,执行"云梯2"计划的"飞天伏羲"研发工程师团队没日没夜地加班,但没有太多进展,他们的绩效也因此在阿里集团一直拿最低分。

2012年年底,以开源软件为基础的"云梯1"计划实现了4 000台集群调度,而阿里云团队更看好的自主研发的"云梯2"还在1 500台集群的数量徘徊。这时,飞天团队成立将满5年,集团里风言风语地传着"阿里云要被撤掉"的消息。不断有人提出辞职,辞职书塞满了王坚的邮箱。后来5K项目的同事回忆起当年这件事情,无奈地说,"当年参加5K项目的同事约有60人,现在只有十几个还在阿里巴巴。阿里云成立满6年的时候,为所有从第1年走到现在的员工做了一个人偶。所谓的'所有',只有5个人偶"。②

当时,阿里巴巴大多数的技术大牛也觉得用经过全世界验证的 Hadoop 为

---

① 云栖社区.阿里云的这群疯子[EB/OL].https://yq.aliyun.com/articles/653511,访问时间:2020年1月.

② 同上.

第 6 堂课
天空飘来"阿里云":中国自主云计算技术如何从 0 到 1?

基础的"云梯 1"更有希望,对"云梯 2"不抱希望。2012 年年底的 4 000 台与 1 500 台的差距,更被阿里巴巴技术大牛作为不看好"云梯 2"的铁证。在阿里巴巴内部,因为技术一直无法突破,很多阿里的同事都叫王坚"骗子"。开始大家还在背地里说,后来,大家公开流传着关于"骗子"王坚的笑话:"一个学心理的博士居然当上阿里巴巴的 CTO,心理学学得真好啊!"

阿里巴巴外部不看好云计算的声音也频频传出。2010 年中国(深圳)IT 领袖峰会上,李彦宏表示,"云计算这个东西,不客气一点讲,它是新瓶装旧酒,没有新东西。"马化腾则认为:"我觉得这个事可能你过几百年,一千年后到'阿凡达'那时确实有可能,目前布局为时过早。"①

而阿里云这帮人就是不认,根据他们的推断,Hadoop 在 4K 到 5K 的路上,肯定会遇到一个不可逾越的沟壑,他们坚信"云梯 2"会笑到最后,于是倔强地继续推进。

顶住压力

流言终于传到了马云耳朵里,马云深深体会到王坚的压力,对着阿里巴巴集团所有人,斩钉截铁地说,"我每年给阿里云投 10 个亿,投个 10 年,做不出来再说"。马云更是发文任命王坚为 CTO,全面负责规划、制定和实施集团技术发展战略,在关键时刻扶了王坚一把。

在 2012 年的阿里云年会上,王坚走上台,他紧紧攥着话筒,几次抬眼望向远处,几次欲言又止,最终泣不成声。这个曾经扬言要用一己之力把中国云计算镌刻在世界科技史上的"疯子",一边哭一边说:"这两年我挨的骂甚至比我一辈子挨的骂还多。但是,我不后悔。只是,我上台之前看到几位同事,他们以前在阿里云,现在不在阿里云了……如果把阿里云所有曾经的员工加起来,可能是现在的好几倍。有太多太多的人都在那段暗淡的日子里离开了。这不怪他们,任何一个能认真判断利弊的人,也许在那时候都应该离开阿里云。也许只有'疯子',才会选择留下。"②

在阿里云这次年会上,马云做了这样的独白:"我知道,所有留下来的人其

---

① CSDN.从马云、马化腾、李彦宏的对话,看出三人智慧差在哪里?[EB/OL].https://blog.csdn.net/weixin_34379433/article/details/86754026,访问时间:2020 年 1 月.

② 云栖社区.阿里云的这群疯子[EB/OL].https://yq.aliyun.com/articles/653511,访问时间:2020 年 1 月.

实是真正阿里云的精髓。有的时候不是你技术有多强,而是我们有多团结,互相多配合,多支持,多理解。换任何一个公司,吃不消内网上那么多人骂的,我有一段时间也是特别替大家难过,就像我骂儿子可以,我打儿子可以,不允许别人骂我儿子,要不然我要翻脸的。我没有想过公司内部对阿里云有那么大的意见,我真没想到。但是你们都扛过来了,这是我深以为傲的,如果你们能抗得过内部人骂,抗得过那么多人指责,我们还有什么扛不过的?"[1]马云一番话,让所有的流言瞬间平息。

废弃云梯1,云梯2搭上5K

2013年3月28日,一封来自集团技术保障部架构师云铮的邮件送达高层,"按照数据增量与未来业务增长的情况,云梯1和云梯2两套系统的存储和计算能力将在今年6月21日到达瓶颈。到那时,数据业务将会停滞,淘数据、量子能业务都会受到影响;阿里金融的贷款业务将因为无法进行信用数据运算而中止"。[2]

淘宝用户和业务的快速增长为阿里巴巴划定了截止时间。该选择支持哪一个方案?这个决定生死的决策被摆在了马云的面前。

在这个时候,基于成熟开源技术 Hadoop 的云梯1依旧无望突破技术瓶颈,而且开源系统会使得阿里未来受到技术制约。马云明白,云梯1不再能够支撑阿里巴巴的快速发展,再推一把重金支持的云梯2是唯一选择。于是,在3个月内把"基于阿里自身诉求而设计架构和代码"的云梯2"飞天"推上5K,成为阿里集团唯一的选择。

在集团的授意下,整个阿里巴巴集团的研发资源汇聚到了一起,各个部门的技术大牛迅速组成增援大军。核心技术系统的正明团队,全员投入5K的攻坚战;负责应用集测试的许呙兢,在得知调度系统的日志自动收集和分析工具缺口严重后,主动接下这部分任务;褚霸、多隆等更多分散在阿里体系各部门的技术牛人也都加入进来。

阿里云自己的同事更是全力冲刺。新员工刚刚入职,就立刻被派往"战场"。本来是北京分公司的员工,入职之后直接拉到杭州帮忙5K项目;都加入

---

[1] 云栖社区.阿里云的这群疯子[EB/OL].https://yq.aliyun.com/articles/653511,访问时间:2020年1月.

[2] 同上.

第 6 堂课
天空飘来"阿里云":中国自主云计算技术如何从 0 到 1?

公司两个月了,还不知道自己北京的工位在哪里。在最后的测试阶段,杭州和北京两个办公室的同事电话 24 小时在线,人可以轮班休息,电话不能掉线,那部用来接听的电话都烧得滚烫。就这样,一行行代码累积起来,Bug、难题被一个个攻破。

2013 年 6 月底,5K 进入了最后的稳定性测试。怎么测试系统的稳定性呢?阿里云团队采用了一个"钢铁直男"的测试办法:拔电源。理由是如果这种突然暴力断电都能撑得住,阿里云还有什么不稳定的呢?拉下电源的那一刻,时间仿佛停止,只有机器重新启动的声音。

4 个小时以后,飞天系统完全恢复运行,经过系统自检,一切正常。虽然有 10 台服务器"光荣就义",但数据毫发无损,成功完成 5K 任务!

在场见证的人都明白:成了!所有的内外部怀疑都在此刻化为泡影,留存的只有自豪和骄傲。

快速发展

技术发展

在成为中国首家具有云计算能力的企业之后,阿里全力开展技术突破。

2013 年 8 月 15 日,飞天 5K 系统上线提供对外服务,这是中国首次实现单集群超过 5 000 台服务器的通用计算平台,也是世界上第一个对外提供这种能力的公司。

2015 年 6 月,阿里"登月计划"实现突破。从此,阿里巴巴和蚂蚁金服将所有数据存储、计算任务全部迁移至飞天平台,全盘替代 IOE 和云梯 1。

2015 年 10 月,在计算界的奥运会 Sort Benchmark 中,阿里云计算 100TB 数据排序只用了 377 秒,把 Apache Spark 之前创造的 23 分钟世界纪录一下子缩短了一半多,打破了 4 项世界纪录。

2016 年 1 月,阿里云发布一站式大数据平台"数加",开放阿里巴巴 10 年的大数据处理能力,首批亮相 20 款产品。同年 11 月,阿里云打破 CloudSort 的世界纪录,将 100TB 数据排序的计算成本降低到原来的 1/3。

2017 年 11 月,首批人工智能国家队亮相,阿里云 ET 城市大脑成为国家新一代人工智能开放创新平台。同年发布的神龙云服务器,是对下一代云计算主机的探索;发布的 PolorDB 与商业数据库 Oracle 和它的继任者 MySQL 对标,竞争数据库市场。

2018年1月,飞天获"2017中国电子学会科学进步奖"特等奖,这也是15年来首个特等奖。同月,飞天的分布式存储系统"盘古"升级到了2.0,成为阿里巴巴的统一存储平台。在2018年9月举办的云栖大会上,唐洪、小邪、何导等阿里云大咖悉数登场,发布了新一代云计算操作系统——飞天2.0。飞天2.0可满足百亿级设备的计算需求,兼容市面上90%的物联网通信方案,覆盖从物联网场景随时启动的轻计算到超级计算的能力,在物联网方面的连接能力显著升级,为阿里在物联网领域的布局打下了坚实基础。

2019年3月,在阿里云北京峰会上,阿里云面向开发者发布了SaaS加速器,并推出小程序云,以20亿元扶持基金的"繁星计划"培育云上新生态。会上,张建锋表示,现在阿里巴巴有60%到70%的业务跑在公共云上,在未来一到两年时间里,阿里巴巴100%的系统将完全基于公共云。

2019年9月,阿里云智能总裁张建锋展示了阿里巴巴第一颗自研芯片——含光800。含光800在性能和能效比两方面打破世界纪录,成为全球最强的AI推理芯片。

2019年10月,阿里云OceanBase作为中国自研数据库产品,在被誉为"数据库领域世界杯"的TPC-C测试中夺得第一,一举超过国内外传统IT服务厂商。

业务扩张

云计算除了成为阿里巴巴的底层基础设施,也已经成为阿里巴巴的重要收入来源。扩张迅猛的阿里云每年都会拿到几次具有突破性意义的订单或开拓具有战略意义的市场。

2015年1月,"中国铁路12306"将车票查询业务部署在阿里云上,春运高峰分流了75%的流量;2015年5月,阿里云中标海关"金关工程二期"大数据云项目订单;2016年4月,阿里云和韩国第三大跨国企业SK集团合作,携手拓展韩国云计算市场;2016年5月,阿里巴巴集团和日本软银公司宣布合作,携手拓展日本云计算市场;2017年10月,阿里云的马来西亚大区开服;2018年10月,英国大区开服。阿里云完成对中、美、英、德、日五大市场的覆盖。

从业务收入来看,阿里云业务的营业收入从2015财年的12.71亿元增长到2019财年的247.02亿元,复合增速110%。2020财年第一季度云计算业务

第6堂课
天空飘来"阿里云":中国自主云计算技术如何从0到1?

收入77.87亿元,依旧保持了66%的高增长。云计算板块的收入占比从2014财年的1%上升到2019财年的7%。

从服务客户和业务类型来看,截至2019财年,阿里云在包括印度、澳大利亚、德国、日本、美国在内的许多国家或地区设立了数据中心并提供服务,共拥有140多万付费客户,覆盖了约50%的《财富》中国500强公司,以及一半以上的A股上市公司。阿里云提供全套云服务,包括弹性计算、数据库、存储、网络虚拟化服务、大规模计算、安全、管理和应用服务、大数据分析、机器学习平台和物联网服务等。

2019年6月18日,阿里巴巴集团CEO张勇通过全员信宣布了阿里新一轮的组织架构调整。在新一轮组织架构调整中,阿里巴巴集团将钉钉并入了阿里云智能事业群。把钉钉并入阿里云,是阿里云为突破目前增长瓶颈,面向ToB市场开拓新发展空间的重要举措。这也进一步说明,阿里云在巩固好电商这个基本盘的同时,开始着手发展产业互联网和物联网等业务。

2020年2月3日,也是春节假期结束后的第一个工作日,由于新型冠状病毒疫情还没有被完全控制,不少企业都选择让员工在家办公,以钉钉等作为沟通工具。但是,就是在这一天,由于后台系统峰值流量暴增百倍,钉钉崩溃了。阿里云随后连续扩容10万台云服务器,帮助钉钉抵抗住了这一巨大的流量冲击,展现出了强大的技术实力。

承载阿里巴巴100%的核心系统

2019年天猫"双11"当晚,阿里巴巴将100%的核心系统放在了云上,成为全球第一家将100%核心系统上云的大型企业,比年初张建锋预计的早了至少一年。

阿里是一家高速增长的企业,在增长的过程中换上了阿里云这一全新的引擎。这与之前很多企业把非核心负载放在云上不同。阿里这次实现的是所有系统全部都放在阿里云的飞天操作系统上面,而且这个系统是公有云系统。这意味着使用阿里云的客户可以得到与阿里巴巴一样的高质量云服务。

让阿里巴巴最终选择全面上云的是阿里云的技术和阿里云在"双11"当晚的卓越表现。2019年天猫"双11"前10分钟,消费者基本没有感受到任何阻碍,购物非常顺畅。这一日,订单峰值达到54.4万笔/秒,单日数据处理量达到970PB,是全球最大流量洪峰。而这一巨大流量洪峰100%由阿里云的公共云支持住了。阿里云在四个方面做了核心突破，这四个方面分别是核心虚拟机系统上自研的神龙架构，自研的云原生的数据库 OceanBase 和 PolarDB，以及计算与存储分离、实现远端存储比本地读写磁盘更快的 RDMA 网络。支撑这次购物的还有菜鸟物流系统、交易数据管理系统、消息流转系统 MQ、自研的芯片含光 800 等，它们都是由阿里自主研发、阿里云提供数据支持和开发支持的，实现了从硬件、数据库、云计算操作系统，到顶层核心应用平台的四位一体。①

全方位赋能

2018 年 11 月，阿里云事业群升级为阿里云智能事业群，将中台的智能化能力和阿里云全面结合，构建数字经济时代面向全社会基于云计算的智能化技术基础设施，为需要数字化和智能化的政府、需要数字化转型的传统企业、需要技术进步和技术中台支持的科技创新企业等各类主体提供全方位的服务。

如今的阿里云为公共组织、制造业、互联网、传媒游戏、金融、医疗健康、交通物流、新零售、地产酒店、能源资源等各行业提供服务。目前，阿里云服务 200 多个国家和地区，服务客户超过 230 万。40% 的中国 500 强企业、近一半的中国上市公司、80% 的中国科技类公司是阿里云的客户。其中，有上万家企业已将 IT 系统全面迁移至阿里云，成为"云上企业"，比如于 2019 年 10 月 12 日实现 100% 云化的银泰百货。

中国唯一自研的飞天云操作系统对于全社会开发者具有特殊意义。有自研系统才能实现开源，阿里巴巴通过开源帮助千万开发者降低开发门槛、提升效率。目前，阿里自主开源成果已稳居中国第一：开源项目突破 1 000 个，GitHub star 数量超过 66 万。

提升政府数字化和智能化水平的典型案例是阿里云 ET 城市大脑计划。阿里云 ET 城市大脑基于阿里云弹性计算与大数据处理平台，结合机器视觉、大规模拓扑网络计算等跨学科领域的顶尖能力，实现了城市海量多源数据的收集、实时处理与智能计算，如今已在杭州、衢州、澳门、吉隆坡等 11 个城市先后落地。杭州市城市大脑 1.0 接管杭州 128 个信号灯路口，试点区域通行时间

---

① 云栖社区.2684 亿！阿里 CTO 张建锋:不是任何一朵云都撑得住双 11 [EB/OL].https://m.aliyun.com/yunqi/articles/726666? spm=5176.11156470.0.0.1e5c54668cEjob,访问时间:2020 年 1 月.

第 6 堂课
天空飘来"阿里云":中国自主云计算技术如何从 0 到 1?

减少 15.3%,高架道路出行时间节省 4.6 分钟。在杭州主城区,"城市大脑"日均事件报警 500 次以上,准确率达 92%;在萧山,120 救护车到达现场时间缩短一半。在 2018 年的云栖大会上,阿里云宣布,基于飞天平台的杭州城市大脑升级到 2.0,覆盖杭州市共 420 平方公里的范围,接管了 1 300 个信号灯路口、接入 4 500 路视频,处理数以百亿计信息的实时分析。提升政府数字化和智能化水平的其他典型案例包括帮助中国海关建设数据底盘和实现标杆应用云上大数据架构设计,帮助 G20 峰会防护 1 000 多次 DDoS 攻击等。截至 2019 年年底,阿里云已成为中国数字政府大数据整体市场第一,与全国 30 个省市区达成合作,服务覆盖全国 442 个城市,涵盖 1 000 多项服务内容,累计服务 9 亿人。

帮助传统企业数字化转型的典型案例,如阿里云为越秀地产提供大数据解决方案规划服务,构建全新的中台架构;越秀地产的决策高层可以在办公室大屏上实时看到各个业务线的销售数据、经营数据,三大报表时间可以真正实现"T+1",经营决策时间大大缩短。

帮助科技创新企业实现技术进步和提供技术中台支持的一个典型案例是华大基因。阿里云基于华大基因的基因数据分析需求,使用云服务器 ECS、对象存储 OSS 和大数据计算服务 MaxCompute,为其设计了计算资源弹性伸缩、多级存储、海量存储计算与数据安全的云平台架构,从曾经三四天才能输出一人基因分析,到如今实现了 22 小时内达成千人基因组分析的人类梦想。

尾　声

阿里云一路走来有不少争议,克服了重重困难。几年来,面对各种质疑,王坚已经释然了。

"探险充满了神奇的吸引力,它所蕴含的那种坚韧不拔和无拘无束的随性生活理念,是对我们文化中固有的追求舒适与安逸的生活态度的一种'解药'。它标志着一种年少轻狂式的拒绝。"2018 年,阿里云创始人王坚在央视最新一期《朗读者》中诵读了乔恩·克拉考尔的《进入空气稀薄地带》。在节目中,他回忆说:"现在阿里云的成就是工程师拿命换来的,其实也是最早一批客户拿命在填,就像第一个用电的人一样。"①

---

① 云栖社区.王坚回顾阿里云 10 年:工程师拿命换来的成就[EB/OL].https://yq.aliyun.com/articles/610133?utm_content=m_1000006052,访问时间:2020 年 1 月.

2019年9月25日,阿里云智能总裁张建锋在2019杭州云栖大会主题演讲中表示:云、大数据、智联网、移动协同等已经成为数字经济的四大关键技术,支撑数字经济的伟大进程,是阿里云的使命和要解决的核心问题。张建锋说:"今天外面有非常多的云计算,非常多的大脑,还有非常多的中台,无一例外,阿里巴巴都是这些创新的发源地。"

"阿里巴巴是一架高速飞行中的飞机,我们成功在此过程中换上了全新的引擎。"张建锋说,"用公共云来承载这样一个万亿规模的核心系统,阿里云是第一个做到的,很多云厂商自己的业务系统,不在自己的云上,今后阿里全部系统都在阿里云上。"①在平稳度过2019天猫"双11"流量峰值后,阿里巴巴正式宣布,其核心系统已100%跑在阿里云公共云上。阿里巴巴也成为全球首家将100%的核心系统运行在公共云上的大型互联网公司。

截止到2018年年底,国内公有云市场中阿里云占据31%的市场份额,紧跟其后的是占比8%的腾讯云、5%的中国电信云服务、5%的亚马逊AWS和4%的微软Azure。这些企业在技术能力、区域覆盖、服务类型、计费模式等方面开展着全方位竞争。

十年磨一剑,成功实现从0到1的阿里云有哪些值得总结的经验与反思的教训?阿里云案例对其他企业加强自主创新、实现核心技术突破有哪些借鉴意义?

阅毕请思考:

1. 马云和阿里巴巴当初为什么决心要做自己的云计算系统?有哪些内外部关键因素?

2. 阿里云在开发过程中遇到了哪些困难和挑战?为什么王坚曾被一些员工称为"骗子"?

3. 阿里云飞天系统的成功开发主要有哪些关键成功因素?

4. 阿里云案例对其他企业加强自主创新、实现核心技术突破有哪些借鉴意义?

---

① 云栖社区.2684亿!阿里CTO张建锋:不是任何一朵云都撑得住双11[EB/OL].https://m.aliyun.com/yunqi/articles/726666? spm=5176.11156470.0.0.1e5c54668cEjob,访问时间:2020年1月.

第二篇

商业模式颠覆：移动互联网时代的逆袭之道

第7堂课
"黑马"拼多多:在电商红海中快速逆袭*

摘要: 拼多多是近两年电商行业的一匹黑马。主打"拼着买更便宜"策略以吸引用户,联合社交与电商的流量,创新性地开拓了沟通、分享再购物的社交电商新模式。拼多多于2015年10月上线,在不到3年时间内积累了3亿多用户,2018年7月在美国纳斯达克上市,是过去十年中国增长最快的电商公司。本案例介绍了"电商黑马"拼多多近两年在电商市场日趋"红海"的背景下,是如何依靠社交电商新模式快速异军突起的,在快速发展中又遇到了哪些挑战。如今已经在美国纳斯达克上市的拼多多,下一步又该如何发展?拼多多的快速发展之路为其他初创公司和中小企业依靠创新另辟蹊径、快速逆袭拓展了思路。

关键词: 拼多多;社交电商;逆袭;颠覆式创新;商业模式

引 言

"拼多多,拼多多,拼得多,省得多。拼就要就要拼多多,天天随时随地拼多多,拼多多!",拼多多用低价和社交化拼团模式,给用户洗了脑。拼多多商城首页随处可见"销售近百万件""19.9元一双新款运动鞋",且其通过赞助各

---

* 本案例由浙江大学管理学院的郑刚、竺可桢学院林文丰撰写,作者拥有著作权中的署名权、修改权、改编权。未经允许,本案例的所有部分都不能以任何方式与手段擅自复制或传播。由于企业保密的要求,在本案例中对有关名称、数据等做了必要的掩饰性处理。本案例只供课堂讨论之用,并无意暗示或说明某种管理行为是否有效。

大卫视的黄金档节目,将广告投放给广大用户,逐渐进入了大众的视野。

中国电商的头部消费群体此前被阿里巴巴和京东等主流电商平台发掘已久,而存留在三四线城市中的广阔人群是一片主流电商未充分挖掘的"蓝海"。充分抓住了移动互联网第三波人口红利以及微信红利的拼多多发展迅猛。2015年9月创立的拼多多,实现全年交易额超过千亿规模,只用了2年3个月。而淘宝用了5年,唯品会用了8年,京东用了10年。截至2018年6月30日,拼多多的活跃买家数为3.44亿人,活跃商户数为170万家。拼多多在过去一年中的交易额达到了惊人的2 621亿元。2017年,拼多多全年实现营业收入17.44亿元,同比增长了245.35%。

拼多多的电商之路从一开始便非常亮眼。2015年9月拼多多成立,是创始人兼CEO黄峥创办的游戏公司——上海寻梦信息技术有限公司——的内部孵化项目。2016年7月,拼多多获得高榕资本领投,新天域资本、腾讯产业共赢基金、光速资本、凯辉基金等跟投的1.1亿美元B轮融资。2016年9月,拼多多与黄峥本人创办的"拼好货"合并,组建成为目前的拼多多公司。2017年9月,拼多多用户超过1亿人次。2017年12月,拼多多成为"3亿人都在拼"的购物APP。拼多多在2018年3月左右完成新一轮腾讯领投的融资。2018年7月26日晚,拼多多正式登陆美国纳斯达克市场。上市首日,拼多多股价报26.7美元,市值达到295.78亿美元,成为4年来最大的中概股IPO。

对于如此快速上市的理由,创始人兼CEO黄峥在致股东的一封信中这样说道:"拼多多不是一个传统的公司。它在大家都觉得电商的格局已定,历史书已经写完的时候诞生。用短短三年的时间汇聚了三亿多用户、过百万卖家,共同建立了一种新的购物模式。"

以拼单为特色的社交电商新模式是拼多多的创新,"让购物不再孤单"。和亲朋好友拼团购物,让用户既获得了实惠,又体验到了"如线下逛街般"的社交乐趣。在黄峥看来,"购物不全都是目的型的,很多时候,你就是想约上三两好友,去大悦城、去沃尔玛逛逛。购物是社交、是娱乐、是生活的一部分。社交电商的模式是创新,本质却是回归,它让线上消费重拾社交属性,让购物变得'有温度'"。

人们不禁会问:在目前的电商红海时代,阿里巴巴(旗下有天猫、淘宝等电商平台)、京东等电商巨头们已经积累了多年的流量"护城河",为什么拼多多会异军突起、快速逆袭?它们是否会被拼多多的社交电商模式颠覆?拼多多

第 7 堂课
"黑马"拼多多：在电商红海中快速逆袭

的快速创新逆袭的秘籍又是什么呢？其他创业公司是否也可以从拼多多案例中得到启示和借鉴，通过创新实现快速逆袭呢？

拼多多的前身

"学霸"创始人

黄峥出生于杭州，在初中时进入杭城名校杭州外国语学校就读。在被保送进了有"优等生俱乐部"之称的浙江大学竺可桢学院后，主修计算机专业，并在大学期间因一次偶然机会帮主动找上门来求助的网易创始人丁磊解决了一个技术难题，得到了丁磊的赏识。2002 年，黄峥于浙江大学毕业后又去美国威斯康星大学攻读计算机科学硕士学位，并经丁磊介绍认识了人生中又一个伯乐——同是浙江大学校友的步步高集团董事长段永平。黄峥在采访中曾提到"对自己商业教育影响最大的是段永平"。段永平是浙江大学毕业的知名创业者和投资人，先后创立小霸王和步步高的他，在创业圈中无人不知。2006 年，段永平以 62 万美元高价拍下与巴菲特的午餐，并因与黄峥的交情，将可以再邀请 7 名亲友的宝贵名额之一给了黄峥。其实早在 2004 年黄峥即将毕业时，段永平就给过黄峥宝贵建议。当时黄峥面临着艰难选择，是进入微软还是谷歌工作。正是在段永平的建议下，黄峥选择了员工还不满千人的谷歌，并由于是谷歌较为早期的员工获得了谷歌一定数量的股份，而这些股份的市场价值，在谷歌上市数年后就升至数百万美元。2006 年，黄峥在谷歌的第三年，和李开复一起回国，为谷歌进入中国市场，建立了谷歌中国办公室。谷歌的背书使黄峥风光无限，可他却感受到了危机，并最终选择离职创业。

2007 年，黄峥创建了自己的第一家公司 Ouku.com，做电子商务网站来销售电子产品。2010 年，黄峥意识到 Ouku.com 与其他数千家网站并无显著差别，他将这个业绩较好的网站出售。之后他带领 Ouku.com 原班技术团队，创建了帮助淘宝等电商开拓市场服务的乐其公司和在微信平台上提供角色扮演的游戏公司。创办公司的过程中，顺丰创始人王卫和网易创始人丁磊都给了他很多启发。黄峥与王卫是因为乐其创业的公司业务相识的。经顺丰的一名高管引见，黄峥在王卫的办公室第一次见到了这位物流大亨，在那时他们就讨论过电商。丁磊则从服务器问题到如何让游戏这个重度社交产品持续有人气等话题，教会黄峥如何开展游戏公司业务。黄峥遇到的另外一个贵人是淘宝网前CEO，花名"财神"的孙彤宇。正是孙彤宇把后来黄峥创立的拼多多、拼好货介绍给了高榕资本的张震。而高榕资本正是拼多多的A、B轮领投方和C、D轮投资参与方。

黄峥最新的一位贵人是有"硅谷最有权势华人"之称的百度前首席运营官陆奇。他离开百度后的两个月收到了很多知名互联网公司向其抛出的橄榄枝，但最终选择了拼多多，担任拼多多独立董事和薪酬委员会主席。

这两家创业公司的创立不仅使他实现了个人"财务自由"，更重要的是使他找到了创业伙伴，这群伙伴不仅具有极高的学历，还有知名企业的工作经历，更重要的是像他一样热爱创新创业、喜欢折腾。

拼好货和拼多多接连创办：自营 vs. 平台模式？

黄峥创办拼好货的起因来自对比思考。他认为，21世纪的前10年，谷歌和Facebook是美国互联网企业的两大巨头，也代表了两种商业模式。谷歌的本质是搜索公司，是依托海量用户、靠向商家贩卖流量获取广告费。Facebook的本质是社交网络公司，依托个性化的个体做广告变现。黄峥再回头分析中国的企业，他认为淘宝其实是电商版的谷歌，提供搜索商品服务，再通过广告实现流量变现。黄峥问自己：目前电商版谷歌（阿里巴巴）已成为亚洲市值最高的互联网公司，那电商版的Facebook又会有怎样的将来？经过仔细分析和寻找，黄峥发现，当时还没有哪家电商称得上是Facebook模式。于是他开始了大胆探索。

2015年4月，拼好货上线。2015年5月，黄峥获得高榕资本领投的800万美元投资。拼好货采用的是重资产模式，团队自建供应链。从货源、仓储到物料，拼好货都严格把控、保证产品质量。拼好货与淘宝、京东的不同之处，在于其以拼单为核心商业模式。用户在拼多多购买商品之前需要借助以微信为主的社交平台吸引亲朋参团，达到预定的人数后才能开启订单。在短短9个月的时间里，拼好货累计活跃用户破千万人次，订单日峰值近一百万单。而选择把公司做"重"也带来了不少问题，由于产品价格低廉、拼团模式新颖，拼好货销售额的短时间暴增使得自建供应链承受不住压力，出现了因爆仓而发不出货也退不了货、退不了款的情况。

在调整仓配运营团队后，拼好货的体系趋于稳定。拼好货发展迅猛，到2015年年底，其日订单量超过百万单，累计活跃用户突破千万人次，并完成了千万美元级别的 B 轮融资。在拼好货快速发展的同时,黄峥想做一家更大公司的想法萌生。黄峥的四个贵人,孙彤宇、段永平、王卫、丁磊拿出上千万元给他背书。拼多多在 2015 年 9 月应运而生,同样采取了拼单玩法。拼多多与拼好货的不同在于,其并不聚焦于某一类垂直领域产品的自营销售,而是全品类的平台模式销售。

如果说前者是强调产品体验、自建供应链的自营模式,后者则是让供应商入驻、与物流第三方合作的平台模式。拼多多的成长更为迅猛,成立仅 1 年平台的成交总额就达到了 10 亿元。2016 年 7 月,拼多多获得了来自高榕资本、新天域资本、腾讯等共计 1.1 亿美元的 B 轮融资。

黄峥表示:拼多多有流量,但品质不好把控,尤其是水果。拼好货却有供应链的优势。双方可以优势互补,拼好货作为拼多多的一个子频道,可以引领品质,同时把后端的仓配能力开放给第三方卖家,整体水果电商的品质可以得到提升。2016 年 9 月,拼好货和拼多多宣布合并,拼好货变成了拼多多的自营部分,合并后的拼多多估值达到 10 亿美元,成为一家独角兽公司。

快速崛起

拼多多快速获取流量

电商平台要想业绩增长,获得流量是最重要的手段之一,而拼多多擅长获得流量。包括淘宝在内的阿里系平台无法直接获得竞争对手腾讯的流量,而得到腾讯战略投资的拼多多却依靠微信迅速成长了起来。到 2016 年年底,拼多多的单日成交额就突破了 1 000 万元且付费用户数突破了 2 000 万,这意味着,拼多多只用了 12 个多月的时间,就实现了淘宝、京东等三四年才积累出的数据。依据拼多多招股说明书,截至 2017 年年底,拼多多的月活跃用户为 6 500 万人次,而截至 2018 年 3 月 31 日,其月活跃用户为 1.03 亿人次,单季度月活跃用户增长近 4 000 万人次,用户增长迅猛。拼多多在电商巨头的角逐中渐渐占有一席之地。到 2018 年上半年,拼多多获取了用户 3 亿人次,拥有活跃商家超过 100 万家,第一季度的交易额达到 106 亿美元。据 36 氪报道,拼多多在 2018 年 4 月完成腾讯领投的新一轮融资,金额在 30 亿美元左右。

拼多多在 2018 年 6 月 30 日早间提交美股上市招股说明书。相关文件显示,拼多多计划在纳斯达克全球精选板块申请挂牌,代码 PDD,投后估值约为

150亿美元。

拼多多：电商版Facebook？

社交电商指的是依托于社交平台的电商，特点是通过社交关系实现商品流和信息流的流动。淘宝、京东购物的核心关键词是"搜"——"人找货"，而拼多多购物的核心关键词是"拼"——"货找人"。淘宝的电商模式是典型的"人找货"，即打开APP，输入要搜索的物品，然后挑选和购物。在拼多多上，可以看到平台上的单独购买价格和发起拼单价格。若选择拼团，可以通过在APP上直接选择也在拼团的拼友，或者自行开团。开团之后，购物者需要将拼团链接发送到社交平台，并在规定的拼团时间内，自行寻找到足够的其他购买者，才能继续购买流程。倘若在开团时间内，没有达到指定的参团人数，那么购买就会失效，此时也不用担心之前的押金，因为系统会自动将押金退回到原支付账户，这也就成功达到了商品"找用户"的目的。拼多多将社交属性融入购买行为中的规则设置，加上低廉的价格和爆款产品，引爆了朋友圈和微信群。黄峥对社交电商有独特的思考，"拼多多顺应了消费品分众化的趋势，消费者被分成了越来越零散化的小组，每一组的消费者会对应不同的差异化的产品"。他认为，消费者会因为平台有针对性、适需而被吸引、被留下，平台会获得稳定而便宜的流量，这种供应链的改造真正为消费者创造了价值。

微信是拼多多用户拼团的主要平台。微信是中国最大的互联网社交平台，聚集了全国最大数量的三四线城市用户和农村用户，其提供的即时通信服务也使得移动互联网分散的流量聚集，为拼多多提供了流量基础。对于拼多多在微信群和朋友圈的营销活动行为，腾讯颇有助力。拼多多的微信小程序可以从2017年5月使用到2017年年底，累计用户访问量已过亿，这一数据的实现充分利用了微信小程序开关方便、体验十分流畅的特点。拼多多通过微信小程序引入流量，助力自身的发展。

黄峥介绍到，拼多多的创始团队，既有电商的强运营思维，又有游戏的社交基因。他们深知以淘宝的模式再造一个淘宝，对用户来说是没有价值的。而实现社交和电商的融合，创造一种新的电商模式，让消费者体验另一种购物方式，才是拼多多团队奋斗的动力源泉。关于平台盈利模式，拼多多现在并没有像其他电商平台一样抽成广告，目前只代微信收取0.6%的交易手续费，然

第 7 堂课
"黑马"拼多多：在电商红海中快速逆袭

而未来可以依托流量多角度变现。

拼多多的社交电商模式结合了需求端、运营端、供给端。在需求端，拼多多基于腾讯流量中的强社交关系，以分享和交流的电商拼团模式，打入用户内心。在运营端，拼多多通过其平台协助商户向用户推荐产品。拼多多入驻的商户可以依赖其巨大流量，打造爆款产品，在短时间内实现薄利多销。在供给端，拼多多负责产品质量控制和将用户需求向上游的生产商、供应商提供反馈。近些年来生产商的低成本品牌诉求，推动了拼多多的后端能力建设。长三角和珠三角一带面临外贸订单萎缩、原材料和用工成本提高等问题的企业，迫切需要走微利模式下低风险、大规模化生产的道路。拼多多有效承接并放大了这种需求，将这些工厂变为由拼多多牵头，为其"爆款"产品提供全套代工服务的"拼工厂"。

拼多多以 C2M 模式，将消费者的需求直接对接到工厂。林北辰（2018）对"拼工厂"做了深入研究，指出了"拼工厂"的价值，"由于拼多多上的商家多为中小型品牌，很难自建全套设备，通过'拼工厂'的一站式生产，既保证了产能，又方便拼多多对其进行质量把控和管理。这种模式的好处是工厂最大限度地简化了生产流程，专注于特定款式，使原料和机器的使用效率达到最高"。2018 年 4 月 25 日，拼多多公布"一起拼农货"扶贫助农计划，预计投入 100 亿元营销资源，深入 500 个农业产地，扶持 1 万名新农人，解决农产品流通销售的难题。拼多多的"拼工厂"和"一起拼农货"扶贫助农计划，体现了其加强后端能力的决心。

消费升级 vs.消费降级

消费升级还是降级，不能只从价格角度考虑问题，升级不等于价格升高，降级不等于价格降低，核心在于消费者购买产品或服务质量的差别。拼多多关注的是数量更加广大的中小城市和乡村用户的需求——一片之前很少开发的蓝海，拼多多认为让他们享受到大城市的产品和服务其实是另一种"消费升级"。

正如拼多多副总裁许丹丹说的，"升级和降级是对不同人而言的，对于年收入 100 万元的人来说买大牌货和出国旅游是消费升级，但更多的人不在该收入水平。即使在北上广也有收入在几千元的人，对于他们而言的消费升级则是原来在厨房用抹布，现在为了方便用手纸替代抹布或者将手纸替代成专业的厨房用纸。对于不同的人群,消费升级的方式和价格要求不一样,为不同的消费者提供性价比最高的产品,为消费者创造价值才是拼多多要做的"。

拼多多在需求端抓住了现有电商体系还没有很好服务到的广大人群。智能手机、移动支付加速下沉助力形成了巨大的增量市场,而传统电商巨头的消费升级战略并未触及这部分增量市场人群。中国社会消费层次多元,三四五线城市的消费需求存量市场依然很大。据中国互联网络信息中心发布的报告显示,中国网络用户数量达 7.72 亿人次,九成人用手机上网,近八成网络用户月收入在 5 000 元以下。

"我们吸引的是追求高性价比的人群,这跟他的消费能力没关系,只有传统公司才会用一线、二线、三线来划分人群,拼多多满足的是一个人的很多面",黄峥认为"消费升级不是让上海人去过巴黎人的生活,而是让安徽安庆的人有厨房纸用、有好水果吃"。对于高收入人群而言,他们更愿意为提升生活品质掏腰包,拼多多的"海淘""定制"等高端消费类服务瞄准的就是这部分人的钱袋子。对于低收入人群而言,他们更多的是被拼多多极有诱惑力的价格吸引。极光大数据统计,拼多多用户中有 65% 来自三四线城市,而京东用户中只有 50.1% 来自三四线城市。拼多多内部也将自己的服务宗旨定为服务中国最广大人群的消费升级。按照黄峥的说法"只有在北京五环内的人才会说这是下沉人群",拼多多"关注的是中国最广大的老百姓"。

从物以类聚的淘宝到人以群分的拼多多,消费分级和做利基市场是拼多多的重要商业逻辑。社交电商模式刺激了用户需求并聚集了相同或类似需求,市场下沉显示了三四线城市人群红利的价值以及这一巨大人口的生存和自我满足的需求。拼多多借助消费分级与市场下沉,实现了其颠覆式创新。

三年内美国纳斯达克上市

2018 年 6 月 30 日,创业第三年的拼多多公司,向美国证券交易所提交招股说明书赴美上市。此次 IPO 发行前,拼多多创始人兼 CEO 黄峥占股 50.7%,对公司拥有控制权;腾讯占股 18.5%,是第二大股东;高榕资本占股 10.1%;红杉资本占股 7.4%。2018 年 7 月 26 日晚,拼多多在上海、纽约同时敲钟,正式登陆美国纳斯达克市场。拼多多 IPO 定价 19 美元/ADS 定价,按此价格加上期权估算,拼多多市值约 240 亿美元。上市首日,拼多多股价报 26.7 美元,大涨40.53%，市值达到295.78亿美元，成为4年来最大的中概股IPO。截至2019年1月6日，拼多多总股本为11.08亿，总市值为251.36亿美元。

挑战与隐忧

质量挑战

拼多多对进驻商家的低门槛恰如硬币的两面。拼多多的低门槛政策使得一些依靠低价策略吸引用户的商家进驻平台，这些商家给用户带来了更多种类、也更廉价的商品选择，与此同时也催生了用户常抱怨的假货和次品的问题。根据中国电子商务研究中心发布的数据显示，2017年全年，拼多多投诉率高达13.12%。伴随着高速增长，2017年拼多多也开始加大了品控力度。2018年2月1日，拼多多发布《2017年拼多多消费者权益保护年报》，该年报显示，"拼多多通过大数据分析、机器学习等技术自动锁定可疑商品等手段打假。2017年，拼多多平台一共主动下架1 070万件疑似侵权商品，并且通过黑名单机制终身封禁售假商家。拼多多还设立了1.5亿元的消费者保障基金，如消费者遇到售后纠纷，核实后将先行垫付，帮助消费者处理售后纠纷并维权索赔"。

拼多多敲钟的次日，一篇"拼多多，三亿人都敢坑的购物APP"的文章出现在了朋友圈，文章作者指责拼多多销售仿冒、山寨和三无产品，将拼多多卷入了一波负面舆情危机。7月28日，创维公司发布声明，指责拼多多上出现了大量假冒创维品牌的电视产品(包括创维先锋、创维云视听TV等)，并提出严正交涉。7月29日，童话大王郑渊洁也在微博发表声明，指责拼多多销售盗版皮皮鲁系列图书，侵犯其著作权，要求拼多多立即停止侵权行为。拼多多通过媒体澄清事实的同时以"所有员工的期权将锁定三年，继续埋头苦干"向市场释放正面信息。

根据众多媒体反映的拼多多平台上侵权销售的假冒商品等问题，2018年8月初，国家市场监管总局网监已经要求上海市工商局约谈平台经营者，并要求上海市和其他相关地方工商、市场监管部门，对媒体反映的以及消费者、商标权利人投诉举报的拼多多平台上销售山寨产品、"傍名牌"等问题，认真开展调查检查，不管是第三方平台还是平台内经营者，只要构成违法，都将依法严肃处理。拼多多方面回应称,全力配合相关部门展开调查。

拼多多如今作为美股上市公司,信息更加公开,对其的监管也会更加严格。湖畔大学梁宁认为,拼多多作为撮合的平台公司,如果无视平台上的商家销售假冒伪劣产品,发展的天花板很快就会到来,而且难逃法律的监管。拼多多如果能以上市融资为契机,以资本和科技去提升服务和产品品质,同时继续保持性价比优势,将会是一家值得消费者和投资者期待的公司。

巨头阻击

拼多多的异军突起让淘宝、京东做出应对措施。原本在线上线下零售打通这件事情上不断投入的阿里巴巴和京东意识到,不能继续让拼多多独享三四五线城市和广大乡镇的流量红利,纷纷出手对拼多多进行阻击。

淘宝在2018年3月19日推出了名为"淘宝特价版"的APP,主打低价拼团,2018年8月,支付宝与淘宝合作悄然上线了拼团功能,拼团价会比淘宝价格再低一些,很多甚至都是再打5折的降价幅度。京东也力推旗下的"京东拼购"项目。京东拼购推出的服务核心是超低价拼团和品牌清仓特卖,并且以1%的低价佣金吸引大量商家入驻。京东拼购也具有显著的优势,可以借助京东早已建立完善的电商链条。国内其他主流电商平台也采用了"拼团"模式,比如唯品会推出的云品仓项目、网易考拉推出的拼团项目和苏宁易购的拼团购等。

其他挑战

拼多多不仅要应对产品质量的质疑、各电商巨头的绞杀,还面临其他不可忽视的挑战。当拼多多获得资本市场的认可后,千家中小拼团APP也冒了出来,争抢这一赛道的份额,如91拼团、51拼团等。拼多多的公关压力也日益增大。2018年6月7日,拼多多涉黄事件被央视曝光。6天后,拼多多总部所在的上海金虹桥国际中心遭到被罚款商家的围攻,且引发长达数日之久的"6·13"商家围城事件;7月,拼多多遭遇了新一波对于拼多多平台销售假冒伪劣产品的负面舆情。另外,随着中国经济的发展和城镇建设的铺开,拼多多的目标用户的消费习惯也在不断改变。拼多多的社交拼团模式,能够发展到什么程度,自身如何迭代也是值得考虑的问题。

第 7 堂课

"黑马"拼多多：在电商红海中快速逆袭

未　来

　　电商"黑马"拼多多在日趋红海的电商市场寻找到一片蓝海。拼多多的出现让电商行业深刻意识到，电商市场内部也有颠覆式创新的可能。

　　对于拼多多的未来，黄峥表示，人们利用时间的方式，正从有明确目的的、追求效率的搜索模式，逐渐转向没有目的的、非搜索的社交与娱乐模式。在招股书中，拼多多也将上市募集到的资金投放的三个方面告知了投资人，这三个方面包括扩大业务规模、技术研发投入和投资或收购一些项目等。通过资金走向可以瞥见拼多多未来的发展动向。

　　拼多多颠覆式创新取得阶段性突破的同时，如何继续发展下去，创造更美好的未来？对此，恒大研究院院长任泽平对拼多多的未来提出了"深耕低线城市消费者市场、建立核心竞争力"的建议，并阐述为"深耕低线城市消费者市场，同时提高客单价；扩大与中小商家和厂家的合作，保证产品低价高质；维护好和腾讯的关系；考虑是否在支付和物流领域布局"四项建议。

尾　声

　　拼多多一路走来虽然遭受了不少争议，但这对于一个新平台而言，属于正常现象。当年有不少国人嘲笑的 QICQ、淘宝、OPPO、vivo、小米如今已经交出了不错的成绩单。然而，从上市之后的股票跌幅就看出，拼多多面临的挑战和困难并不小。面对媒体的质疑和各种挑战，黄峥在 2018 年 7 月 31 日发布全体员工信称："坚持本分，即使是恶意的攻击，也要善意地解读。一边倒的正面不是我们追求的，一边倒的负面也从来不是真实的拼多多。要坚持本分，面对质疑先求责于己，一个一个扎扎实实地解决实际问题。要消费者导向，不要竞争导向。要牢牢地抓住消费者导向，从消费者最切身的利益点开始改。所有员工的期权将锁定三年，继续埋头苦干。"通过期权锁定三年，拼多多向外释放出继续努力创新创业的信息。上市后的拼多多未来的发展依旧暗潮涌动，拼多多未来能否像曾经的阿里巴巴一样，逐步摘掉"假货"的帽子，值得期待。

　　基于社交拼团的电商模式未来能给用户带来多大的价值？会颠覆淘宝、

京东等传统电商模式吗？拼多多如何应对来自淘宝、京东等巨头的阻击以及众多后来模仿者的竞争？依靠低价拼单模式快速吸引了3亿多三四线用户的拼多多下一步应如何发展定位？黄峥近期接受采访时的一句话或许能看出些端倪："感谢在拼多多上花了时间和感情的人，未来那个更贴心、更懂你的拼多多有你们每一个人的功劳。"

阅毕请思考：

1. 在与京东等主导下的已经很成熟的电商市场，看似一片红海，黄峥为什么还要做电商？

2. 拼多多与淘宝、京东有什么不同？请结合颠覆式创新理论分析拼多多具体是哪种颠覆式创新路径？

3. 拼多多如何应对来自淘宝、京东等巨头的阻击以及众多后来模仿者的竞争？

4. 拼多多的创新逆袭之路有哪几点启示？在其他行业是否具有可复制性？

参考文献

[1] Christensen, C.M. and M. Overdorf (2000). Meeting the challenge of disruptive change. *Harvard Business Review*, 78(2): 66-77.

[2] Tushman, M.L. and C. A. O'Reilly (1996). The ambidextrous organizations: Managing evolutionary and revolutionary change. *California Management Review*, 38(4): 8-30.

[3] 陈礼腾.阿里推《淘宝特价版》App是否顺应"消费分级"[J].计算机与网络,2018 44(07):8-9.

[4] 陈苏美.企业商业模式创新研究[J].合作经济与科技,2008(13):6-7.

[5] 纯干货:低端用户蕴含着巨大的商业机会[EB/OL].http://www.360doc.com/content/15/0804/22/476103_489545895.shtml

[6] 电商下个机遇在哪？拼多多董事长黄峥如是说[EB/OL].http://news.yesky.com/news/276/107363776.shtml

[7] 丁毓.拼多多弯道超车的社交电商[J].上海信息化,2018(03):72-74.

[8] 独家专访 | 拼多多CEO黄峥:我们三分之一员工都在打假[EB/OL].http://

business.sohu.com/20170417/n488971295.shtml

［9］恒大研究院.拼多多有两大明显短板［EB/OL］.http://usstock.jrj.com.cn/2018/07/29110224875443.shtml

［10］金思喉.流量红利催生超级电商新零售巨擘后院起火［J］.中国品牌,2018(05):56.

［11］李浩.电商鄙视链中的拼多多［J］.现代企业文化(上旬),2018(05):48-49.

［12］梁宁.拼多多为什么崛起？这是目前解读最深刻的一篇［EB/OL］.https://mp.weixin.qq.com/s/nHmUVMYYvJB3BW7MqBwAUw

［13］林北辰.探访"拼工厂"：这才是拼多多低价爆款的秘诀［J］.公关世界,2018(07):64-68.

［14］满足了人性的弱点,就抓住了巨大的商机——颠覆式创新研习社——传送门［EB/OL］.http://chuansong.me/n/1608659

［15］面对新技术市场,导致失败的恰好是完美的管理——颠覆式创新研习社——传送门［EB/OL］.http://chuansong.me/n/1581567

［16］盘点:难道真的是爱"拼"才会赢吗？看看这些商家的拼团模式吧！［EB/OL］.http://blog.sina.com.cn/s/blog_14f9018f90102wtr2.html

［17］拼多多的多和少［EB/OL］.https://mp.weixin.qq.com/s/ZQtuqWevWSENbrCaAPnL1g

［18］拼多多黄峥:离开Google的幸运小子,如何打造电商版的Facebook［EB/OL］.新华网,http://sh.xinhuanet.com/2016-09/20/c_135699525.htm

［19］拼多多黄峥:社交电商新模式让购物"有温度"［EB/OL］.速途网,http://www.sootoo.com/content/667080.shtml

［20］拼多多急上市:成立仅三年,累积亏损13亿［EB/OL］.http://www.sohu.com/a/238561946_115207

［21］拼多多:狂奔的电商黑马［J］.互联网经济,2018(03):96-99.

［22］钱敏.大数据解开消费升级之谜［J］.人民周刊,2018(5).

［23］桑莉媛."拼多多们"的"消费升级"启示［N］.山西经济日报,2018-04-01(001).

［24］辛闻.黄峥谈拼多多:做电商界的新加坡［J］.商业文化,2017(12):74-75.

［25］徐庭芳,毛可馨.拼多多:一个消费降级巨头的诞生［J］.中国中小企业,2018(03):57-59.

［26］许丹丹.拼多多实现了"货找人"的新电商模式［N］.中国经营报,2018-06-18.

［27］亚历山大·奥斯特瓦德,伊夫·皮尼厄.商业模式可视化［J］.IT经理世界,2011(20):116-118.

[28] 姚心璐,小庞.高增长 App 的方法论[J].21 世纪商业评论,2018(05):76-81.

[29] 以拼多多为例 浅谈从社交电商中另辟蹊径[EB/OL].亿邦动力网,http://www.ebrun.com/20160826/189370.shtml

[30] 翟文婷,吴育琛.拼多多夹缝求生[J].中国企业家,2016.

[31] 张凯."电商黑马"拼多多崛起之路[J].知识经济(中国直销),2018(05):80-83.

[32] 郑刚,林文丰.拼多多:在电商红海中快速逆袭[J].清华管理评论,2018(09):105-112.

[33] 朱小娟.拼多多"砍价免费拿"的营销策略分析[J].现代营销(经营版),2018(06):97.

第8堂课
从专车到出行:"曹操"能行吗?*

摘要:曹操出行是由世界500强车企吉利集团布局"新能源汽车共享生态"的战略性投资业务。本案例讲述了曹操出行作为B2C模式的新能源网约车出行平台从起步到快速发展、再到战略转型的全过程;旨在通过其与相关竞争者的优劣势比较,结合当前网约车市场的发展形态,分析曹操出行在商业模式创新与战略转型中面临的机遇、问题和挑战。从专车到出行,"曹操"还能行吗?对于吉利集团来说,涉足网约车行业又有何用意?希望通过本案例的讲述,能够对其他企业探索商业模式创新、转型升级提供参考借鉴。

关键词:网约车;曹操出行;商业模式创新;战略转型

引　言

华灯初上,六月的海风还带着些许的凉意,上海合作组织成员国元首理事会第十八次会议在青岛落下帷幕。曹操专车为本次大会提供的专业车队服务也终于告了一个段落,这本该是个开心的时刻,但司机孟令强却有些心里不是滋味。

"当时既高兴又愧疚,高兴的是自己当爸爸了,愧疚的是在妻子分娩、儿子出生的时刻,未能守护在他们身边。"原来,在会议召开前,曹操专车正在为会

---

* 本案例由浙江大学经济学院的杨嫔娴、管理学院郑刚撰写,版权归作者所有。未经允许,本案例的任何部分都不能以任何方式与手段擅自复制或传播。由于企业保密的要求,在本案例中对有关名称、数据等做了必要的掩饰性处理。本案例仅供讨论,并无意暗示或说明某种管理行为是否有效。

议服务保障做演练及人车检核,此时专车司机孟令强的儿子悄悄降临了,初为人父的他却坚守岗位未能在第一时间见证自己儿子出生。孟令强这段时间能陪在妻子身边的机会实在不多,因为为了这次大会,曹操专车特地精选了一批优秀的司机组建了一支专业车队,这便是曹操专车的四大服务内容之一——大客户服务。

统一车辆,统一服装,专业司机,这也是大众对曹操专车最直观的印象。

比起安全保障存在隐患、质量服务参差不齐的私家车,曹操专车凭借着标准化、专业化的乘车体验,在大量用户心中有着无可取代的地位。但在2019年2月,"曹操专车"在新上线的版本中正式更名为"曹操出行"。

放弃专车服务?陷入同质化竞争?专车模式盈利困难?还是要引入出租车业务?外界对"曹操"转型的质疑声不绝于耳。专业一直是"曹操"从一众网约车软件中杀出重围的核心竞争力,这次的改版不禁让人发问:从专车到出行,"曹操"能行吗?

曹操专车上线

曹操专车是吉利集团的内部孵化项目,在2015年5月21日正式成立,是吉利集团战略投资的"互联网+"新能源出行服务平台,也是首个建立新能源汽车出行服务标准的专车品牌。作为吉利集团的全资子公司,这家被吉利控股董事长钦点为"吉利集团转型先头部队"的新能源专车平台,由集团总裁刘金良亲自出任董事长,在中国网约车市场从迅猛发展慢慢走向规范化的进程中试图杀出重围。

刘金良出生于1966年,自1995年正式加入吉利集团后,从吉利摩托车销售到吉利汽车销售,有20多年的汽车制造业营销管理运营经验,极其擅长新型商业战略定位与运营,这也是集团董事长李书福极为看重的。2015年是中国网约车市场不平凡的一年,滴滴、快的合并为滴滴打车并更名为滴滴出行,目标成为涵盖快车、出租车、专车、顺风车、代驾及大巴等多项业务在内的一站式出行平台。在政府当时严打"网络专车"的浪潮下,神州专车、首汽约车也以合规的面貌加入网约车混战。

那曹操专车要以什么样的战略定位与运营方式参与其中呢?

第 8 堂课
从专车到出行:"曹操"能行吗?

"当时只是觉得如果汽车制造商不参与出行,就会像诺基亚和摩托罗拉一样被淘汰。"虽是本着不甘落后的心态去做共享汽车出行,但刘金良心中也绝不是没有打算的。数十亿元、上百亿元,看着滴滴、Uber、神州专车这类雄厚资本助推下的玩家补贴、烧钱,而吉利集团作为一个制造商,把一年挣的那几十亿元都花了也不够。但考虑到出行是刚需,不像互联网行业那样必须要打出个排名来,刘金良决定做一个小而精、有特色的平台。这一平台最重要的就是"差异化"——曹操专车开始做公车供应,购买车辆、雇用司机,开启重资产模式,并借助吉利电动汽车的上市,直接选用新能源汽车。

"曹操不是只用吉利汽车,用谁的车没关系,但质量要比吉利自己的车好。"在刘金良看来,这个市场的主要竞争力不在于价格而在于服务质量。但是初期的准备阶段并不如他想象的顺利,在杭州滨江区刚刚上线公测的时候,第一批上午招来了 22 名司机培训,到下午就只剩下 7 个。司机们不理解曹操为什么一定要做新能源汽车,觉得它做不起规模,数量、单量也不尽如人意。但刘金良坚持认为,低排放、新能源将是未来的大势所趋。从企业责任来说,新能源汽车由于几乎可以达到零排放,有助于缓解大气污染,改善居民生活质量,更是缓解能源紧缺状况的创举。再者,从运营的实际角度出发,新能源动力汽车给曹操专车带来的,将是购置成本、运营成本的大幅降低,这是普通燃油车不可比拟的,同时由于新能源汽车有其专属的绿牌,也免除了未来在各大型城市中逐渐普遍的限行、限号的后顾之忧。

事实证明,刘金良的坚持不是无的放矢的。曹操专车作为首个推出新能源专车的平台,凭借"新能源汽车+公车公营+认证司机"的 B2C 运营模式,成功在汽车共享出行市场上占据了一席之地。

快速发展

曹操专车自 2016 年年初宁波试点结束、正式在杭州布局以来,短短 3 年内,完成了"三级跳"。

2016 年 1 月 1 日,吉利将曹操专车在自己的大本营——杭州上线。杭州站在中国高技术产业发展的前沿,是中国向增值型、服务型、技术型经济持续转型的典范。根据官方披露的《2017 年杭州市政府工作报告》,杭州 2017 年全市生产总值达到 11 050.49 亿元,同比增长 9.5%,增幅居全国副省级城市第一；三大产业结构从3.4∶46.6∶50.0优化为2.8∶36.0∶61.2。信息经济引领发展,占全市生产总值的比重提高到24.3%,对全市经济增长贡献率超过50%,是当之无愧的创新创业的沃土。同时,对于曹操专车来说,互联网产品的用户接受度是重中之重,而杭州,由于阿里系产品的极高渗透率与朝阳的创新创业环境,拥有极大规模的互联网用户群体,人们往往抱着高于同类城市平均水平的热情与兴趣去体验互联网新产品。庞大而素质相对优良的互联网用户对于一款新产品推出后的体验和反馈,是一个产品不断改进和迭代所必需的。经过半年的公测后,曹操专车不断升级,摸索出了打开二线城市网约车混局的方式,加快了在青岛、南京、成都、厦门等地的布局。

2017年2月,曹操专车获得了由浙江省交通运输厅下发的《申请从事网约车经营具备线上服务能力的认定结果》,成为国内首个获得网约车牌照的新能源汽车共享出行服务平台,服务区域为全国。作为首家由汽车整车企业投资运营的出行服务平台,曹操专车上线两年后,已经迅速发展成为中国领先的新能源汽车出行平台,运营12 000余辆吉利帝豪EV纯电动专车,拥有1.2万名经过专业培训的专职认证司机,为近1 000万用户提供低碳出行服务。

2018年1月17日,曹操专车对外宣布完成10亿元A轮融资,估值突破百亿元大关。2018年3月12日,杭州举行第二届万物生长大会。会上,杭州市创业投资协会联合微链共同发布了两份重要榜单——杭州独角兽企业榜单和杭州"一亿美金以上公司(准独角兽)榜单",曹操专车等26家独角兽企业分别上榜。截至2020年2月,曹操出行已在全国54个城市上线运营。

短短几年,从0到1。"做出行,不仅要做到'说曹操、曹操到'的快速响应,更需要提升司机与乘客之间'心有灵犀一点通'的亲密与信任。"这是董事长刘金良总结的发展密钥,也反映了曹操专车依托自营车辆模式构筑的三大竞争优势。

第一,专业司机服务优势。苏宁金融研究院联合国家金融与发展实验室、PP财经联合发布的《中国居民消费升级指数报告(2018)》显示,我国居民消费升级综合指数加速攀升,从2013年的0.341上升至2018年的0.376,消费向发展和享受型倾斜。居民在收入提升、消费升级的背景下,更加注重用车体验。曹操专车敏感地抓住了这一动向,引入百年伦敦出租车的司机培训认证体系,成立了曹操学院,在司机入职前进行统一指导,以培养服务优质、仪表得体、礼仪周到甚至掌握基本医疗急救知识的专业司机,带给乘客更为优质、舒

第 8 堂课
从专车到出行："曹操"能行吗？

适、安心的乘车体验。

第二，电动汽车运行优势。普遍认为，新能源汽车被加入"863"计划是其走向市场化和产业化的转折点。其实早在 2015 年，国家科技部就发布了《国家重点研发计划新能源汽车重点专项实施方案（征求意见稿）》。文件中明确指出，中国汽车工业发展面临三大挑战和历史任务。一是汽车产业由大国到强国转型的挑战，"发展新能源汽车是我国由汽车大国迈向汽车强国的必由之路"。二是汽车排气污染治理的挑战。大气污染控制的国家行动计划倒逼零排放新能源汽车的发展。三是汽车保有量快速上升带来的能源安全和低碳发展的挑战。面对我国 2020 年以后乘用车百公里平均油耗降低到 5 升以下的严格油耗法规，开发新能源汽车技术是汽车能源动力系统可持续发展的唯一途径。曹操专车纯电力汽车的推行，不仅可以享受国家补贴，也节省了不少推广宣传成本。同时，在曹操专车与万马、星星等各大充电桩集团合作之后，一定程度上缓解了新能源汽车充电难的问题，降低了司机的运营成本。

第三，吉利集团的技术优势。很大程度上，曹操专车平台的"车联网""智能出行"离不开吉利集团的技术支持。作为定制化的专业共享出行车辆，平台不仅可以根据续航里程实现智能化、人性化接单，更是有一套自身的精准算法，可获取车辆的行驶信息，以保障行车安全。此外，统一的信息化服务也有利于直接进行人员监管审核，顺应网约车市场强监管的趋势。

从曹操专车到曹操出行

2019 年 2 月 14 日，"曹操专车"宣布品牌和服务全面升级为"曹操出行"。同时，"曹操出行"用户端 APP 更新至 4.0 版本，全新本地生活产品"曹操走呗（杭州）"上线试运营，更多新产品功能也将陆续上线。

单一共享交通平台更名为"出行"平台的已经并非个例。仅仅在 2018 年一年之间，嘀嗒拼车对外宣布完成品牌升级，由"嘀嗒拼车"升级为"嘀嗒出行"，从一个专注顺路拼车的出行平台，升级为一个出租车、顺风车兼具的移动出行平台。同年 9 月，哈罗单车宣布公司更名为"哈啰出行"，目前业务已涵盖单车、顺风车、出租车、专车、共享汽车等。多元化、集成化的发展方向成为共享出行不可阻挡的趋势，一系列平台通过更名，一方面向大众发出重新定位的信号,另一方面也是试图利用原有用户流量发展新业务。其中的缘由,其实不外乎找寻新的盈利模式。

网约车行业的兴起,带来了两种运营模式,一种是以曹操专车为代表的B2C重资产模式,主要为自营车辆;另一种是以滴滴为代表的C2C轻资产运营模式,大量纳入私家车解放运力。跟随一众C2C网约车企业大跨步从"专车"转型为"出行","曹操"究竟是出于何种考量?

刘金良在2019年4月27日举行的中国汽车论坛上给出了答案,"我们要打造连锁经营的出租车,世界上最大的旅游公司,利用每个城市的车和司机。通过这样的转型探索,最终反哺我们的汽车制造",新上线的"曹操出行"用户端APP让这一愿景的布局初露端倪。

社交化——打造平台经济

2017年,在杭州云栖大会"数据力量·社会治理的共享与共治"分论坛上,阿里研究院与德勤研究联合发布报告《平台经济协同治理三大议题》,指出平台经济已经占据了GDP的10.5%,成为社会创新和产业升级的新引擎,带来前所未有的经济社会价值。在这一互联网经济的大趋势下,全新版块"曹操走呗"在杭州上线试运营。

"曹操走呗"旨在打造一个一键叫车前往出行生活场景上的应用,可一键发现同城吃喝玩乐目的地,减少用户在多个平台跳转搜索、筛选的时间成本。目前,"曹操走呗"已推出美食酒吧、活动展览、商圈购物、休闲娱乐、文化景点、酒店民宿、采摘钓鱼等项目。虽然当前来看主要围绕着平台的用户需求,但相关人士表示,未来也不排除将会接入线下商户合作的可能性。

本地服务领域目前几乎被美团、大众点评和饿了么垄断,"曹操走呗"想要半道闯入,其优势在于精准的用户画像。曹操出行可以根据积累的用户目的地信息分析其平时的生活娱乐偏好,精准推送相关图文、视频,吸引用户进行评论、收藏和喜欢等互联网社区形式的互动,同时可以在这一界面直接进行打车,减少了不同类互联网产品间的切换成本。"曹操走呗"基于前期用户数据,通过预测标的用户需求,搭建了一个新型的基于实际出行情况的用户生态环境,这使得"曹操"虽位于出行类的细分市场,但其发展的可能性又不止于此。

第 8 堂课
从专车到出行:"曹操"能行吗?

专业化——凸显平台特色

绿色公务其实是 2016 年曹操专车就推出的新能源公务出行服务平台,采用 B2B 的运营模式,政企单位可以通过绿色公务实现点对点、接送机等定制化出行。平台集管理、结算、报销、对账于一体化,借助于查询用车行程和监管路线,防止公车私用,降低成本。

但绿色公务 2.0 版本优化了界面,既保持了界面的简洁与功能的明晰,还为企业提供定制化服务,企业管理员可上传企业标志在启动页和欢迎页显示,增强员工的归属感和体验感。在实际使用方面,绿色公务 2.0 也开放了认证企业的管理权限,新增了用车规则、用车权限的设置功能。

基于工作场景的互联网产品开发赋予了各类产业新的生命力,如帮助简化办公流程、提高业务运营和办公运营效率、降低企业运营成本。如果说钉钉旨在为企业解决协同办公问题,那么曹操出行则是瞄准了企业公务用车市场。

相关数据显示,2015—2017 年我国公务用车租赁市场规模从 39.9 亿元一路上涨到 52.2 亿元,个人用户的叫车行为中有 35%—50% 的需求可以被认为是因公用车性质,加班打车、外出办事、接送客户都具有工作属性。但公务用车的报销、打印、填写、审核一直处于效率低下、流程烦琐的状态,其中含有巨大的市场改进前景。

不论是曹操专车,还是曹操出行,其定位的一大亮点都是专业化、一体化的大客户服务。绿色公务出行板块的推出和优化是针对这一服务类别的自我革新,也是凸显曹操专车平台特色,放大"差异化"的一大手段。

激励化——增强用户黏性

近年来,各大互联网产品软件都热衷于打造积分商城,希望提高 APP 的日活度、用户渗透率。但实际情况往往不尽如人意,不少用户反映,软件频繁的通知只会降低使用感,多数积分的价值之小也让人不愿意承担搜寻的时间成本。

但曹操出行在这场激励体系的运营中结合了自身特点另辟蹊径。为呼吁更多的市民加入低碳出行,以及与欧美低碳环保治理模式接轨,曹操出行将个人出行与全球碳排放交易体系(ETS)捆绑,并筹备组建了"曹操碳银行",属于其六大业务模块之一,如图 1 所示。

曹操专车	绿色公务	曹操帮忙	低碳U品	曹操碳银行	曹操自由行
累计服务1.2亿人次,累计行驶里程超过12亿公里,相当于绕地球3万圈	助力政企客户有效降低公务用车成本,提供一站式公务出行解决方案	为满足用户紧急需求,提供个性化同城取送等高品质服务	专注"低碳精品"的电商平台,并依托曹操专车打造极速同城购物体验	"碳资产"交易系统。已累计产生碳减排量17万吨,相当于种植2.4万亩森林	通过"即时游""经典游""主题游",为用户提供更加便捷舒适的旅行体验

图1 曹操出行六大业务模块

资料来源：《2018吉利控股集团社会责任报告》。

据环保部公布,雾霾的罪魁祸首乃机动车尾气。"一辆2.0升的轿车,如果每年跑10 000公里,按1 000升汽油使用量来计算,一年汽车碳排放量约为2.7吨。如果按照每亩人工林可以吸收1.83吨的二氧化碳计算,它需要约1.5亩的人工林来抵消这一年开车所产生的二氧化碳对环境的影响。"曹操碳银行的出现,使得普通的积分体系染上了使命色彩。

"它为吉利传统制造拥抱互联网提供大量的可延伸的价值。在我们平台上有一家曹操碳银行,每一个曹操专车的客户都拥有一个账户,这个账户是记录你的碳资产,纯电动车每出行1公里可减少二氧化碳142克。现在有五个城市是碳资产的试点城市,曹操专车是唯一一个把碳资产归结到碳资产C端的,每个城市我们都有排名。"也就是说,只要用户选择曹操专车出行,每次都可以获得碳减排量的累计,根据全球碳价浮动,可产生碳资产,换言之就是低碳行程能赚钱,既可以存入碳银行,也可以传给子孙后代。可以说,低碳模式的出行在环保教育不断普及的今天让用户有了切实参与环保行动的真切感。

横向化——初步涉足旅游

初看曹操出行发展成为O2O旅游公司的愿景可能让人有些摸不着头脑,但自由行板块的上线让人们对这一说法有了新的设想。

根据中商产业研究院发布的《2018—2023年中国旅游行业市场前景调查及投融资战略研究报告》,2017年,国内旅游市场高速增长,入出境市场平稳发展,供给侧结构性改革成效明显。国内旅游人数为50.01亿人次,比上年同期增长12.8%;入出境旅游总人数为2.7亿人次,同比增长3.7%;全年实现旅游

第 8 堂课
从专车到出行:"曹操"能行吗?

总收入 5.40 万亿元,增长 15.1%。初步测算,全年全国旅游业对 GDP 的综合贡献为 9.13 万亿元,占 GDP 总量的 11.04%。

国民旅行经验不断丰富,80 后、90 后为主体的游客数量急速增长,主体结构的变化开启了自主旅游决策、自主行程安排的自主、自助旅行时代。随着互联网和移动通信在旅游业的广泛应用,一批服务于旅行前、旅行中、旅行后的信息、产品等内容的在线旅游企业出现,使自由行更加便利。在这一市场前景下,曹操出行推出旗下旅行品牌——曹操自游行,探索独特的"互联网+旅游"新模式。

曹操自游行以曹操专业、优质的行车服务为依托,充分整合"出行+旅游+特色体验"等资源,推出专车旅行、DIY 自助游、当地玩乐等多种产品,以满足用户多样化的旅游、出行需求。与传统旅游平台不同,曹操自游行为用户提供更加智能、高效的出行生活解决方案,平台融合景区门票、专车出行、商家特惠、线路制定、主题活动于一体,为用户准备了形形色色的产品选择,"一键出游"是其一大推行亮点。比起其他做旅游资源内容和服务整合的平台,曹操出行省去中间过程,直接通过平台匹配性价比极高的资源,费用与行程安排清晰可见。

同时,针对当前民众对"出境游"逐渐高涨的情绪,在海外市场上,曹操出行也展现了它的雄心。2019 年 11 月,曹操出行宣布即将在巴黎启动公测,运营车辆采用吉利控股旗下伦敦电动汽车的全新 TX 车型,国内的用户前往巴黎旅游也可以一键呼叫曹操出行。未来,或将陆续在更多国家上线。

挑战与问题

根据极光大数据发布的《2019 年 Q3 移动互联网行业数据研究报告》,网约车市场持续稳定增长,B2C 商业模式正在快速崛起,其中曹操出行增长幅度最大,从 2019 年第二季度开始成为中国第二大网约车公司、中国第一大 B2C 网约车平台。

刘金良曾表示,2016—2023 年是网约车行业的 2.0 时代,也即合规发展期。2019 年 12 月 2 日,曹操出行率先在杭州启动的"优选+"服务正是其坚守三大竞争优势吹响前进号角的重要体现。但同时,一系列挑战与问题正摆在眼前。

从专车到出行：如何盈利？

万创投行提供的行业研报显示，曹操专车平台当前的四大成本分别为车辆采购、燃油（电费）、市场推广和司机。单就司机这一项成本就占了平台整体成本的70%—75%。平台全部运营电动车带来了大约1/3—1/2的成本降低，一部分价格可以让渡给消费者，一部分贴补给司机让他们挣得更多一些。曹操专车同时还要面临因体检不合格被劝退的司机的退出、流失以及司机的重新招募，这些都要带来额外的成本。而解决司机成本的问题正是滴滴、Uber等平台也要干的事儿，曹操专车也不例外。

着眼于无人驾驶，这似乎是个意料之外但又属情理之中的答案。

"我们计划成为最先采用无人驾驶进行出行的平台"，刘金良在演讲中曾说。母公司吉利控股集团及其子公司沃尔沃当然也在按部就班地进行自动驾驶技术的推进和攻克，有了这方面的支持，也让刘金良对自动驾驶的商业化进程更加乐观。如果能把司机的问题解决，曹操专车的盈利能力将大幅上升。从平台的现状来看，北京司机的平均收入一天是500元，而在杭州，平均每个司机每天能接17单，每单28元，每单单价如果能达到30元就能盈利。

虽然当前离无人驾驶广泛应用的距离还未可知，但曹操出行的核心盈利点其实一直没有变，那就是专注于自营车辆。从这一角度来说，从专车到出行，改的是名字，不改的是本质。

从同行到异行：如何脱颖而出？

曹操出行一系列新板块的推出原则上都是基于庞大的用户群体和一定的市场占有率，但从实际来说，现实的情况是曹操出行还任重道远。

曹操出行 vs.滴滴出行

滴滴出行作为领先的一站式出行平台，自2012年在北京上线以来，通过合并、投资、收购等方式在中国的网约车市场上占据了龙头地位，领跑网约车行业。从最新的活跃用户规模来看，曹操出行247万的数据离头部的7 517万的滴滴相去甚远（见图2）。滴滴出行以一己之力占据了中国网约车活跃用户数的90.25%，曹操出行、神州专车、首汽约车等平台分食剩下的份额，可见，诚然由于监管、运行不当产生的一系列丑闻，使得滴滴平台的用户信任度、使用率降低，但尽管处于发展的低谷期，滴滴此前长期积累下来的市场份额也不是其他网约车平台一朝一夕就可以瓜分的。

图2　2019年5月网约车市场主流平台乘客端活跃用户规模

资料来源：易观数据。

曹操出行 vs.同行 B2C

与同样主打 B2C 模式的网约车平台相比，曹操出行也并未占据优势地位。根据 2019 年 5 月品质出行市场主流平台月活跃用户规模来看，首汽约车以 330 万领先于同类的曹操出行、神州专车。首汽约车自 2015 年 9 月上线以来，坚持打造以"高品质"为核心的品牌形象，从其用户数据来看，商务属性十分明显。但可以看到，曹操出行在品质出行市场的上升势头不容小觑，在 2019 年第二季度，曹操出行日均新用户增量首次超越首汽约车位列第一，并且对新用户成功进行了转化，季度 DAU（日活跃用户数量）均值稳步提升。

但对于 B2C 平台来说，价格和服务性质决定了超一线/一线城市才是其主要阵地，目前品质出行仍主要服务中等及以上消费水平用户，用户黏性也需要继续培养。高居不下的成本、逐步扩张的出行版图，如何做好二三线城市的下沉工作，是所有 B2C 网约车平台都亟待解决的问题。

曹操出行 vs.生活服务软件

从"专车"到"出行"的改版虽然为"曹操"带来了更大的布局空间、更多的盈利可能及更合理的盈利模式，但要真正做到改变国人的软件使用习惯，打破现有的出行、美食、旅游细分行业细分软件的状况，实在并非易事。

一方面，同城吃喝玩乐类软件中，美团和饿了么是市场的绝对占有者。仅就美团来说，在完成"美团"APP 和"大众点评"APP 的业务整合后，全平台所积累的各类 POI（兴趣点）信息已经达到 2 000 万，集美食、打车、酒店住宿于一体，美团正朝着 O2O 全产业平台的目标接近。另一方面，定制化、自由行旅游类软件中，携程一枝独秀。据艾瑞数据显示，在"市场集中度"头部五家企业中,携程系交易额口径占 63.8%,间夜量口径占 47.5%,均超过五家企业总量的一半,稳居 OTA(在线旅游)行业第一。而在定制化、自由行旅游市场上,马蜂窝的知名度和大众信任度显然高于初出茅庐的曹操出行。

如何在这一系列的竞争者中脱颖而出,直击用户的痛点,并形成高度的用户黏性,是我们对曹操出行好奇的地方。

从政府到市场:如何管理?

随着网约车的不断普及和各类恶性事件的发生,各地的新规对于司机、车辆都出台了极为严格的管理措施。中国信息通信研究院的研究发现,目前我国从事网约车运营的司机有 3 120 万,而资质符合各地出台的新规的总共有 34 万,比例仅为 1.1%。

针对政府如何治理这一问题,各方声音不同。全国人大代表陈舒认为,互联网大数据技术的运用,让我们看到对互联网经营行为的监管必须运用互联网技术即互联网思维来实现,由单一的政府管理变为合作治理模式,对分享经济的网约车应当采用"政府+平台+司机+乘客"的合作治理。毫无疑问,这才是顺应时代潮流之举,不仅仅是管理思维的转变,更重要的是政府职能的转变。而抓住"放管服"改革这一牛鼻子、坚持不懈推进政府职能转变,甚至已经成为本届政府的一种国家行为,在网约车的管理中,我们也希望能够早日看到这一转变。但又有交通部的发言人在新闻发布会上说:"不能纵容非法经营来缓解打车难。"对于包括曹操出行在内的所有网约车来说,政策导向都显得格外重要。

同时,客观上讲,网约车的兴起会对传统出租车行业造成一定的冲击。因此,一些观点认为,加强对网约车监管、提高网约车准入条件在很大程度上也是出于平衡各方利益、维持社会稳定的考虑。从这方面来说,中国出租车行业的改革也势必对现有市场格局带来冲击。

曹操出行虽然已经上线了出租车服务,但从用户侧的使用和企业侧的布局来看,这显然不是它的发展重点。如果今后出租车行业的改革成为现实,是与之合作还是展开竞争,都值得考量。

尾　声

从 2018 年 6 月开始,网约车 APP 用户规模呈现先增后降的趋势,用户规模的峰值出现在8月和9月,达1.97亿;12月,用户规模回落至1.9亿,同期渗透率为17.25%;整体来看,用户规模的变化趋势与监管加强和行业整顿趋势相吻合。同时,对于网约车市场即将饱和的论断也是层出不穷,这块蛋糕究竟还能做多大?曹操出行自然会关注,但它的宏图却又似乎不止于此。

从消费升级到服务升级,从燃油汽车到能源低碳,再到"Volocopter"空中飞行车概念的提出及海外市场的探索。"未来,吉利将通过曹操专车研究汽车、司机驾驶习惯、用户体验,总结归纳,造出出行市场真正需要的车。"刘金良如是说道。

一个新的出行生态似乎正在构建。也许智慧与创新才是曹操出行不断发展的奥秘。从专车到出行,"曹操"能行吗?又能走到哪一步?我们拭目以待。

阅毕请思考:

1. 曹操专车在吉利集团战略转型中具有什么样的地位和意义?

2. 为什么从曹操专车又转型到曹操出行?其商业模式有哪些不同?

3. 曹操出行和滴滴出行等相比,具有哪些优劣势?

4. 滴滴目前已经占据了中国出行市场的领先地位,曹操出行如何才能超越滴滴,异军突起?

第9堂课
微脉：如何用互联网+AI撬动万亿级医疗健康市场？*

摘要：微脉（杭州求是同创网络科技有限公司）成立于2015年9月,是"互联网+医疗健康"行业快速发展的创业企业。成立至今,微脉已经累计融资3.4亿元,覆盖了17个省份,服务覆盖超1.5亿人口,年医疗交易流水超20亿元,5万名医生在平台上提供各类医疗健康服务,已成为"新医疗"服务的最大基础设施平台之一。本案例阐述了目前医疗行业的背景及互联网医疗行业的发展,介绍了微脉的创业历程及其在快速发展中遇到的机遇与挑战。在互联网医疗行业发生结构性变化的过程中,微脉又将如何发展？微脉的发展案例为其他初创公司和中小企业如何通过技术和战略定位构建竞争优势拓展了思路。

关键词：微脉；互联网+；医疗健康；新医疗；技术创业

引　言

"创业,找到自己喜欢的事业,这样心不苦；做自己擅长的事,这样心不累；懂得创业不可一蹴而就,成功更是低概率事件,这样心不躁；不苦不累不躁,创业才是享受。"2018年5月25日晚,微脉创始人裘加林应邀在浙江大学紫金港

＊本案例由浙江大学管理学院郑刚,竺可桢学院林文丰撰写,版权归作者所有。未经允许,本案例的任何部分都不能以任何方式与手段擅自复制或传播。由于企业保密的要求,在本案例中对有关名称、数据等做了必要的掩饰性处理。本案例仅供讨论,并无意暗示或说明某种管理行为是否有效。

第9堂课
微脉：如何用互联网+AI撬动万亿级医疗健康市场？

校区蒙民伟楼举行的"紫金创享·创业大讲堂"的讲座，以这句话结尾，顿时全场掌声雷动。裘加林40岁出头，身着白衬衣、牛仔裤，留着板寸头，长得有点像香港明星吕良伟，显得非常干练帅气，演讲也极具感染力，近2个小时的演讲，同学们仍意犹未尽，纷纷举手提问。

杭州这片互联网创业的沃土催生着一批又一批的创业者。在互联网医疗领域，微医、丁香园，包括上市公司银江股份、思创医惠都坐落在这座坐拥"淡妆浓抹总相宜"的西子湖的魅力城市。作为"互联网+医疗健康"平台的创新者，微脉也正在这里通过"互联网+AI"变革着医疗健康服务业。

微脉创始人、CEO裘加林，曾是中国银江股份联合创始人，曾任银江智慧医疗集团董事长，参与创办或投资2家独角兽上市企业（银江股份和哲信），带领企业在移动医疗、区域医疗领域连续多年排名全国第一（CCID测评）。

"互联网+医疗健康"可以说是个万亿级的金矿，追风口的创业者不少。然而，这两年，数十家互联网医疗领域的创业公司都相继夭折了。但裘加林是有底气的，自2007年进入医疗行业开始，他就一直在做医疗行业信息化这件事。作为中国第一批创业板上市企业的创始团队成员，银江股份首席运营官、银江智慧医疗集团董事长，裘加林带领的银江股份服务全国600多家大医院，帮助它们建设"智慧医院"。从2000年起，他就担任了以色列依赛电信（中国）有限公司市场总监、销售总监和业务发展总监。随后他在2008年起任银江医疗数字化事业部副总经理，先后负责了无线移动医护系统、门诊输液系统、婴儿防盗系统、区域医疗公共卫生等医疗智能化系统的研发工作。

裘加林认为，微脉的目标是"人人拥有健康档案，家家拥有家庭医生，城城拥有网络医院"，现在主要解决这些需求：用户到医院前的挂号预约，医院检查报告的线上推送，就诊离院后的咨询。微脉在国内率先发起提倡"信任医疗"，以公立医疗体系为核心，向用户提供开放、透明、专业、精准的医疗健康服务，提升医患间的透明和互信。成立两年多来，微脉已经覆盖了17个省份，已在金华、台州、湘潭、昆明、佛山、黄石、徐州等城市覆盖1.5亿人口，年医疗交易流水超20亿元，5万名医生在平台上提供各类医疗健康服务，帮助超过1 000万人，帮助1万余位老人复明，培训院长1万多人，先后接收进修医生5万多人，已然成为"新医疗"服务的最大基础设施平台之一。

微脉以"让医疗健康服务不再难"为使命，基于医疗健康服务的属地化，以城市为单位,连接医疗健康资源,构建城市级互联网健康医疗大数据平台。微脉向用户提供基于互联网的预约挂号、在线缴费、医生咨询、健康画像、报告查询、妇幼助手、处方配送、慢病管理等一系列精准服务,构建本地一站式健康医疗服务平台。①

公司才成立不到三年,发展如此迅猛,人们不禁会问:在大型上市公司已经做到高管的裘加林为什么会选择再次创业,进入"互联网+医疗健康"这个领域?微脉将如何切入,凭借什么核心竞争优势撬动这一万亿级市场?微脉近几年快速发展的奥秘何在?已经具备了一定竞争优势的微脉科技未来应该如何发展?

"互联网+医疗健康"方兴未艾

技术变革医疗行业

医疗是一个古老而又年轻的行业。其古老在于,这个行业从人类活动产生伊始就已经存在;其年轻在于,这个行业随着科技的日新月异而不断发展。现阶段,国内优质医疗资源的配置和分布不均匀,导致病人就诊流向过于集中。大型综合性医院人满为患,老百姓"看病难"现象严重;而很多较低级别的医院和医生资源却得不到有效的利用。医疗问题成为最受关注的民生问题。

人们希望通过新技术获得更好的医疗体验。基于"互联网+AI"技术在资源配置的优化和集成上具有天然优势,医疗企业试图通过"互联网+医疗健康""AI+医疗健康"变革医疗行业,提供更好的医疗服务。而国家和政府也在政策上对医疗行业给予了空前的支持。

在这样的大背景和政策环境下,众多互联网医疗服务平台和企业应运而生,肩负着让优质医疗资源的分布更加合理和公平、让医疗健康服务方式不断升级的使命。互联网医院平台可以分为两种模式:一种是依托于医院,医生为原有职工,医疗资源自持;另一种是主要负责建立平台,患者在平台挂出求诊订单,注册医生"抢单""接单"看病。②

---

① 微脉CEO裘加林:"互联网+医疗健康"需要更多对创新的容忍度[J].智慧健康,2018(9).
② 亿欧网.互联网医院:"神州模式"还是"优步模式"[EB/OL].http://www.iyiou.com/p/52756,访问时间:2020年1月.

"互联网+医疗健康"行业发展阶段

基于互联网技术的发展和医疗行业对互联网的开放这两个维度的演进,微脉CEO裘加林将"互联网+医疗健康"行业演进划分为四个阶段。[①]

1.0 浮云模式。十年前,医疗行业对互联网不开放,医生和患者自己上网,大家通过论坛进行轻问诊和医疗知识的沟通交流,以医—医、医—患沟通平台及社群为基础。其特点是与医院无关,与数据无关。

2.0 浮冰模式。七八年前,医院开始对互联网企业开放预约挂号,患者可以通过互联网平台在线挂号,但没有连接数据、提供支付等。以一些区域或地方性挂号平台和医院挂号平台(如掌医)为代表。其特点是与医院有关,与数据(个人健康档案、电子处方、全流程支付等)无关,服务单位是医院。

3.0 冰山模式。该模式以城市而不是医院为单位,患者在线上不仅可以实现挂号,还可以享受就医支付、医保结算、报告查询、处方共享和流转、接诊医生线上咨询等服务。它不仅与医院有关,也与数据及支付有关,该模式实现了本区域内大部分医疗资源的线上化,基于医疗健康大数据,为本地百姓提供精准的"互联网+医疗健康"服务。

4.0 新医疗模式。该模式基于"用户—医生"连接,建立"以患者为中心"的"个性化+精准"服务体系。家庭医生被引入该平台,提供持续、精准、信任的个性化医疗健康服务。该模式基于医院重构医患连接,一方面以医生为载体帮医院构建患者粉丝群,另一方面释放医生的自主服务能力,扩大了医院服务能力的边界。图1呈现了"互联网+医疗健康"的演进。

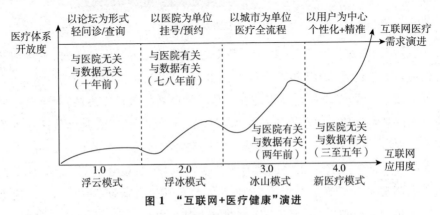

图1 "互联网+医疗健康"演进

---

① 微脉CEO裘加林:"互联网+医疗健康"需要更多对创新的容忍度[J].智慧健康,2018(9).

"互联网+医疗健康"行业的演进在微脉CEO裘加林的分析框架里有另外一种解读。在裘加林看来,创新的决定因素往往在于监管对创新的容忍度。基于"互联网+"创新的本质的理解,裘加林用自己的"白灰黑"理论(见图2)非常形象地说明了当前医疗服务中的机遇。他认为,"互联网+"不单单是一个技术、一个工具、一个连接的平台,更是一个监管对创新容忍的机会。创新多数发生在灰色区域,而这个灰色区域的大小和持续性,取决于国家对创新的容忍度。"在一个领域没有改革、创新、'互联网+'的时候,一个稳定的领域分为三部分:白、灰、黑。白是这个领域内法律明文规定可以干的,黑是这个领域内法律明文禁止不能干的,灰是法律既没有规定能干的,也没有规定不能干的,这是一个稳定状态。"裘加林在亿欧公司主办的"医健新势力"GIIS 2018第三届中国大健康产业升级峰会现场解读其"白灰黑理论","因为创新必然做的是法律没有明文规定干的事,所以国家在允许你创新的时候一定是让灰的部分自然成长变大。什么时候创新结束,行业又走入一个稳定期呢?国家开始介入监管了,这三部分怎么变化?应该是灰的一部分变成白的了,一部分变成黑的了,灰色就剩下原先的比例,在行业稳定期的时候就是这样的"。

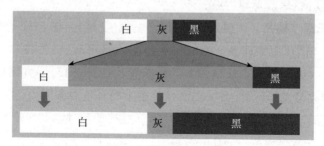

图2 "白灰黑"理论

"我国的医保分为三类:职工医疗保险、军民医疗保险和新农合,三块加起来差不多七千亿元,2017年整个卫生支出五万亿元,医院收入是三万多亿元,从以上数据来看,整个医疗保险的收入是不足以承担医疗支出的,而且医疗保险收支的规则是地方财政而不是国家统筹的,让高端医疗资源化是医疗改革整个的逻辑。我们现在正处在从第一个稳定阶段到第二个阶段的过程中,国家大力发布政策支持。正因国家有医疗保险问题,所以还容忍创新,且提供相关的制度支持。"裘加林指出2018年才是大健康行业创新的开始。"这个时期就是国家政策对'互联网+医疗健康'创新的容忍期,这是最好的时间,这是最佳的窗口。当开始做监管的时候,里面的玩家基本上定了,格局基本

第9堂课
微脉：如何用互联网+AI撬动万亿级医疗健康市场？

上不用变了"。①

"互联网+医疗健康"行业现状和问题

目前，大多数互联网医疗健康平台提供的服务还是以在线咨询、医药电商等为主，或者通过互联网的手段帮医院把原有挂号等基本业务搬到线上，即"互联网+医疗健康"。互联网对医疗行业的创新仍未触及其核心痛点。"互联网+医疗健康"的现状体现在以下四个主要方面。

（1）缺乏基于本地的医疗健康服务。目前主流的互联网医疗服务平台基本以"大平台、弱区域"的模式建设，在平台上连接全国范围内的医生和患者，而患者就医具有"属地化"的基本属性，即大多数就医行为是在本地线下的医院通过本地医生服务解决，就医需求在属地城市。患者实际需要一个能够覆盖属地的所有医疗机构的互联网医疗的服务平台，提供本地化一站式全方位的服务。

（2）未能解决医患信任的问题。医患问题是当今医疗行业最大的问题之一，而医患问题最核心的是信任问题。公立医院的服务体系存在结构性弊端，患者处于弱势地位，医患之间的不对等关系导致不信任加剧。各类基于互联网的医患连接和服务平台的出现，并没有解决医患的信任危机，各种互联网医疗平台对医生有效认证的缺失可能导致患者在平台接受医疗健康服务的信任度更低。

（3）注重平台建设却没有形成用户认知和使用习惯。在"互联网+医疗健康"中，运营是核心。平台的功能建设只是基础，更重要的是如何提升用户的体验。而大多数互联网医疗平台的特点是由政府或者医院出资建设，重建设、少运营，结果是用户少、服务差。② 此外，开发系统的企业如果无法通过对医疗平台的长期运营获得持续收入，而仅仅依靠售卖系统来做一次性生意，平台的长期稳定运行和服务都无法得到保障。

（4）互联网医疗行业处于"做优存量"阶段。国家卫生健康委员会在对《关于促进"互联网+医疗健康"发展的意见》政策解读中明确提出：坚持"做优存量"与"做大增量"相结合，既运用"互联网+"优化现有医疗服务，又丰富服

---

① 亿欧网.微脉创始人兼CEO裘加林：用白灰黑理论构建互联网[EB/OL].https://www.iyiou.com/p/79796，访问时间：2019年3月.
② 微脉CEO裘加林："互联网+医疗健康"需要更多对创新的容忍度[J].智慧健康，2018(9).

务供给。现阶段我们看到,互联网提供的大多数服务,依然处在"做优存量"的阶段,用互联网的手段帮助医院把原有业务进行服务升级优化,这个阶段形成了非常多的"互联网+医疗健康"平台。而深化的"互联网+医疗健康",还需要去创新医疗服务内容、重构医疗服务资源、丰富医疗服务供给,通过"做大增量",拓展医疗服务的空间和内容。

微脉创立

翻开微脉创始人裘加林的人生履历,1977年出生的裘加林形容自己的人生是"顺风顺水"的。通信工程专业出身的他,在千禧年的末尾,曾经给自己定下过好几个五年"目标"——"25岁做技术专家、30岁做营销专家、35岁做管理专家、40岁做企业家、45岁做资本专家"。25岁那年,裘加林作为通信工程领域的专家在世界通信展演讲,31岁即成为当时最年轻的首批创业板上市公司银江股份的联合创始人。

作为电信行业最早的入行人,裘加林曾在以色列最大的通信公司就职[①]。"我发现,任何一个行业信息化的发展轨迹其实是一样的,它们的差别只不过在曲线的'相位'上,也就是曲线何时开始与何时结束。"裘加林对行业变化有着独特的理解。2000年年末,互联网将整个世界都串联了起来。作为提出"智慧医疗"概念的全国第一人,他创办了浙江省智慧健康研究院,拥有16项专利、201项著作权、40项产品登记证,"智慧医疗"走进全国1 000多家医院。[②]

2007年,在浙江大学攻读MBA的裘加林对商业逻辑有了更多认识,加上理工技术专业背景,他敏锐地感觉到信息化与行业的结合是趋势,"那时,IBM提出'智慧地球'战略,顺势而为,我们率先提出'智慧城市'解决方案,一开始在推广'智慧医疗'上下功夫。"[③]裘加林带领着团队在杭州的医院试点的那段时间,他每日在医院,观察医生、护士们的行为。他一边细致观察,一边揣摩医疗流程中出现的各种问题,梳理出"智慧医疗"解决方案。[④]最简单的一个

---

① 任日莹.裘加林:领航智慧医疗畅想城市生活[J].生活品质,2015(8).
② 同上.
③ 张蕾磊,沈佳丽.裘加林:求是choice[J].大学生 2018(7).
④ 同上.

第9堂课
微脉：如何用互联网+AI撬动万亿级医疗健康市场？

例子是,住院后病人手上都戴上二维码腕带,医生护士们可通过扫码,随时随地了解到病人的治疗方案,该吃什么药、该打什么针、该做什么检查。

作为全国"智慧城市"建设的领头羊企业,银江股份在2009年成为国内第一批成功登陆创业板的上市公司,彼时,裘加林在这家以传统信息化和智能化服务为主业的公司担任首席运营官。在银江股份的三大主要业务版块——交通、建筑、医疗中,裘加林创立了银江医疗并担任银江智慧医疗集团董事长。

2014年前后,移动互联网技术在消费、娱乐、出行等多个领域的成功应用,也催生了互联网医疗的蓬勃发展。裘加林在找投资项目标的时候发现,互联网医疗市场虽然已有微医、丁香园等先行创业企业,但它们仍处于起步阶段,市场的壁垒仍未形成。裘加林总结道:"互联网+行业,有两个维度决定能做什么,一是互联网技术本身的发展;二是行业对互联网的开放度。每个领域对互联网的开放是有窗口期的,因此每个行业跟互联网的结合,路径差不多,但时点不一样。"①

对于创业,裘加林也更加专注于自己熟悉的领域,"无论什么创业都是价值发现,只有对一个行业深入了解才知道价值在哪。"裘加林说②。基于多年的医院信息化从业经历,裘加林毅然选择了互联网医疗这一赛道,在公司上市7年后选择再次创业,微脉(杭州求是同创网络科技有限公司)顺势而生。微脉寄名"求是",一是公司属于"浙大系"企业——核心创始团队都来自浙江大学,与浙江大学的"求是精神"一脉相承;二是"求是"之意为追求真理,寓意公司追求健康之道。

传统的平台建设模式是由政府或医院投资,重建设、少运营,结果是硬件齐全,用户极少,没有规划性,效率没有提升,服务难以升级。微脉平台由多方合作共建,由第三方互联网公司运营,在本地建立运营团队,以用户体验为目标,不仅在院内提供互联网工具,更注重通过互联网手段为每一位患者提供持续、精准、专属的服务。

通过医院数据的打通,微脉可以精准地分析用户的就医需求,哪里有用户需要的医生,哪里有用户需要的服务,在平台上,一切都可以供用户选择。

---

① 张蕾磊,沈佳丽,裘加林:求是choice[J].大学生2018(7).
② 创业邦.曾创市值300亿公司,如今再创业2年签约70座城市,覆盖1.5亿人口,业务流水超10亿[EB/OL].https://www.sohu.com/a/227982236_403354,访问时间:2019年3月.

微脉把患者对"医院"的信任升级为对"医院和医生"的信任,提升了医疗服务信任度。

自2015年成立以来,微脉先后获得元璟、源码、经纬等资本巨头共数亿元投资,创始团队来自国内智慧医疗领军上市公司及阿里巴巴、腾讯等国际互联网巨头,创始投资人为阿里巴巴、腾讯公司的联合创始人。

微脉快速发展

微脉1.0:优化存量

微脉的创立阶段的运营模式我们称作1.0模式。在这个阶段,微脉做的是优化存量,用互联网的手段帮助医院把原有业务进行升级优化。把所有的本地化医疗资源(医院的服务、医生的服务、机构的服务等)全部打通,平台上提供所有本地医院的预约挂号、数据查询、综合支付服务,以及入驻本地医院的医生,拓展医院和医生的服务边界,这就是微脉1.0时代的基础"3+1"模式。

微脉以城市为单位,每到一座城市,先将该城市的公立医院打包拿下,让它们与微脉平台深度连接,提供预约、挂号、付费、查询、保险等服务。有了平台,接下来就是引流。单纯的挂号频次很低,做引流意义不大。微脉提出了一站式医疗健康服务平台的概念,用足够丰富的功能和服务,满足某一类人群的需求,比如妇幼人群或者慢病人群;给用户真正关心的服务,比如个人健康数据、过去的就诊用药、检查记录以及针对目前身体特征提供的一系列服务。做到这一步,用户才会提升使用平台的频率,增加用户黏度。举例来说,微脉如果掌握了一个城市人群完整的妇幼状况,有多少人怀孕、怀孕几个月、什么时候生、生了多少个小孩,就可以据此提供产后康复、月嫂照顾、婴幼用品购买等增值服务。①

微脉非常强调"互联网+医疗健康"需要通过实体店落实下去。"医疗的本质是信任,一定要可接触,不见面很难建立信任。线上的咨询医生服务,一定是以线下的本地化的服务作为基础去延伸的。"裘加林说。在富阳,微脉开了第一家线下妇幼商店,面积1 500平方米,2017年营业收入突破3 000万元。

---

① 光源资本.微脉CEO裘加林:两年签下70个城市2万名医生,以城市为单位构建核心医疗数据库[EB/OL].https://www.sohu.com/a/169727817_683992,访问时间:2019年3月.

第9堂课
微脉：如何用互联网+AI撬动万亿级医疗健康市场？

在喜脉①，有婴幼儿游泳馆、游乐场等娱乐设施，提供医生问诊、催乳、骨盆修复等服务。微脉联合创始人陈建群称，微脉做线下妇幼品牌有两个优势：一是线上优势，可以将客户进行导流；二是医疗优势，让执业医生和护士参与进来。②

微脉2017年的用户数据比2016年增长了5倍，服务人次增长了近10倍，活跃医生数量增长了50倍，业务流水超过10亿元。③

"互联网+医疗健康"服务落地：以孕产一站式服务为例

"排队几小时，看病几分钟"会给孕妇带来极大不便。以孕期产检为例，整个过程至少要进行10次以上的检查，进行胎心监护的时候，更是要多次排队、付费、等待，让本就行动不便的孕妇疲惫不堪，医疗服务的可及性问题仍有待解决。微脉在其一站式服务平台上，以"互联网+医疗健康"的模式，让医疗服务不再难。台州医院产科、互联网医学中心联合微脉开展"互联网+孕产一站式"整体创新服务模式，孕妈们可在孕早、中、晚期加入"妈咪好孕俱乐部"。

加入俱乐部后，孕妇可以自主选择副主任以上医师并经APP绑定，确认后在线查看孕检报告，并将报告发送给责任医师进行解读，还可随时咨询孕期出现的各种状况，对应医师不仅负责线上答复还负责线下面对面的定期检查，医师与孕妇深度了解、互相信任；同时根据不同孕龄提供不同的线上课堂，孕妇可在家学习听课，方便实惠；线下提供宝宝孕育及婴儿养育的实操课；有专职人员负责孕妇的各种检查预约、住院协调等事宜。④

2017年8月底，微脉推出远程胎心监护系统，孕妇通过线上购买或租赁胎心监护设备服务，在家中即可自主进行胎心监测。医生在线进行胎心数据监控，为孕妇提供专业诊断意见，如有异常情况便及时干预。同时，胎心监护数据与院内互联，以供医生对孕妇诊治时参考，帮助医生掌握孕妇孕期状态。

根据用户反馈，远程胎心监护使用方便，随时监测，手机上传数据，操作简单。搭配微脉平台使用，有专业医生提供线上报告解读，不明白可以随时向医

---

① 喜脉是微脉基于微脉城市医疗资源和顶级专家资源，集中优质服务资源为妈妈们打造的围绕备孕、孕中、产后、育儿的一体化服务中心。
② 光源资本.微脉CEO裘加林：两年签下70个城市2万名医生，以城市为单位构建核心医疗数据库[EB/OL].https://www.sohu.com/a/169727817_683992，访问时间：2019年3月.
③ 微脉的"互联网+医疗健康"之路[J].北方人(悦读)，2018(8).
④ 动脉.微脉孕产一站式服务：在家进行的胎心监测，与医生随时"面对面"咨询[EB/OL]. http://vcbeat.net/NTUzYjYZWVmYTUxN2I4NjdkMGM1MjM2U2NDk3ZDc=，访问时间：2019年3月.

生咨询。孕妇杨女士表示:"之前做一次胎心监护需要到医院排队挂号、付费、等候,整个过程至少2个小时,现在只需租赁远程胎心监护仪,足不出户,在家即可完成监护。"

此外,加入"妈咪好孕俱乐部",除了有孕产专家提供"家庭医生"式的全方位关怀与指导,以及胎心监测仪进行远程监测胎儿健康,服务的内容与形式也日新月异,最新上线的孕妇瑜伽体验课程等服务就取得了不错的反响。截至 2018 年 7 月 23 日,该服务已惠及台州地区 305 位孕妇,其中 62% 以上为高龄、高危孕妇人群,线下累计提供产检服务超 1 800 人次,医生提供线上咨询及产检报告解读服务 1 580 人次,已有 58 位孕妇顺利分娩。微脉"互联网+孕产一站式"整体创新服务,不仅为当地孕产妇家庭带来就医体验的提升,同时也为台州恩泽医疗中心(集团)带来服务质量与品牌口碑的双丰收,现已成为该集团打造"以患者为中心"医疗服务升级的一个亮点,并入选"2018 CHIMA 医院互联网应用典型案例"推荐名单。[①]

平台定位

裘加林将自己的商业模式与美团类比,将微脉定位为"本地化的基于信任的医患服务平台"[②]。裘加林对创业项目有清晰的定位,"阿里巴巴创立了电商领域的节日'双 11',微脉也有自己的'99 健康日'。我们的口号是'购物上淘宝,看病用微脉',希望在微脉服务覆盖的每个城市,为百姓构建本地一站式医疗健康服务平台,为每个人提供一辈子的医疗健康服务,打造'人人都有健康档案,家家都有家庭医生,城城都有网络医院'的医疗健康服务新生态"。

微脉定位为"本地化的基于信任的医患服务平台",希望基于微脉平台打造新型的本地化医患信任服务关系。裘加林认为,"理想状态下的互联网医疗,以家庭为单位,所有家庭成员都能找到和连接到自己熟悉的、信任的医生,来持续地提供咨询和健康管理服务。而互联网的作用就是,通过连接和赋能,撮合医患间的基于信任的服务关系"。

2017 年 4 月 1 日,医师多点执业制度正式在全国范围开放。"只要打开了

---

① 动脉网.微脉孕产一站式服务:在家进行的胎心监测,与医生随时"面对面"咨询[EB/OL]. http://vcbeat.net/NTUzYjUyZWVmYTUxN2I4NjdkMGM1MjM2MjU2NDk3ZDc=.访问时间:2019 年 3 月.

② 健康网.医健新势力! 微脉亮相 GIIS 2018,打造本地化互联网+信任医疗新生态[EB/OL]. http://www.jkb.com.cn/yzyd/2018/0824/436692.html.访问时间:2019 年 3 月.

第 9 堂课
微脉：如何用互联网+AI 撬动万亿级医疗健康市场？

这个窗口，就像滴滴一样，它的发展是没有谁能限制住的。开诊所也行，在线上提供服务也行，帮别人做手术也行，都可以，但是决不能拿药品的回扣。"裘加林说。微脉的平台为医生提供了一个赚阳光钱的方式，包括问诊、看片、看报告的服务。患者付费使用这些服务，微脉从中按百分比收取佣金。对医生来说，名和利可以实现双收。一方面，在一座城市里口碑传播是主要方式，邻里之间互相交流说某某医生很好、技术很棒。另一方面，线上的服务为医生在当地提供了通过正规渠道赚钱的方法。比如说妇产科医生，可以同时给 10—20 个孕妇当家庭医生。[1]

微脉平台希望医患在线下实体诊疗服务建立连接的基础上，通过面诊、在线问诊、院后管理、妇幼或慢病周期管理等实现本地医患的便捷和高效沟通。医患之间也会因此建立强有力的信任链条，形成微脉提倡的基于医患信任的医疗健康服务闭环。[2] 图 3 呈现了微脉的"3+1"服务闭环模式。

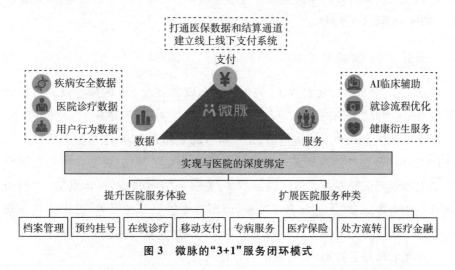

图 3　微脉的"3+1"服务闭环模式

市场战略：农村包围城市

中国有 350 个左右的地级市和地区，其中百万人口以上的城市 300 个左右，三四线城市的创新往往比一线城市市场更广阔，包容度也更高。

微脉走的也是"农村包围城市"的战略。一二线城市，打的是消耗战，进入

---

[1] 光源资本.微脉 CEO 裘加林：两年签下 70 个城市 2 万名医生，以城市为单位构建核心医疗数据库[EB/OL].https://www.sohu.com/a/169727817_683992.访问时间：2019 年 3 月.

[2] 微脉 CEO 裘加林："互联网+医疗健康"需要更多对创新的容忍度[J].智慧健康,2018(9).

成本极高,各路同业竞争已经白热化,而且医院数量多、种类繁杂,很难做到"以城市为单位"的全覆盖应用。而许多三四线城市,从 GDP、人口数量、看病需求上来看,并不比一些省会城市少,微脉能够以更有效率的成本投入,连接当地所有的医疗资源,覆盖本地所有医院,形成本地城市老百姓"看病上微脉"的认知,在单个城市打"歼灭战",扎得更深、走得更远。

裘加林认为"想让城市老百姓看病上微脉,必须抓住这个城市全部的医疗资源。在大城市开始做肯定不行,我直接放弃北上广深这些大城市,中国总共有 350 个左右的地级市(地区),大城市和一线城市直接放弃。我就基于中国人口在 200 万至 600 万、GDP 在 27 000 亿元以上的三四线城市,在地级市里,掐头去尾,底下 150 个不做,上面四五十个不做,就做中间的 150 个城市的全流程服务。""微脉在三四线城市做的全流程服务,涵盖医院的所有挂号、预约、支付、处方、查询报告以及医生问诊包括专病服务。微脉就是一个三四线城市的'微医+好大夫+支付宝'"。

微脉 2.0:快速发展

在 2018 微脉半年度会议上,裘加林宣布微脉进入 2.0 的新阶段。第二个阶段,响应国家"互联网+"战略和《国务院办公厅关于"互联网+医疗健康"发展的意见》,主要集中于做大增量,拓展服务的空间和内容、丰富服务供给。真正的"互联网+医疗健康",不仅是对现有业务的互联网化,更是利用互联网技术提升和创新医疗服务。微脉的后半场,关键是"创营收",具体也将在"创新医疗健康服务运营"上进行重点突破,给用户提供更好的服务,提供用户有意愿、有需求、可接受的服务,"让每个患者得到至少一项专属服务"。

在微脉的运营数据中,有 3 个特点使其与众不同:

(1)微脉的获客成本是行业平均获客成本的一半;

(2)微脉在整个城市的医疗服务渗透率高,超过 30%;

(3)微脉的注册用户日活跃度(DAU)高,占总注册用户数量的比例超过 7%。

这些数据体现出微脉的用户运营能力和用户较好的使用体验。成立两年多来,微脉已经覆盖了 17 个省份,合作城市近百个,服务覆盖超 1.5 亿人口,年医疗交易流水超 20 亿元,5 万名医生在平台上提供各类医疗健康服务,已然成为新医疗服务的最大基础设施平台。在亿欧公司主办的"'医健新势力'GIIS

第9堂课
微脉：如何用互联网+AI撬动万亿级医疗健康市场？

2018第三届中国大健康产业升级峰会"上，微脉获得"2018年中国互联网医院创新企业十强"称号。①

在由互联网医疗系统与应用国家工程实验室、互联网医疗健康产业联盟等多家单位联合主办的"2018基层医疗创新实践峰会"上，裘加林做了"让基层医疗健康服务不再难"的主题演讲②。"基于中国医疗服务的格局，微脉主要布局三四线城市的'互联网+医疗健康'平台。以城市为单位，覆盖当地60%以上的医疗机构，才能最大限度地提高用户覆盖密度及平台认可度，实实在在地为用户和医院提供高效、便捷的连接和匹配。注重运营效率与深度，聚焦用户体验和满意度，让我们在单个城市扎得更深、走得更远。"裘加林补充了一组数据佐证微脉新医疗实践的突破性成就，"在浙江某个常住人口70万的城市中，微脉APP注册用户达到20万人次，2018年4月数据显示，微脉在该城市的医疗服务渗透率高达22.38%，俨然已成为当地最大的'互联网+医疗健康'服务入口"。

更值得一提的是微脉在金融科技上做出的创新实践，其平台支持挂号缴费、诊间支付、住院预缴等缴费环节，集成了多种支付通道，并打通医保支付和商保在线理赔等环节，供外部应用灵活调用，让患者按需选择，能够促进业务协同和流程优化，进一步提升患者就医的便捷性，提高医院工作效率和管理水平。在"2018基层医疗创新实践峰会"上，微脉旗下产品"e脉付"凭借基于统一支付平台的医保脱卡支付创新与实践，与合作伙伴鄂东医疗集团一同摘获"最佳商业保险及创新支付平台"的奖项。③

裘加林对未来微脉的发展充满信心："'互联网+'创新服务的关键，是看用户是否有意愿、是否有需求来接受服务，看医生是否有意愿、有需求来提供服务，这也是我做微脉的一个初心，让用户接受医疗健康服务不难，让医生提供医疗健康服务也不难。真正的'互联网+医疗健康'，是基于市场逻辑、以服

---

① 亿欧网.重磅｜亿欧发布2018年中国互联网医院创新企业十强［EB/OL］.https://baijiahao.baidu.com/s？id=1609573795024687255&wfr=spider&for=pc.，访问时间：2019年3月.

② 动脉网.微脉CEO裘加林："互联网+医疗健康"需要更多对创新的容忍度，赋能中基层推进本地化医疗健康服务［EB/OL］.20180612，http://vcbeat.net/N2Y3Y2ZkMDFhOGIzNmRlZDU0MjJiYWZmYzRmNmNjYmY.访问时间：2019年3月.

③ 动脉网.微脉CEO裘加林："互联网+医疗健康"需要更多对创新的容忍度，赋能中基层推进本地化医疗健康服务［EB/OL］.http://vcbeat.net/N2Y3Y2ZkMDFhOGIzNmRlZDU0MjJiYWZmYzRmNmNjYmY.访问时间：2019年3月.

务的创新满足多元需求的,一切都是刚刚开始。"

挑战与风险

中国 2008—2018 年创新创业企业的发展,不只是个体的成功,更是基于中国市场高存量和高复合增长的大背景。行业市场规模的大小,往往是制约行业头部企业发展的天花板。医疗行业虽然随着科技发展和群体习惯改变正发生着深刻变化,但对医疗健康行业的企业来说,所处的依然是一个变革缓慢、困难但又必然会发生变革的行业,它们必须做好充分的准备,既要有所坚守,又要不断探索。虽然有部门测算,到 2020 年,中国健康产业的总规模将超过 8 万亿元人民币,健康支出占 GDP 比例将达到 6.5%—7%。① 然而,根据弗若斯特-沙利文的报告,2016—2026 年我国互联网医疗的年复合增长率将维持在 33.6% 的水平,并于 2026 年才可以达到将近 2 000 亿元人民币的市场规模;预计 2030 年,可以达到万亿元市场规模。这意味着,未来互联网医疗市场的规模大小和增速依然存疑,微脉等互联网医疗公司的发展增速也依然需要观察。

同时,医疗行业也是一个强监管的市场,2018 年 4 月 12 日,李克强总理主持召开国务院常务会议时,指出要加快发展"互联网+医疗健康"。虽然这则消息给互联网医疗企业吃了一个定心丸,然而国家的支持也意味着监管会不断深入,对于一些资质不完备的企业就意味着它们的一些业务将从"灰"的部分划为"黑"的部分。

虽然有大资本加持,但在"独角兽"频出的互联网医疗领域,微脉如何借助资本构筑进一步加固自身的"护城河",应对其他企业的竞争,这对于年轻的微脉来说仍是一个不小的考验。微脉的现金流能否支撑其持续发展,最终在互联网医疗行业站稳地位,对于裘加林及其高管团队而言,是影响其融资、投资、经营决策的重要考虑因素。另外,创业公司内部的管理挑战也不能忽视。互联网医疗行业的人才依然短缺,各个互联网医疗公司的人才竞争也愈发激烈。微脉能否不断加强其人才实力,也是影响其长远发展的关键因素。

---

① 东北新闻网.中国老年保健医学研究会医养康复分会正式成立[EB/OL].http://jiankang.nen.com.cn/system/2017/05/01/019826420.shtml,访问时间:2019 年 3 月.

第9堂课
微脉：如何用互联网+AI撬动万亿级医疗健康市场？

尾 声

2018年4月28日，国务院办公厅正式发布《关于促进"互联网+医疗健康"发展的指导意见》(下称《意见》)。《意见》明确指出："鼓励医疗机构应用互联网等信息技术拓展医疗服务的空间和内容，构建覆盖诊前、诊中、诊后的线上线下一体化医疗服务模式。允许依托医疗机构发展互联网医院，运用互联网技术提供安全适宜的医疗服务，允许在线开展部分常见病、慢性病复诊。支持医疗卫生机构、符合条件的第三方机构搭建互联网信息平台，开展远程医疗、健康咨询、健康管理服务，促进医院、医务人员、患者之间的有效沟通。"浙江省人民政府在《浙江省医疗卫生服务领域深化"最多跑一次"改革行动方案》中也对《意见》进行了全面落实，提出了十项医疗卫生服务改善项目：看病少排队，付费更便捷，检查少跑腿，住院更省心，便民惠民服务更贴心，急救更快速，配药更方便，母子健康服务更温馨，转诊更顺畅，"互联网+医疗健康"服务更普及。

裘加林创立微脉的初心是让用户接受医疗健康服务不难，也让医生提供医疗健康服务不难。通过两年多的积累，微脉向用户提供基于互联网的预约挂号、全流程支付、医生在线咨询、报告查询、病历及健康档案管理、处方配送、妇幼及慢性病管理、分级诊疗、远程诊疗等一系列精准服务，为百姓构建本地一站式医疗健康服务平台。

裘加林认为自己坚持做的是一件有使命感的事情，"我认为，赚钱是生意，利于己；能持续地赚钱是企业，利于人；能为社会造福的可持续赚钱的是事业，益于人。让医疗健康服务不再难，是微脉的使命，利己利人益于人，能做成这样的事业，才是成功者。我还刚起步，一切才刚刚开始。"裘加林如是说，"求是同创的英文取自'求是'的谐音'Choice'，寓意人生由选择构成，对于人生的选择，一定要花尽可能多的努力去思考，选择了，就用一辈子的时间去坚持"。①

"曾经有一个Z市的初二男生成绩比较差，十分自卑。当时他患有严重抑郁症，但他又因为缺乏自信，不可能到医院挂号找心理医生，他父亲也不愿意带他去看。后来他萌生了喝农药自杀的想法。恰好当时微脉在当地推广，他

---

① 张蕾磊;沈佳丽.裘加林:求是choice[J].大学生,2018(7).

在决定自杀前从微脉上找到Z市人民医院心理科主任,花了十块钱咨询医生。当时这个孩子引起了心理医生的重视,后来在医生的开导下,他渐渐走出了抑郁的阴影。"裘加林在"紫金创享·创业大讲堂"上分享了这个真实的故事,"从此,我意识到很多医疗健康问题是医院无法解决的,也感觉社会上还有非常多这种情况的存在,还有很多无助者。你接触了这个领域会发现,其实有很多需求仍未被满足,因为患者没有合适的就医渠道,由此造成的结果非常恶劣。这件事让我坚定了把微脉发展成中国最大的互联网医疗健康数据服务商的决心"。①

裘加林的微脉选择的"互联网+医疗健康"领域看起来是个潜力巨大的万亿级市场蛋糕,但对于一个创业公司来说,一切才刚刚开始,一切也皆有可能。裘加林选择的这一赛道是否真的有巨大的市场潜力?还是只是像前几年O2O和互联网+的泡沫?微脉的定位与价值主张是否清晰?微脉的现有商业模式是否可行和可持续?微脉究竟能走多远?能否成为阿里巴巴那样的影响世界的行业巨头?裘加林端着一杯现磨的浓缩咖啡,坐在位于杭州未来科技城海创园的七楼办公室,看着对面的阿里巴巴总部大楼,陷入沉思……

阅毕请思考:

1. "互联网+医疗健康"是否真的是一个万亿级的巨大市场?还是只是一场像前几年O2O那样的泡沫?当前是否是一个很好的创业风口?你觉得微脉选择的创业机会和赛道如何?判断一个创业机会的好坏主要从哪几个方面考虑?

2. 微脉目前的定位与价值主张是否清晰和适合?如果你是裘加林,会如何设计自己创业公司在"互联网+医疗健康"领域的定位?

3. 微脉的现有商业模式是否可行和可持续?有哪些风险或隐患?如果你是裘加林,对微脉的商业模式会有哪些创新举措?

4. 你认为微脉下一步发展的突破口在哪里?

---

① ZTVP视点|微脉创始人裘加林:互联网+AI让医疗健康服务不再难[EB/OL].https://mp.weixin.qq.com/s/k39Pxoc5gFcPaxyHUd6tVA,访问时间:2019年3月.

参考文献

[1] 亿欧网.互联网医院:"神州模式"还是"优步模式"?[EB/OL].http://www.iyiou.com/p/52756

[2] 张蕾磊;沈佳丽.裘加林:求是choice[J].大学生,2018(7)。

[3] 任日莹.裘加林:领航智慧医疗畅想城市生活[J].生活品质,2015(8).

[4] 健康网.医健新势力!微脉亮相GIIS 2018,打造本地化互联网+信任医疗新生态[EB/OL].http://www.jkb.com.cn/yzyd/2018/0824/436692.html.访问时间:2019年3月。

[5] 亿欧网.重磅 | 亿欧发布2018年中国互联网医院创新企业十强[EB/OL].https://baijiahao.baidu.com/s?id=1609573795024687255&wfr=spider&for=pc.,访问时间:2019年3月。

[6] ZTVP视点|微脉创始人裘加林:互联网+AI让医疗健康服务不再难[EB/OL].https://mp.weixin.qq.com/s/k39Pxoc5gFcPaxyHUd6tVA,访问时间:2019年3月。

[7] 亿欧网.微脉创始人兼CEO裘加林:用白灰黑理论构建互联网[EB/OL].https://www.iyiou.com/p/79796,访问时间:2019年3月。

[8] 微脉CEO裘加林:"互联网+医疗健康"需要更多对创新的容忍度[J].智慧健康,2018(9)。

[9] 微脉的"互联网+医疗健康"之路[J].北方人(悦读),2018(8)。

[10] 动脉网.微脉孕产一站式服务:在家进行的胎心监测,与医生随时"面对面"咨询[EB/OL].http://vcbeat.net/NTUzYjUyZWVmYTU×N2I4NjdkMGM1MjM2MjU2NDk3ZDc=,访问时间:2019年3月。

[11] 微脉CEO裘加林:两年签下70个城市2万名医生,以城市为单位构建核心医疗数据库[EB/OL].https://www.sohu.com/a/169727817_683992,访问时间:2019年3月。

第10堂课
小米：构建商业系统生态链*

摘要： 随着物联网技术的快速发展，小米选择布局和投资相关智能硬件企业。本文描述了物联网行业兴起和消费升级等时代背景下，小米生态链是如何构建生态系统的方法和原则的。案例描述了生态链企业早期的扁平化结构，以及在"蚂蚁市场"生态中，如何通过竹林方法论和小米先锋优势快速奔跑。通过分析生态链目前阶段存在的问题：结构复杂、跨行管理、组织资源调度效率低和局部事件，揭示小米生态链目前存在的生态挑战。案例分析基于"生态—生命"隐喻和战略生物理论，总结出小米企业生态的演化路径，并提出构建健康的生态系统的六大原则。案例分析得出的结论对其他企业有很大的借鉴和启发作用。

关键词： 小米生态链；商业生态系统；战略生物性

引 言

> 小米生态链成功的最大逻辑是利他即利己。我们很幸运，找到了一个不错的模式。这个模式非常创新，我们依然也是摸着石头过河，但至今也没有人能够复制，所以一路过来还挺自如，没有竞争对手，也没有任何抵抗。
>
> ——刘德，小米生态链的掌门人、小米公司联合创始人

---

* 本案例由浙江大学管理学院郑刚、刘剑撰写，版权归作者所有。未经允许，本案例的任何部分都不能以任何方式与手段擅自复制或传播。由于企业保密的要求，在本案例中对有关名称、数据等做了必要的掩饰性处理。本案例仅供讨论，并无意暗示或说明某种管理行为是否有效。

第10堂课
小米：构建商业系统生态链

刘德是小米公司早期联合创始人，之前是北京科技大学工业设计系主任；加入小米后，主要负责小米的工业设计和供应链管理。从 2014 年起，刘德一直在主持小米生态链的投资和团队搭建。截至 2016 年年底，小米智能硬件生态链企业的全年收入已达 150 亿元，比 2015 年的 50 亿元收入同比增长了 2 倍。2017 年年底，小米宣布成为世界上最大的物联网平台，连接超过 1 亿台设备，超过 90 家小米生态链企业的产品都能通过米家 APP 发生联动，这也是小米生态链体系的"护城河"。截至 2018 年 1 月，小米共投资了 100 家以上的智能硬件生态链公司，其中 40 家以上公司已发布产品，16 家公司年收入过亿元，3 家公司年收入超过 10 亿元，甚至其中 4 家成为估值超过 10 亿美元的独角兽企业。

这些生态链产品，在小米手机热销时，可以锦上添花；而在手机市场遇冷时，品类丰富的智能硬件产品，也能帮小米保持存在感，不至于迅速被大众遗忘。这也是雷军自信喊出"小米模式能得永生"的底气来源之一。

小米布局生态链背景

万物互联时代的到来

随着科技的快速发展，人工智能、大数据、云计算和区块链等技术已经进入大众的视角，并且掀起一波又一波的投资风口。其中，物联网(IoT)市场是雷军高度重视且认为具备高成长性的行业。物联网分为两个阶段：第一阶段，连接，即将所有的设备、人和建筑等建成互联互通，并且可以用手机等终端设备控制，这是物联网的上半场，也是小米生态链公司成立三年来重点做的事情；第二阶段，智能化，即 AI(人工智能)阶段，这将是物联网的下半场。

根据《2017 年物联网行业分析报告》：我国的物联网已形成了完整的产业体系，具备了一定的技术、产业和应用基础，在研发机构和高校研究的不懈努力下，我国物联网相关的技术和商业发展取得了显著的成果。物联网产业规模从 2009 年的 1 700 亿元跃升至 2015 年的 7 500 亿元，年复合增长率超过 25%。

刘德说："2013 年，雷总将互联网发展分为三个阶段——桌面计算机互联网时代、移动互联网时代和智能物联网时代，而智能硬件领域会存在巨大的商业机会，雷总预测可能会比智能手机市场还要大。因此嗅觉敏锐的雷总立刻决定组建团队,抢投相关的智能硬件公司。"

消费升级

此前,《人民日报》一篇题为"物质幸福时代已经结束,新时代来临"的文章引起广泛的转发关注和评论。在过去物质匮乏的年代,商家和消费者都在不断做物质加法,但是现在已经进入注重消费品质的时代。特别是一二线城市,越来越多的年轻人追求具有设计感和体验感的产品和服务。同时,2017年也注定是智能硬件大爆发的一年,智能硬件已经渗透到了无人机、机器人、智能家电、智能出行等方方面面。目前,手机、电脑等3C产品已经处于成熟期,消费者已经非常熟知,甚至有些审美疲劳,即便苹果手机最新款也没有给消费者带来太多的惊喜,但是消费者对生活品质的追求不会减弱,愈发地追求更多新奇、酷炫和优质的智能硬件。

中国智能制造升级

相关的统计数据显示,截至2017年年底,我国制造业比重占全球27%左右;在全球500余种主要工业产品中,我国有220多种产量位居世界第一,稳居世界第一制造大国的地位。但我国制造业仍然存在大而不强、核心技术和品牌缺失等短板。

随着人口红利的消失,国内的人力资源成本不断上升,这意味着我国制造业原有的比较优势在慢慢失去。此外,我国制造业在技术上依然缺乏核心自主的知识产权,缺乏大规模生产、智能化管理的能力,存在高端装备依靠进口、资源能源利用效率低和环境污染等问题,中国制造业转型升级任务艰巨而紧迫。

刘德决定采用小米生态孵化方式,让生态链上的企业自我更新、淘汰、进化,自然生成未来。

小米生态链的创新发展

在万物互联的时代,小米继续推行独特的企业使命:用新国货理念,推动中国制造业升级。同时用"专注、极致、口碑、快"的互联网思维去打造"爆品"。专注细节,用简约设计传递小米产品的价值观,最后实现通过物联网领域弯道超车BAT(百度、阿里巴巴和腾讯三大互联网巨头)。

竹林生态学

小米生态链企业谷仓学院创始人洪华博士说:"建立小米生态链企业,就是要通过投资的方式,实现5年内投资100家企业。"① 其理论基础就是生态学,如果将传统企业比喻为一棵松树,一般情况下松树的树龄可以达到几十年甚至一百年以上。而当松树遇到重大的灾害时,如雷电、火灾等,即使是百年树龄的松树也会轰然倒塌。我们经常将互联网企业比喻成竹子,它往往是一夜春雨过后,就会生长成一片竹林。虽然单棵竹子的生命周期很短暂,但是一片竹林,根部相互交融,内部之间实现新陈代谢,导致整个竹林显得更加稳定和健壮。而小米生态链计划就是为了寻找竹笋(智能企业),这就是小米生态链的竹林哲学。

特种部队

截至2018年6月,小米生态链已经直接投资99家企业,这些企业在大规模成长的过程中,始终与小米保持利益和价值观的一致性。在发展的不同阶段,企业之间互为价值放大器。小米之于生态链企业,如同航空母舰,是一支舰队的核心舰船,既为其他船只提供补给和空中掩护,又同时指挥作战。小米依靠自身的优势,可以补给生态链企业,包括品牌支持、供应链支持、渠道支持和投融资支持等。

当形成可行的生态链创新方法之后,刘德就将小米的产品价值观、方法论和各种资源,包括小米电商平台、营销资源、资本等,输出给小米生态链企业,从而构建起一支强大的航母舰队。这支舰队主要以硬件生态圈为主,核心产品为手机、电视、路由器三大产品,外层是小米投资的一百家硬件智能企业。

扁平化的生态链结构

洪华说:"小米生态链企业结构是一种竹林形态——小米的资源如同竹林强大的根系,而小米生态链上的产品如同一棵棵的春笋。在小米生态链上,一个个爆品不断生成,同时产品也能完成新陈代谢。当用户的需求发生变化时,硬件产品的形态也要不断更迭,只要生态能力一直存在,爆品就如春笋一样不

---

① 来自作者访谈内部资料,后引文未单独标注说明均为相同来源。

断产生,生生不息。小米同生态链企业又可视为五角大楼和特种部队的关系——生态链上孵化的企业,要参与每一个细分市场的竞争。在每一个战场,打每一场战役时,都是五角大楼与特种部队相互配合,由五角大楼在后方提供一切支持,一支有经验的特种部队则在前方执行完成整个计划。这样的配合效率最高、成功率也最高,进入一个市场就能拿下一个市场。"

同时,小米内部已经组建了一支170人的团队来管理生态链企业。小米的研发工程师大约有四五千人,这是一个高手林立的人才库,是小米科技的中流砥柱,他们是各个领域的专家。同时,刘德设计了一种矩阵式管理结构,将部门分为资本、渠道、品牌、供应链、产品经理小组,每个小组都作为各家公司的一个平台,协同总部和生态链企业,帮企业解决实际问题。

迅速抢占蚂蚁市场

2013年年底,青米科技的林海峰决定携手小米一起做插线板。可是在做插线板产业分析时,他发现了一个非常有趣的现象:当时插线板产业排名第一的企业是公牛,它是典型的民营企业,在中国的市场占有率是30%;但是排名第二的插线板品牌的市场占有率却不到3%,这个结果让人十分惊讶,市场占有率第一名和第二名之间的差距竟然如此之大。

青米科技立足于电子信息行业,以集成电路、智能控制、信号传输和控制为发展方向,致力于智能家庭类产品的设计、开发、生产等。目前旗下拥有"青米KINGMI"品牌,主要产品有智能电源转换器、智能电源适配器、智能电能检测和计量产品、室内环境智能检测产品等。在2015年4月8日"米粉节"当天,青米科技出品的首款产品——小米插线板,创造了27.4万只的销售奇迹,随后的年销售量达到几百万只,成为传统插线板行业中的爆品。

更让人惊讶的是,整个插线板市场几乎找不到排名第三的企业,剩余的市场份额被数以万计的小公司、小品牌,甚至大量的小作坊给瓜分掉,这样的市场被小米比喻成"蚂蚁市场"。整个市场就像一块巨大的蛋糕,被无数的小厂瓜分,这些小厂商就像蚂蚁一样。"蚂蚁市场"的特点是门槛低、低价竞争激烈;同时整个市场里要么产品价格很贵,要么质量很差,不存在中间状态。

青米作为一个新进入插线板的企业,如何才能保证迅速地颠覆这一蚂蚁市场且又不会被"蚂蚁"啃食?青米科技CEO王海峰认为:"在插线板这个热带雨林市场,有那么多的小作坊,依据本地市场优势,每一家都能很好地存活,

第10堂课
小米：构建商业系统生态链

同时也没有哪一家大型企业有兴趣进入这么低端的利基市场,因为毛利润才15%左右;特别是目前插线板的内部电路板产品原型已经十分成熟,并不需要太多的改进。但是我们如何进入这个市场？我们必须要具有工匠精神,用误差的精确度0.1毫米精神去做产品的创新,同时快速地整合供应链,实现产品的规模化。"

是兄弟而不是子女

刘德多次强调,生态链企业都是兄弟企业,包括生态链企业之间也是兄弟,坚持帮忙不添乱的原则,大家一起打拼市场。兄弟文化本质是血脉相通,又保持每个企业一定的独立性。正是彼此之间的信任,降低了互相了解、谈判的时间成本。并且兄弟企业文化也会影响产业链上下游之间的企业,彼此保持默契的协作。

小米生态链企业都冠以"米字辈",比如云米、纯米、华米等。值得关注的是经过生态链的深度融合,目前已经出现多家独角兽企业,包括在纳斯达克上市的华米。作为生态系统的"大个子",华米也会发生必要的企业内部采购、研发、生产和销售等新陈代谢的过程,特别是最近智能硬件消费升级,华米也要针对市场强烈的需求做出敏捷反应,以及为了占据手环市场,需要快速奔跑和迭代。

华米科技(HMI)创立于2014年1月,是小米生态链企业,致力于将人类真实的情感及活动无感地连入互联网世界。主要产品包括小米手环、小米体重秤、小米体脂秤、AMAZFIT智能运动手表和AMAZFIT时尚手环,共9次获得德国iF、德国Red Dot、中国设计红星奖金奖等全球顶级工业设计大奖。2016年销售额超过15亿元人民币,成为市场占有率中国第一、全球第二的智能可穿戴及互联网服务提供商,拥有中国最大、最精准的人类运动及睡眠数据库。华米科技2017年全年财报显示,2017年全年营业收入为20.49亿元,同比增长31.6%;同期净利润1.67亿元,同比增长597.8%。

华米科技在团队组建上采用"抢银行团队"模式。该模式的特点是:第一,专业级别高手云集,用高位手段降维对抗其他竞争对手;第二,跨界合作,实现最佳组合。

野蛮生长

从2014年起,早期一批生态链企业得到小米各个维度的支持后,依靠小米官网的"米粉"流量优势,渗透到智能硬件的细分市场,保持了快速增长性。

刘德说:"早期企业就是要野蛮生长,用最短的时间跑到平流层,这样才能避免持续投入研发而没有利润的陷阱。值得欣喜的是,我们的供应链也都十分互信,大家都致力于降低供应链成本,甚至有些零部件厂商被我们折腾得不行,改进不少于100次,堪比当年爱迪生研究灯丝的工匠精神。我们也非常荣幸能够和这样的企业展开战略合作。而我们小米总部没有具体的指令,只有全力以赴的支持。要人给人,要资金给资金,唯一要求就是快速迭代。"

华米科技是小米生态链中涌现出的杰出代表,2018年2月8日正式登陆美国纽约交易所上市。华米科技发展初期也是困难重重。

华米科技创始人黄汪来自安徽,在创立华米科技之前连续创业,研发产品范围包括智能手表、平板电脑等多个产品,可是公司只能勉强维持微利,但他仍然坚守十多年。当小米投资团队找到他的时候,对他的这份坚守给予了肯定。最终黄汪选择小米投资,不仅仅是看中小米的资金,也看中小米的品牌和资源平台。获得战略投资后,黄汪着手打造爆款:小米手环。愿望是美好的,但是过程也是披荆斩棘。比如小米一直强调价格要低,从开始的定价100多元,一直压到79元。当时他就感觉是被虐,心里不服:这么低的价格,如何设计出好的产品,明明可以定价高一点。但这恰恰也是小米追求极致性价比的价值观。经过不断地攻坚,小米手环终于研发成功。而且这也是小米生态链到目前为止销售量最大的产品。2015年8月产品一经上市,不到3个月就卖出了100万只。

2018年2月8日,华米科技正式登陆纽约交易所,成为首家在美国上市的小米生态链企业,华米科技CEO黄汪也在连续4次创业后,迎来自己创业生涯最光辉的时刻。在5年投资100家生态链企业的目标达成后,雷军这位生态链的缔造者认为,华米科技成功赴美上市是小米生态链模式的巨大胜利。

生态链升级

小米生态链开始"奔跑"两年后,共发布20多款产品。然而一个新问题随之产生:过多的产品类型,粉丝也越来越不知道小米在做什么。因此,刘德决定启动新的品牌——米家。

2016年3月29日,小米公司宣布使用全新的米家(MIJIA)品牌,手机业务和周边的电视、路由器等继续使用小米品牌,而智能硬件产品都将成为"米家"成员。这样一来小米采用双品牌战略,便于让消费者选择:小米品牌专注于手机、电视、路由器等,米家品牌则专注于小米生态链产品,其定位为"做生活中的艺术品,串起生活的点点滴滴"。

米家的品牌是由 Mi 和 Jia 首字母组成;中间有一条 23°白线分割,形成了 M 和 J 字母组合(见图 1)。米家品牌标志外形就像个盾牌形象,寓意家庭的呵护,也形似一只充满生活趣味的猫。

图 1　米家品牌标志

线上线下融合

截至 2018 年 4 月,小米生态链已经投资 99 家企业,刘德直接负责管理这些企业,每一位企业负责人直接对刘德汇报。

进入"米家"时代,小米和"米粉"的互动不仅可以通过网站等互联网方式,还可以通过"小米之家"线下旗舰店去体验小米丰富的产品。小米认为,线上线下融合、追求最高效率的新零售业态一定是未来的趋势。

在小米之家,客户可以体验小米手机、小米无人机、小米电视等。截至 2018 年 3 月,小米之家已经在全球开设 300 家,年平均营业额大约为 6 500 万元到 7 500 万元人民币,尽管每家门店面积不过 200 平方米。

小米之家的坪效达 27 万元/年,目前全球坪效最高的零售店是苹果,大概 40 万元。"小米之家的各项指标已经达到了我们的预期,坪效做到了世界第二,费用率控制在 8%以内。"雷军称。他将小米之家的高坪效归功于三点:一是爆品,没有爆品就不能制造流量;二是产品组合,没有产品组合就吸引不了逛店的人;三是小米的品牌和服务理念。①

---

①　灵兽."小米之家"是如何做到坪效 27 万元/年,且单月销售超 10 亿的?[EB/OL].https://www.sohu.com/a/225581733_132388,访问时间:2019 年 3 月.

但在这些背后却是小米对产品品质及供应链的强大掌控能力和对小米生态圈的打造。小米高管林斌曾表示：如果小米之家只卖手机、电视和路由器，客户平均可能要一年以上才会进店一次。所以，小米之家的产品线在不断拓宽，其中更为关键的一环就是小米生态链。

小米生态链原本负责产品的导入，即在全球寻找最好、最具创新性的合作伙伴，共同创造有生命力的新商品。在与一些公司合作的过程中，小米对有潜力的公司进行了投资，为小米生产商品。这样使小米能够更好地输出"要求和标准"，让小米对产品的管控更加得心应手。

换句话说，在某种程度上，小米之家已经属于零售制造型企业。小米生态链的产品是小米线下门店至关重要的环节。小米之家门店有小米生态链企业带来的手环、耳机、插座、电饭煲、平衡车、滑板车、移动电源、空气净化器、无人机、自拍杆、扫地机器人、签字笔、血压计、对讲机、摄像机等种类丰富的周边产品。正是这样的产品组合，让客户访问小米之家的频次大幅提升，无论是线上还是线下。

"我们卖的东西都是低频次消费品，传统企业的人就很难理解，谁每天都买净化器？谁每天都买扫地机器人？但是这些低频次商品有一个很好的产品组合，形成了一个高频次购物体验。"刘德称。

如今小米之家的品类越来越宽。除了手机，还有影音设备、智能家居、酷玩产品以及手机、电脑的周边和配件等，覆盖居家、旅行、办公等不同场景。

小米生态链的产品已经通过米家载体，进入各个流量大的城市，比如杭州的小米之家开设在城西银泰百货、杭州嘉里中心等超级热门商业区。小米之家既是粉丝体验店，又是面向普通消费者的产品展示区，这样既可以增加用户流量，又可以展示小米生态链企业的产品，并得到消费者第一手的反馈。

米家旗舰店

米家旗舰店作为小米满足粉丝体验的空间，更多的是承载米家和用户间信息、体验、服务等的转接器。当粉丝进门，小米旗舰店服务人员就会热情地招呼，无论用户有什么不懂的地方，都可以请教服务人员。只不过小米产品太火了，每次都是要提前1个月预订才有货，这样的饥饿营销依然影响着每一个用户。

智能物联网架构

小米生态链企业目前都架构在智能物联网平台,将各个产品链接到云平台。比如纯米压力 IH 电饭煲产品,犹如艺术品般的外观,每一处细节都是匠心打造,不仅上手简单,而且还能够使用手机 APP 实现智能烹饪;最重要的是,它可以重新定义米饭的味道,目前米家压力 IH 电饭煲价格仅仅为 999 元。

煮饭之前,还需要最后一项准备工作,就是使用米家 APP 与电饭煲相连,整个连接过程非常简单,在米家 APP 中使用添加新设备向导即可轻松添加电饭煲,如果遇到连接不上的情况,检查一下 Wi-Fi 设置,并且可以使用电饭煲的 Reset 键辅助重连。

生活中的艺术品

米家的品牌定位是"做生活中的艺术品"。小米产品不仅外观简约,而且完美地结合家庭中各种应用场景,因此很多产品都拿到世界设计大奖。

米家品牌的推出无疑是小米生态链发展的重要时刻。雷军希望小米生态链能专注于智能硬件领域,以后甚至可以赶超手机业务。在两个业务互相"竞跑"的阶段,小米和生态链公司不仅是兄弟关系,也是彼此的价值放大器。刘德说:"如果运气好的话,小米非常希望看见米家和小米共同成长,因为米家的边界足够宽,有太多的机会与可能。"

问题与挑战

目前,小米生态链特性不仅仅体现在企业数量上,也体现在管理模式上。虽然小米生态链每年以 100% 的速度增长,但是也暴露出许多问题,有些是结构性问题,有些是生态链企业间的内部竞争问题。

生态链结构混杂

小米生态链企业数量众多,如何管理、梳理企业组织架构和沟通机制是摆在小米公司面前的首要问题。刘德说:"经过深思熟虑,起初选择与小米价值观一致的企业,这样无形中就降低了管理的成本。但是遇到了复杂性结构组织,小米总部这个时候非常期望去中心化,发挥小米生态链企业间的内部协助

（功能）。因为中心化组织会给企业带来业务风险，比如巨头诺基亚，就是对未来经营无力而导致中心化和去中心化的矛盾选择。"

洪华说："小米生态链企业面临创新的复杂性和面临内部竞争和消耗，这是过去野蛮生长的结果，经历一些困难和坑，这些依然阻止不了我们快速地增长，同时不得不承认，让刘德一个人承担整个生态链企业的管理，确实对一个人精力是非常大的挑战。同时生态链内部公司的结构也不一样，如何梳理小米和生态链企业，生态链企业之间的沟通？"

局部影响整体

Yeelight 的 CEO 姜兆宁曾分享过一个严重质量事故的案例。姜总说："雷总那么卖力地推广我们的产品，特别是米家台灯在'奇葩说'都有亮相，一些会上也是频频拿出来作为好的产品去推广，可是我们却发生了比较大的质量事故。"

"事故发生的根源在于：对于电源模组 AC-DC（直流交流）模组的供应商，在没有通知的情况下，擅自进行方案变更。后果是原来四十万分之一的不良率，瞬间在一个批次里面提升到 2%，按照月销十万算，一个月内大概有四百件商品出现问题，这个在消费电子行业肯定是不能接受的一个故障率。发现情况后，公司决定一个月内全面召回商品。一个月十万计的话，我们要花掉将近四百多万元完成整个召回过程，同时有一个月不能卖，因为要补货。教训就是商品这么大规模出货，供应商的专业知识，公司还是要搞懂。原来适配器整个模组，一直被当作一个单科料去处理，就是说跟买个晶元或买个电脑没什么区别，我就买适配器，你符合我的技术标准就好了。我们认为只要符合国家 3C 认证，结果没有选择第二个供应商。这样的供应链事故是大伙没有想到和管理不当所致。质量事故也直接导致小米品牌受到影响。"

去小米化

从时间维度上来看，从 2017 年开始，大多数小米生态链企业开始使用自有品牌；从产品类型来看，只有家电、空气净化器等小米希望打造出"爆款"的产品沿用了"小米"和"米家"的品牌，其他的一些如智能锁、智能机器人等品类大多使用了自己的品牌。

2017 年 4 月，原本位于米家 APP 内的米家有品频道独立出来，成为独立

第10堂课
小米：构建商业系统生态链

的电商APP，被命名为"米家有品"，在8月底进一步更名为"有米"，这似乎是在刻意淡化"小米"带来的光环效应。对此，小米生态链副总裁高自光的解释是，小米和米家品牌更聚焦于科技电子产品，"去小米化"能帮助小米拓展边界，吸引更多的供应商。

属于同一个象限的事物，总是此消彼长的关系。小米跟生态链企业的关系，从一开始的"占股不控股"，只在产品的设计、研发、生产、定价上按照小米的模式来做，到现在的"去小米化"、"爆品"才能沿用小米和米家品牌的逻辑来看，小米对生态链企业的管控越来越弱，要求却越来越严格。

日益加剧的竞争，可能是小米主动打破平衡的主要原因。在小米生态链内部，同一条赛道上已经有好几家企业同时在竞争，比如同时做智能锁的云丁、云柚和绿米，同时做空气净化器的睿米、琭珞含章和星月电器。

竞争对手开始围剿

如前所述，小米生态链其实是相当"封闭"的，它只在小米的体系内能发挥最佳效果，并且所有被扶持的初创企业，无论是产品外观还是品牌调性都有浓浓的"小米风格"。在这个体系下，质量、售后、供应链、适配性等指标都能更好地得到保证，并且双方也能"掏心窝子"地实现资源互换等合作，不至于担心关系破裂。由于有自身的参股，小米对于生态链企业的扶持力度会非常高，而初创企业抱上小米的"大腿"以后，也会得到更快速的发展。小米与已经生根发芽的数十家企业一起，共同构建了非常稳固的竞争壁垒。

近几年小米生态链企业取得了亮眼的成绩，但友商们肯定不能对小米独占物联网时代智能硬件生态这么大一块蛋糕坐视不理。2018年7月4日，手机厂商vivo、OPPO，电器厂商美的、TCL，以及大华乐橙、科沃斯、阳光照明和极米科技等多家硬件厂商，宣布成立IoT开放生态联盟，并公布了IoT产品方案。

IoT开放生态联盟强调"开放"的特点，这从联盟的宣言上可以明显看出：联盟并不以任何厂商为中心，所有的成员都平等。产品设计原则包括统一入口（消费者无须安装多个APP，从统一入口即可接入所有智能设备）、保持自有账号系统及设备数据、厂商品牌露出、不改变硬件芯片/模组及自有协议等。其宗旨是为联盟伙伴提供开放、低成本、公平的跨设备厂商互联解决方案，建立一个全开放的智慧生态体系。

而华为同样采取的是开放战略。在2018年6月的开发者大会上，华为就推出了自己的智能家居品牌HiLink(华为智选),宣布全面进军智能家居行业。

华为的做法是推出开放的协议,任何厂商都能接入。余承东对此解释说:"国内家电厂家,包括小米等,它们推自己的标准,但是华为推的是整个行业标准,因为华为的HiLink协议,华为不做家电,我们做的东西是给大家提供服务的……未来全球的家电厂家生产的所有的家电设备,都会支持华为的HiLink协议。"①

这几家的想法大同小异,通过直接找现有厂商合作,而不是参股的方式,来迅速提高市场份额,减少试错成本。当然,开放的弊端就在于对产品和供应链的把控会不如小米的生态链模式,同时既然人家能和你合作,当然也可以为别人做,壁垒没有那么强。

开放和封闭,到底哪种模式会笑到最后?

尾声:小米生态链何去何从?

封闭还是开放?

五年前,为了平衡规模与体验之间的矛盾,小米在开放和封闭之间选了第三条路——用开放的投资打造一个封闭的生态链。五年后,为了拓展边界,小米选择"去小米化",让小米更聚焦,让小米生态链可以触及更远的边界。

当前,在小米生态链之外,苹果的HomeKit、谷歌的Google Home、华为的HiLink……一众品牌都想做开放的智能家居平台。

需要指出的是,今时不同往日,技术的进步带来了产业的革新,智能家居市场日益成熟起来,小米当年封闭的生态链体系开始遇到新的挑战。小米在寻求切入智能家居行业的新方式,生态链企业也在寻求新的增长渠道,而苹果HomeKit的出现刚好提供了一个新的方向:融合、互补。②

从做生态到做平台?

在小米有品的官方商城中,"小米自营"只占一页,大部分产品由生态链企

---

① "围剿"小米生态链[EB/OL].https://www.huxiu.com/article/251173.html?rec=manual,访问时间:2019年3月.

② 亿欧网.独立、更名、去小米化,小米生态链的下一步是什么?[EB/OL].https://www.legacy.iyiou.com/p/79753,访问时间:2019年3月.

第 10 堂课
小米：构建商业系统生态链

业和第三方企业提供。小米的智能家居布局和作为平台型企业的亚马逊有些相似。

做平台，而不是做生态，或许能让小米更有精力腾出手来应对市场环境变化带来的危机。这一次，绿米 Aqara 接入苹果 HomeKit 反倒是释放了一个信号：接入第三方平台太容易操作了，下一个阶段智能家居平台企业竞争的焦点或许是如何寻求更多的智能家居厂商入驻。

内外压力之下，小米生态链又该何去何从？

阅毕请思考：

1. 做手机起家的小米为何要实施生态链战略？
2. 小米生态链战略的实施目前有哪些特点和进展？
3. 小米生态链战略有哪些潜在风险或问题？
4. 你觉得小米生态链战略目标会实现吗？为什么？
5. 小米生态链战略对其他行业有什么借鉴意义或可复制性？

第11堂课
今日头条：以大数据与AI颠覆传统媒体*

摘要：2012年3月，北京字节跳动科技有限公司（以下简称"字节跳动"）成立，最早把人工智能技术大规模应用于信息分发，改变了人与信息的连接方式。字节跳动于2012年8月推出旗舰产品"今日头条"1.0版本，并于2016年9月推出"抖音"。截至2018年10月，字节跳动旗下全线产品国内总日活跃用户超过4亿人次，月活跃用户超过8亿人次，估值达到750亿美元，成为国内仅次于蚂蚁金服、估值最高的非上市企业。本案例以字节跳动母公司为对象，介绍了字节跳动近7年在移动互联网快速发展的背景下，是如何在资讯、短视频赛道上，通过大数据和AI技术快速发展，颠覆传统媒体的；同时也探讨了字节跳动遇到的挑战和未来发展方向。字节跳动的颠覆式创新为处于移动互联网浪潮中的其他资讯类公司带来了变革新思路，对于其他行业传统企业依靠技术创新异军突起、转型升级也具有重要价值。

关键词：字节跳动；媒体；大数据；人工智能；颠覆式创新

引 言

"你关心的，才是头条！"今日头条为用户推荐有价值的、个性化的新闻信息，无论是图文信息还是内嵌于APP里的短视频，都让人刷到停不下来。字

---

* 本案例由浙江大学管理学院郑刚、竺可桢学院林文丰撰写，版权归作者所有。未经允许，本案例的任何部分都不能以任何方式与手段擅自复制或传播。由于企业保密的要求，在本案例中对有关名称、数据等做了必要的掩饰性处理。本案例仅供讨论，并无意暗示或说明某种管理行为是否有效。

第 11 堂课
今日头条：以大数据与 AI 颠覆传统媒体

节跳动围绕着今日头条产品开发中使用的人工智能内核，接连推出了抖音等产品，提供了连接人与信息的新型服务，成为国内移动互联网领域成长最快的公司之一。

2012 年 3 月，今日头条公司注册成立。

2012 年 7 月，今日头条公司获 A 轮 100 万美元投资。

2012 年 11 月，在今日头条 1.0 版本上线的三个月后，APP 用户数量超过 1 000 万。

2016 年 3 月，字节跳动设立 AI 实验室，开展顶尖 AI 技术研究。

2016 年 9 月，字节跳动上线抖音，宣布补贴短视频。

2018 年 8 月，字节跳动获得新一轮 40 亿美元投资，估值达 750 亿美元。

2018 年 9 月，今日头条 MAU① 达到 2.54 亿，位居资讯类 APP 第二。

作为继 BAT 后的 TMB（字节跳动、美团、滴滴）互联网新巨头一员，字节跳动无疑是目前最受关注的新兴互联网企业之一。2012 年前后，我国互联网三大巨头百度、阿里巴巴和腾讯先后借助自身的平台、数据及用户优势，搭建站内程序化广告平台，字节跳动的出现是自有程序化广告平台行业的一次创新。② 从 MAU、DAU（Daily Active User，日活跃用户）和单日使用时长数据来看，今日头条系 APP 已经成为中国互联网流量的新入口。字节跳动依托今日头条 APP 以资讯分发服务起家，凭借"算法编辑+智能分发"技术，开创性地实现"信息"找"人"，迎合移动互联网时代碎片化、多场景的阅读需求。③ 今日头条 APP 在移动新闻资讯领域直面腾讯、网易等巨头竞争，并在混战中脱颖而出。2016 年，字节跳动全面上线短视频，推出"抖音+火山小视频+西瓜视频"短视频产品矩阵，包抄快手，并最终在众多短视频应用混战中胜出。④ 如今"抖音+火山小视频+西瓜视频"三大短视频 APP 位列短视频行业 TOP4，标志着字节跳动成功收割短视频流量红利。⑤

字节跳动成功把握了两波红利，实现了两段关键的成长。它不仅抓住了

---

① MAU，Monthly Active User，指网站、APP 等月活跃用户数量（去除重复用户数）。

② 陈颖.关于腾讯、微博、今日头条程序化广告投放平台的对比研究[J].广告大观：理论版，2018 (1)：32-48.

③ 5 200 亿最新估值！"超级独角兽"今日头条碾压百度、京东和小米 怎么做到的？[EB/OL]. http://global.eastmo，访问时间：2019 年 3 月.

④ 王雅文.今日头条究竟怎么火起来的[J].商业观察，2018(4).

⑤ 动作频频：今日头条意欲何为？[EB/OL].https://www.iyiou.co，访问时间：2019 年 3 月.

移动互联网流量红利的机会,打造基于数据挖掘、可以进行个性化推荐的资讯APP"今日头条";更把握了移动互联网时长红利,推出"抖音+火山小视频+西瓜视频"差异化视频产品矩阵。如今,字节跳动旗下全线产品占据国内移动互联网 APP 使用总时长的 10.1%,超过百度系、阿里系和新浪系,仅次于腾讯系位列第二。

一波红利可以帮助一家企业成为行业巨头,而抓住两波红利就可以帮助企业成长为超级巨头。然而,字节跳动似乎未曾满足于成长为立足于国内市场的超级巨头,仍一直在基于人工智能技术,推进全球化布局,试图成为全球巨头。2015 年 8 月,字节跳动海外版 Topbuzz 上线,开启了海外扩张。2016 年,字节跳动 CEO 张一鸣在第三届世界互联网大会上正式提出,公司会通过自建和投资两种方式在海外扩张,未来希望成为全球信息分发的基础设施。2018 年,张一鸣更是提出建立"全球创作与交流平台"的愿景和"三年实现全球化,超过一半用户来自海外"的目标。

字节跳动不断迭代产品、突破行业边界、布局全球,显示出公司的产品竞争力和创新力。字节跳动的迅速发展引发了人们的思考:在移动互联网时代,为什么字节跳动会异军突起、快速逆袭?新一轮估值 750 亿美元的字节跳动,还能继续保持目前的增长势头吗?其他创业公司是否也可以从字节跳动案例中得到启示借鉴呢?

字节跳动的起步

始于资讯分发

字节跳动的创始人张一鸣是不折不扣的"工程师"。毕业于南开大学软件工程专业的他曾参与创立酷讯、九九房等多家互联网公司,开发过协同办公系统、房产搜索网站等。在这些经历中,他始终与搜索引擎、数据挖掘等技术打交道。张一鸣的"工程师"思维在其确定"今日头条"这一产品的名字时充分显露,"算法没有价值观,只要用户觉得是好的,那就是好的。今日头条名字并不好,但是测试结果显示这个名字最好"。他与团队开发的基于机器学习技术的个性化信息推荐引擎产品——今日头条 APP,正是由机器算法决定给每个用户看到定制化的新闻资讯。

今日头条的起步是迎着时代潮流而上的。2011 年开启了智能手机时代,

第 11 堂课
今日头条：以大数据与 AI 颠覆传统媒体

智能手机出货量从 2011 年 1 月的 568 万部增长到 2013 年 3 月的 4 705 万部，到 2014 年 1 月智能手机的市场占有率已经接近 90%。今日头条 APP 在 2012 年入局移动资讯时，移动互联网用户规模增速高达 31.0%，移动资讯占据移动端用户使用时间的 5.4%。今日头条在发展初期享受移动互联网软件用户红利的第一个表现就是将软件预装在华为、360、金立、Nubia、三星、联想等主流手机内，精准把握智能机首批"换机潮"，通过大规模渠道预装收割第一批用户。

移动资讯所代表的内容行业逐渐过渡到了信息过载阶段，给了今日头条又一次机会。自 2010 年以来，以腾讯新闻为代表的门户类网站上线移动客户端；2012 年互联网移动化随着智能手机出货量大增而开始爆发，碎片化的阅读场景增加，浅阅读成为主流，移动端信息丰富。移动资讯所代表的内容行业，正是在这时过渡到了信息过载阶段。不同于以报纸、电视传媒为主要传播媒介的信息匮乏阶段，以及以门户网站、论坛、视频网站为主要媒介的信息暴增阶段，信息过载阶段中信息传播媒介进一步拓宽（微信、微博、资讯 APP 等），内容生产商也由之前的专业机构转变为专业机构和个人各占一片天地。随着内容供给的指数级增长，用户在可以获得更多信息的同时，明显感知到移动端搜索引擎的使用不便。这时，找到契合的资讯成为难点，获得筛选、分发的合适内容成为用户的迫切需求。这时今日头条采用的"算法分发模式"，巧妙地解决了难点，满足了用户的需求。与依靠专业的编辑团队和记者团队完成对内容生产的"编辑分发模式"，以及依托入驻平台的自媒体并借助关系链完成对资讯信息传播的"社交分发模式"不同，"算法分发模式"通过个性化的推荐，提供用户更感兴趣的阅读内容，有效增加了用户的使用时长与频率，提升了用户黏性。[①]

今日头条 APP 针对信息过载这一痛点，早期定位于聚合类资讯服务，本身不产出内容，而是整合信息源，将资讯主动推送给合适的人群，真正做到从传统的"用户找信息"到创新性的"信息找用户"。这一分发机制的背后正是大数据技术和人工智能技术。这两种技术主要结合内容特征、用户特征、环境特征、协同特征等多维度数据，为用户推荐在特定场景下最适合浏览的内容。在用户初次使用 APP 时，算法还可以在用户登录 5 秒内解读其兴趣。用户使用今日头条阅读资讯时，算法会关注用户的实时反馈。当用户反馈（转化率、

---

① 闫瑾."今日头条"的内容生产和分发[J].新媒体研究,2018,Vol.4;No.75(07):36-38.

热度)达到设定标准,今日头条则将此内容进行大规模的推荐;若用户反馈低于设定标准,则停止推荐。依靠该推荐系统,今日头条使平台上的长尾资讯内容实现了有效的分发和触达。"比用户更了解用户想看什么"的今日头条获得了用户的欢迎。发布3个月之后,今日头条APP用户数量就突破了1 000万。随着用户数据的积累,个性化推荐系统在学习这些海量数据时不断进化,并以每秒上千万次的运算优化推荐效果,反馈给使用者。推荐系统由此实现了"人—数据—算法—信息"的良性正循环。在今日头条,这套推荐系统深入应用于信息的创作、分发、互动、管理的各过程,形成的"千人千面"的推荐算法,解决了用户移动端信息过载、找不到契合资讯的问题。与此同时,今日头条成为AI时代的资讯APP新贵。

聚焦内容创作

信息过载时代,用户需要个性化信息的同时,也提高了对资讯内容的要求。低俗浅薄的内容不再符合用户对资讯的要求,资讯行业的发展走向更加成熟和精细化的模式。今日头条意识到单纯依靠抓取第三方资讯难以长远地满足用户需求,聚焦自有内容创作成为今日头条的选择。为了丰富内容资源,今日头条采用了"三驾马车":扩充内容生态、扶持内容创业、入局垂直资讯。

扩充内容生态方面,今日头条打造"头条号+悟空问答+微头条"三位一体平台,丰富PGC(专业生产内容)与UGC(用户生产内容)两方面内容资源。头条号于2013年上线,是今日头条的内容创作与智能分发平台,面向媒体、国家机构、企业以及自媒体等内容创作者,支持图文、短视频、短内容、问答、多种体裁的创作,同时打通"今日头条、西瓜视频、抖音短视频、火山小视频、悟空问答、懂车帝"六大平台数据,为内容创作者提供10亿粉丝的流量。到2017年2月,头条号数量达到120万。"悟空问答"来自今日头条APP内的问答社区"头条问答",是为用户提供的以提问和回答为主要形式的知识分享交流平台,加强了UGC内容的生产。2017年,悟空问答触达超过1亿用户,每天产生超过3万个提问、20万个回答。微头条为内容创作者与粉丝的互动和交流建立了平台,用户可以通过微头条发布图文和短视频,与人互动并建立关系。截至2019年3月,微头条已经吸引7 000多位顶级明星和超过20万各类认证用户入驻。

扶持内容创业方面,今日头条采取了一系列现金激励及早期投资孵化计

第 11 堂课
今日头条：以大数据与 AI 颠覆传统媒体

划。这些计划包括"千人万元计划""新媒体孵化器计划""头条号创作空间""礼遇计划"等。以"千人万元计划"为例，今日头条在 2016 年确保至少 1 000 个头条号创作者，单月至少获 1 万元的保底收入。截至 2017 年年底，"千人万元计划"签约账号超过 800 个，签约金额达到 8 460 万元。

入局垂直资讯方面，今日头条采用"自建+投资"双驱动。今日头条一方面尝试将 APP 中的自有频道拆分为独立垂直资讯 APP，如将原有 APP 上的汽车频道拆分为"懂车帝"；另一方面投资垂直媒体如机器之心、快看漫画、华尔街见闻等，扩充版权内容。在"自建+投资"双驱动下，今日头条在垂直资讯领域的内容布局日益完善，储备了宽度覆盖更广、内容更加深入、专业度更高的资讯资源。

"聚焦内容创作"战略对今日头条有三大显著益处：运营风险显著下降，差异化的内容资源提高了用户黏性。首先，内容创作能力提升有效降低了最初"新闻搬运工"模式带来的运营风险，类似之前因转载文章而引发的《新京报》、搜狐、《南方日报》起诉风波有效减少；其次，"今日头条 APP+悟空问答+微头条"的内容生态丰富了头条 PGC 和 UGC 两种形式的内容，契合用户深度阅读和碎片化阅读的双重需求；最后，内容资源有助于提升用户黏性，今日头条 APP 的用户单日使用时长显著提升，位列新闻资讯领域的第一名。

快速发展

发力短视频

字节跳动在提升内容资源的同时，发力短视频。这是出于提升其资讯形式多元性和抢占互联网用户使用时长的双重考虑。一方面，随着 4G 的成熟，短视频、视频截取、直播等多元化的内容成为用户更感兴趣的获取信息的方式，也成为资讯平台增加用户黏性的重要手段。另一方面，互联网用户使用时长依旧增长迅猛。据 QuestMobile 发布的 2018 年互联网数据：2018 年秋季，互联网用户月总使用时长环比增加 32.2%，单日使用时长环比增加 26.7%，平均每人每日使用手机的时间接近 5 个小时。与互联网用户规模增速减缓相反的是，现有用户对互联网的依赖性却在增强，使用时长成为企业争夺的重点资源。

2016 年 9 月，字节跳动在第二届头条号创作者大会上提出"All in 短视频"战略,并提出,在未来12个月内,拿出至少10亿元人民币,补贴头条号中的短视频创作者。在之后的3年时间内,字节跳动在短视频领域打造了"抖音+火山小视频+西瓜视频"的产品矩阵,并通过与其他短视频的竞争,成为短视频领域当之无愧的头部企业。其中火山小视频、西瓜视频内嵌于今日头条APP之中,也同时提供APP给用户独立下载使用。这些"头条系"产品均以今日头条所打磨出的大数据及人工智能推荐系统为技术内核,印证了技术是移动互联网下半场的主要驱动力。2018年1月,字节跳动算法架构师曹欢欢的公开发言印证了抖音及西瓜视频等均延续了今日头条的推荐功能。他表示,没有一套通用的模型架构能适用于所有的推荐场景,但西瓜视频、火山小视频、抖音短视频、悟空问答,都在使用今日头条的推荐系统。

值得注意的是,三款产品差异化定位,各有特色,针对不同的细分市场,但又同时相互倒流,形成跨平台内容和流量联动。抖音的定位是"UGC+音乐+一二线城市人群",这是一款15秒音乐短视频软件,配合节奏感强的流行音乐与特效滤镜,带给用户"酷炫潮"的内容感受,75.5%的用户为24岁以下的年轻群体,45.3%的用户为一二线城市居民;西瓜视频的定位是"PUGC(专业用户生产内容)+直播+三四线城市中年群体",其起源于今日头条APP中的短视频模块,内容创作者可以通过平台分成、电商和直播三种途径实现商业变现,47.5%的用户年龄在30岁以上,60.9%的用户为三四线城市居民;火山小视频的定位是"UGC+直播+三四线城市年轻群体",这是一款15秒原始生活小视频社区产品,对标快手,66.8%的用户年龄在30岁以下,61.5%的用户为三四线城市居民。

抖音是字节跳动增长速度最快的现象级产品。自抖音上线以来,用时4个月突破4 000万日活跃用户规模,用时两个月突破1亿日活跃用户规模。2018年6月,抖音日活跃用户规模达到1.03亿,超越2013年成立的快手,成为短视频行业榜首。

抖音在众多短视频APP中突出重围的运营模式值得关注。一方面,抖音依靠功能强大的拍摄特效形成差异化优势,切入一二线城市年轻群体的细分市场。抖音的拍摄特效包括音乐、特效滤镜以及与AI结合的产品创意。"音乐+短视频"是抖音的独有特色,刺激了用户的拍摄灵感,增强了视频表现力。《学猫叫》《我们不一样》《佛系少女》等背景音体现出高度传播性,符合年轻人的偏好。抖音强大的滤镜和美颜功能基于字节跳动人工智能实验室(AI Lab)

第 11 堂课
今日头条：以大数据与 AI 颠覆传统媒体

的技术,契合年轻用户追求变美的心态,增强了用户拍摄视频的意愿。抖音短视频全景贴纸、尬舞机、AR 贴纸、3D 染发等多款特效,形成了其"酷炫潮"的内容特色,用户使用体验新奇有趣,与快手、微视等短视频产品形成差异化优势,在短时间内迅速俘获一二线城市的年轻群体。另一方面,抖音积极使用大 V 引流和赞助热门综艺,吸引用户关注,提升品牌知名度。2017 年 3 月,"小岳岳"岳云鹏在微博转发其模仿者发布的抖音视频,引发抖音百度指数由 0 暴涨到 2 000,抖音借此走入大众视线。2017 年 6 月到 2018 年 1 月,抖音连续赞助了《中国有嘻哈》《明星大侦探第三季》《歌手 2018》三款知名综艺节目。赞助《中国有嘻哈》期间,抖音推出#中国有嘻哈 battle 赛#的挑战活动,凭借节目热度获取大批用户,2017 年 8 月抖音的日均下载量超过 10 万。

把握住短视频红利对字节跳动快速发展至关重要。"抖音+火山小视频+西瓜视频"的差异化视频矩阵显著提升了今日头条 APP 内容和形式的多元性及用户黏性。如今,全系产品占据国内移动互联网 APP 使用总时长的 10.1%,成为继 BAT 之后的互联网"超级玩家"。①

技术长足发展

人工智能作为今日头条的核心竞争力,应用于"写稿—审核—分发—广告投放"全流程。

字节跳动以机器学习、自然语言处理、计算机视觉、人机交互等前沿技术为基础,其个性化推荐系统在学习这些海量数据时不断进化,可以智能辅助内容消费和内容创作。以写稿机器人 xiaomingbot 为例,其撰写的快讯报道可读性强,实现了机器创作。字节跳动让技术在与人的互动中快速演进,高效连接人与信息。

字节跳动在技术上持续发展,并在 2016 年成立 AI Lab,AI Lab 拥有世界领先水平的研究人员,实验室负责人马维英曾任微软亚洲研究院常务副院长。实验室研究机器学习、计算机视觉、自然语言处理与理解、语音识别与合成、计算机图形学、人机交互等领域,利用这些技术帮助内容的创作、分发、互动、管理,提升人工智能技术"护城河"的高度。同时,实验室将针对人工智能相关领域内长期性和开放性问题进行研究,帮助公司实现对未来发展的构想,实现

---

① 张维宁,李梦军.今日头条:继 BAT 之后的"超级玩家"[J].清华管理评论,2017(6):95-105.

"重新定义人类连接和共享信息的方式"。① 值得注意的是,公司平台的庞大用户群确保了有价值的用户数据的持续流入,这有助于公司改进现有模型,研发新的应用程序来提高用户体验。

这些技术除了提升推荐系统技术,还对头条系 APP 的图文信息和短视频的内容创新提供了支持。AI Lab 研发的美化技术和美妆技术是今日头条系产品用户广为使用的技术,此技术可以帮助用户大眼瘦脸、实时磨皮、美白、添加唇彩、智能染发,打造个性美颜,适用于拍照、视频中的人像美化场景。除了用户常用的美化功能,AI Lab 开发的人脸识别、肢体识别和 3D 渲染等深度学习和图像识别技术也大显神通。以肢体识别技术衍生出的人体关键点技术为例,该技术可以对人体 17 个关键点进行精准定位,支持人体姿态实时识别、匹配,适用于跳舞等人体动作检测、人体追踪等场景,可以帮助用户在视频拍摄中实现"拉长腿"等功能。2017 年,抖音上线的"尬舞机"功能正是基于人体关键点技术。此功能将跳舞机从线下搬到了手机上,用户使用抖音就可以在手机上玩体感游戏。这一功能帮助抖音在新版本上线的第二天冲到了苹果 APP Store 免费榜第一名。

字节跳动也将其开发的人工智能技术输出,推出"开放 API 接口 2.0"。这个人工智能接口可用于对人脸/人体/手指进行精准检测,为中小企业提供多种移动端特效支持。

覆盖各类人群,布局新领域

随着移动互联网流量红利和时长红利的停滞,字节跳动积极下沉,为三四线用户提供差异化服务,并在电商、在线教育、金融等领域进行不同程度的尝试,寻求流量变现的方式。

2016 年 12 月,今日头条上线极速版,采取和普通版相同的内容聚合与智能分发模式,以"阅读返利+社交分享"的用户激励模式为特点。与今日头条标准版覆盖一二线城市不同,极速版主要目标用户是三四线城市及以下的群体,通过"阅读返利+社交分享"的模式,来扩大用户规模、增强用户黏性。至 2018 年 6 月,今日头条极速版 APP 月活跃用户达到 5 054 万人次。

---

① 刘必然,张杰,张一鸣.在对的时间做对的事[N].福建日报,2018-11-21.

第 11 堂课
今日头条：以大数据与 AI 颠覆传统媒体

字节跳动积极布局新领域，探索除广告外的其他流量变现方式。电商方面，字节跳动推出放心购和值点；在线教育方面，字节跳动推出少儿在线英语品牌 GOGOKID，提供百分之百的北美师资和定制化方案；金融方面，推出智能化炒股行情软件钠美股票和放心借产品。布局这些领域时，字节跳动积极使用了人工智能技术。以 2018 年 5 月推出的 GOGOKID 为例，该产品针对 4—12 岁孩子提供一对一的北美师资外教课程。GOGOKID 不仅仅对标儿童英语教育领域的头部品牌 VIPKID，为学员提供百分之百的北美师资，更依托大数据和人工智能系统为其定制个性化的学习方案，提升了学员的使用体验。

布局海外

随着中国移动互联网流量红利消失，全球互联网人口红利转向东南亚、南亚和南美。以东南亚为例，2016 年开始，东南亚市场的移动互联网渗透率保持着每年 20% 的增长率，具备巨大的用户增长空间。"在边际成本降低很快的互联网行业，同样的投入，全球化市场是国内市场规模的 5 倍。"张一鸣认为，"互联网互联互通的特性决定了互联网企业未来面对的竞争一定是全球化的竞争。因此，只有通过海外扩张，在市场、组织、人力资源等方面实现全球化的规模效应，字节跳动才能更好地备战未来互联网企业的国际竞争"。① 字节跳动积极以"技术出海+本土化运营"战略收割南美、东南亚等地区蓝海移动流量，并以参股收购成熟产品和与巨头结盟等方式参与美国、日本等成熟市场。

在产品设计方面，字节跳动推出全球统一产品，TopBuzz 为今日头条海外版，TopBuzz Video 对标西瓜视频，Tik Tok 与 Hypstar 分别为抖音和火山小视频的海外版，用相同的产品承载不同国家的内容。同时，字节跳动利用投资与合作，获取推广渠道和版权。例如：2016 年 10 月，字节跳动投资印度本土的内容聚合平台 Dailyhunt；2016 年 12 月，字节跳动投资印尼新闻资讯平台 BaBe；2017 年 11 月，字节跳动和猎豹移动在个性化内容和社交直播领域上进行了战略合作，猎豹移动用户能够在全球范围内访问字节跳动的个性化内容分发服务。

---

① 来自作者访谈内部资料，后引文未单独标注说明均为相同来源。

海外扩张三年以来,从今日头条到抖音、西瓜视频、火山视频,以及TopBuzz、Tik Tok、TopBuzz Video、Vigo Video,字节跳动的产品和服务已覆盖全球150个国家和地区、75个语种,在40多个国家和地区位居应用商店总榜前列。截至2018年6月,海外用户规模已接近公司整体用户规模的20%,海外日活跃用户规模超过3 000万。

快速成长的烦恼

变现挑战

字节跳动2018年8月获得新一轮40亿美元投资,估值达750亿美元,成为中国第二大非上市独角兽公司,同时面临着通过变现支撑起估值的挑战。2014年,字节跳动实现营业收入3亿元,2015年为15亿元,2016年为60亿元,2017年为150亿元。但未来字节跳动要将收入增幅保持下去,将是一个很大的挑战。值得肯定的是,字节跳动产品矩阵中有近5亿去重MAU用户,字节跳动正积极通过广告和涉足更广领域实现流量变现。

广告方面,字节跳动选择了与资讯分发和短视频有极强协同效应的信息流广告作为流量变现的主打,作为穿插在信息之间的原生广告,信息流广告主要形式包括文字、图片和短视频,依托对受众群体的精准观察实现广告的精准推送(头条广告点击率达到了3%—4%,而其他新闻类APP只有1%左右)。

此外,字节跳动依托流量优势,涉足更广领域,尝试电商(抖音、今日特卖等)、知识付费(悟空问答等)、内容分成(头条号)、游戏联运、长视频(西瓜视频)并延伸至金融等领域。

另外,字节跳动积极通过出海增加用户数量,然而中国互联网企业出海鲜有成功案例,国内外制度文化差异让今日头条的全球化战略或许达不到预期。各国、各地区的用户使用习惯,以及金融法律法规、商业模式、市场特征都存在差异,如巴西的本地支付占80%,国际信用卡支付仅占20%,APP选择哪种支付方式对收入有极大的影响。一个在国内成功的产品不一定就能成功地复制到海外市场,字节跳动的海外用户增速依然难以预测。

广告收入是否能够持续增加,其他领域的变现能力是否可以达到预期,用户数是否能够持续增长,这些都将是字节跳动不得不直面的挑战。

第 11 堂课

今日头条：以大数据与 AI 颠覆传统媒体

巨头阻击

在国内，2018 年 6 月字节跳动系 APP 占国内移动互联网 APP 使用总时长的 10.1%，较 2017 年同期上涨 6.2%，已经超越百度系（7.4%），仅次于腾讯系（47.7%）。虽然距离第一名的腾讯还有巨大差距，但其快速发展已经挤压了用户使用腾讯系 APP 的时间，造成腾讯系 APP 使用时长占比下滑（6.6%）。

但是值得注意的是，在日活跃用户数和应用渗透率方面，今日头条 APP 依旧稍逊于腾讯新闻，而且今日头条推出的即时通信社交产品"多闪"和微信、QQ 两款即时通信社交产品相比，仍然有极大差距。主流媒体巨头如腾讯、百度、阿里巴巴、搜狐、新浪、网易等，在 2014 年及以后也纷纷依靠原有的流量优势和技术实力入局智能分发领域：腾讯上线天天快报并投资趣头条，百度推出独立个性化推荐产品"百度好看"，阿里巴巴发布个性化的"UC 头条"，搜狐新闻可以开启个性化推荐，新浪新闻增加个性化推荐比重，网易新闻推出个性化头条。各巨头的举措表明发展 AI 技术的核心竞争力在于资金投入及技术积累，腾讯、百度、阿里巴巴等巨头对字节跳动的未来发展依旧存在较大的威胁。

其他挑战

字节跳动还面临着其他挑战，主要包括其他资讯创业公司的竞争和内容监管。三四线城市互联网用户蓝海，为颠覆式创新铺设了温床，培育出的公司向今日头条发起了挑战。趣头条通过分享和阅读奖金激励模式快速发展活跃用户。根据艾瑞咨询数据，2017 年年底，趣头条月活跃用户规模达到 1 924 万，同比增速为 599.1%；今日头条极速版的月活跃用户达到 3 109 万，同比增速 844.2%；趣头条与今日头条极速版是 MAU 增速最快的两大资讯 APP。

内容监管方面，今日头条频频陷入侵权风波和被政府部门约谈事件。搜狐、腾讯、《新京报》《南方日报》《楚天都市报》等多家媒体都曾起诉今日头条在未经授权的情况下擅自转载文章。2017 年，腾讯起诉今日头条 287 篇报道文章涉嫌侵权，获赔 27 万余元。2018 年，今日头条未经授权转载《现代快报》4 篇稿件，被判赔偿经济损失 10 万元。这些侵权事件的主因正是字节跳动早期就采用的"信息搬运"内容分发模式。另外值得关注的是，头条系产品因为内容涉低俗、色情、负面价值观等和算法推荐未加审核遭遇相关部门的约谈、处罚和整改的事端频出，仅 2017 年一年其就遭到国家网信办的 4 次约谈，旗下的内涵段子在2018年4月被国家广播电视总局以存在导向不正、格调低俗等理由永久关闭。《人民日报》发表微评论，并用三个"如果"对今日头条进行拷问："如果一味追求爆款，却不拆除引发危机的'爆破点'；如果贪图飙车式发展，却无视'刹车'功能失灵；如果只要价值，不要价值观，甚至鼓吹'算法没有价值观'，就难免出事。产品不能沦为算法的奴隶。"①

尾 声

字节跳动续抓住了移动资讯和短视频赛两个风口，以大数据和人工智能为核心技术，在资讯分发和短视频领域形成先发优势，不断创新，占据两大超级流量入口，为未来继续扩张边界打下了坚实的基础。

关于字节跳动的未来，恒大研究院给出了"多元化决定下限，全球化决定上限"的判断，预测"免费+广告""流量入口+多元化"和"全球流量入口"是三种可能模式。"免费+广告"模式是基于资讯分发、短视频流量，通过广告等商业模式，提升营业收入，对标百度。"流量入口+多元化"模式是基于流量入口延伸产业链，拓展非消耗型的流量变现手段，凭借流量、技术优势做生态圈投资，对标腾讯。"全球流量入口"模式使海外版资讯分发和短视频APP成功打开市场，突破国内流量的"天花板"，成长为全球互联网巨头，对标Facebook。国信证券预测，字节跳动的核心竞争力在于其经过6年训练出的"工业级AI推荐系统"，未来产品有望拓宽至众多领域，成长为一家以AI为内核的平台型公司。

字节跳动一路走来虽然面对了不少挑战和争议，但对于一个不断创新、开拓边界的企业而言，属于正常现象。基于人工智能的资讯分发模式未来能给用户带来多大的价值？字节跳动的广告模式会颠覆BAT吗？字节跳动下一步应如何发展定位？这些问题需要时间给出答案。

阅毕请思考：

1. 根据颠覆式创新理论，字节跳动采取的是哪种颠覆式创新路径得以异

---

① 虎嗅.今日头条连最后的"内涵"都没有了[EB/OL]. https://www.sohu.com/a/227853958_115207，访问时间：2019年3月.

军突起的？其崛起的关键因素有哪些？

2. 字节跳动的主要竞争对手有哪些？其主要的竞争优劣势有哪些？

3. 制约字节跳动进一步发展的障碍和困难有哪些？字节跳动应该如何应对？

4. 字节跳动的快速异军突起，对其他企业有哪些启示？在哪些行业有可复制性？

参考文献

[1] 陈颖.关于腾讯、微博、今日头条程序化广告投放平台的对比研究[J].广告大观:理论版,2018(1):32-48.

[2] 动作频频:今日头条意欲何为？[EB/OL].https://www.iyiou.co

[3] 刘必然,张杰,张一鸣:在对的时间做对的事[N].福建日报,2018-11-21.

[4] 王雅文.今日头条究竟怎么火起来的[J].商业观察,2018(4).

[5] 闫瑾."今日头条"的内容生产和分发[J].新媒体研究,2018,Vol.4;No.75(07):36-38.

[6] 5 200亿最新估值！"超级独角兽"今日头条碾压百度、京东和小米,怎么做到的？[EB/OL].http://global.eastmo

[7] 张维宁,李梦军.今日头条:继BAT之后的"超级玩家"[J].清华管理评论,2017(6):95-105.

第12堂课
江小白：一瓶青春小酒的社会化营销*

摘要：江小白，这家定位"青春小酒"的白酒企业成立于2011年，以社会化营销为利剑，开辟出了"互联网+青春小酒"这一全新的市场品类。尽管创立于白酒行业的隆冬之期，但江小白实现了逆势上扬、异军突起，自创立以来年销售额都保持了约100%的快速增长，到2017年营业收入已近10亿元。

本文以江小白为例，介绍了其创办和快速发展的历程，以及在此过程中是如何利用互联网思维，特别是社会化营销手段，快速积累用户和扩大市场的，此外也描述了其当前的问题和未来可能面临的挑战。本案例对其他传统企业在当前"互联网+"背景下利用互联网思维（包括开展社会化营销）转型升级以提升竞争力具有启发意义。

关键词：江小白；社会化营销；互联网思维；互联网+白酒；青春小酒

引 言

关于明天的事情，后天就知道了。

陪你去走最远的路，是我最深的套路。

我们总想着迎合他人，却忘了最该讨好的是自己。

我把所有人都喝趴下，就为和你说句悄悄话。

---

* 本案例由浙江大学管理学院郑刚、管毓红撰写，版权归作者所有。未经允许，本案例的任何部分都不能以任何方式与手段擅自复制或传播。由于企业保密的要求，在本案例中对有关名称、数据等做了必要的掩饰性处理。本案例仅供讨论，并无意暗示或说明某种管理行为是否有效。

第12堂课

江小白：一瓶青春小酒的社会化营销

愿十年后我还给你倒酒，愿十年后我们还是老友。

想念藏在酒里，这是旁人未知我却醉了的原因。

……

凭借这些走心的语录，青春小酒江小白获得了无数年轻人的青睐。

江小白酒业有限公司（以下简称"江小白"）于2011年在重庆注册成立，是一家集高粱育种、生态农业种植、技术研发、酿造蒸馏、分装生产、品牌管理、市场销售、现代物流和电子商务为一体的，拥有完整产业链布局的综合性酒业公司。江小白旗下有江记酒庄、驴溪酒厂、江记农业等企业，拥有调味酒车间、手工精酿车间、非遗古法酿造车间等生产酿造基地，主要产品是同名小酒："江小白"。

主打青春小酒的江小白，在2011年以籍籍无名的地方品牌起步，归功于其互联网化的营销思维、精准的定位、走心的广告文案、场景化的新营销模式，仅用五六年的时间就成长为中国白酒市场的新生力量，成为近几年增长最快，最受80后、90后都市年轻人喜爱的新锐白酒品牌。

江小白自成立以来，连续几年销售收入同比增长100%以上：2013年，江小白销售收入5 000万元；2014年，销售收入破亿元；2015年，销售收入达到了2亿元；2016年，销售额突破4亿元；2017年，销售额达到了近10亿元。

在增长趋缓、竞争激烈并且传统品牌占据主导地位的白酒行业，江小白异军突起的密码是什么？

行业背景

江小白创立之时，白酒行业的总体背景并不乐观。

首先，据国家统计局公布的2011年白酒行业数据，当时中国白酒企业的数量高达4万多家，其中年销售收入1亿元以上的大规模白酒企业有1 233家。高端市场被茅台、五粮液、金六福、西凤酒、剑南春、水井坊、口子窖、泸州老窖等全国知名的十余家大品牌垄断；中档白酒的竞争主要集中在地区强势品牌和少量区域外强势品牌之间；低档白酒市场的竞争则在地区性品牌之间。总体来看，白酒品牌琳琅满目，同价位和同质的产品比比皆是。大多数区域性或地方性品牌企业处于亏损的边缘。但白酒行业有较高的毛利，这对企业有着巨大的吸引力，天士力、宝光药业等非酒类企业纷纷进入，加剧了行业竞争。

其次,葡萄酒正在慢慢抢占白酒的市场份额。葡萄酒一直宣传自己的养生功效,以"洋气又年轻"的形象被视为"时尚品",开始在80后、90后消费者群体中流行起来。2011年,中国葡萄酒进口商已达800家。2011年1月至11月,中国葡萄酒行业的总产量达到10.4亿升,同比增长13.9%。2012年和2013年进口葡萄酒和啤酒的数量比上年都有所增长。

最后,当时的产业政策也不利于白酒消费。2011年国家发改委价格司针对白酒行业价格涨幅异常,提出了限价要求。从2012年1月1日起,央视招标时段内的白酒广告只选定了12家实力较强的白酒企业,除这些企业外的其他酒类企业的广告中不得出现"酒瓶""酒杯"等元素。此外,《中华人民共和国刑法修正案(八)》将醉酒驾驶机动车纳入其中,增设条款:"在道路上醉酒驾驶机动车的,处拘役,并处罚金。"这对白酒行业也有不可小觑的影响。

很多企业在愈发激烈的竞争中亏损、重组甚至倒闭。

江小白诞生记

"江小白他爹"

江小白这款青春小酒的诞生离不开一个人,那就是被外界称为"江小白他爹"的陶石泉。

陶石泉,男,湖南人,江小白酒业创始人、董事长兼CEO。读大学时,陶石泉的书架上一半是书,另一半是跟朋友喝酒后剩下的空酒瓶。2002年陶石泉从辽宁科技大学毕业,进入白酒行业工作,在大型知名酒企——金六福从事品牌与营销工作。从基础营销执行到营销战略制定,从新建团队到推出企业新品,陶石泉在白酒行业摸爬滚打了近十年。这帮助他积累了对于行业的认知:"白酒是个传统产业,做的人都往一个地方使劲——产品必须看起来上档次、喜庆或者充满历史感,'高端大气上档次'。我们中国酒业过去十年来一直缺乏多样性,太过单一,不同品牌的产品看起来都差不多,都是同一种风格,品牌打造的层面也都是在讲述同一个脚本的故事,就是历史传统的脚本,很难做出差异化的品牌和产品,何况现在是文化多元的时代,白酒行业的单一诉求并不合理。"入行多年的陶石泉深知白酒行业的症结所在。

第 12 堂课

江小白：一瓶青春小酒的社会化营销

埋下创业种子

生活中遇到的两件事情给了陶石泉做青春小酒的灵感。

有一次陶石泉跟几个朋友聚餐，到了点饮品的时候，1 个人想喝鲜榨果汁或可乐，2 个人建议喝红酒，3 个人建议喝啤酒，还有人问大家要不要 XO（顶级白兰地），除了自己没有人点白酒。

另一件事发生在 2005 年，地址是上海虹桥宾馆顶楼的一个酒吧。陶石泉回忆说，当时气氛很热烈，喝的是自带的 1 000 多元钱一瓶的五粮液年份酒，可是周围的人却时不时投来诧异的目光，有人问他们在喝什么。知道他们喝的是五粮液后，诧异的目光变成了鄙夷，因为他们认为在这样的环境喝五粮液是不懂情调、没档次，说难听点就是土气。

这两件事引起了陶石泉的注意，他研究了大量针对 25—35 岁年轻人对白酒态度的调查报告，陶石泉发现：年轻人不喜欢白酒是因为白酒满足不了他们的需求。主要体现在以下几点：

首先，多数白酒在宣传产品时要么讲历史渊源，要么将自己暗示为高端成功人士的标配，对于多数都市年轻人来说他们尚在奋斗阶段，所以这无法引起他们的情感共鸣，甚至让他们觉得白酒是事业有成的领导和长辈才喝的，是"老一辈"的酒。大多数受访的年轻人表示，若非应酬平时不会想喝白酒，一般会选啤酒、红酒或洋酒。

其次，饮酒场景已经发生了改变，现在年轻人喝酒的场所已经从饭局转移到了酒吧、KTV 等娱乐场所，如果喝白酒，喝少了不尽兴，喝多就醉了、没法接着娱乐了。而且，消费者普遍觉得白酒"太沉重"，或者说有点土气，不适合新潮的娱乐场所。

再次，年轻消费群体更注重口感，白酒给他们的感觉是辛辣、烧口，啤酒和红酒的口感都柔和得多，这也是他们不喜欢白酒的一个重要原因。大多数受访者表示"不上头"是他们选择酒类时考虑的"首要因素"。年轻人工作忙、压力大，如果晚上约朋友放松喝个酒，第二天还头昏脑胀的，想必以后就不会轻易再喝了。所以他们会避开容易宿醉上头的白酒，选择不上头的啤酒、红酒、饮料等。

最后，年轻一代喜欢标新立异，突出自己的个性，而白酒在他们心里是守旧的，价格再高也没有个性，他们需要独特并且可以迎合未来多元化的饮用需求的饮品。

总体来说，年轻一代需要不上头、口感好、不易醉，又有时尚气息、突出个性，而且能让他们产生情感共鸣的白酒。但当时没有一款白酒能满足这些需求。

在白酒业辉煌的黄金十年里，"50后""60后"引导着消费的潮流，他们或是对白酒有偏爱，或是没有其他酒类可以选择，总之这些人成为白酒消费的主力。如今"80后""90后"成了消费的主力，但是白酒却不符合他们的需求，如果按现在的情况发展下去，传统酒业将会面临消费者断层的困境。陶石泉认为，"80后""90后"对白酒的态度表明市场空白已经产生，这让他看到了机会，"在传统酒业中创造一个新的品类来迎接年轻一代消费者"，满足年轻人对白酒的新需求，这个感觉越来越强烈，创业的种子在陶石泉心里生根发芽。

辞职创业

2002年大学毕业后，陶石泉开始任职于金六福，从普通职员一直做到了公关总监的位子，年薪百万元，前途光明。而在2010年，陶石泉却把一封辞职信交到了老板手中，因为他要去做自己想做的事情。

陶石泉意识到，将白酒品牌年轻化和时尚化，才能符合新一代消费主力的品位和需求。他开始思考能不能让中国的传统酒业与时代潮流相结合，创建一个受年轻人喜爱的白酒品牌。

2011年，微博等社交媒体发展得如火如荼，这让陶石泉看到了社会化营销的前景，他觉得可以依靠社交平台以极低的成本建立和推广一个新的品牌。于是他找到几位合伙人凑了几千万元，组建了仅有十来个人的重庆江小白酒类营销有限公司。2011年12月27日，江小白发布了自己的第一条新浪微博："我是江小白，生活很简单！"以此宣告了自己的诞生。仅仅一年后，2012年江小白宣布实现了5 000万元的营业收入，收回成本。此后开启了飞速发展的传奇历程。

打造自带媒体属性的好产品

找到一条捷径

陶石泉从金六福辞职后并没有马上创业，因为要凭空创造一个新的品牌，而且是知名度高的新品牌，宣传推广的费用要以亿计，对此，他曾说："消费品

第 12 堂课

江小白：一瓶青春小酒的社会化营销

特别是在社交媒体产生以前，我个人也认为很多大品类的消费品没有机会，广告费用特别高；企业品牌和消费者之间隔着渠道，所以要花很多费用解决渠道的问题，门槛是非常高的。我自己从大学毕业就从事白酒行业，所以压根是不敢创建新品牌的。"

辞职后，读书和上网成了他最主要的活动，2011年6月新浪微博注册用户数突破了2亿人次，并且用户人数还在高速增长中。当时新浪微博的总用户中有60%左右的用户年龄在20—29岁。也就是说，有大约1.2亿人次的新浪微博用户是陶石泉的目标客户。陶石泉从中看到了机会。对他来说最重要的是，微博是一个免费的平台，这在一定程度上解决了他面临的资金问题。同时陶石泉还发现，微博传播的特点是自主、自愿，只要内容好、有创意，就会迅速大规模地传播开来。"而且没有了时间和空间的限制，营销能够吸引数量更多、范围更广的参与者，因此其影响力也会远远大于平面广告等传统载体。同时还可以和消费者双向互动沟通，有助于消费者反馈。"陶石泉补充道。

陶石泉说："我也是基于一个大背景，基于整个社会化媒体的欣欣向荣，才认为我们能够找到一条捷径。"这里的捷径是指社会化营销的路子，有了这条捷径，陶石泉开始将创业的想法付诸实践，他做的第一件事情是找产品。

产品出来了，剧本就来了

传统营销的逻辑是，产品出来后，再想着怎么做传播、怎么做促销、怎么做消费者培养……而陶石泉知道社交媒体时代的社会化营销已经不能按这个逻辑了。陶石泉要以社会化思维打造媒体化的产品、为社会化营销而生的产品。这一点在2013年11月28日的重庆微博营销大会上得到了证实，因为陶石泉说："新浪微博就是江小白的亲妈，因为江小白这个产品就是完全针对新浪微博这个媒体、这种传播方式诞生的。"于是他喊出了那句被人奉为经典的语录："产品出来了，剧本就来了，剧本来了，IP就来了！"

陶石泉认为，产品就应该成为最好的自媒体。产品不能自主传播，能够传播的是覆盖在产品之上的剧本。消费者感兴趣的是剧本，连带消费了产品。所以产品不是为自己做的，而是为了发微博、发微信做的，是为了让别人传播做的。产品要有沟通力，要基于消费场景与消费者产生互动；产品要自带媒体属性，用来被提及、被分享、被传播、被讨论，甚至是被骂，要用尽一切办法制造话题，引发自主传播。

至于如何打造产品，他曾在演讲中提到两点：第一，特别出众的品质会让人觉得"喝起来不一样",能够让人惊讶,这样别人才会发自内心地去分享。品质过关,消费者才会再次购买。第二,产品的各个方面,如包装、设计、品牌等都要有不一样的东西,一定要找到让消费者愿意去分享、有差异化的一个点。

陶石泉的想法并非凭空得来,而是通过阅读大量研究报告和亲身考察消费者需求得出的。除了上文提到的不上头等新需求,根据尼尔森市场研究报告,年轻消费者还对白酒的产品设计、包装材质、颜色颇为关注。在产品设计和包装材质方面,传统白酒的包装风格基本都是典雅、高贵甚至奢华的。有些产品会用陶瓷或者水晶的瓶子,还有些产品甚至会用高档的木材雕刻。在颜色方面,传统白酒包装的颜色多采用大红色、金黄色来表达喜庆和富贵,但年轻消费群体觉得这包装具有的端庄和底蕴,适合有较多人生阅历的父亲或者爷爷辈,不适合追求自由和新潮的"80后""90后"。

喝起来不一样

"让喜欢的人更喜欢我们,让不喜欢我们的人更不喜欢我们。"

陶石泉要在白酒中找到与整个行业相比有一定差异化的品种,最终他选定了小曲清香型的高粱酒。陶石泉认为,小曲白酒做低度酒,口感更柔和,酒体更纯净,而且更适合年轻人饮用,具有国际化推广前景。他说:"我们要解决一部分消费者的痛点,这就意味着,我们必须放弃原来一部分消费者的需求。"显然,江小白要抓住的就是年轻消费群体,他们很多人对传统白酒的辛辣口味有些"不习惯",而为此要放弃的就是年纪偏大的传统派,他们喜欢白酒的"烈"。

SLP口感原则

江记酒庄总经理、负责人李俊表示,江小白从品类上属于小曲清香型白酒,同时又是小曲清香品类中的亚品类单纯高粱酒。在口感上,江小白一直致力于白酒"利口化"的研究与创新,制定并推出了白酒发展史上具有里程碑意义的"SLP口感原则":S指Smooth,即入口更顺,减少辛辣感、刺激感和苦味;L指Light,即清爽,低醉酒度,不易醉,不口干,饮后无负担;P指Pure,即纯净,无杂香、杂味。

酒庄的地址选在川法小曲高粱酒的发源地——江津白沙古镇。这里有700多年历史的蒸馏白酒工艺,有富硒土壤种植的红皮糯高粱,加之当地清冽的软水、青石打磨加工的酒窖池壁,让酒体更加纯净。

陶石泉认为白酒低度化是个趋势,因此江小白近年来通过技术攻关攻克

第12堂课
江小白：一瓶青春小酒的社会化营销

了低度白酒的较大技术难点：酒体混浊、水味突出、储存期相对较短等。低度的清淡型高粱酒度数一般在45°左右，为了使产品进一步低度化、利口化，公司后来又推出40°和35°的产品，后来甚至突破了白酒度数底线，推出了25°的产品，这样就满足了年轻消费者"不上头"的需求。

"为什么习惯了传统白酒的人，喝不惯江小白？"陶石泉认为主要有两个原因：一是刚接触白酒的人，喝不惯传统白酒的复杂口味，所以江小白对口感的要求是"简单、纯粹"，40°的清香型高粱酒，是轻口味白酒，走与传统白酒不同的口感路线，是江小白有意为之；二是江小白的口感走的是国际烈酒的路线，如威士忌、白兰地、伏特加、龙舌兰等。国内传统白酒大都强调酒糟香、窖泥香，江小白则强调花果香、蜂蜜香，正如威士忌等烈酒强调泥煤香、烤面包香一样，口感干净、顺口，符合国际主流烈酒的特点。

好产品是企业营销的原点

在陶石泉看来，好产品才是企业营销的原点。为了做出好产品，陶石泉把大部分的时间都花在了研究消费者和产品研发上。在他看来，消费者调研看似是数据化的研究，但更需要去做一些感性的洞察。比如，交一些年轻的朋友，去了解他们饮酒的体验。至于产品研发，陶石泉其实是江小白头号产品经理。

也许是营销上的表现太过亮眼，不少人会质疑江小白产业链前端的建设。"酒厂实力不需要去讲，好产品就能说明一切。"陶石泉说。事实上，江小白的酒厂实力不容小觑。在重庆，江小白酒业拥有5位国家级白酒评委。江记酒庄还拥有由9位高级品酒师、7位高级酿酒师、7位重庆市白酒专家组成的专业技术团队。酒厂技术团队达到了国内一线名酒企业的综合配置和技术储备。江小白现拥有占地面积约1 300亩的生态种植示范基地江记农业，以及总投资逾12亿元的高粱酒酿造基地江记酒庄。

改进酿造工艺

为了让白酒的口感能符合年轻人的喜好，酒庄采用了单一的高粱小曲酒酿造工艺，而且在酿造过程中做了一些处理，使其在后期蒸馏中会出现甜味，最终形成了"天然、纯粹、甜净"的酒体风格，打造出了香而不烈、爽而不薄的清淡高粱酒。

酒庄奉行"产品至上"的态度，在传统酿造工艺的基础上提香去杂，成功研发出了"单纯酿造法"。在传统的工艺中，一般出酒率为53%—55%，为了保证酒体的品质,酒庄大幅延长小曲白酒的发酵周期,将出酒率控制在40%左右。另外,为保证白酒品质,公司还组建了一只专业酿酒科研团队,负责酒体口感的调整和产品的酿造。

江记酒庄总经理李俊认为,传统的白酒消费群体要求口感浓郁、味道绵长;而江小白面向的是年轻的消费群体,年轻消费者对味道长短没有要求,相反对口感干净的要求比较高,为此江小白在工艺上做了一系列创新。

我叫"江小白"

既然要成立公司、创建全新的品牌,就要有名称。要让产品引发自主传播,需要一个让人觉得独特、有趣的名字。陶石泉接受采访时说,"江小白"的品牌名称来源于青春影视剧的启发。他在2010年的时候看了一部电视剧叫《男人帮》,孙红雷在里面扮演的角色叫顾小白,是一个典型的都市文艺青年形象。电影《失恋33天》里面有让人忍俊不禁的王小贱,《爱情公寓》里有惹人爱的曾小贤,还有一部电视剧《将军》里面的角色虞小白令人印象深刻,于是陶石泉觉得"×小×"的命名方式容易被人记住,而且这种调调的名字有鲜明的"80后""90后"印记,简单、通俗又亲切,十分契合目标消费者。在决定用"小白"这个名字后还需要给这个人物一个姓,陶石泉说他们的产地在长江之滨,重庆"江"的文化又很发达,所以就定了"江小白"。

我是江小白,生活很简单

作为一个全新的品牌,没有悠久的历史,没有积淀的文化,没有深入人心的价值理念。这是劣势,但也是优势,因为它可以完全不受限制地塑造自己品牌的价值理念。

什么样的价值理念能被年轻一代的消费者认同呢?本身就是"80后"的陶石泉发现,这一代年轻人喜欢去KTV、去酒吧展现最真的自己。而且他调查后发现绝大多数年轻人都不喜欢跟不表态、喜怒不形于色的人打交道。这给了他很大的启发:"在社交媒体极度发达的今天,个人态度会被放大,所以你必须要表态,哪怕你的表态不对,也好过你不表态""人如此,品牌亦如此"。于是陶石泉喊出了"我是江小白,生活很简单"的口号,这是江小白的品牌理念,也是年轻人喜欢的生活态度。

"传统时代的品牌无疑是物质层面的彰显,而新生代的品牌,或者说消费者升级下的品牌,更多的是精神层面的彰显。"陶石泉十分肯定:江小白既不愿做一个高高在上的奢侈品牌,也不愿做一个低端品牌。他不想让江小白变得那么复杂,要简简单单。

"我"是文艺青年

一个卡通人物,长着一张大众脸,眼镜是黑框的,围巾是英伦范儿的,着装是帅气休闲风,这就是江小白的形象代言人。黑框眼镜和英伦风格的格子围巾在 2011 年是当时文艺青年的标配,为此江小白被大家视为都市文艺青年。

江小白官方给卡通人物的人设是青春、时尚、简单、快乐,有点文艺、小资,喜欢简单不世故的生活,偶尔也会孤独和迷茫,不是高富帅亦绝非一无是处,这些特质跟"80后""90后"非常相符。

陶石泉说之所以给出这样的打扮和人设,是希望生活中的任何一个文艺青年或者草根青年都能从江小白的身上找到自己的影子,能与江小白的人设产生情感共鸣,以此拉近产品与消费者的心理距离。

文艺清新小包装

江小白的包装很简单,磨砂的小白瓶外加一个纸套就是它的包装,包装颜色主打白色和蓝色,纸套印有江小白的卡通形象、口号和各种语录,风格文艺清新。为了方便直接饮用,江小白每瓶容量为 100 毫升,而且瓶身设计成了扁平状,抓握起来更省力。这种包装与传统白酒相比显得非常有个性,符合年轻一代的审美风格,尤其受到文艺范儿的青年人的喜爱。

从语录瓶、表达瓶到 IP 营销

语录瓶:说出你心声

江小白最初在微博上推出的产品被称为语录瓶,因为包装上自带"我是江小白,生活很简单!""快乐喝小酒,寂寞唱老歌""美女啊!妹纸啊!能加我微信号不?""岁月如动车,光阴似高铁,再不开心,我们就老了"等一系列的语录。这些语录有的幽默,有的暖心,有的感人,有的励志,消费者觉得这些语录说出了自己的心声,于是感情上对它有了几分亲近。在此之前,从没有一款白酒会把这些话用到自己的包装上,所以也让人觉得新奇,这款产品也正如陶石泉所预想的那样,引得大家纷纷转发或分享,刷爆微博和朋友圈,一个全新的品牌以令人瞠目结舌的速度打开了知名度。

然而，江小白并没有停下营销的脚步，语录瓶只是开始。

表达瓶：用户也是生产者

2016年，江小白借"七夕"之势，喊出"我有一瓶酒，有话对你说"的口号，推出了自己的表达瓶，正是这款酒贡献了当年80%的营业收入。瓶身自带二维码，用户微信扫描后，就会进入"江小白的文案，其实是我写的！！！"这样的页面。输入想表达的内容就可以生成用户自己的专属表达瓶。页面有三种不同的颜色和字号可供选择，用户可以选择使用默认的几个背景图，也可以上传自己喜欢的图片作为背景。每位参与者完成表达瓶内容的创作后，系统会自动将这名用户的微信名称附到图中，很多用户在定制成功后会将其分享到朋友圈，别人看到后会参与并分享……如此循环。

事实上，表达瓶并不是江小白的首创，前几年可口可乐的歌词瓶、昵称瓶都曾风靡一时。江小白跨界学习借鉴后将其在白酒领域发扬光大，是其内容营销、建立品牌的一个部分。这种人性化的表达就是希望与消费者之间建立起情感的沟通，而不仅仅是单向传播品牌的主张。

江小白每个月都会评选获奖语录，然后从这些语录里再挑选上瓶语录印到酒瓶上。所以才有了"手机里的人已坐在对面。你怎么还盯着手机看？""愿十年后我还给你倒酒，愿十年后我们还是老友""我在杯子里看见你的容颜，却已是匆匆那年"等一系列走心的语录，这些语录让有同感的人纷纷转发，甚至有人为收集语录而去买江小白。江小白品牌总监叶明说："我们不生产文案，我们是文案的搬运工。这些文案都是用户生产出来的，用户既是生产者也是消费者，我们希望用户可以全程地参与，甚至于未来把产品设计也交给用户。"

语录得奖的用户会还会获得一套江小白系列产品，叶明说，因为获奖用户得到的奖品包装上写有自己的语录，所以很多人都会在网络分享自己的这一成果，或者把部分奖品送给朋友，朋友看到可能也会参与进来，或者再分享给别人，这就以较低的成本完成了产品的二次传播。而且，江小白会特别留意将礼物寄到获奖人的工作地址而不是家里，因为这样更容易和同事分享。表达瓶实现了公司对这款产品的期望，借着这款小酒公司实现了产品的消费互动、内容营销、场景社交、私人定制，产品成为名副其实的超级媒体。从此，表达瓶就不只是一瓶可以喝的酒了，而是成为一个自媒体的交流平台，会引来可观的

第 12 堂课

江小白：一瓶青春小酒的社会化营销

用户流量和用户贡献的代表消费群体心声的内容。

在 2016 年举行的第十四届中国营销盛典上，陶石泉解释了做表达瓶的逻辑："表达是第一大欲望。"陶石泉认为这是 80 后、90 后消费者的最大特点。既然每一个人都是自媒体而且又都想表达，那何不让产品成为他们表达态度和行为的载体，让每一个人的微信头像都可以出现在江小白的语录旁，仿佛成了江小白的代言人，为此他很可能会去朋友圈分享，然后引发二次传播。"满足了私人定制，也满足了让产品成为一个超级的媒体"。

营造独特应用场景

约酒不孤单

"人为什么要喝酒？"这个问题困扰了陶石泉很长一段时间。最后陶石泉得出的结论是：饮酒是精神层面的需求，"所以我们找到了江小白跟情绪的连接"。为了让都市青年的各种情绪通过江小白得到释放，或者让有共同情绪的人相识，公司决定举办约酒活动。

约酒活动在微博上发起报名后有上万人申请参加。江小白的工作人员通过网络报名时填写的性别、年龄、爱好等个人信息，筛选出年龄合适的人，男性要在 20 岁到 40 岁，而女性的年龄要求为 25 岁到 35 岁。至于为何不选更年轻的年龄层，活动负责人解释说，因为酒企有社会责任，更年轻的人喝酒后也更冲动，出于安全与各方面的考虑，暂时没有邀请。最后从符合所有条件的粉丝里随机挑选千人参加聚会。

2012 年举办"醉后真言"活动。网上流传说当年 12 月 21 日是世界末日，这就为年轻人提供了狂欢和放纵的借口，江小白借这个时间号召粉丝在这一天来重庆饭江湖参加千人宴，免费吃晚餐，共同畅饮 10 000 瓶江小白，举杯约酒，说出"醉（最）后真言"。活动当天前来参加派对的粉丝，装扮成外星人、死神、兔女郎等形象，穿着汉服、婚纱等各种衣服。活动中还举办了划拳喝酒比赛、跆拳道比赛、武当功夫表演，还有男女运气球、现场大冒险等各种项目。现场拍卖了大奖"免费喝 10 年江小白"，得到的 2 万元全部捐献给了贫困儿童。

由于活动非常成功，从那之后江小白每年都组织千人约酒大会，而且扩散到了多个城市。大会也发展出了多种形式，比如从报名参加的铁杆粉丝中选出 30 位"圈主"，每位圈主都有权力再邀请一定数量的朋友。此外，还有因为共同的兴趣爱好而发起的聚会，如因美食而聚集的美食帮、因爱好机车而组成的车友帮、由跑酷运动爱好者成立的玩咖帮等。

通过约酒大会,江小白不但扩大了品牌影响力,还在各个城市和各种爱好帮派里培养了忠实的粉丝。很多原本陌生的人通过江小白的约酒活动成为朋友,找到了与自己有共同爱好的帮派,对他们来说,江小白这款酒有了特殊的感情色彩。很多帮派也会私下约酒,江小白自然成为他们的必饮品。

快闪酒馆

为了在线下宣传"江小白 MIX"喝法,2017 年 6 月 17 日,在每个城市只存在一天,只送酒、不卖酒的江小白快闪酒馆开业了。

快闪酒馆分为三个小酒馆:解忧酒馆、音乐酒馆、父与子酒馆。

解忧酒馆有一面解忧墙,墙上贴着"身体被掏空""王者荣耀十连跪""方案修改一百遍""经常怀疑人生"等 20 个标签;还有 5 款"解忧酒",分别是"跟你有毛关系酒""没那么糟糕酒""打一针鸡血酒""松一口气酒"和"有一点盼头酒"。参与者先抽取标签,然后就可以获得一杯根据你的情绪定制的"解忧酒"。这个酒馆的目的是帮助年轻人排解压力,乐观生活。

音乐酒馆准备了"你要去的地方,遗情处有诗章""青春又醉倒在,籍籍无名的怀""笑也困倦,举杯如常,孤独大都如常"等 5 款歌词酒签。参加者只要选择自己喜欢的歌词,就能获得相应的调酒。音乐酒馆现场还邀请到了苏州本土原创音乐人弹唱大家耳熟能详的民谣歌曲《理想三旬》《平凡之路》《夜空中最亮的星》《一生所爱》等,吸引了围观人群一起合唱。

父与子酒馆的初衷是鼓励成年的父子用酒打破隔阂,表达感情。酒馆也有 5 款酒,分别命名为"父子同心""上阵父子冰""爸气满满""父刻回忆录""金牌男神"。

除了上述提到的定制酒和"ONE PAIR""NEVER DRINK ALONE""X-DRIVER"等几款官配混饮,参与者还可以根据自己的性格和偏好加入代表"勇气""偏执""矛盾""自由""真实"的饮料,调制属于自己的酒,混出自己的味道,表达自己的个性。

在苏州站,不到 7 个小时的营业时间,酒馆共吸引了近 1 000 名年轻人前来体验。

青春有路,我有态度

2016 年 10 月 21 日,江小白在长沙拉开了"第一届有路现场原创嘻哈音乐节四城巡演"的序幕。"有路"是"You Only Live Once"的首字母缩写"YOLO"

第 12 堂课

江小白：一瓶青春小酒的社会化营销

的读音。活动口号"青春有路，我有态度"充分表达了嘻哈青年的叛逆精神，体现了今天多数年轻人不愿意循规蹈矩、不甘于平庸的态度。活动期间，江小白顺势推出了 YOLO 清淡型高粱酒。

第二届"江小白 YOLO 音乐现场"于 2017 年 9 月 1 日在北京开始。活动邀请了很多当时颇受欢迎的说唱歌手助阵，后续活动共在 8 个城市展开。借着活动期间的人气，10 月，江小白推出了 YOLO 表达瓶纪念版，瓶身印有 GAI、Bridge、大傻三个人的头像和歌词摘录，用手机扫描瓶身的二维码就可以听歌，所以这款酒被称为自带 BGM（背景音乐）的酒。

2017 年 12 月，江小白举办的 JustBattle 国际街舞大赛开赛，并且在爱奇艺视频平台同步播出。活动邀请了很多知名的街舞老师，还为选手准备了 50 万元的奖金。赛事为期三天，采用内外场形式，内场活动是选手比赛和大师指导；外场是为观众准备的，观众可以体验杜卡机车、文身、混合帐篷等。从预选赛到决赛参与的选手有上千人，现场参与和通过网络观看的群众人数没有官方统计，但可以确定的是：江小白为此赛事专门单独开辟的新微博账号获得了 2 万余名粉丝。

钻戒定情，"为爱告白"

2017 年 11 月 17 日，江小白与 MLE 联手，在"双 12"购物节之际发起了"为爱告白"的活动。MLE 是一个婚戒品牌，它需要男士凭身份证购买，承诺一生只能送一人。表达瓶被消费者视为吐露心声的一片小天地，它是表达情绪的媒介，也是倾诉故事的载体。"深情""走心"正是江小白与 MLE 的共同点。如果说婚戒的核心作用是一份对爱情的告白，何不将这份告白写下？在这次活动中，江小白开启了表白瓶。

"为爱告白"按时间分为两个阶段。第一阶段，关注 MLE 官方微信并回复"我要 MIL 替我告白+你要对另一半告白的话+姓名"即可参与活动。MLE 收到留言 2 000 余条，最终经投票选出 6 条语录印在 MLE 定制版江小白表白瓶上。语录被选中的人可获得 1 000 元现金和 MLE 定制版江小白一箱。第二阶段，"双 12"期间购买 MLE 超级婚戒就可获赠 MLE 定制版江小白一箱。这些印有"时间能改变我们的容貌/但不变的是对你的从一而终""从此以后/希望时间变慢/因为一生只够爱你一人"等的表白瓶同婚戒一起，见证了无数人的爱情。对于只看不买的看官，只要将表白瓶拍下分享到自己的微博并@MLE 超级婚戒就有赢取巴黎游的机会。MLE 婚戒在 1 100 多家店面举办了这次活动,反响强烈。表白瓶也受到了很多消费者的喜爱,很多没有获赠的人自掏腰包购买用于告白。

江小白 MIX

对于酒体方面的改革和改进,陶石泉十分得意。他说:"我们做出来的酒体有点接近于伏特加,它是中国白酒真正能调鸡尾酒的一种基酒。以前的白酒,从工艺上讲是做不到这样的,因为它的香味成分、脂类物质比较复杂,加冰块、饮料以后就变浑浊了。"另外,陶石泉还表示很多女性因酒量小,朋友喝酒时自己无法参与,这种可以做基酒勾兑的喝法可以让这她们也参与其中。

不只是白酒,还能做基酒调和勾兑成鸡尾酒,这意味着它已经打破了白酒与时尚不沾边的局限。它的消费场景不再局限于传统白酒的正式宴会或者和家里长辈共饮的场合。它可以在酒吧、夜店、酒会等很多时尚新潮的场合被消费。

因为能做基酒,江小白被粉丝们玩出了各种花样。拿牛奶跟它兑叫"白富美";拿脉动跟它兑叫"含情脉脉";拿红牛跟它兑叫"小白放牛";拿咖啡跟它兑叫"黑白森林"……;网上甚至有人说江小白有 108 种喝法。勾兑的喝法让消费者觉得很有个性,很多人把勾兑过程拍成视频发到网上,越来越多的年轻人开始认可和尝试这种喝法。

于是江小白决定将这种混饮的喝法大力推广,并给这些混饮起名为"江小白 MIX";也在官方微博和微信上发布了多款混饮 DIY 视频,展示了如何用各种饮料、果汁、蜂蜜、巧克力、蛋黄、盐、白砂糖等,制作出"橙色预警""白富美""彩虹堂""蘑菇云""打鸡血""没那么糟糕"等多款不同口味和颜色的江小白 MIX。

2018 年夏天,江小白推出"江小白小酒馆",在全国 26 个大城市巡回,用地推的方法赠送 5 万杯调配了各种饮料的 MIX 混饮酒。将饮料、果汁和江小白调在一起的混饮,实现了酸甜苦咸多种口味。这个潮流将会是白酒行业重新焕发青春活力的出路。

陶石泉对江小白的定位和口味持坚定立场,也清楚如果要继续发展则要不断填补短板,并且延伸江小白的消费场景。他想到了"跨界"合作。2017 年,它和统一企业低调地合作了一款名为"打气"的饮料,此前仅在西南地区推广,而这一项合作直到 2018 年夏天,才被媒体关注到。

江小白还在 2018 年 6 月与娃哈哈联合开发了一款罐装饮料,有"冰红茶柠檬味茶饮料"和"青梅陈皮植物饮品"两种口味。产品的包装上清晰指出，这款饮料由娃哈哈特制，为江小白调酒专用，这也是娃哈哈少数的代工案例。在京东上售价每罐 5 元，很大一部分是在餐馆里作为白酒产品的赠品，来推广江小白的调饮概念。

陶石泉并不打算把这种跨界发展成一个固定的商业模式，因为它的初衷并非增加营业收入，而是想在白酒消费领域对年轻人进行试探。

跨界文创

一直以来，江小白致力于提供一种情绪陪伴或心灵治愈的情感价值。陶石泉认为：要创造这种情感价值，势必在文化领域、创意领域甚至于艺术领域，去跨界吸收。因为音乐、文学、艺术作品和酒，都是人们表达情感与情绪的载体。

2016 年 3 月，江小白发布"万物生长"艺术匠心限量版。限量版选取了 9 位艺术家的作品作为包装图案，内装 40°的精酿高粱酒，口感纯粹柔和。选取这些作品是因为它们从青年人的角度表达了对社会的认知和想法，以及对生活的不同态度，可以彰显"我是江小白，我就是我！"的品牌主张。

2017 年 3 月 9 日，由郝朗、张小盒团队参与设计的"看见萌世界""联系"限量版卡通艺术酒瓶正式亮相。"看见萌世界"选取了郝朗的八件以童年的不同情绪为主题的作品，希望以这款酒唤起人们对童年的回忆，能保持一份童年时的简单和纯粹。名为"联系"的产品是由张小盒团队设计的，采用方形瓶身，一瓶酒又可以分为上下两个小酒瓶，这两个酒瓶象征着互相陪伴、互相帮助的友谊，该系列旨在提醒大家能够借助江小白多多联系自己的朋友，不要让友谊被时间冲淡。

此后，江小白根据社会热点推出了重庆味道瓶、小约兄弟版、告别单身 GO 版、齐天大圣版、狗年纪念版等多款限量系列酒。从抽象的油画到蠢萌的卡通，从浓墨重彩到清新淡雅，江小白将各种各样的艺术画作，穿到了自己身上。

塑造自有 IP

"江小白的品牌战略主要是做成'江小白'的自有 IP，从而为这一品牌带来流量与关注度"，陶石泉说。从 2016 年开始，随着江小白形象逐渐被熟知和关注，江小白通过漫画、MV、植入电影等不同路径，逐步建立了自己的 IP。

IP 营销的商业逻辑就是，品牌通过人格代理持续产出优质内容来输出感情和价值观,以此来聚拢粉丝,粉丝产生了情感共鸣或价值观认可后,就会喜欢和信任其产品,最终购买产品。

场景实验室创始人、新物种实验计划发起人吴声在《超级IP》一书中特别强调,IP崛起于小众"亚文化",只有小众才有寻求"组织归属感"的动力,只有小众才有传播势能,而互联网恰恰给"小众聚集"提供了技术平台。这也是江小白的文案能够高效传播,而那些模仿者却做不到的原因。

江小白塑造IP的方法主要有三个:鲜明独特的专属品牌形象,同道相携,影视植入。

鲜明独特的专属品牌形象

江小白的卡通形象之所以设计为大众脸,就是为了让每个人都能在他身上找到与自己的相同点。陶石泉也提出了"人人都是江小白"的概念。再加上江小白独特的态度宣言:"我是江小白,生活很简单",初步构成了其鲜明独特的品牌IP形象。

另外,江小白以拟人化的方式与消费者通过微博积极互动,表达自己的态度。2015年足球世界杯亚洲区预选赛,江小白说:"赢了一起醉,输了一起扛";2016年南海仲裁案,江小白发声:"中国的领土主权和海洋权益,不需要别人仲裁";对于约酒,江小白表态:"不约儿童,伸手保护。"

为了让江小白的IP形象更加丰满,公司围绕江小白工作和生活的日常制作了漫画,推出了歌曲《我是江小白》,制作了MV。《我是江小白2016》的MV获得了2 000万的点击率,而另一个MV《重庆的味道》则力图将江小白打造成重庆的代表——火锅的标配。

2017年11月9日,江小白打造的同名动漫《我是江小白》全网上线。动漫主角"江小白"是一个初入职场的文艺部新人。很多江小白的酒粉调侃说:"这回不光有酒,还有故事了!"动漫在B站播出后,凭借清新唯美的画风和充满悬念的剧情得到了9.6分的评分。借着热度,江小白推出了包装图取自动漫、语录也紧扣动漫剧情的动漫版白酒,这款小酒在天猫店推出后的第一个月销售了2 224箱。

同道相携

江小白还通过与其品牌调性相一致的IP进行合作,让粉丝和江小白品牌产生更强的连接,来不断强化"江小白"品牌的IP价值。比如启动"江小白青年艺术推动计划",提供专项资金用来扶持摇滚乐、微电影、前卫设计、当代艺术等领域的团体或个人创作。江小白还联合其他机构或个人举办了多场文艺展,比如多元印象青年艺术家联展、江小白青年艺术家邀请展等,还赞助"极峰江小白"车队出征 2016 中国环塔(国际)拉力赛。

影视植入

影视植入也是 IP 合作不可缺少的方式。仅 2016 年,江小白的植入费用就达 3 000 万元,有网友戏称 2016 年是江小白霸屏的一年。最近几年江小白植入了很多年轻人爱看的影视作品,如《北上广依然相信爱情》《暗黑者》《好先生》《小别离》《从你的全世界路过》《深夜食堂》《火锅英雄》《港囧》《匆匆那年》《致青春》《左耳》《同桌的你》等。江小白选择的作品都是因剧制宜的,比如《从你的全世界路过》,该片大部分取景于重庆:洪崖洞旁撕心裂肺的爱情,长江边上对未来的憧憬,十八梯上茅十八喝着江小白盘算自己的计划……而江小白作为重庆的典型元素,贯穿于经典桥段。对植入的影视作品,江小白也会在官微为电影造势。电影首映见面会前,江小白官微会发文宣传电影,表示转发江小白宣传电影的微博并@三个好友,即有机会获得电影票一张。而且上映期间,只要拍到江小白出现的镜头,发微博并@江小白,就有机会获得主演的亲笔签名海报或江小白重庆味道套装酒。

面临挑战

山寨模仿

作为近年来白酒行业社会化营销的先行者,江小白走的是一条不同于传统白酒企业的道路,因此很多人或企业对这个"叛逆"的品牌并不看好。然而江小白披荆斩棘,在社会化营销的道路上越走越顺,粉丝不断增加,销量节节攀升,让其他酒企注意到了青春小酒这片市场,很多品牌试图分一杯羹,于是就有了模仿甚至是抄袭,江小白的山寨"兄弟"们如雨后春笋层出不穷。据报道,有媒体统计疑似山寨江小白的酒厂和品牌多达 30 余家,例如衡小白、衡小干、小江白、云小白、白小乐、江中白、江山白、江川白、小涩郎等。这些品牌对江小白的"模仿"程度可谓极致,扁平酒瓶、动漫形象、语录,这些江小白的经典元素被一个不落地"模仿",从外观上很容易同江小白混淆。其中有个产品是这样介绍自己的:"我是中国驰名的白酒文艺青年,'80 后'青春爱酒小男人,酒兴大发时,可以和 N 种果汁、N 种牛奶、N 种饮料勾肩搭背,让各种帅哥、各种美眉无法自拔",这与江小白的人群定位和喝法完全一致。

除了山寨"兄弟"们,还有很多知名大品牌也进入了青春小酒市场,比如洋河的"洋小二"、郎酒的"小郎酒"、泸州老窖的"泸小二"等。这些都是瞄准小酒市场而来的强劲对手。

对于简单粗暴的抄袭山寨,陶石泉表示:"江小白语录是公司在长期与消费者沟通中积累出来的,这些内容代表了年轻一代消费者群体的生活态度,其他企业生硬地照抄和编排语录,将很难与消费群体产生共鸣。"在陶石泉看来,江小白有自己独特的灵魂,有别人模仿不来的东西,而且江小白作为中国第一款流行的青春小酒已经占领了消费者的心智,多年来通过互动与消费者建立了感情,江小白在消费者心中的地位不是其他品牌从包装宣传等方面抄袭就可以取代的。

陶石泉说:"如果一个百年酒企要转型做小酒,一定要创新、要有灵魂地去做,只有这样,才能把小酒这块蛋糕做大,一味地抄袭、山寨,只会把小酒市场带向深渊。"陶石泉认为,只要是自主创新,都是对于行业的良性促进,大家一致把市场做大,他并不会将其视为竞争对手。

文案很扎心,酒却真难喝?

在当下的营销领域,江小白与杜蕾斯并称"文案双雄",以至于坊间戏称,"江小白是一家被卖酒耽误了的广告创意公司"。一方面,它的传播力足以比肩茅台、五粮液;另一方面,尽管近几年增长很快,但目前年销量却仅相当于某些县级酒厂,跟一线品牌还有几十倍、上百倍的差距。2017年,江小白年销量即使是按照10个亿来计算,在市场规模高达六七千亿的白酒行业中,这个数字也是微不足道的。相比之下,小郎酒在2017年销售额超过20亿元,而老村长近年来的年销售额更是达到数十亿元。

从某种意义上看,江小白的营销虽很成功,但产品销售转化率却不高,可以说是叫好不叫座。

虽借内容营销打动了消费者,让大家知道江小白这一IP,但没有与其产品产生任何联系点,这就导致品牌与产品的相对分离——喜欢你的品牌,却不喜欢你的产品;消费你的品牌文化,却不为你的产品买单。

作为一个"网红"白酒品牌,消费者对江小白的评价呈两极分化:喜欢江小白的那群人表示"容易入口,很舒服";而另一群人则表示"文案很扎心,酒却

第12堂课
江小白：一瓶青春小酒的社会化营销

真难喝"。

在知乎上，有数十个帖子讨论江小白的口感问题。一个名为"江小白这个酒为什么和别的白酒喝起来不一样？"的帖子直白地给出自己的答案，"因为这酒很难喝"，获得5 000多个赞。另一个题为"江小白这么难喝为什么你还要买"的帖子，获得1.1万个赞。有人甚至说，江小白其实是一家营销公司，只是顺带着卖酒。

在江小白的大本营重庆，许多火锅串串店的老板和员工都反映江小白的酒难喝，摆着销售的原因是"有一些学生娃儿爱喝这酒"。而在京东商城的江小白自营旗舰店的数万条评价中，也有不少差评，其中有四成以上是在质疑酒本身的问题。

除了大量消费者对江小白的酒质表示怀疑，行业内也有不少人对其存在意见。一位与陶石泉有过交往的酒企资深人士说："营销是一定要去做的，但是营销不能替代所有的东西。我觉得江小白骨子里就是不好喝。如果一个东西不好喝，你光靠营销也是卖不动的。无论它叫什么白，无论营销做得多么好，首先应该把酒做好。"

相比酱香型的茅台、清香型的汾酒、浓香型的泸州老窖、凤香型的西凤酒，江小白自定义的SLP口味单一高粱酒，让很多业内人士和白酒爱好者不屑。陶石泉自己也承认，其他的白酒喝下去滋味浓郁、丰厚，"我们的酒体很多老的消费者就未必会喜欢，因为它偏简单、直接、单纯，跟原料和酿造工艺整个过程有关。"他说。

面对外界的争议，江小白的应对之策不是研发高端产品，而是决定立足于现有的产品，去和消费者充分沟通江小白的口感特征——口味偏清淡，适合调饮。

销售下滑？

江小白刚起步的三四年，行业内每年都传闻江小白要垮了。陶石泉则每年都在内部戏言："别人说我们活不过明年，我们就再撑一年好不好？"不过在经历6年高速增长、2017年创下近10亿元的营业收入后，有员工透露，2018年上半年销量严重下滑。

2018年6月，据《酒食汇》报道，江小白酒在部分市场遇冷，扩张遭遇瓶颈。合肥等地的多家经销商反映，江小白2018年表现平平，已经没有了2017年的火爆现象。7月25—28日,《新京报》记者在北京、河北固安、山东潍坊探访了11个销售点,包括社区超市、便利店、酒水店及餐饮渠道,商家的反映印证了江小白销量有所下滑的说法。

内部管理混乱?

除外部麻烦不断外,江小白的内部管理问题也频发。"工资不高,公司没缴纳公积金,公司人事复杂、管理混乱,离职率很高,每月都有几十人次的退出和加入。"几位江小白员工都提到了这样的信息。据报道,江小白在组织架构上分为八大中心和十二大部门。管理这些部门的,多是江小白董事长陶石泉的亲朋好友,如陶石泉的妻子目前掌管财务中心,妻子的哥哥则掌管着另一部门。

对此江小白解释称,"管理混乱"是对江小白的误读。这些人当年不计条件加入公司,"江小白不但不回避,而且要长久善待他们"。

2018年8月,江小白酒业在北京举办了一场战略发布会,创始人陶石泉回应了业绩下滑、离职率高等问题,宣称2017年营业收入接近10亿元,离职率低于3%。

不过,一位接近江小白的业内人士指出,江小白从单一的品牌运作到目前发展全产业链模式,在管理上确实存在不足,这并非一时可以解决的。从目前来看,江小白内部运营及薪酬体系存在一定问题,管理一定要与快速发展的规模匹配起来,否则随着规模的扩大风险也会增大。

在石头上挤牛奶?

江小白不去争抢存量市场,是希望能和茅台、五粮液一样,在增量市场上培育起自己的忠实用户——如果年轻人品尝到的第一口白酒就是江小白,随着他们成长为社会中坚力量、消费主力,江小白的品牌也会随之壮大。

但中国根深蒂固的白酒文化不会那么容易被撼动,大部分年轻人仍然会认定五粮液、茅台是白酒的主流。基于对"正统"白酒的认知,当他们拥有一定消费能力之后,在正式的餐桌社交和其他礼仪场合,可能仍会选择茅台、五粮液或者当地的白酒品牌。

有专家认为,江小白现时的遭遇,始于一开始的定位方向就不讨好,用营销大师科特勒的话说便是"在石头上挤牛奶"。年轻人从来都不是白酒的主要

第 12 堂课

江小白:一瓶青春小酒的社会化营销

消费人群,而江小白做的事是让他们接受白酒文化和新标准的白酒产品,显然吃力不讨好。在传统白酒领域,这显然是个"鸡肋"市场。

另一个被质疑的方向性问题是,江小白的 IP 同白酒消费场景不协调。

江小白给消费者的品牌人格化印记是"都市有点闷骚的文艺男青年",这个形象如果用在饮料、休闲食品、服饰甚至一些文创产品上都没问题,但用在白酒上,江小白的品牌形象却过于"阴柔",跟固有认知中的酒文化似乎有点不搭。例如,同样是喝趴下,红星二锅头的营销文案是"用子弹放倒敌人,用二锅头放倒兄弟",而江小白的是"我把所有人喝趴下,就是为了和你说句悄悄话"。"喝趴下"和文艺青年的气质似乎有点不搭。

展望未来

2017 年 1 月,江小白酒业生产基地江记酒庄二期工程开建,规划建筑面积 10 万平方米,投资规模 5 亿元。2018 年 5 月 3 日,江小白宣布收购重粮酒业有限公司 70%的股权,成交价为 7 813 万元,同时受让"重粮"相关类别注册商标权。扩充产能的背后,是江小白"专注酿酒全产业链打造"的愿景。

全产业链"+号"战略

2018 年 8 月 2 日,江小白在北京举办了一场战略发布会,公布全产业链"+号"战略。创始人陶石泉自称江小白花了近 7 年时间的探索,拿到了全国品牌的半张门票,零售渠道覆盖了 50%左右的城市市场,进入了全国品牌的量级。在陶石泉对江小白的规划里,目前的 10 亿级规模只是一个开始,待 2019 年覆盖全国另外 50%的县级市场后,江小白的下一步就需要在供应链、品牌塑造和渠道分销三个方面提升核心能力,以求进入 100 亿级市场规模。

陶石泉表示,江小白未来将围绕"农庄+""酒庄+""味道+""市场+"和"品牌+"等进行全产业链核心能力布局。陶石泉把自己的野心全都依托在了这几个加号里。似乎可以这样理解,如果江小白坚持现有的口味和定位,那么要扩大规模就需要从产业上下游寻找商业机会。

"农庄+"战略:在产业的上游拓展,在农业种植板块已经深耕了 3 年时间的江小白发布了"江小白的一亩三分地"的农庄品牌,以现有的 2 000 亩高粱种植基地为基础,逐步扩大农庄的范围,建设高粱产业园,带动地区的规模化种植。基于西部地区的富硒土地和酿酒传统优势,致力于建立独有的风土风味的上游原料供应。

"酒庄+"战略:在现有江津白沙镇江记酒庄和驴溪酒厂两个酿造厂的基础上,持续扩大产能,计划在未来3年,新增扩建1 300亩的酒业产业园,将酿酒及配套做大,致力于与当地政府共同将白沙镇建设为西部酒庄小镇。除了硬件配置,江小白在人才配置上也是不遗余力。

"味道+"战略:在几大战略中最为引人注目的是"味道+",它意味着江小白将坚定走纯口味与轻口味的口感差异化路线,坚定清香型酒的风格特征,以轻口味口感和清香型作为调味基酒的优势,在年轻化消费群体中建立味道优势。

国际化战略

对江小白下一步的规划,陶石泉非常坚定:"扎实做好全国化的市场复制,再往远的想是出口业务的尝试。"接下来要从三方面着手准备:产能上提升、口感国际化、人才国际化。陶石泉还透露,江小白规划小批量地进入美国市场和韩国市场,去培养年轻群体的消费习惯;"我觉得传统中国消费品的(全球化)这件事情至少我们能去参与,并不代表我们能占到多大便宜。但至少我们整个发展空间打开了"。

在中国白酒国际化方面,江小白做了很大努力。截至2018年8月,江小白已经在25个国家落地,也设立了有20多名员工的国际业务部。2017年江小白在海外市场的销量,大约占其整体销量的2%。随着中国餐饮在海外认可度的逐渐提升,江小白希望自己能搭上"这艘船"出口海外,例如在海外的海底捞餐厅中,你也可以找到江小白的身影。在白酒出海这个维度,江小白和大多数的白酒品牌,似乎是在同一起跑线上的——在国际化方面大家都做得不太好。江小白在国际化的传播上打算继续使用"不对称竞争法则"。"要使用能够跨越国界的文化符号。2017年年底江小白举办了国际涂鸦大赛,比展会和论坛的效果好。音乐、美术是没有国界的,都可以和酒结合。"陶石泉反问道:"酒文化难道一定是'元明清'吗?那是传统文化,我们要找到当代文化的共同符号。"

2017年的"英国国际葡萄酒暨烈酒大赛""香港国际葡萄酒暨烈酒大赛",2018年的"美国终极烈酒挑战赛""美国旧金山世界烈酒大赛""英国国际烈酒挑战赛"……在这些国际大型赛事中,江小白共获得 36 枚奖牌:特等奖 1 枚、设计双金奖 2 枚、金奖 6 枚、银奖 19 枚、卓越银奖 1 枚,其他奖牌 7 枚。作为中国白酒品牌,江小白能同时获得全球烈酒专家与消费者的认可,靠的是对口感的优化,让酒体口感利口化、国际化。

尾　声

江小白诞生于白酒行业的危难之际,此时传统白酒行业面临着互联网大潮侵袭和政策束缚的双重挑战。但江小白通过花样百出的社会化营销方式,实现了异军突起。它不但存活了下来,而且丰富了白酒的自身内涵,也重塑了年轻人对白酒的态度。

然而,面对日益增加的模仿者、抄袭者和竞争者,以及销售下滑、口感与品质质疑、内部管理混乱、离职频繁等内忧外患的江小白,能否安然渡过难关呢?江小白赖以起家的社会化营销模式是能继续支持其快速发展,还是注定是昙花一现?江小白目前的口感、品质与目标客户定位是否真的匹配?江小白社会化营销的成功对于其他企业有哪些可借鉴之处?未来,我们拭目以待。

阅毕请思考:

1. 江小白为什么采用社会化营销?其与传统营销方法有哪些不同?

2. 江小白社会化营销成功的关键因素有哪些?

3. 面对质疑、抄袭和日趋激烈的竞争,江小白应该从哪些方面改进,以确保其社会化营销的优势,并促进其未来的发展?

4. 江小白社会化营销的成功对于其他传统企业的转型升级有哪些可借鉴之处?

第三篇

迈向全面创新：变革时代企业创新制胜之道

第13堂课
新东方的互联网变革与转型*

摘要：新东方教育科技集团（以下简称新东方）作为国内教育培训领域的老牌巨头，过去的几年中积极开展战略转型，以应对"互联网+"时代传统教育培训行业的颠覆性变革。主要举措包括公司内部创业以及对外寻求跨界合作等，新东方立志打造教育产业生态圈，并且已经取得一系列阶段性的成果。但是，新东方的互联网变革与转型还任重道远。本案例希望通过介绍新东方互联网变革与转型的背景，以及"互联网+教育生态圈"建设的过程、特色、困难与困惑等，为传统企业转型升级提供思路。

关键词：战略转型；互联网变革；商业模式创新；公司内部创业；互联网+教育生态圈

引 言

2013年初夏的一天，新东方创始人、董事长俞敏洪坐在新东方大厦的办公室里，手里拿着刚出炉的新东方第二季度财务报表，陷入了沉思。第二季度财务报表显示，公司净亏损达到1 580万美元。俞敏洪对此十分震惊，这是2007年以来新东方首次出现季度亏损的情况。新增加的238个教学中心和10 000

---

* 本案例由浙江大学管理学院的郑刚、胡佳伟撰写，作者拥有著作权中的署名权、修改权、改编权。未经允许，本案例的所有部分都不能以任何方式与手段擅自复制或传播。由于企业保密的要求，在本案例中对有关名称、数据等做了必要的掩饰性处理。本案例只供课堂讨论之用，并无意暗示或说明某种管理行为是否有效。

名员工使行政管理费用同比增加62.1%,而教室利用率在第二季度创下历史新低,仅仅为25%。线下的扩张,带来的是营销费用、人力成本的剧烈上升,利润率下降已成必然趋势。此外,作为新东方主打产品的留学培训业务的优势已经逐渐褪去,想在新东方外打下自己一片天地的老员工纷纷出走创立自己的公司,这导致新东方的留学培训业务面临巨大的挑战。新东方最赚钱的北京和上海学校业绩表现疲软,第二季度财务报表则显示净利润下降超过50%。

在教师资源的流失上,新东方面临的问题不仅仅在这个曾经贡献40%利润的留学培训业务上。由于新东方对教师控制能力较为薄弱,教师们在闲暇时间赚外快已经不是新鲜事,而当新技术、新平台出现以后,越来越多的老师开始从线下走到线上,纷纷离开这个笨重而传统的大公司,进入灵活而新潮的互联网教育平台试水。

2013年被视为"在线教育元年"。在这一年中,欢聚时代的李学凌投资10亿元人民币,建立了100教育,豪言要用在线教育变革中国传统培训方式。其他大量互联网出身的公司也快速行动,比如淘宝、腾讯、百度、网易等互联网巨头都开始涉足在线教育。同属传统教育培训行业的老对手好未来,同样感受到了危机,开始大手笔布局在线教育。反观年逾五十的俞敏洪,作为业界大佬的他,却被外界认定为几乎"不懂互联网",对在线教育迟迟没有发力。

面对新东方的内忧外患,以及"互联网+"的全民热潮,新东方的战略转型似乎已经是迫在眉睫,但如何转型?向什么方向转型?转型对现有业务是否会有冲击和影响?这一系列问题在俞敏洪的脑海中不断浮现……

背　景

俞敏洪在辞去北京大学的教职以后,于1993年在北京海淀创立了北京新东方学校。新东方扩张的方式为"多城市阶段性扩张":从2000年建立了上海和广州分校后,新东方先后在全国各地65个城市建立起了77所学校。早在2005年3月,新东方就成立了北京新东方迅程网络科技有限公司,正式启用www.koolearn.com域名,专注于在线教育,这个网站也被称为新东方网。2006年,新东方迎来了发展的里程碑,它在美国纽约证券交易所成功上市,成为中国内地在美国上市的第一家教育机构。2014年,新东方网从新东方集团分拆

第13堂课
新东方的互联网变革与转型

出来,在国内新三板单独上市。

新东方的业务主要有:①留学考试培训,包括北美留学考试培训、英联邦留学考试培训、欧亚多语种留学考试培训以及VIP出国留学考试培训;②K12(幼儿园到12年级)[①]业务,包括"泡泡少儿"和"优能中学"两大品牌;③大学生考试培训,包括大学生英语等级考试和考研全科培训;④英语培训,包括新概念英语、口译、翻译等证书培训;⑤出国留学服务业务,即前途出国,提供留学规划、考试指导、院校申请等服务;⑥图书及其他业务,包括大愚文化、新东方在线、精英英语等业务。在新东方全国数十个分校中,每个分校基本都覆盖了留学考试培训、K12、大学生考试培训、出国留学服务和图书几大主要业务。

新东方的线上培训主要是由独立上市的新东方网(迅程)所提供的,旗下业务包括新东方在线、酷学网、东方优播等。

新东方传统培训业务就是线下培训,隶属于新东方集团,主要由各地的地方分校组成,而新东方在线教育的业务基本覆盖了线下分校的业务,而且在线教育的教师资源也需要由线下学校提供,所以新东方的在线教育和传统分校一直被视为左右互搏,而新东方对在线教育的态度也一直是举棋不定、犹豫不决。主要的原因之一就是新东方的高层,尤其是来自各地分校校长们的阻力。新东方的管理模式是"联邦制",分校校长具有极大权力,校长全权管理这个城市分校的人事调配、市场营销等业务,随时把控分校业绩,总部推行的策略都需要各分校校长去大力执行。

新东方长期以来采用的都是教务排班的模式,老师从来都是供不应求。但是,在线教育的课堂模式中,一个老师可以在同一时间给上千万的学生上课,所以优秀的教师对其他教师有一种驱逐效应。而且,通过新东方这个平台成为网红名师的老师,很有可能会带着极高人气离开新东方独立创业,这对新东方而言也会造成很大的影响,不良后果会远远大于线下面授课程。

转型的目标

面对新东方外部和内部的问题与机遇,俞敏洪觉得新东方应该转型了,在一次高管会议中,俞敏洪向在场的高管们提出了新的战略,即要专注于留学语

[①] K12或K-12,是kindergarten through twelfth grade的简写,是指从幼儿园(kindergarten,通常5~6岁)到12年级(grade 12,通常17~18岁),一般用作对基础教育阶段的通称。

言培训等传统业务,同时切入 K12 业务。除了引入互联网技术到传统的线下培训,形成线上线下相结合的培训模式,新东方还会开设纯线上的课程。最后,新东方会进一步投资各类与教育相关的公司,形成新东方自己的教育生态圈。

依照俞敏洪当初制订的计划,新东方已经逐渐形成了"传统培训+互联网教育+各类教育关联公司"共同组成的教育生态圈,新东方网和新东方集团的子公司和业务组成已经基本涵盖了大部分的培训领域(见图1)。

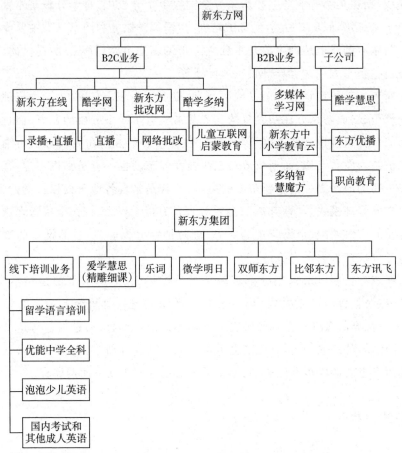

图1　新东方网和新东方集团旗下部分子公司业务结构(截至 2017 年 12 月)
资料来源:根据公开信息整理。

那么,新东方是如何一步一步走到今天的这个地步的呢?

教育生态圈的逐渐形成

以免费入口班策略转型 K12 培训

面对 K12 市场的巨大潜力,俞敏洪很早就认为新东方必须要拿下这一块市场。2009 年,北京新东方优能中学部就已招兵买马,打造了一支优秀的数学教师团队,准备一举拿下北京的数学培训市场,然而现实非常残酷,整个 2010 年的暑假,北京学而思的初一数学课程招生接近 3 000 人,而北京优能中学的同类课程只有 60 多人。到了秋季,学而思的初一数学人数 2 000 多人,而优能中学却只有 50 多人。

面对门可罗雀的冷清局面,新东方在 2011 年暑假开始发起了免费入口班策略。中学课程有个特点:一旦选择了某个机构或者某位老师的课程,学员一般都会自动地续读下去,直到中学毕业。那么按照这个原理,初一阶段的课程就相当于是整个中学学习的入口了,如果能在入口抓住一波学生,后面的生源也自然而然能够维持住一定数量了。2011 年暑假开始,每年优能中学的新初一数学暑假课程都以免费班的形式向全北京市的小学毕业生开放,原价学费近 2 000 元的班级只象征性地收 50 元资料费,而教师的课酬分文不减。这项决定的推出在新东方内部遭到了强烈反对,争议不断,在新东方的对手眼里,这种策略也是不值一提。在一片质疑声中,初一数学暑假班免费策略一年又一年地执行下去了。

2011 年暑假,优能中学初一数学免费班一共招了 2 000 个学生,其中有 400 人续入秋季数学的收费班级,跟 2010 年秋季相比,翻了 8 倍。2012 年暑假,优能中学初一数学免费班一共招了 3 200 个学生,其中有 800 人续入秋季数学的收费班级。

当 2013 年这个策略实施第三个年头的暑假过去后,初中课外辅导市场的变化让人跌破眼镜。2013 年暑假,优能中学初一数学免费班共招生 5 000 人,其中 1 400 人续入秋季数学的收费班级。部分没有续班的暑假学员并非彻底离开优能中学,而是选择在寒假或春季再度回到优能的课堂。这导致 2014 年春季的初一数学招生人数历史性地达到 2 000 人,这几乎与同期学而思初一数学的人数持平。三年的时间,第一拨的免费班学员已经中考结束升入高中,优能中学的影响已经在北京初中全科辅导市场深入人心,再加上新东方英语学科本身的优势,市场份额与学而思已难分伯仲。当其他机构猛然发现自己的份额被悄然蚕食并苦苦思索对策的时候,大局已定,曾经被视为在北京初中全科辅导市场没有存在感的优能中学已经完成华丽的逆袭。2014年暑假,新东方初一数学免费班招生超过7 000人,有2 100人因为优能中学出色的教学与服务续入秋季数学的收费班级。

续费窗口

北京新东方优能一对一部门率先取消了一对一机构"报课越多、价格越便宜"这一传统优惠方式,也就是说,优能一对一的课程学费不再随着家长一次性购买课时数越高而越便宜。他们的做法是每年设置两次续费"窗口期",在窗口期购买课程是可以得到优惠的,而其他时候没有优惠政策。

新东方为了给窗口期营造氛围,还采取了很多突出仪式感的手续,比如公众号发文讲续费政策、校区内宣传续费窗口期、全体员工例会鼓劲、老师朋友圈转发续班窗口期倒计时、家长续费时在前台玩小游戏等。

新东方在非续班窗口期的时间段,全体管理层和员工的工作重点就是提高教学和服务质量,持续关注家长、学生需求。而在续费窗口期,新东方的重点才会转移到销售和咨询服务上。

续费窗口期的好处很多:第一,窗口期是一种饥饿营销,可以营造出一种火爆、抢购的效果,将口碑集中、有效地传递开来,报名呈现出爆发式增长的情况。数据显示,2015年6月,优能一对一部门月收入达到7 500万元,而这个月就是续费窗口期。第二,窗口期类似于互联网公司的产品发布会,两者都是为了对员工进行管理,产品发布会是用于倒逼企业准时完成产品,而窗口期的设置是帮助新东方管理员工的工作重点。统一、有节奏的动作,更能有效比较出教师和员工的工作优劣,从而加强团队的竞争性和战斗力。

推动内部创业的起因

俞敏洪发现,新东方最大的资源就是这几万名老师和管理者,新东方的讲台都是经过层层选拔后才能站上去的,其中不乏国内外名校毕业生,如果能够解放他们的想象力,新东方再给予最大的支持,那么必然可以激发出团队的创新活力。

此外,新东方也面临着内部人才大量流失、竞争对手不断增多、市场份额

第13堂课 新东方的互联网变革与转型

不断被侵蚀的问题。俞敏洪觉得，优秀的老师和管理者不断出走，原因在于他们认为在新东方没有施展才华的机会，想要自己出去干一番事业，但是创业并不是一件简单的事情，失败的案例多如牛毛。与其让老师自己摸石头过河，承担失败的风险，不如让新东方投资老师，入股老师创业的公司，引进新东方的资源，帮助老师创业，达到双赢的效果。俞敏洪认为，公司内部创业一来可以稳定军心，二来可以减少竞争对手，而且很关键的一点就是可以与创业的老师们共同承担风险。俞敏洪开始将新东方打造成一个创业平台，为老师们提供资源，让老师们在这个创业平台上发挥自己的才华。

内部创业先行者——乐词和点石经纬

2014年，新东方开始了内部创业的第一波试水，新东方集团一口气成立了两家由新东方优秀管理者和教师组建的子公司——乐词和点石经纬。这两家公司都是以独立的市场化方式运作，拥有独立的决策权和执行权，并且财务和业绩都是独立考核，可以说这两家公司的建立是新东方转型变革之路上的里程碑。这两家以在线教育为导向的互联网公司的建立，标志着俞敏洪打造教育生态系统的开始，预示着未来会有更多的优秀管理者和教师会在新东方内部进行创业或者实施项目的孵化，最终成为新东方教育生态圈的一部分。

乐词是一款背单词的手机软件，它的对手是拓词、百词斩等软件。乐词为了让用户在记单词的枯燥过程中更有效率和更有趣味性，加入了游戏化、社区化等模式，以及视频讲解等方式，这些让背单词更有效果。传统的教育模式是千篇一律的，因材施教和个性化定制的成本巨大。而乐词通过大数据和核心算法来为用户制订适合每个人学习的个性化学习方案。比如学习产品有自身"雷达图"，用户有各自的"雷达图"，通过从产品到用户的多个维度分别赋予分值，使产品的各项特点与用户画像进行匹配，两个分值越接近，匹配度就越高，最后推出更合适每一类用户的学习方案和产品。

乐词是由CEO祖腾带领10人团队研发出的产品。乐词的团队成员身上有深刻的互联网基因，他们大都来自音悦台、去哪儿、网秦等互联网公司。其中CEO祖腾更是互联网行业的连续创业者，先后参与建立了垂直搜索引擎学哪儿和新东方网。祖腾是一位精益创业的信奉者，他觉得精益创业就是要用低成本创造大价值，用自身的经验和对行业的理解降低成本，从用户角度出发，快速迭代，最大限度地降低试错风险和成本。

乐词得到了新东方集团的巨大支持,俞敏洪给予了乐词极大的发挥空间。比如乐词的内部测试,就至少经历了新东方内部一万名教师之手。乐词跟其他单词软件最大的差异就在于软件中的单词都有老师的视频讲解,录制视频的人员里既有董事长俞敏洪,也有网络名师艾力等人,由此乐词是站在新东方这个巨人的肩膀上开始创业,拥有更好的资源和品牌效益,自然发展也是更快。乐词仅仅正式上线3个月,就已经达到了60万以上的安装量。

在内部创业初有成效之后,俞敏洪更是大力鼓励创新。在传统培训圈内摸爬滚打十余年的名师们纷纷跃跃欲试,"养尊处优"多年的中高层管理者们也开始重新走上创业的岗位。

股权结构与激励措施的创新

新东方网旗下平台和子公司的老师主要是新东方线下学校的老师以及社会上的自由老师,而且新东方网所提供的业务与新东方线下业务是具有一定的竞争关系的,因而如何激励线下学校的校长和老师参与新东方网的业务发展也是一个巨大的挑战。自2013年开始,俞敏洪果断实施了一项新的考核标准:新东方网、线下学校校长和老师之间实行双重考核标准,老师去新东方网授课,不仅在收入上与新东方网分成,业绩也计入其所在分校。而且,新东方网还实施了多个员工持股计划,7家员工持股平台总计101人,共持有新东方网11.3146%的股权,其中参与持股的员工包括线下学校的校长和新东方集团的中高层管理者。

新东方网是新东方集团旗下的子公司,从目前的股份分配来看,创始人团队和母公司新东方都持比较谨慎的态度。并不是所有参与创立子公司的创始人都有投资入股子公司。精雕细课的创始人王专和罗娉持有所创立公司10%的股份;东方优播的创始人朱宇和关睿持有所创立公司49%的股份;比邻东方和双师东方的创始人乔蕾和冯大为均未对所创立公司出资持股,而是由新东方集团100%持股,两位仅参与了员工持股平台对新东方网进行持股。同样对亲手创立的子公司没有持股的祖腾于2014年8月已经离开了乐词,开始了新的创业路程。

O2O双向互动学习平台

传统线下培训有很多弊端:第一,线下培训课程的时间、空间成本高;第二,线下培训教师的价值变现难;第三,由于时空成本高和价值变现难,老师在机构中能拿到的收入并不高,这使得留在机构的老师工作积极性较低。当然,纯线上的教学也有很多问题:第一,线上教育培训产品对学生的学习效果落实差;第二,绝大部分互联网在线课程内容的针对性弱;第三,由于效果落实差、内容针对性弱,学生和家长对在线课程普遍持谨慎观望态度,信任度较低。因此,新东方认为将线上和线下相结合,也许才是在线教育的一个最佳模式。

2014年,新东方O2O双向互动学习平台正式建立,平台主要有两大功能——私播课①和进步可视化教学系统。

SPOC是新东方在2014年发布的新产品,仅仅运行了一个春季后,新东方就取得了招生4 300人次、收入500万元的好成绩。由于课程采取与教师四六分成的薪金体制,这也导致机构教师在春季直接增收250万元。在2016财务年度,SPOC实现了2 000万元的营业收入,付费用户17 000人次,教师最高单季度增收超30万元,开通SPOC的教师比率高达25%。

SPOC到底为何物?这个概念最初由哈佛大学和伯克利大学提出,与MOOC(Massive Open Online Course,大型开放性在线课程)相反。小规模指的是每个班级限额为50人;限制性指的是必须就读新东方的线下课程的学生才能报名私播课进行学习。

SPOC这一产品,采用的是线上线下相结合、边播放边录制的录播课模式,录制的教师不局限于名师,只要是新东方的任课教师都可以参与视频录制。当初,建立SPOC的初衷是给线下课程提供额外的服务,帮助学生更好地消化、吸收课堂知识以及满足学生额外的学习需求,在节省时间和空间成本的前提下,更好地进行学习。

SPOC带来的好处也有很多。第一,一般的在线课堂,教师和学员之间是无法在线下见面的,课堂中的有效互动也比较受限,所以人与人之间的信任感建立得就比较慢。而SPOC的教师正是学员线下的授课教师,所以学员和教师之间的信任问题便迎刃而解。

第二,每一节SPOC课的时间为20分钟,可以反复观看,这类高频而且少量的授课模式,可以将知识通过碎片化的方式传递给学生,而且SPOC的内容是与线下课程相关联的,更像是一个作业,并不是独立的课程,因此更能让学生接受。

---

① 私播课,即小规模限制性在线课程,英文为Small Private Online Course,简称SPOC。

第三,迫于线下教师的压力,学生有更强的学习动力。

第四,SPOC的内容可以灵活调节,可以起到拔高优等生和促进后进生的作用。教师可以通过SPOC的录制,帮助听不懂的差生和"吃不饱"的学霸。

第五,SPOC的录制最大限度地利用了教师的空闲时间,还可以促进教师教学能力的提升。

第六,SPOC增加了优秀教师的收入。SPOC的利润分成为四六分,教师可以拿到60%的利润。收入最高的教师可以在一个季度拿到30万元。相对于线下教学的额外收入,教师的收入上限被抬高,因此SPOC可以降低优秀教师的离职率。

第七,SPOC激发了教师主动营销的能力,进而促进了新东方营销成本的下降,以及线下课程质量的提高,因为线下课程的质量决定了SPOC的收入。最后,SPOC课程全部在线上进行,减少了机构的场租成本。

仅仅一个SPOC产品,就解决了其他在线教育以及新东方传统线下培训所面临的多个挑战。优能中学的前主管朱宇说过,也许在不久的将来,新东方的盈利模式会发生更多的改变。目前,多数互联网营销策略都是采取线上免费的形式将流量导入线下收费产品中,然而,新东方未来甚至可以采取线下免费、线上收费的收费模式。学员在线上免费和线下免费的抉择中,想必选择线下免费的可能性会更大。

美国教育心理学家本杰明·布鲁姆(Benjamin Bloom)将教育目标体系划分为认知领域、情感领域和操作领域三个领域。其中,认知领域的教育目标可以用于为中学辅导机构设定教学目标。布鲁姆又将认知领域的教育目标分为从低到高的六个层次:知道(知识)—领会(理解)—应用—分析—综合—评价。

新东方根据布鲁姆的理论,提出了进步可视化教学体系。该体系的好处为:

第一,依据布鲁姆的教育目标分类理论,对每一课要教的知识点设定教学目标,并划分等级,从而避免了盲目学习。

第二,课程中由单纯的老师讲解调整为依据目标配备习题,讲一个知识点、练一个知识点,并参照目标及时反馈。

第三,课后练习依据学生课上目标完成情况,实现个性化、有针对性的作业布置。通过以上三点,学生能在与老师的多频互动过程,直观地看到离每个具体知识点掌握目标的差距,以及每次课程自己所取得的进步。

进步可视化教学体系的出现,让学生可以直接、立刻、生动地看到自己努力的成果,令学生、家长和老师三方均能清晰地看到学生每一次的学习进步。学生对自己学到哪一级别会有清楚的认识,对下一阶段学习的要求也会更加明确,老师在教学过程中会根据等级来对学生进行有针对性的指导,而不再是传统的凭感觉来把握教学情况,家长会清晰地知道孩子的学习现状,从而可以安心陪伴孩子的学习与成长。新东方优能中学自主研发的课本、练习册及网站、APP都围绕进步可视化教学体系而展开,所有这一切都是为了实现"打通线上、线下"的教学设想。

优能中学进步可视化教学体系的调研数据反映出教学目标在教学模式中的重要性,以及学生在这一教学模式下取得进步的可视性。在受访的859名接受了进步可视化教学体系的学员中,93%的学生更加明确自己每堂课的学习目标与所处等级,同时能够更直观地看到自己的进步,从而产生了更强的学习意愿。

2017财务年度,新东方K12业务营业收入增长了44.2%,占全部业务营业收入的55%。针对O2O双向互动平台的成功,俞敏洪表示,对O2O双向互动教学系统的改善,使新东方持续地在优能中学及泡泡少儿两大业务板块中提升客户的回头率,并有效地吸收新的客户;主要面对K12业务的O2O双向互动学习平台,已成为驱动2017财务年度收入和报名人数加速增长的主要动力;在未来,O2O双向互动学习平台会打通留学语言培训等其他业务。

"微学明日"两岁夭折

2014年,新东方与腾讯成立了合资公司——北京微学明日网络科技有限公司(以下简称微学明日),发布了产品"优答",定位题库+真人在线答疑。优答主要的功能是拍照、获取题库答案自动匹配。题库来源主要是基于新东方长期教研所建立的高考、中考、CET 4/6真题题库与知识点库。优答与常规图片识别题库APP有所不同,它提供真人在线答疑服务,学生的提问可以获得在线老师的回答。

微学明日创建时的定位就是技术驱动型的公司,CEO是原豆瓣网的首席科学家王守崑,然而仅仅成立了两年的时间,微学明日就因为烧钱过多,导致资金链断裂,宣告解散。最后,微学明日的业务整体并入新东方集团。

微学明日失败的原因有两点：第一，在时间上比大多数竞争对手都晚了，时间上完全没有优势。微学明日的同类公司如猿题库和魔方格均在2013年9月上线，作业帮在2014年年初上线，阿凡题在2014年6月上线，而更老牌的从电脑端诞生的题库产品则是2009年10月上线的菁优网。相比之下，微学明日成立于2014年9月，第一款产品优答是在当年12月推出的。

第二，微学明日同新东方的其他业务存在矛盾。从内部看，新东方旗下的在线教育产品非常多，虽然有新东方和腾讯这两个实力雄厚的投资方，但是依然是在新东方的体系内运作，还要同其他"兄弟姐妹"抢资源。

第三，微学明日在产品研发等方面都受到母公司的束缚，不够灵活。在做优答这个产品的时候，虽然也成立了单独的公司，但是作为大集团内部孵化的项目，与市场上"横冲直撞"的对手比起来，身段和打法都不够灵活。可以类比腾讯微博和新浪微博，在做微博这个产品时，腾讯和新浪在微博上的比拼，是一个事业部和一个公司的竞争，不管在技术、产品能力和心态上都不一样。

最重要的一点，微学明日的重心是自适应学习，也就是人工智能，到目前为止大多数人工智能公司都处于烧钱阶段，完全没有盈利能力，微学明日这个"爹不疼、娘不管"，自己又没有能力赚钱的公司，走向末路也并不令人诧异。

"双师东方"降维攻击

在中国，优秀的教师永远是一种稀缺品，从房价高企的学区房和数量可观的高考移民就可以看出，优秀的老师也总是集中于一线城市和二线城市。俞敏洪觉得新东方不只是要赚钱，更重要的是承担起解决教育资源分布不均的问题。在中国的农村地区和偏远地区，互联网已经走进千家万户，但是学校里的教师质量确实是参差不齐。所以，俞敏洪也希望能够借助互联网的力量，把优秀的教育资源带到全国各地，实现教育的人人平等。

针对三四五线城市教育资源匮乏的现象，以及全国性品牌机构竞争对手不足的情况，新东方开始实行渠道下沉战略，在目标市场开始开疆拓土。同样由新东方内部优秀管理者领导的双师东方和东方优播两家子公司应运而生。

2015年下半年，双师课堂在新东方内部启动，创业初期，新东方并没有直接成立子公司，而是先成立了双师学校事业部。在初步的尝试得到了丰厚的回报后，俞敏洪决定将双师业务独立运营，将双师学校事业部从集团拆分，成立子公司"北京双师东方教育科技有限公司"。双师东方的CEO冯大为，是新

第13堂课
新东方的互联网变革与转型

东方传统线下学校的校长,先后在苏州新东方和重庆新东方干了七年,可谓对新东方的线下业务了如指掌,然而重新开始线上教育创业的他如同打了鸡血一般,"我现在非常享受创业的状态",这是冯大为经常讲的一句话。

双师,顾名思义就是两位老师,新东方的双师课堂为"一位顶级名师,一位助教老师",上课时名师通过互联网进行直播授课,而助教老师在班内负责维持秩序、一对一辅导、课后答疑等,两者互相合作和辅助。双师课堂,具备线上和线下教育的优势,一方面增加了名师的产能,降低了师资成本;另一方面线下监督可以保证授课质量,增加师生互动。相对于其他在线教育平台,双师课堂的最大优势就是优质的线下服务。大部分在线教育仅仅解决的是"学习"中"学"的部分,然而"习"的部分依然有待解决,而双师课堂中线下助教老师的作用就是帮助学生解决"习"的问题。

2017年4月,双师东方成立,冯大为决定在暑假前进入四个新城市——海口、银川、东莞、中山。从调研、选址、装修到招生,仅三个月的时间,四校于6月顺利开业。冯大为称,暑期每个分校的入学人次均超过1 000,暑期结束时,四校总收入已近千万元。

双师课堂的好处很多:第一,对于学生而言,学生可以获得更加优质的教育资源。同时,线下助教老师的存在,可以帮助学生更好地提高成绩。第二,对于家长而言,线下助教老师的存在,使得课后学习的过程得到了更好的监督,学生状态也能得到更好的反馈。第三,对于授课老师而言,一个好处是彻底摆脱了课后辅导答疑带来的巨大负担,另一个好处是老师的收入天花板也被打开了,老师的带课数量进一步得到了提升。第四,对于机构而言,一是降低了师资成本,使得利润率提升,二是机构和学生的黏性得到了提升,任课老师和助教老师双方对学生起到了牵制作用。

"精雕细课"碎片化学习

在移动终端普及的今天,碎片化学习逐渐被推崇,音频、视频、直播、录播也成为常见的表现形式,碎片化学习已经成为日常工作生活中必不可少的一部分了。王专是新东方优能中学部的研发负责人,作为集团的高管,可谓是地地道道从传统培训行业起家的。王专觉得,市面上大多数内容制作成本高、缺乏交互性。面对目前碎片化学习的缺陷,王专将自己另创公司的想法告诉俞敏洪,立马得到了俞敏洪的支持。王专保留新东方集团内部的职位,同时建立了"爱学慧思"这家专注于碎片化学习的公司,并且和另外一位合作伙伴罗娉一起出资10%入股了自己创建的公司。

2016年4月,爱学慧思制作的一款碎片化学习的教育手机APP"精雕细课"正式上线,精雕细课从2016年4月上线到8月,4个月的时间实现课程总量接近1万节课,注册用户20万人次,日活10%、月活50%,部分付费课程已经达到月营业收入几十万元的成绩。

精雕细课APP是专为课程辅导打造的"重交互"学习平台,其内容制作成本极低,涵盖职场、教师培训、英语学习以及初高中应试类课程。上线4个月,精雕细课已经有100多位全职教师,基本都来自新东方内部。课程的开发过程也非常简单,成本较低,整个过程就像是在制作PPT一样,教师使用平台开发的内容制作引擎,通过加入音频、文字、图片等内容,将某一个知识点解构和编排,整个制作过程仅仅需要5—20分钟。教师可以从精雕细课获得的收入中分成,这样也进一步拓宽了新东方优秀教师的收入来源,教师收入的上限又一次被打开。

"东方讯飞"人工智能

除了商业模式创新和公司内部创业,新东方也向外部寻求合作建立合资公司,进入未来科技教育的快车道。2016年年底,新东方和科大讯飞共同投资,成立名叫"东方讯飞"的公司,科大讯飞的智能语音、AI技术,加上新东方的教育资源,两家公司将一起探索"教育+科技"新形式。

科大讯飞是智能语音产品化的领导企业,目前已经开发了一系列智能化应用:灵犀智能语音助手、智能音箱、讯飞听见、讯飞输入法、智能家居和智能车载等,同时在教育智能化方面也有一定的探索。

东方讯飞公司的主要产品和服务为口语和作文的智能批改工具,该工具将可能首先应用在新东方国外考试部的教学活动中。东方讯飞已经推出了一款全新的智能批改产品——RealSkill。产品致力于实现考生的口语与写作的智能评分与批改,而科大讯飞在教育领域中的一大优势技术就是英语作文的智能评分。科大讯飞的英语作文评分准确率在江苏省高考英语作文阅卷的实验中,人机一致率达到了94.57%,而对应的人人一致率仅为82.85%。这项优势功能被完整应用到了RealSkill产品中。此外,对于雅思考生习惯于手写作文的场景特点,科大讯飞的手写识别功能可以极大缩短学生在使用产品上花

第 13 堂课
新东方的互联网变革与转型

费的时间。在口语识别方面,科大讯飞世界领先的语音识别功能可以最大限度地还原考生的口语内容,从而保证评分与批改的准确性。

智能批改的好处非常多:第一,对于学生而言,智能批改的实现能够大大提升学生的学习兴趣,从而实现学习程度的飞跃。新东方在教学经验中发现,及时的作业反馈是提高学习兴趣的关键。学生作文可以得到及时准确的批改反馈,能够大大提高学生在学习中的主观能动性和学习效果。第二,对于教师而言,智能批改的辅助同样大大缩减了教师在批改学生写作与口语作业中的时间耗费。机器在经过大量的数据学习后可以模仿教师批改写作与口语作业,从而将教师们从耗费大量时间和精力的人工批改中解放出来。长远来看,人工智能在帮助新东方实现营业收入增长和成本下降方面,是能够起到巨大作用的。

"比邻东方"外教口语

2017 年 6 月,原黄石新东方校长、北京新东方市场营销部总监乔蕾被任命为比邻东方教育科技有限公司 CEO,负责拓展外教口语项目,新东方打算正式开拓在线外教口语课这一巨大市场。比邻东方的两大竞争对手为 51Talk 和 VIPKID。

早在 2016 年 6 月,51Talk 无忧英语赴美上市,作为第一家赴美上市的在线外教口语培训公司,不可谓不吸引眼球,然而截至 2019 年第三季度,51Talk 已经成立三年多,依然处于亏损状态,甚至亏损的额度超过了营业收入。51Talk 的规模效应很低,用户获取成本极高。虽然 51Talk 在 2016 年第一季度每个用户的客单价高达 5 900 元,但用户获取成本为 9 743 元。51Talk 在 2017 年第一季度总交易额为 3.251 亿元,同比增长 110.1%;净营业收入为 1.595 亿元,同比增长 121%,然而净亏损依然高达 1.4 亿元。

而在 2016 年 8 月,同样以外教口语为主打产品的 VIPKID 高调宣布获得 C 轮高达 1 亿美元的融资,此消息立马在在线教育领域引发骚动。该笔融资是全世界历史上最大一笔关于少儿英语教育的融资。即便是在线教育第一股 51Talk 几个月前的上市融资也仅仅为 6 560 万美元。建立于 2013 年的 VIPKID 在资本市场上获得如此的成功,然而直到 2016 年第二季度 VIPKID 尚未实现盈利。

从 51Talk 和 VIPKID 的财务表现可以发现,其实外教口语公司,都面临着营销成本高、盈利困难、模式同质化等问题。尽管现有的外教口语公司存在不少问题,但是面对外教口语的巨大市场,俞敏洪觉得新东方也应该尝试开拓相关业务。况且新东方本身就有大量的少儿英语的学员,比起其他外教口语公司而言,招生成本并不会那么高。那么,新东方真的做得很好吗?

比邻东方与 51Talk 和 VIPKID 具有很多不同点:第一,比邻东方把课程时间设置为 60 分钟,其中 5 分钟预热,5—15 分钟融入;第二,比邻东方的课程采用"1 位外教老师+1 位中教班主任"的配班模式,外教均来自英语为母语的国家,中教则负责跟踪课程,帮助学员预习,并全程跟踪家庭作业完成情况,定期总结和制订提升方案;第三,比邻东方的课程均为三人小班,在经过尝试后,比邻东方发现 1 对 3 的模式最为合适,因为相比之下 1 对 1 模式较为适合查漏补缺,1 对 4 则可能会出现外教精力不够分配;第四,目前比邻东方的线上外教直播课程只针对部分新东方内部学员开放。

比邻东方通过提供高于行业、有绝对竞争力的薪酬,来招聘和筛选更加优秀的外教。其投入主要在于优秀外教的薪资,而营销成本近乎为零。市面上在线一对多课程的营销成本一般会占比较大的比例,可以达到 30%—40%,但是比邻东方与新东方集团泡泡少儿部门进行合作,学员均来自新东方现有学员,所以营销成本不超过 10%,甚至趋近于 0。2017 年,比邻东方主要面对新东方内部学员限量招生,在第一年即实现了收支平衡。

未来路在何方

新东方从成立到现在已经历经 20 余年的风风雨雨,俞敏洪也见证了新东方多次的变革和转型,而近年来的"互联网+"变革与转型显得尤为惊心动魄。作为长期深耕教育培训行业的老兵,俞敏洪并没有打算让新东方停下前进的脚步,面对"浑水做空"和 SEC 调查的危机,以及利润缩窄甚至短暂亏损的问题,俞敏洪并没有对过去念念不忘,而是迎合时代的发展拥抱互联网。俞敏洪心目中的新东方互联网在线教育可以总结为三个层面:第一个层面是线上线下相结合的 O2O 双向互动平台,未来会贯穿新东方所有线下和线上的业务线;第二个层面是纯在线的学习平台以及在线教育的辅助产品;第三个层面是新东方参投的在线教育公司与新东方共同形成的互联网+教育生态圈。

在 2012 年至 2017 年间,新东方(NYSE:EDU)的股价从 2012 年的最低点

第 13 堂课
新东方的互联网变革与转型

9.41美元涨至101.82美元(截至2018年1月7日),增长幅度达到982%。从2012年的股价危机、2013年的季度亏损,到2017年的凤凰涅槃,新东方实现了市值的10倍增长。

俞敏洪的梦想是把新东方带到100岁,成为一家百年老店,现在这个目标已经完成了五分之一。面对传统优势业务留学培训的衰退,新东方应该如何应对?新东方的互联网转型方向究竟是否正确?俞敏洪该如何打破老员工的思维惯性和惰性,让他们去积极主动应对变革?面对追加的投资和扩大的生态圈,新东方能否保证互联网+教育生态圈中母体和生态圈企业的稳定成长?这些环环相扣的难题是新东方现在和未来一段时间不得不应对的问题。

阅毕请思考:

1. 新东方为什么要进行互联网变革与转型?
2. 新东方是如何探索新商业模式的?
3. 新东方的公司内部创业有什么特点?有哪些需要注意的问题?
4. 新东方互联网变革与转型所面临的挑战有哪些?应该如何克服和解决?

第14堂课

传音：如何死磕本地化体验创新成就非洲手机之王？*

摘要：传音手机是中国近年来典型的依靠本地化体验创新快速崛起的代表，基于深度了解非洲用户需求推出了面向非洲市场的低成本、高性价比功能机和智能手机，依托多卡多待、美黑拍照、音乐服务等本地化创新，如今已经发展为非洲市场第一大手机品牌和全球第四大手机品牌。从2006年创办传音，2008年全面启动非洲战略，传音董事长竺兆江带领传音手机在非洲市场开疆扩土，拓展"手机+移动互联网服务+家电及数码配件"的商业生态模式。本案例介绍了传音在非洲手机市场一片蓝海的情况下，是如何依靠死磕本地化体验创新一步步成为非洲手机之王的创新历程，对其他企业在当前变革时代依靠另辟蹊径的技术、商业模式或用户体验异军突起提供参考。

关键词：传音；非洲；本地化创新；颠覆式创新；用户体验

> 我们没想着明天去挣钱、后天就回来，我们是要在非洲长期扎根。①
>
> ——竺兆江，传音董事长

---

* 本案例由浙江大学管理学院郑刚、中山大学岭南学院林文丰撰写，作者拥有著作权中的署名权、修改权、改编权。未经允许，本案例的所有部分都不能以任何方式与手段擅自复制或传播。由于企业保密的要求，在本案例中对有关名称、数据等做了必要的掩饰性处理。本案例只供课堂讨论之用，并无意暗示或说明某种管理行为是否有效。

① 隐藏在非洲的中国手机巨头[EB/OL].https://36kr.com/p/5152360,访问时间：2020年1月。

第 14 堂课
传音：如何死磕本地化体验创新成就非洲手机之王？

引 言

2006年7月，波导时任常务副总经理竺兆江从波导离职，创立传音科技；2008年，传音手机正式定下"聚焦非洲"战略。如今十几年过去了，传音已经在非洲市场成功击败了三星、诺基亚，凭借较高的市场控盘地位和较强的溢价能力，被称为"非洲手机之王"。

2019年9月30日，传音（Transsion）正式在科创板上市，首发定价35.15元/股，当日收盘价57.8元/股，涨幅64.44%，总市值约为462亿元。

传音手机在非洲市场的销售十分火爆。互联网数据中心的数据显示，截至2019年年初，传音已连续三年位居非洲手机市场占有率榜首。其中，2018年传音全品类手机在非洲的市场占有率高达48.71%，相比之下，全球第一大手机厂商三星的市场份额仅为10%左右。从全球手机市场来看，2018年，传音全品类手机（智能机加功能机）的总出货量为1.33亿部，全球市场占有率达7%，这一数据甚至高于小米，全球排名第四。2019年，传音手机在非洲市场的市场占有率持续提升，第三季度末超过50%。

回顾过往，传音创始人竺兆江在接受采访时总结了传音在非洲大陆的生存法则——坚持优质品牌、本地化创新和共创共享。

人们不禁会问：2006年，竺兆江为何从发展迅猛的波导出走？为什么决定进入非洲手机市场？从"一穷二白"到"非洲手机之王"，传音手机成功背后的创新密码是什么？

传音的前世今生

缘起波导

1996年，毕业于南昌航空大学机械电子工程专业的竺兆江，以大专学历进入波导公司，做起了销售传呼机的小业务员。竺兆江在公司的晋升速度一如波导公司火箭般的发展速度，仅仅3年他就晋升为波导华北区首席代表，到了2003年已经是波导销售公司的常务副总经理。后来，他主动提出开拓波导国际业务。也就是在那段时间，时任波导海外事业部总经理的竺兆江走遍90多个国家和地区，为日后的出海创业打下了基础。

2006年的波导正如日中天,已经连续6年获得国产手机销量冠军,"手机中的战斗机"的广告语更是响遍大江南北。而此时,竺兆江却已经觉察到在一片红海的中国手机市场,波导、夏新、熊猫等毫无技术可言的厂商迟早被诺基亚、摩托罗拉等外国品牌干掉,波导公司将不可避免地走下坡路,为此他选择退出波导,与波导前同事严孟等一同创立了自己的手机品牌传音。

走进非洲

传音成立之初,推出了第一台TECNO品牌手机。为了生存,传音也干过代工,给一些印度和东南亚的手机品牌做贴牌。

经过考察,竺兆江发现非洲市场是一个非常合适的选择,底子虽薄,但发展潜力巨大,而且对功能手机依旧需求旺盛。不久后,竺兆江决定开始做自主品牌,并把目光投向了较为落后的非洲市场。在竺兆江看来,非洲是仅次于中国、印度的全球人口第三多的市场,人口数达到10亿等级;而非洲市场的发展又比中国慢,如果能够运用中国的技术与资源,推出适合当地市场的产品,应该会有不错的机会。当一些人对非洲的印象还停留在贫穷、原始、野蛮、战乱、封闭时,竺兆江却观察到非洲手机市场只有三星、诺基亚等少数品牌,当地人用手机就像中国人早年使用"大哥大"一样是身份的象征。

2007年,传音以第二品牌itel试水非洲市场。

2008年,看准了大而竞争少的非洲市场,竺兆江决定"转移阵地",全面启动非洲战略,切入中阶市场,做出品牌的特色与价值,不做最低价位的那块,1—2年后就逐渐展现成效了[①]。

作为公司创始团队中的一员,来自孟加拉国的阿里夫·乔杜里见证了传音在非洲的崛起。他表示,传音将全球化的技术,以本地化的创新带到新兴国家。传音不想落下任何一个人,这是推动传音去非洲的最大力量。传音副总裁阿里夫对《世界经理人》表示,非洲的年轻人很多,在未来,他们会成为最大的增量群体。

逐鹿非洲

传音在非洲这个新兴市场,采用的技术路线不同于苹果的新兴技术,而是

---

① 中国手机海外战事:新兴市场各占山头,追赶三星一波三折[EB/OL]. https://36kr.com/p/5261957,访问时间:2020年1月。

第14堂课
传音：如何死磕本地化体验创新成就非洲手机之王？

采用主流技术，并进行本地化技术创新。传音的本地化技术利器之一就是在国内市场并不稀奇的双卡手机。当时的非洲市场只有单卡手机，而非洲运营商竞争激烈，仅主流运营商就有6个。"传音的想法也很简单，不同运营商之间通话很贵，一部双卡手机等于两部单卡手机，这对消费者来说更划算。"一位了解传音的人士称。另外，非洲家庭一家几口都有通信需求，但买不起那么多手机，双卡双待还能解决这个问题。2007年11月，传音在非洲市场首先推出双卡双待手机TECNO T780，后续推出4卡4待TECNO 4Runner，完美地解决了非洲手机用户的痛点，彻底赢得了非洲人民的心。而当时三星、诺基亚作为全球化最高的手机品牌，直到很后面才推出双卡双待手机，其他仅面向非洲的科技创新更无暇开展。

有了产品，初来乍到的传音如何俘获非洲消费者的心呢？

竺兆江选择了打广告。打广告的方式就是"不停地刷存在感"，除了在电视上做广告，还在路边电线杆上贴广告，甚至直接用油漆在墙上刷广告。从内罗毕的机场道路到坎帕拉的贫民窟，从肯尼亚的边境小城Kisii到卢旺达的旅游城市Rubevu，只要有墙的地方，就少不了传音旗下手机品牌TECNO的涂墙广告。据《新快报》的一位通信行业记者形容其在东非商品大市场Kariakoo看到的情景（这里也是中国山寨手机扎堆的地方）："我看到了铺天盖地、从近到远、密密麻麻、让我永远不会忘记的TECNO。全世界都是TECNO，每个店面的poster（海报），每个billboard（公告牌），每块玻璃，每个店门都是TECNO的广告。"从招股说明书数据来看，2018年传音销售费用为225 403.12万元，营收占比16.79%。在销售费用中，31.34%的费用用于铺天盖地的广告宣传，如请非洲明星代言、冠名非洲球队等。

除了打广告，传音也加强了售后服务体系。在非洲市场，TECNO设有专门的办公室，随叫随到，负责销售及售后维修，后渐渐演变为其2009年推出的售后服务品牌Carlcare。Carlcare如今在全球建有超过2 000个服务网点（含第三方合作网点），提供专业高效的售后服务。

传音在销售方面更是采用了农村包围城市的战略。传音不但在大城市的市场里卖手机，还让销售员把手机装进大箱子，直接带到乡下去销售。"这些地方，（早年）三星和诺基亚都没怎么当回事。"一位传音贴牌手机厂商老板说。

随着非洲市场的消费升级，一直主打功能机的传音，2012年通过旗下品牌TECNO推出首款Android系统的智能机T1，开始在智能手机领域全面发力。

通过研发匹配非洲消费者核心诉求的硬件服务和软件应用,传音以差异化的产品逐渐占领了非洲市场,超越了原有霸主三星和诺基亚。

正是主打双卡双待手机,广泛宣传和切入农村市场,传音手机在2010年出货量达到650万台,跻身非洲手机品牌TOP3,2011年升至非洲双卡手机第一品牌,2013年出货量高达3 700万台,2014年更是蹿升至4 600万台,2017年传音手机成为非洲市场的手机销售冠军,并且超越三星,成为非洲销量最大的智能手机公司。

本地化体验制胜

为非洲消费者带来极致的用户体验

传音的管理团队多年扎根非洲,对非洲的文化有着深刻的理解和尊重,通过深度调研当地市场的发展情况,并不断吸收当地人才进入管理队伍,形成了对非洲市场及用户群体的深刻洞察与理解。研发方面,更是与尼日利亚、肯尼亚当地的研发团队紧密合作,并积累了海量的非洲本地化数据资源,采用了高度本土化的研发理念和创新设计。传音CMO刘俊杰表示,当多数品牌还在进行硬件规格的竞争时,传音早已把焦点放在消费者体验上;有些技术的难度并不是非常高,但是很多企业可能没有为用户考虑到细节问题,传音不仅为用户想到了,也钻研了相关技术。

非洲人普遍肤色较深,用适合白种人和黄种人拍照的手机拿去自拍基本上是乌漆墨黑啥都看不到。非洲人也有美颜的需求,但是市面上手机对非洲人的面部识别不佳。传音为解决这个拍照问题,建立了海量的深肤色影像数据样本数据库,推演出深肤色面部特征点检测及人脸属性检测算法,并与一般手机拍照时通过脸部识别不同,而是通过眼睛和牙齿来定位,在此基础上加强曝光,从而帮助非洲消费者拍出满意的照片。传音更是研发出适合非洲人的美颜功能,帮助他们拍出更加满意的照片。

非洲人民能歌善舞也是出了名的,传音为此推出了贴合非洲音乐的音乐手机"Boom J8",还送定制款头戴式耳机。这种手机发出的声响不比低音炮差,深受非洲市场喜欢。据说这款手机发布当天盛况空前,尼日利亚最高知名度的18位巨星集体为传音站台,发布会直播话题直接被顶到Twitter当天趋势排行榜第一。

第 14 堂课
传音：如何死磕本地化体验创新成就非洲手机之王？

另外，由于非洲人汗腺发达、爱流汗，传音建立了首个基于非洲消费者汗液酸碱度的数据库，并开发基于非洲环境的表面防腐蚀涂层技术，防腐蚀设计功能抗酸度达到 PH3.5，显著高于同配置竞品的抗酸度；防汗液 USB 端口也能提高 USB 端口对汗液的耐受性；其定制开发的指纹防汗、防油污算法，可以使残留油污、易出汗手指使用指纹解锁手机的成功率优于同配置竞品行业的平均水平。

由于非洲局部地区经常停电，以及早晚温差大等问题，传音还率先针对性地研制了低成本高压快充技术、超高手机电池容量、环境温度检测的电流控制技术，使得传音手机充电快，且充好电的传音手机的待机时间可以达到二十余天。

"我们针对（非洲）当地市场做了非常深度的调查研究，产品研发更是高度重视本地化的特色，包括本地语言、本地声音、本地审美观在内，毕竟台湾人喜欢的辣，与湖南人喜欢的辣一定有所不同。"竺兆江在接受媒体采访时曾这样解释他关于传音针对非洲市场进行本地化研发的原因。①

传音更是依托于其拥有的千万级以上非洲和印度用户人群数据库，建立了覆盖功耗、性能、发热、稳定性、网络信号等领域的 82 个大数据分析模型，构造了匹配非洲用户热点和痛点场景测试用例 483 例，建成覆盖非洲用户社交、阅读、影音、通话、游戏五大场景、15 个主流应用、121 个细分场景的资源分配策略，从而不断提升其提供给非洲市场用户的服务体验。

这些极致的用户体验使得传音成为非洲潮流的象征。*African Business* 2019 年 6 月发布的"最受非洲消费者喜爱的品牌"百强榜显示，传音下属三个手机品牌 TECNO、itel 及 Infinix 分别位列第 5、第 17 及第 26 名。其中，不仅 TECNO 已经连续多年位居入选的中国品牌之首，itel 也提升至中国品牌第二名。

"自研+合作"，推出本地特色的互联网服务

对于手机而言，如果说手机硬件是骨架，那么手机应用程序便是其灵魂。传音通过"自研+合作"，持续推出满足本地需求的应用。传音拥有非洲市场高达 48.7% 的市场占有率，这意味着传音已经掌握了非洲移动互联网的最大

---

① 国产手机幸存者：一加、传音如何活在华米 OV 势力之外 [EB/OL]. https://36kr.com/p/5258529，访问时间：2020 年 1 月。

入口。传音当然也意识到了这一点。据《深网》观察,传音目前在非洲的业务逻辑可以归结为两条线:第一是确保手机业务的市场优势地位;第二是结合当地需求发展移动互联网业务。随着非洲移动互联网的跨越式发展,传音清楚地认识到,非洲人民对体验良好、符合本地文化的移动互联网产品和服务的需求日益迫切,移动互联产业在这一新兴市场拥有巨大的发展空间。①

长期任职于非洲的传音一线工作人士对《深网》说:"互联网在非洲国家还远没有打开,这是一片沃土。凭借我们的市场占有率,可以知道哪个国家使用智能手机的人数占比比较高,哪个软件下载得多,包括软件使用频率和偏好,一目了然。传音已在公司内部专门成立了一个移动互联网部门,该部门的重要程度仅次于手机,在传音内部的统一说法大概是'这是传音未来的希望'。"②

传音的目标十分明确,就是凭借传音手机强大的预装资源,以及其对非洲本地化市场的独特理解,再次快人一步抢占非洲移动互联网市场,从而加固自身的护城河。

自研方面,传音已开发 5 款月活用户数超过 1 000 万的应用程序。

音乐流媒体播放平台 Boomplay 是目前非洲最大的音乐流媒体平台,2019 年 12 月底数据显示有 6 500 万激活用户,月活跃人数有 3 000 万,目前已经拿到非洲 95% 的音乐版权,是全球黑人音乐内容最广的应用。早在 2015 年,Boomplay 作为传音旗下品牌推出的 TECNO Boom J7 音乐手机的预装音乐播放器,在尼日利亚首次亮相。2017 年 5 月,传音与投资方网易成立合资公司传易,Boomplay 由传易旗下全资子公司传易音乐进行具体运营并独立发展。在用户增长方面,传音旗下手机的预装是 Boomplay 最重要的流量入口之一,帮助公司快速完成了冷启动。另外,公司除了通过 Facebook、Google 等平台进行推广,还会通过赞助线下音乐节、艺人推广等方式来吸引用户。2019 年 3 月,Boomplay 宣布完成 2 000 万美元的 A 轮融资,该轮融资由麦星投资领投,云时资本及其他战略投资方跟投。

Vskit,非洲版抖音,于 2018 年 3 月上线,目前是撒哈拉以南最大的短视频 APP,2019 年第三季度末数据显示有 1 600 万激活用户,月活跃人数有 500 万,

---

① 国产手机幸存者:一加、传音如何活在华米 OV 势力之外 [EB/OL]. https://36kr.com/p/5258529,访问时间:2020 年 1 月.

② 同上.

第 14 堂课
传音：如何死磕本地化体验创新成就非洲手机之王？

具有较快的用户增速。

Palm Pay,线上支付 APP,于 2019 年 7 月上线,目前申请了 7 个国家的支付牌照,已经取得了 3 个国家的支付牌照,同国际主流的银行组织及当地银行建立了合作。

Ficool,线上阅读软件,于 2019 年 7 月上线,到 2019 年 9 月数据显示 APP 用户日均阅读时长 98 分钟;2019 年三季度末数据显示,目前该软件已经签约 1.6 万名海外作者,APP 包含英文原创作品 2.3 万部。

公司凭借良好的品牌及庞大的用户流量与 Google、Facebook 等国际互联网公司以及垂直领域的头部公司形成了紧密的合作共赢关系。

传音与国际软件巨头 Google 有密切合作：①操作系统方面,公司旗下手机品牌均搭载了基于 Android 系统平台二次开发、深度定制的智能终端操作系统(传音 OS),在非洲拥有 8 000 万以上的用户规模。②系统搭载与推广。基于非洲等地市场占有率的优势,传音与 Google 在 Google Android 系统计划中充分合作,运用 Android Go 产品全面提升入门级智能手机的使用体验,并配合 Google 在非洲主要市场成功推出了具有全新体验的 Android One 产品。③产品定制,在高度洞察新兴市场用户需求的基础上,传音结合对目标市场特点的理解定制相关应用,如将自有产品的照片编辑器集成到 Google 相册中,使得照片编辑更加本地化、高效化。④APK 预装,传音是最早一批将 Google Lens 导入产品的厂商之一,并率先开启 ARCore 在低价手机设备上的应用,同时在设备上引入专用 Google Assistant 按钮并扩展相关的语音助手命令。

传音也与 Facebook 签订了软件预置合约,在非洲用户数据、互联网应用程序等领域进行深度合作。公司庞大的用户规模是 Facebook 在非洲等新兴市场的重要流量入口。

此外,公司与阅文等多家国内领先的互联网公司,在音乐、游戏、短视频、内容聚合及其他应用领域进行出海战略合作,积极开发和孵化移动互联网产品。2019 年 6 月,阅文集团宣布与传音达成战略合作,共同开拓及发展非洲在线阅读市场。

多层次布局

传音针对非洲等新兴市场形成了"手机+移动互联网服务+家电及数码配件"的商业生态模式。

如今传音手机有三大品牌,主攻不同客群。其中,TECNO 定位为中高端品牌,主要针对新兴市场快速兴起的中产阶级;大众品牌 itel,锁定新兴市场广大的基层消费者及价值导向型使用者;Infinix 为智能手机品牌,力图成为新兴市场年轻人喜爱的时尚科技品牌。传音采取的多品牌战略,与非洲不同地区、不同人群的消费水平相契合。"非洲有 56 个国家,就像亚洲有 48 个国家和地区一样,发展程度不能一概而论。比如南非是处在功能机转到智能机的末尾时期,埃及也是,但马拉维或者安哥拉就属于功能机转到智能机的初期。"一位长期在非洲的传音一线工作人士,向《深网》这样介绍非洲不同区域手机市场的真实情况。[①]

与"小米"相仿,除布局手机和移动互联网服务之外,传音依托于已有产品带来的口碑和对非洲市场的了解,创办数码配件品牌 Oraimo,在非洲出售智能手环、智能耳机、智能音箱、手机配件等;创办家用电器品牌 Syinix,出售电视、冰箱、空调等家电。

极致性价比

在价格方面,传音功能手机的平均售价相比三星更低,这使得传音在经济欠发达的非洲深受用户喜爱。2016 年,传音功能手机的平均售价为 62.42 美元/部;2018 年,平均售价上升到 65.95 美元/部。传音智能手机的价格也不高:2016 年,传音智能手机的平均售价为 405.86 美元/部;2018 年,该数值上升到 454.36 美元/部。而与之相比,小米的平均售价为 1 217 元,荣耀为 1 380 元,OPPO、华为、三星、苹果等手机的平均售价更是在 2 000 元以上。

"非洲目前智能手机主流价格为 60 美元(约合人民币 420 元)。"第一手机界研究院院长孙燕飚对《时间财经》表示,这也是传音 itel 品牌的定位,售价在十几美元到一百美元之间;传音的另两款手机,TECNO 定位为中高端品牌,服务中产和商务人群,售价最高达 400 美元;Infinix 则主打年轻群体,价格在 80 到 300 美元之间;可以说,传音用完备的价格区间服务了非洲市场各层次的手机用户。

然而低售价不代表低毛利。2018 年,传音功能手机的平均成本只有 49.99 元/台,智能手机销售成本仅为 344 元/台。据招股书说明显示,2018 年,传音

---

① 国产手机幸存者:一加、传音如何活在华米 OV 势力之外[EB/OL].https://36kr.com/p/5258529,访问时间:2020 年 1 月.

第 14 堂课
传音：如何死磕本地化体验创新成就非洲手机之王？

智能手机毛利率为 20.59%；而同年的小米仅为 3.45%。这使得传音有较大的价格回旋余地。

本地化供应链支持

以用户为核心的研发体系

传音手机的技术实力看似并不突出。从招股书说明来看，传音及其子公司在中国境内拥有专利 630 项，覆盖发明专利、实用新型专利、外观设计专利。而在著作权方面，其拥有 286 项计算机软件著作权，其中与生产经营相关的核心软件著作权有 69 件。仅用传音的专利和著作权数量对比华为等国产手机巨头或许有失公允，但一个值得注意的数据是，2016—2018 年，传音的研发费用分别为 3.85 亿元、5.98 亿元和 7.11 亿元，占各期营业收入的比例分别为 3.31%、2.99% 和 3.14%，这一比例远低于华为的 10% 左右，甚至低于传音创始人竺兆江曾就职的波导手机。照此计算，传音近 3 年的研发投入占比合计为 9.44%，低于科创板对上市企业在研发投入上明确的"3 年累计研发投入占最近 3 年累计营业收入比例不低于 15%"的财务指标①。这被外界质疑传音手机是否有登陆科创板的条件，也引来了上海证券交易所的有关问询。

专利和技术短板是曾经红极一时的波导手机迅速衰落的重要原因之一，波导出身的竺兆江自然不会忘了前车之鉴。传音在给上海证券交易所的回复中解释：在针对深肤色人群的拍照、人脸识别、人像美颜、图像处理、场景本地化大数据等领域技术领先，基于新兴市场的本地化特点开发针对当地环境的低成本快速充电、材料等创新技术，并通过研发大数据、云计算等技术，打造非洲领先的操作系统及移动互联网应用。也就是说，传音的研发创新以用户为核心，基于对当地消费者需求的深度洞察，进行本地化产品规划和技术研发创新，将大众科技转化为本地化产品，从而服务目标市场的信息消费需求。

事实上，公司研发开支也随着公司对人员、技术及基础设施增加投资而逐步提升，研发费用由 2016 年的 3.85 亿元增加至 2018 年的 7.11 亿元，年均复合增长率达到 36%。目前，公司分别在上海和深圳建立了自主研发中心，并与尼

---

① 传音控股首日收涨 64.44%，"非洲手机之王"神话能走多远[EB/OL]. https://36kr.com/p/5252250，访问时间：2020 年 1 月。

日利亚和肯尼亚等地的研发团队紧密合作,坚持以市场为驱动、以用户为导向的研发模式进行自主创新,致力于将大众科技转化为本地化产品,开展本地化的创新产品研发。传音IPO募集的30.1亿元中,部分投入于与研发相关的移动互联网系统平台建设项目(3.7亿元)、上海手机研发中心建设项目(2.1亿元),以及深圳手机及家电研发中心建设项目(2.2亿元)。

深度下沉的销售渠道

通过多年的渠道建设,公司与非洲经销和零售资源进行深度合作,在信息不发达且区域分散的非洲地区,传音销售网络已覆盖非洲70多个国家(地区)。公司稳定的销售网络形成了独特的准入壁垒。传音以经销商销售为主,以少量运营商销售为辅。手机业务经销模式收入占比均在90%以上。对于重点市场及重点经销商客户,传音坚持渠道下沉策略,配备销售专员与经销商、分销商和零售商保持日常沟通,及时获取第一手市场反馈和需求信息。

在公开的报道中,竺兆江在接受媒体采访时很乐意谈及传音"共创共享"的价值观。一位传音内部员工告诉《深网》,在公司内部,从高管到普通员工,每个人的名片背面都印着"Together We Can"(共创共享)。事实上,传音所说的"共创共享"并非空洞的口号。在非洲手机市场重要的代理商环节,传音的做法是与不同地区的当地代理商紧紧捆绑在一起。据《深网》了解,传音采用化整为零的各级代理商体系,经销商从传音采购手机等产品后,一般通过下级经销商或自有终端门店将产品销售给终端用户。同时经销商向公司订货主要采用先款后货的方式,主要采取小批量、多批次的订货方式,以此加快现金流周转。而作为风险补偿,传音也会向代理商让渡部分利润。

全球化采购生产,效率形象两不误

传音在采购环节与供应商建立了稳定友好的合作关系,针对快速变化的市场需求,与供应商针对定制产品进行联合调试和研发。

传音采购的主要原材料从类别上可划分为电子元器件、光学器件、电子配件及包材、结构类器件等。传音在原材料上实现了全球化采购。从国内的华显光电、鸿博科技、金士顿电子等公司采购LCD/CTP、芯片和存储器,并通过Transsion Investment Limited于中国香港全资设立的Wellcom Communication Limited和Tecno Reallytek Limited作为境外采购平台,从事基带芯片和存储器

第14堂课
传音：如何死磕本地化体验创新成就非洲手机之王？

等关键原材料的境外采购。

在生产方面，传音在中国、埃塞俄比亚、印度和孟加拉国等国家设立柔性生产基地，与海内外多家手机制造服务商建立了稳定的合作关系。通过在非洲设立工厂，传音支持了当地就业和生产配套设施建设，加深了非洲用户的品牌形象认知。

为了更好地适应当地市场，传音在非洲的员工也以当地居民为主。截至2018年年底，传音在非洲有1万多名员工，本地化率在90%以上。

挑战

非洲市场增速停滞不前

传音招股说明书显示，非洲市场的快速发展及增长潜力使其成为传音最重要的市场。一方面，非洲作为公司最早进入的区域，市场空间广阔，市场增长速度较快。另一方面，非洲庞大的人口规模、相对年轻的人口，以及高出全球平均水平的生育率将可能为行业长期提供大规模的潜在用户群体，随着当地经济水平的逐步提升和基础设施建设的逐渐完善，用户群体的需求将不断增长，市场空间广阔。并且随着智能手机的逐渐普及，非洲移动互联网市场将蓬勃发展。因此，传音的销售区域主要集中在以非洲为主的新兴市场。

然而从非洲手机市场统计数据来看，非洲市场手机出货量停滞不前却是不争的事实。2016年，总出货量为2.05亿台；2017年，总出货量为2.19亿台，同比增长7%；2018年，该数值降到2.15亿台，同比下降-2%。

分功能手机和智能手机来看。2014年至2018年，非洲市场功能手机出货量由1.07亿台增至1.27亿台，保有量由4.98亿台下降为3.57亿台，人均保有量由0.43台下降为0.28台，年均复合增长率为-10.25%，功能手机市场难有突破。

智能手机方面，出货量由0.54亿台增长为0.88亿台，保有量由1.52亿台增长为4.30亿台，人均保有量由0.13台增长为0.33台，年均复合增长率为26.54%。然而从2014—2018年智能手机的出货量来看，非洲智能手机市场的总盘子在0.92亿台/年之后已经缺乏上升动力。因而，传音这两年的收入增速也下降了：从2017年的营业收入同比增速72%，到2018年同比增速13%，其中非洲地区的增速为14%；2019年，传音营业收入为253.13亿元，较上年同期增长11.78%,速度进一步放缓。

非洲市场增速的停滞不前困局是横在传音公司头上的利剑,"非洲手机之王"在水草丰盛处才能茁壮成长,倘若烈日当空,水土干涸,则会危机四伏。

蓝海正在变红海?

由于非洲巨大的手机市场空间及增长潜力,越来越多的手机厂商涌入该市场,"非洲是一个未来十亿人级别的市场,对手机厂商来说,海外业务要增长,必须进入非洲市场"。第一手机界研究院院长孙燕飚表示。

在非洲大草原上,总有年轻的雄狮向老狮王发起挑战。传音在非洲挑战成功三星、诺基亚之后,如今也面临着国产手机品牌"华米OV"四巨头的威胁。

2011年5月,华为在尼日利亚推出100美元的Ideos智能手机,同时展开耗资100万美元的广告宣传活动。2017年10月,任正非在华为IRB(产品投资评审委员会)改进方向汇报会议上表示,华为的笔记本电脑要走向高端化,减少低端化,但要重视低端手机市场。任正非讲话曝光后不久,华为肯尼亚市场经理德里克·杜就表示,华为已经调整了肯尼亚市场业务策略,此后将重点销售100美元至200美元的低端智能手机,以进一步拓展市场份额。至此,非洲成为华为最重要的海外市场之一①。就在2019年9月29日,传音即将挂牌敲钟的前夕,突然遭到了华为的起诉。传音被华为要求索赔2 000万元,理由是传音侵犯了著作权。而这,只是国产手机战火的冰山一角。

华为手机在非洲的增长十分迅速,2018年出货量同比增长了47.9%,已经是仅次于传音和三星的非洲第三大智能手机厂商。早在20世纪90年代,华为就在非洲开设了办事处,经历了非洲从2G、3G再到4G时代的全部过程。华为是非洲网络建设的重要参与者,作为通信厂商在非洲扎根多年,拥有各国诸多运营商渠道。以南非为例,在这个典型的运营商把控的市场,华为与该国运营商Vodafone合作,出售手机。2019年,华为更是在南非等地推出线上平台"华为商城",进一步加大市场推广。"华为起诉传音,更是向市场释放了一个信号,华为可能在非洲市场与传音手机展开正面竞争",一位通信行业分析

---

① 中国手机海外战事:新兴市场各占山头,追赶三星一波三折[EB/OL]. https://36kr.com/p/5261957,访问时间:2020年1月.

第14堂课
传音：如何死磕本地化体验创新成就非洲手机之王？

师向《深网》表示①。

在东南亚发展得风生水起的小米，也将目光瞄向了非洲。2019年1月19日，小米成立非洲地区部，并与非洲电子商务平台Jumia达成合作，进行线上产品销售。不过非洲不是小米和传音的第一次交锋，2016年传音进军印度市场就已经和小米短兵相接②。但是参考印度，传音最应该警惕的或许还是小米。小米进军印度的第一年，冒着风险只选择网络销售。当时三星已经在印度盘踞多年，它在这个市场建立了复杂而庞大的线下销售网络，当地人也习惯从城镇的门店购买手机。但是，仅两三年的时间，小米以线上作战的方式拿下相当不错的成绩。未来几年非洲网络基础设施将进一步提速，传音现在的销售网络价值很可能会被线上渠道冲击，而且借由移动互联网，小米带来的还有比"刷墙"更高维度的营销模式③。

OV方面，早在2015年4月，OPPO就首先在摩洛哥发布电动旋转镜头OPPO N3和超薄R5，正式登陆非洲市场。2019年7月，vivo宣布了其在中东和非洲市场的扩张计划，并将很快在该地区推出其最新的Y系列智能手机。

原有霸主三星，作为全球手机市场出货量第一的品牌，2018年在非洲市场首次落后于传音，但仍不容传音小觑。

截至2019年年底，非洲智能手机市场份额前三分别是：传音（36.2%），三星（23.9%），华为（11.4%），以上三家约占非洲智能手机市场份额的72%。再考虑到从2016年开始，非洲功能手机出货量就停滞在1.3亿台，智能手机出货量则停滞在9 000万台左右，各方在非洲市场的竞争将进入存量市场的零和博弈，竞争或将更加激烈。

随着华为、小米、OPPO等加大对非洲市场的投入，且主攻传音比较薄弱的智能手机领域，传音在非洲市场份额有被蚕食的风险。未来非洲智能手机市场将是一场资金、研发、营销的"卡位战"。

尽管各方竞争者纷纷抢占非洲市场，但传音投资方麦星投资创始合伙人崔文立并不担心传音的前景，"与国内市场不同，非洲市场具有其独特的文化

---

① 中国手机海外战事：新兴市场各占山头，追赶三星一波三折[EB/OL].https://36kr.com/p/5261957，访问时间：2020年1月.

② 今日传音成功IPO：非洲"手机之王"登陆科创板，市值超400亿[EB/OL].https://36kr.com/p/5252006，访问时间：2020年1月.

③ 国产手机磨刀霍霍，在非洲草原"围剿"传音[EB/OL].https://36kr.com/p/5248601，访问时间：2020年1月.

和发展背景,传音团队长期扎根非洲,持续投入大量的研发、营销、渠道和品牌建设工作,这一探索过程所积累下的经验和认知是难以被轻易超越的"[1]。

技术创新能否满足市场需求

随着互联网技术和移动通信技术的快速发展,手机已从简单的移动通信工具转变为集通信、商务和娱乐等多功能于一身的综合电子消费品。总体而言,手机行业技术更新周期在不断缩短,对于行业内企业的研发实力、市场反应速度提出了更高的要求。一项新技术的运用或一款新产品的发布,就可能掀起一股新的消费潮流,并对手机产品的市场竞争格局带来十分重大的影响。

传音手机在本地化创新方面具有卓越的表现,然而在芯片等核心技术领域却没有核心竞争力。创始人竺兆江曾表示,我们的手机100%使用联发科芯片。

如果传音手机未来在新材料研究、技术革新、工艺创新等领域不能持续投入研发资源、更新技术、对市场做出快速反应,可能会导致公司产品销量的下滑,因此,公司经营存在技术创新无法满足市场需求的风险。

拓展新市场面临多方挤压

依托于在非洲市场丰富的本地化研发经验,传音在"一带一路"沿线的重点国家市场加大投入,印度、孟加拉国、巴基斯坦、越南等人口基数较大的国家和地区将成为公司大力开拓的市场。

2015年,传音进入印度尼西亚;2016年4月,传音进入印度,并宣布在当地建厂;同年9月,传音年度旗舰机Phantom 6/6 Plus亮相迪拜哈利法塔,宣布进军全球市场;2017年,传音又先后进军孟加拉国和尼泊尔等国。截至2019年年底,传音的全球销售网络已经覆盖了非洲、南亚、东南亚、拉美、中东等50多个国家和地区。然而,在非洲市场如日中天的传音到了其他市场多少有点水土不服。除迪拜等少数地区外,传音在印度和其他非洲以外市场已连续三年陷入亏损,且幅度持续增大[2]。

---

[1] 今日传音成功IPO:非洲"手机之王"登陆科创板,市值超400亿[EB/OL].https://36kr.com/p/5252006,访问时间:2020年1月.

[2] 国产手机幸存者:一加、传音如何活在华米OV势力之外[EB/OL].https://36kr.com/p/5258529,访问时间:2019年1月.

第 14 堂课
传音：如何死磕本地化体验创新成就非洲手机之王？

在传音的第二主力市场——印度，传音继续死磕本地化创新。比如，由于生活方式的不同，印度人喜欢用手吃饭，手指便会沾有油污，为了解决手机解锁的问题，传音开发出了防油污指纹识别功能的手机；另外，不同于非洲，印度人吃饭和睡觉的时间较晚，因此在黄昏时分拍照的人最多，为了解决这一时段弱光线的曝光问题，传音专门开发出了更高成像质量的拍照功能，以便还原色彩鲜明的画面①。

传音在 LYF、三星和小米等的挤压下，在印度的市场占有率从 2017 年的 9.03% 下滑至 2018 年的 6.72%，排名第四。在印度市场，作为印度最大 4G 电信运营商 Reliance Jio 旗下的手机厂商，"地头蛇"LYF 不仅深谙本地化，而且绑定超低价格套餐（2 美元/月无限语音和 1.5G 流量）卖手机，甚至是"送手机"，150 元人民币押金就可以免费用，3 年以后押金还能全额退。"超低价手机+超低价套餐"，让 Reliance Jio 仅用了 170 天就把用户量做到了 1 亿，2018 年市场占有率高达 20.25%。其他竞争者也对印度市场虎视眈眈，根据 Counterpoint 数据显示，2019 年第二季度，小米以 28% 的市场占有率牢牢掌控着印度手机中低端市场；三星以 25% 的市场占有率掌控着印度手机中高端市场，OPPO 和 vivo 分别以 8% 和 12% 的市场占有率在印度手机中高端市场站稳了脚跟。这意味着，传音在印度市场各价格区间都有有力的竞争对手。

尾声：何去何从？

十余年磨一剑，传音在非洲市场"称王"，并积极拓展印度等更多新兴市场。虽然非洲市场增速停滞不前、竞争加剧，传音的技术创新以及布局新市场困难重重，但是在移动互联网和 IoT 时代，传音变现理应有更多思路。

传音有 5 款月活跃人数超 1 000 万的 APP，其中流媒体播放平台 Boomplay 坐拥 4 300 万激活用户，月单曲播放量达 20 亿次，是非洲最大的音乐流媒体平台。互联网变现将不失为一种重要手段。事实上，2019 年 1—9 月，小米互联网服务收入为 141.5 亿元，占总收入 9%，但贡献毛利 92.2 亿元，占总毛利的 45%。随着非洲市场移动互联网服务的兴起以及付费能力的提升，传音有望

---

① 传音：远征非洲的传奇［EB/OL］.http://www.ceconline.com/strategy/ma/8800101631/01/，访问时间：2020 年 1 月。

在移动互联网服务音乐、直播、短视频、长视频、游戏、网文等方面有突出表现，实现互联网服务变现。"除了在音乐、社交媒体等软件服务上布局，还有多款产品仍在开发和孵化中。随着非洲移动互联网络基础设施的发展和智能手机的进一步普及，今后非洲用户在移动互联领域会有更多本地化需求，新机会将不断涌现。如果我们能解决这些本地化需求，我们的机会是非常大的。在传音现有的业务当中，我们认为移动互联网的未来潜力是最大的。"传音副总裁阿里夫·乔杜里说。①

在家电及数码配件等 IoT 方面，非洲市场依旧有发展空间，传音可以依托于在手机市场的优势，借鉴小米模式，形成 IoT 生态链。事实上，根据招股说明书，传音将通过实施"手机+移动互联网服务+家电及数码配件"的多元化产品战略，随着目标市场互联网的快速发展，在移动互联网服务、家电和数码配件上发力。

死磕本地化体验创新的传音公司有哪些值得总结的经验与反思的教训？传音案例对其他企业在出海过程中如何开展体验创新和技术创新有哪些借鉴意义？

阅毕请思考：

1. 竺兆江和传音当初为什么决心要进入非洲手机市场？有哪些内外关键因素？
2. 传音手机在进入非洲手机市场时做了哪些本地化创新？
3. 传音手机的成功主要有哪些关键因素？
4. 传音手机案例对其他企业加强本地化创新有哪些借鉴意义？

---

① 传音:远征非洲的传奇[EB/OL].http://www.ceconline.com/strategy/ma/8800101631/01/，访问时间:2020 年 1 月.

第15堂课

新潮传媒：继续跑马圈地还是寻找下一片蓝海？*

摘要： 新潮传媒集团（以下简称"新潮传媒"）是一家从事电梯电视广告服务的公司，近年来新潮传媒凭借本地优势和强大的营销团队，业绩不断攀升，一举成为中国第二大、成都乃至西部地区最大的电梯电视广告服务商。电梯电视广告行业当前发展较为迅速，但是该行业进入门槛较低，行业竞争异常激烈，而新潮传媒在社区O2O服务模式上的探索也刚刚起步，毫无经验，前途未卜。面对当前的困局，新潮传媒是应该在当前的电梯电视广告业务上加大投资跑马圈地，与行业老大分众传媒及其他电梯广告企业争夺市场？还是应该将重心转向社区O2O服务模式？抑或是另辟蹊径，打造探索全新的DSP广告平台业务模式？这是新潮传媒创始人张继学正面临的抉择。

关键词： 电梯电视广告；社区O2O服务；DSP广告平台；蓝海战略；商业模式；转型升级

引　言

"到今天，新潮传媒已经走过了12年，对于传统媒体，尤其是纸媒而言，这是黄金的12年。我们通过自己的耕耘，做到了四川民营媒体企业的第一，这

---

* 本案例由浙江大学管理学院的郑刚、梅景瑶撰写，特别感谢新潮传媒集团董事长张继学先生和混沌大学提供的调研访谈机会和资料支持。作者拥有著作权中的署名权、修改权、改编权。由于企业保密的要求，在本案例中对有关名称、数据等做了必要的掩饰性处理。本案例只供课堂讨论之用，并无意暗示或说明某种管理行为是否有效。

都是值得我们骄傲的过往。但是,我们不能躺在成就的故纸堆上睡大觉,不能贪图享受时代给我们带来的红利,尤其是在新媒体、新传播方式崛起的今天,所以,我们开始思变。"崇尚稻盛和夫经营哲学,讲话总是满怀激情的新潮传媒创始人、董事长张继学在2014年一次内部分享会上如是说。在互联网大数据时代到来的时候,传统纸媒出身的新潮传媒"壮士断腕",不断探索新的发展思路。

据CTR媒介智讯数据显示,中国广告市场整体在2017上半年呈现调整中稳定发展的迹象。2017年上半年中国广告市场整体增长0.4%,相较于上年同期0.1%的增幅有所提升。传统媒体的整体刊例花费同比下降4.1%,与2015年、2016年的上半年同比花费降幅相比,有所收窄。新媒体增幅稳定,特别是电梯电视、电梯海报、影院视频和依托互联网的新媒体广告投放仍保持较显著的增幅,电梯电视媒体的广告花费同比上涨18.9%,电梯海报媒体的广告花费同比上涨10.0%,影院视频媒体的广告花费同比上涨19.0%。有专家指出,电梯是现代商业社会和城市的基础设施,电梯代表着四个关键词:主流人群,必经,高频,低干扰。这四个关键词正是今天引爆品牌的最为核心和稀缺的资源。从新媒体广告行业仍需借助的有形载体来看,类似于电梯电视广告这样的生活圈广告载体是当前乃至未来一段时间内广告行业的必争之地。

2015年,新潮传媒的电梯电视广告在成都、重庆强势崛起,目前D轮融资已结束,公司估值近100亿元,已经是线下媒体数字化领域的独角兽。截至2017年12月,新潮传媒已有超过20万多个电梯电视广告位,每天覆盖26个城市12 000多个中产社区的6 000多万中产人群入口,成为中国第二大电梯传媒集团、四川规模最大的民营传媒集团,其在成都地区的市场占有率已超越行业老大——分众传媒。

电梯电视广告业务给新潮传媒带来了巨大的收益,在以成都、重庆为核心的西部广告行业,新潮传媒已成为暂时的市场领导者。此外,新潮传媒依托电梯电视屏,尝试将社区住户与各类商家连接起来,搭建起商家直通家庭的服务平台,借以提供最适合社区住户的O2O服务。但是,董事长张继学对公司的未来发展仍然顾虑重重。张继学深知目前企业的主营业务电梯电视广告的进入门槛并不高,行业结构表现为:分众传媒一家独大,众多小型电梯传媒企业不断涌现、抢夺市场,电梯电视广告业务未来成长空间不明晰。此外,从电梯电视传媒形式和当前技术手段来看,因为缺乏较及时的反馈信息收集及分析

第15堂课

新潮传媒：继续跑马圈地还是寻找下一片蓝海？

工具，理想中的社区 O2O 服务模式并没有实现有效突破，而且对于此种服务模式，新潮传媒没有任何实战经验，始终都是在摸着石头过河，且要面对来自物业公司的价格压迫，前途难测。

面对这令人不安的现实，张继学不断地问自己，新潮传媒的核心竞争力究竟是什么？新潮传媒是应该在当前电梯广告业务上继续加大投资跑马圈地，与其他近乎同质化的电梯广告企业争夺市场？还是应该另辟蹊径，寻找下一片蓝海？

发展历程

2002 年，新潮传媒的前身在四川成都成立；2007 年，新潮网成立；2013 年，新潮传媒集团正式成立，集团有三位联合创始人，分别是张继学、庞升东、舒义，由张继学担任集团董事长。集团业务包括新潮电梯电视联播网、新潮小区媒体流量平台、新潮优享、新潮数字互动、《新潮生活周刊》等。

集团创始人兼董事长张继学的创业经历颇具传奇和励志色彩，作为一个 70 后，张继学出生于四川眉山的农村，父母都是菜农，从小学贩卖蔬菜开始，一直到大学卖雕像、卖领带、开录像厅，张继学从零售的小生意起步，在赚到人生第一桶金的同时，也积累了大量的原始创业经验。

2003 年，张继学创办《新潮生活周刊》，2004 年公司产值已超过 1 亿元，该周刊一度成为全国排名第四、西部第一的城市周报，成为西部时尚标杆。但是好景不长，由于集团大股东涉嫌经济案件，公司陷入负债。为了清偿债务，张继学被迫关闭了所有的子公司，变卖了多处资产，最终只留下了成都新潮。2007 年，张继学创办新潮网，同时开始涉足互联网整合营销领域。到了 2008 年，张继学不但还清了所有债务，而且再次盘活了业务。

然而，刚刚从繁重的债务包袱中翻过身来，2012 年，张继学发现传统纸媒市场正在不断萎缩，公司开始走下坡路，仅依靠现有业务如何养活几百名员工？张继学不得不开始寻求转型。在转型初期，为了挽救新潮报业，张继学通过给写字楼免费送报架等方式尝试带动报纸的销售，后来又为了缩减成本，尝试将报架挂在墙上，但是效果都不理想，张继学发现现在越来越少的人会通过报纸获取资讯。

2013 年，张继学开始了第三次创业，成立"新潮传媒集团"，带着大裁员后留下的200名员工,开始向电梯电视广告服务商转型,致力于打造中产社区媒体流量平台。张继学采用多媒体屏将视频广告放在电梯轿厢里面,并且与长虹合作开发了视频内容A屏与静态B屏相结合的视频广告产品形态,产品一经推出就广受市场的欢迎。到了2015年,张继学全身心投入以电梯电视广告为核心的生活圈媒体行业。

经过两年多的努力,新潮电梯电视广告逐渐得到市场认可,新潮传媒完成了从传统纸媒到电梯电视广告服务商的跨越。

业务布局

有这样一个典型场景:一位收入水平中上的公司白领,清晨出门上班,走进自己居住的公寓楼电梯,不管他愿不愿意,看到的是电梯海报广告和电梯电视广告;来到公司所在的写字楼,在乘坐电梯时,也要看着、听着电梯内的视频广告。这就是新潮传媒电梯电视广告业务对城市主流消费者主要生活轨迹的覆盖。BAT(百度、阿里巴巴、腾讯)已经占据中国80%的流量,线上媒体数字化已经完成,线下媒体数字化才刚刚开始,随着物联网的发展,线下媒体数字化成为流量入口是必然趋势,因此以电梯为入口,打造中产社区媒体流量平台可以说是非常靠谱的。这也是新潮传媒目前最为主要的业务之一。

新潮传媒的电梯电视广告主要有写字楼、住宅、商业综合体三大点位类型,与分众传媒主打电梯轿厢外广告不同,新潮传媒主打电梯轿厢内电视广告。新潮传媒在写字楼和商业综合体的电梯电视广告点位大小为19英寸,在不容许安装轿厢内电梯电视的写字楼,新潮传媒则以47英寸、32英寸、22英寸机型占据好点位,主要是以客户为中心进行区域选点,覆盖消费者的生活轨迹。新潮传媒采用每周轮播的方式,以相同的广告费用达到3—4倍的人群覆盖,为客户提供超值服务。

此外,新潮传媒专注"互联网+媒体"创业,将社区媒体流量平台"新潮小区"和新潮电梯电视广告进行整合。新潮小区是新潮传媒旗下的子公司,采用"软件+硬件""服务+广告"模式。以新潮小区为核心的社区O2O服务正是新潮传媒的第二个业务模式。按照张继学的想法,社区在信息流、物流、资金流等方面都有需求,在这三个方向都将产生优秀的社区O2O项目。信息资讯的传播与O2O服务的结合极有可能是下一个风口。具有一定媒体属性的社区综合服务平台将会产生，既可以抓住社区生活圈广告的风口，又能在此基础上，形成新潮传媒为上游客户和下游用户提供的端对端社区服务平台。

新潮小区打造了独特的"线下广告屏+线上O2O综合服务平台"相结合的小区用户生态圈模式。与众多社区O2O服务平台从线上入手不同，新潮小区一开始就是重模式，从线下往线上导流量。具体来说，即通过线下的电梯电视屏进行强势推广，向线上软件导流，从而实现从线下到线上的逆向O2O，完成交易闭环。在整个过程中，以社区为单位，家庭是入口，无任何中间环节，该模式既能实现产品和服务的交易闭环，打造具有社区属性的媒体导购平台，为各种到家商品和到家服务提供广告及流量，同时为C端（家庭用户）提供"败"家指南。社区有四种资源流，即信息流——社区媒体、商品流——社区电商、资金流——社区金融、物流——最后100米，目前大多数社区O2O项目都基于这四个方向。新潮小区O2O媒体平台选择的是信息流方向。

张继学坚定地认为，社区O2O服务模式发展存在几个刚需：首先有数据表明，当人均GDP超过3 000美元时，消费从商业中心开始转向社区；其次，人变懒了，宅男宅女越来越多，什么都想让别人帮自己干；最后，社区O2O可以缩短商品和服务的中间环节，为消费者节省成本。因此，从各种数据来看，新潮传媒从媒体切入社区O2O平台是一个颇具发展前景的选择，通过电梯电视广告业务和新潮小区的结合，将有机会实现"线上+线下"的社区O2O服务模式。

那么，新潮传媒到底该怎么行动呢？

商业模式探索

"社区媒体+社区电商"模式

新潮传媒的社区广告商业模式不言而喻，即新潮传媒通过安装电梯电视屏，帮助大量中小企业在电梯电视屏上投放广告获取利益，该业务也是目前新潮传媒最主要的盈利点。

那么，新潮传媒的社区O2O商业模式又是如何运作的呢？"我所在的社区走的是'社区媒体+社区电商'的模式，社区电商更有价值，巨头都红眼跟着进来了，在社区中我们卖广告是为了卖货，卖货是为了促进卖广告，这是我们的一个核心模式。"新潮传媒想做的其实就是直接搭建一个从工厂到家庭、从田间到家庭、从手艺人到家庭、从周边商铺到家庭的平台,把中间的东西都去掉,去掉的东西让给消费者,把握流量入口,用"软件+硬件"解决最后一公里的物流,这就是目前新潮小区正在做的事情。新潮传媒相关负责人表示,新潮小区的盈利模式非常清晰,除了线下的电梯电视屏和软件互动会产生的广告收入或商品销售分成,线上的O2O服务订单交易抽成以及精品快送将会是新潮小区主要的收入来源。

从目前来看,新潮传媒在社区广告领域已经取得了较好的收益,稳居成都和重庆电梯电视广告市场的第一位,并且在西部基本稳定了自身的市场地位,成为电梯电视广告领域的行业领先者,并不断深入在社区O2O服务模式上的探索。

与"带头大哥"商业模式的差异化

张继学多次强调,新潮传媒有三大使命:①打破行业垄断,积累合作伙伴的谈判筹码;②通过合理竞争让物业公司增加收入;③为广告客户节约广告费用。具体来说,张继学认为目前新潮传媒的优势有以下几点:

第一,这个行业远远没有饱和,还属于蓝海和红海之间的亚市场。全国的电梯市场体量超过500万部电梯,行业老大分众传媒覆盖了40多万部,新潮传媒仅覆盖了20万部。而且,目前绝大多数社区广告是将电梯电视屏幕安装在电梯轿厢外,如此一来,电梯轿厢内成为张继学可以突破的第二战场,因为即使已经安装有轿厢外电视屏的电梯,新潮传媒仍然可以安装电梯轿厢内广告。此外,分众传媒电视广告的客户不能自主选择电梯电视屏的点位,但是新潮传媒的客户可以自定义点位,因而可以更精准地投放广告。

第二,由于价格昂贵,中小企业一般无法支撑在分众传媒的广告屏上投放广告的费用,但是中小企业的数量是很惊人的,其投放广告的需求也很大。为此,新潮传媒将目标对象锁定在地方性的中小企业,对其投放广告的报价是分众传媒的一半。

第三,张继学一直尊崇稻盛和夫哲学和阿米巴管理模式,其团队管理效率极高,员工营销能力在行业内出类拔萃,凭借强大的营销团队和企业文化,新潮传媒的业绩也是蒸蒸日上。

第四,新潮传媒的发展方向是借助线下的电梯电视屏实现和线上的联动,将社区住户与各类商家连接起来,提供最适合社区住户的O2O服务,同时通过广告模式帮商家把生意做到客户的家门口。如果新潮传媒能够早一步搭建完善的社区 O2O 服务平台，那么将给其带来巨大的发展。

在认识到企业发展趋势的同时，张继学也深知该行业存在很多的发展障碍，尽管在电梯轿厢内电视广告市场上占据了一席之地，但是张继学始终保持清晰的头脑和强烈的忧患意识。

他很清楚新潮传媒所在的电梯电视广告行业门槛较低，无论是电梯轿厢内的视频广告还是电梯轿厢外的视频广告，自身提供的产品与其他企业的产品同质性较强，并不具备很强的创新性。新潮传媒目前在西部，包括成都、重庆等地区的优势很大程度上来自公司员工超强的营销能力，以及地方性的支持，一旦分众传媒等行业大佬开始重视这些市场，新潮传媒很难有还手之力。

分众传媒在电梯电视广告领域已经形成了强大的价值体系和成熟的商业体系，以分众传媒既有的硬件设备和流量储备，新潮传媒要想在它的眼皮底下攫取利益，占据市场主动权，不仅需要强大的资金支撑，还需要人才储备和战略部署，这些对于新潮传媒来说都是不小的挑战。

除了分众传媒一家独大，地方性的中小型电梯电视广告企业也在不断涌现，抢占地方市场，其商业模式与新潮传媒几乎无二。以地方为特色的市场竞争正在成为这个行业的显著特征，同时也暗示着新潮传媒想要突破西部市场走向全国的难度。

此外，由于电梯是稀缺资源，而电梯电视广告的投放涉及用户、广告商、社区、物业公司等各个利益相关者，想要在电梯上做文章就必须打通多方关系，而且诸如物业公司这类群体有较强的垄断性，使得企业的议价能力大打折扣。

社区 O2O 服务是新蓝海吗？

社区 O2O 服务模式存在三大难点：

（1）社区服务的"三高一低"，即高人力成本、高运维成本、高营销成本和低利润回报。这是当下社区 O2O 项目初创阶段普遍面临的问题。社区 O2O 需要达到规模及黏性才能实现长期稳定的盈利。但规模和黏性无法在朝夕之间快速实现，需要长期的市场教育和渗透，因此前期投入的时间周期和资金额度都将直接关系到社区项目能否走到盈利的那一天。

（2）非标准化服务品质难以把控。社区服务平台的黏性建立在标准化快消品配送与大量低频消费的非标准化服务上。快消品配送虽然高频，但获取门槛低,周边便利店、小商铺、大型实体超市以及淘宝、京东等电商平台都能满足用户需求,可选择性强,难以形成沉淀用户;非标准化服务尽管低频,但获取服务门槛高,真正需要时不一定即时就能得到满足,一旦用户得到即时满足,会对平台更加信任。因此,对于社区服务平台而言,标准化快消品配送只是平台的基础设施,大量非标准化服务才是增加平台门槛的有益补充。而要增强信任、提升黏性,非标准化服务的服务质量又成为制约平台稳健发展的关键因素。

(3)烧钱不止的平台黏性不可持久。无论是垂直服务平台还是标准化商品的服务平台,或者社区服务综合平台,在前期积累用户阶段总需要有一段营销推广的过程,其中最简单粗暴的方法就是补贴优惠。对于任何一类平台,要有正向现金流,就需要获取数量足够可观的金字塔用户群,处于金字塔顶端的一小部分用户群才是平台真正需要大力维护的核心用户,也是真正高频付费的用户。要获取这部分用户首先就需要有足够大的用户基数。多数情况下用户基数还没有达到预期的临界点时,平台已经供血不足,死于资金链断裂。

到底社区O2O服务模式的切入点在哪里,新潮传媒真的能扮演好连接全价值链的平台角色吗?对于传统媒体出身的新潮传媒来说,做社区O2O服务是一件极具风险和挑战的事情。张继学深知,如果新潮传媒不能找到独具特色的商业模式,市场空间终将消失殆尽。

抉 择

面对内忧外患,张继学不停地思考和审视公司现有的业务模式,同时要在未来的业务重点等方面做出选择和部署。

关于新潮传媒下一步该怎么走,张继学和他的领导团队经过多次讨论,有几种不同的思路:

第一种思路是,新潮传媒应该继续深耕于当前已经熟悉并初步站稳脚跟的电梯电视广告业务,凭借其现有的强大的营销团队,以地方为核心,通过价格优势满足中小企业客户的需求,并且开发针对个体的精准广告投放业务,满足客户的多样化、定制化的需求。张继学认为中国的生活圈广告市场还有5年左右的发展空间,如果能在这5年内快速扩张,新潮传媒将能够稳固自己在电梯电视广告领域的地位,确保公司的收益。因此,当前新潮传媒的首要工作

第 15 堂课
新潮传媒：继续跑马圈地还是寻找下一片蓝海？

任务是集中精力争取更多融资，不断加大硬件设备的投入，在巩固成都、重庆市场的前提下，快速拿下整个西部电梯电视广告市场，并向一线城市进军，致力于快速成为行业第二。作为行业老大的分众传媒近年来不断扩张，张继学意识到新潮传媒和分众传媒将来必有一战，真的到了那个时候，即使新潮传媒无法与之对抗，也可依靠西部市场这个筹码争取更好的收购价格。对于新潮传媒来说，采取这种思路的风险相对较小，资源投入也相对较小，同时如果最终能卖个好价钱，也算是一种可以接受的结果。

第二种思路是，新潮传媒应该将战略重点尽快转移到社区O2O服务这个新兴的领域，通过硬件设备（电视屏）的投入，向线上软件导流，从而实现从线下到线上的逆向O2O，实现线上用户交互。在整个过程中，以社区为单位，家庭是入口，无任何中间环节，实现产品和服务的交易闭环。未来，居民可以在这些社区O2O平台上实现"一站式"购物，采购日常所需的东西和服务，如米面油盐、零食水果、洗漱百货、家政服务、维修服务等。新潮传媒如果能比竞争对手早一步完善基于社区服务的平台经营模式，将对公司未来的发展起到至关重要的作用。但是社区市场最大的优势是连接，社区本身就有一个成熟的消费配套，单纯依靠一个形式完整的平台就能取代活跃的线下消费吗？加之还存在一批观望中、具备先天资源优势的房地产、物业类公司还未发力，新潮传媒随时都有可能被吞并。

第三种思路是，通过对行业的分析和对新潮传媒自身的诊断，张继学试图打造一个全新的"秘密武器"——需求方平台（Demand-Side Platform，DSP）开源互联网广告平台。他认为，分众传媒目前是电梯广告的"iOS版"，但是新潮传媒想要做的是"安卓版"，是一个开源的平台，他希望最终能和价值链的主体实现价值共享。新潮传媒可以从"中小客户+一般物业"入手，搭建一个属于它们的DSP开源平台。那么，新潮传媒所谓的DSP开源平台到底是什么呢？

DSP是伴随着互联网和广告业的飞速发展而兴起的网络广告行业。在互联网广告产业中，DSP是一个系统，也是一种在线广告平台。它服务于广告主，帮助广告主在互联网或者移动互联网上进行广告投放，DSP可以使广告主更简单便捷地遵循统一的竞价和反馈方式，对位于多家广告交易平台的在线广告，以合理的价格实时购买高质量的广告库存。DSP让广告主可以通过一个统一的接口来管理一个或多个Ad Exchange（广告交易平台）账号，甚至DSP可以帮助广告主来管理Ad Exchange的账号，提供全方位的服务。

区别于传统的广告网络(Ad Network),DSP 不是从网络媒体那里买广告位,也不是采用按天收费(Cost Per Day,CPD)的方式获得广告位;而是在 Ad Exchange 通过实时竞价的方式获得对广告进行曝光的机会。DSP 通过 Ad Exchange 对每个曝光单独购买,即采用千次展现成本(Cost Per Mille,CPM)的方式获得广告位。这种方式的好处就在于,Ad Exchange 售卖的不是传统意义上的广告位,而是访问这个广告位的具体受众,投其所好地进行广告投放,就能产生最大的收益。因此,近年来实时竞价(Real Time Bidding,RTB)模式成为发展热点。

随着人群定向(Audience Targeting)技术的发展,广告投放终于从购买媒体转变为购买受众,"DSP—Ad Exchange—SSP(供应方平台)"的 RTB 新生态得以快速崛起。在 RTB 生态中,Ad Exchange 就像淘宝,联系着买方和卖方。DSP 为广告主服务,广告主可以设置广告的目标受众、投放地域、广告出价等。而 SSP 则服务广告位拥有方,拥有丰富媒体资源和用户流量的媒体可以在这个平台上管理自己的广告位、控制广告的展现、设置补余等。

举例来说,假如 Nike 公司想在网上打广告推出自己的一款新鞋子,目标客户是 20 岁左右的男性大学生。推广过程包含四个方面:首先,确认推广渠道,确定男性大学生喜欢浏览的网页,如新浪体育;其次,确认目标客户属性——20 岁男性大学生;再次,制作推广材料,如广告横幅;最后,购买广告位置。以新浪体育为例,它的网页有很多可以打广告的位置,一个个去售卖太麻烦了,一次性将这些广告位统一放入 Ad Exchange(相当于在卖广告位的"菜市场"里面摆了个摊位),通过 SSP 对"菜市场"里面摆放的广告位进行布局管理。对于 Nike 公司而言,它通过 DSP 来到这个"菜市场",RTB 帮助其计算怎么在有限的预算下买更多、更符合推广要求的"菜"。当一个符合条件的"20 岁男性大学生"准备打开网页 A 时,cookie 就被放在了"菜市场",Nike 公司看到后即购买,然后将制作好的广告横幅展现在这个网页上,整个过程大约需要 0.4 秒,所以浏览者是完全感受不到的。与此同时,又有无数个符合条件的 cookie 在浏览无数个网页,所以需要让电脑自动帮你买入需要的"菜",这就是 RTB 的产生与实现。DSP 的出现为广告主总揽广告投放全局提供了可能。

一个真正意义的 DSP,必须拥有两个核心特征:一是拥有强大的 RTB 的基础设施和能力,二是拥有先进的用户定向技术。但是,DSP 互联网广告服务平台模式对于目前以电梯电视广告为主业的新潮传媒来说是全新的探索,尽管新潮传媒已经积累了大量的以中小企业为主的客户群,但这是远远不够的,DSP 平台的搭建不仅需要大量的资金和技术投入,而且新潮传媒为此需要承担完全舍弃原有电梯电视广告业务模式的巨大风险。对于新潮传媒这样的创业公司而言,走错一步很可能就是满盘皆输。

尾 声

"创业就是一个司机师傅开着一辆漏油的车载着一群人跑高速,不知道前方是什么,我们赌的都是未来。有时候我们要猛踩油门,有时候要停下来休息,我们也不知道汽油何时会耗尽,也不知道能不能到达终点……有时候因为行业老大打了价格战,老二企业也不得不加入到价格大战中去……但不管怎么样,我们一直在路上。"张继学在 2016 年的一次创业分享会上如是说。

在这次分享会上,每位参与者都收获了一本书,书名叫作《跨越 S 曲线:如何突破业绩增长周期》。书中提到,研究结果显示:多数企业花费大量精力延伸现有业务线(财务 S 曲线),而未能投入足够精力,为创建成功的新业务打下基础。与此相反的是,卓越企业则主动攀升三条隐藏的 S 曲线,即竞争、能力和人才 S 曲线,这些曲线在财务 S 曲线达到顶峰前早已步入衰退。在核心业务持续发展的情况下早日跨越这些曲线,才能为持续繁荣奠定坚实的基础。

反观新潮传媒,如今的新潮传媒是应该继续在当前比较成熟的互联网电梯电视广告业务模式上跑马圈地、抢占更有利的位置?还是应该及早转移重心,加大对社区 O2O 服务业务的投入,抑或是另辟蹊径,探索全新的 DSP 开源平台?张继学带着这些问题,仔细翻着这本书,陷入了沉思……

阅毕请思考:

1. 结合案例材料分析新潮传媒目前主营的电梯电视广告业务的竞争态势和优劣势。试判断电梯电视广告行业目前是红海还是蓝海?是否还有巨大的市场红利?

2. 结合案例材料分析新潮传媒新进入的社区 O2O 服务业务的市场机会及前景,新潮传媒分别有哪些优势和劣势?

3.面对当前电梯电视广告行业绝对的老大分众传媒和众多的同质化中小型竞争对手,你认为新潮传媒应该采取什么样的创新战略才能赢得持续竞争优势?

4.结合保罗·诺恩斯等提出的跨越S曲线理论,你认为新潮传媒提出的DSP平台方向是否可行?为什么?请你为新潮传媒的战略抉择提出可行的建设性意见。

第16堂课
一企两制：海康威视的内部创业探索*

摘要：海康威视是一家具有国企背景的全球领先的视频监控产品供应商，成立于2001年。依靠以科技创新为核心的全面创新战略发展迅速，已连续多年成为全球安防监控行业领军企业。从2015年开始，在主营业务发展日趋成熟、行业增长趋缓的背景下，海康威视居安思危，大胆改革，在确保安防视频监控主营业务持续增长的前提下积极探索面向未来的颠覆式创新业务，设立了创新业务跟投平台，探索出了以"一企两制"为特色的国有企业内部创业新模式，通过合理的激励机制创新使国企员工从打工者转变为"合伙人"，极大激发了员工的创新积极性和主动性，并且很大程度上克服了大企业病、创新活力不足等弊端，值得需要依靠创新转型升级的企业尤其是国企参考借鉴。

关键词：公司内部创业；转型升级；国企改革；一企两制；员工持股

　　这么多年来，海康威视的发展就是用了民企的机制和国企的战略定力，坚持走技术创新的发展路线。

　　他们都是有技术有梦想的年轻人，如果我们海康不给他们这一次内部创业的机会，将来有机会他们还是会自己出去单干，与其失去一个人才，我们为什么不能通过内部创新创业这个平台来实现他们的抱负，把创新业务的发展与员工的事业梦想融为一体呢？

——陈宗年，海康威视董事长

---

* 本案例由浙江大学管理学院的郑刚、杨南奕撰写，作者拥有著作权中的署名权、修改权、改编权。未经允许，本案例的所有部分都不能以任何方式与手段擅自复制或传播。由于企业保密的要求，在本案例中对有关名称、数据等做了必要的掩饰性处理。本案例只供课堂讨论之用，并无意暗示或说明某种管理行为是否有效。

引 言

2018年5月28日,海康威视旗下杭州萤石网络有限公司(以下简称"萤石")2018年新品发布会在京举行。活动现场,萤石发布了智能控制类、儿童机器人等全新产品。海康威视高级副总裁、萤石CEO蒋海青表示:"萤石利用智能硬件、互联网云服务、人工智能和机器人等技术为家庭、个人及小微企业用户提供服务,集成了上下游软硬件产业链,逐步形成萤石智能家居生态体系,这会是我们最有力的竞争点。"[1]

与主要面向行业企业端业务的母公司海康威视迥异的是,萤石主要面向消费者端和小企业用户,在海康内部被视作创新业务。目前,海康已经内部创业孵化出萤石、机器人、存储、无人机、汽车电子等五大创新业务。

"作为一家创业公司,自2013年以来,萤石每年保持着100%的复合增长,现已成长为视频物联网(IoT)领域的头部厂商之一。2017年萤石全球业务收入(不含税)首次突破10亿元人民币,首次实现了盈利。"萤石副总经理郭航标在发布会上表示。萤石成为海康威视首个实现盈利的创新业务。

在海康威视副总裁、海康机器人技术有限公司(以下简称"海康机器人")总经理贾永华的办公电脑上,保留着这样一段视频:一个4万平方米的物流中心里,密密麻麻的小机器人正在井然有序地验收、分拣和搬运快递,看上去科技感十足,这是2017年京东刚刚建成的全球首个无人仓,它也是贾永华的骄傲。"这里面就用了我们三款机器人,还用了我们很多相机,做扫码啊定位啊。反正能跑来跑去的,都是我们海康威视造的。"贾永华说道。

贾永华的另一个身份,是海康威视最初28人创业团队的成员之一。2001年,他和中国电子科技集团公司第五十二研究所的其他27名同事一同创办了海康威视。如今,早已实现财务自由的贾永华,响应公司号召,又创办了海康机器人,以个人入股的方式,开始了二次创业。

这样的角色转变并不是个例,在海康威视的五大创新业务板块中,有三个板块的负责人来自当年的创业团队,分别为机器人、萤石和汽车电子。海康威视副总裁郑一波说:"因为很多创业团队一开始在,到后来就慢慢分化了,而我

---

[1] 赛迪网.萤石2018年新品发布会在京举行[EB/OL].http://www.ccidnet.com/2018/0528/10391631.shtml,访问时间:2020年1月.

第 16 堂课
一企两制：海康威视的内部创业探索

们是在内部继续创业，是做公司的创新业务。我觉得这里面还是可以反映很多企业家精神，就是创新，要冒险，你说知足常乐某种程度上是对的，但是作为企业家，他不能有这种想法。"①

外界经常称海康威视是一家"不像国企的国企"，除了在技术上不断创新，海康威视的跨越式发展，也与员工激励机制的创新密不可分。有投资人士感叹："海康威视是我见过最市场化的、高效率的国有企业，公司的激励体系也走在了很多国有企业的前面。"

为什么这些国企的业务负责人称自己是在创业公司？在国企内部，如何既能确保现有主营业务持续发展的同时，拿出一部分资源去积极探索未来具有颠覆性的新业务？国有企业是否也可以在确保国有资产不流失的前提下通过机制创新像民营企业那样有市场活力？如何更好地激发国有企业骨干员工的创新积极性和创新活力？海康威视近几年来探索的以"一企两制"为特色的公司内部创业机制给我们展示了一种新的国企混合所有制改革创新之路。

变革背景

公司概况

杭州海康威视数字技术股份有限公司隶属于中国电子科技集团（原电子工业部）第五十二研究所（以下简称"52所"），成立于2001年，总部位于杭州，是以视频为核心的物联网解决方案提供商，面向全球提供领先的监控产品和可视化管理与大数据服务。

自成立以来，海康威视发展迅速，在视频监控领域连续 7 年（2011—2017）蝉联 iHS 全球视频监控市场占有率第 1 位、入选"国家重点软件企业"、名列《A&S：安全 & 自动化》公布的"全球安防 50 强"榜全球第 1 位，此外获得"2017CCTV 中国十佳上市公司""中国中小板上市公司价值十强"等荣誉，甚至还把德国博世和日本松下等全球著名的老牌安防企业远远甩在了身后。根据 2017 年公司年报披露，2017 年海康威视营业额为 419 亿元，比上年同期增长了 31.19%；实现利润总额 104.9 亿元，比上年同期增长了 26.20%；实现归属

---

① 毛晓琼.海康威视创业团队：板凳要坐十年冷 二次创业再出发[EB/OL].新蓝网.http://mini.eastday.com/mobile/171126083232556.html#，访问时间：2020 年 1 月.

243

于上市公司股东的净利润94亿元,比上年同期增长了26.60%。截至2019年1月9日,海康威视总市值为2 605.78亿元,是深圳证券交易所的龙头股之一。

创业基因

海康威视脱胎于52所,该所的全称是"电子工业部计算机外部设备研究所",是一家专业从事计算机外存储设备研究、军民结合的国家一类研究所。1984年由山西太原整体搬迁至浙江杭州。52所最初经历了非常困难的时期,到20世纪90年代初才逐步发展起来。当时商用和家用空调的生产与技术主要在国外,春兰集团开始研发生产空调。52所抓住了机会,与春兰集团合作,"将52所单片机技术用到空调里,让52所经历了一次'从无到有'的跨越"。陈宗年回忆道:"上世纪90年代初,52所做了一个多亿的销售。"[1]自此,52所基本摆脱了"捉襟见肘"的局面,为日后海康威视的创立奠定了基础。

据陈宗年介绍,20世纪末,音视频监控技术从模拟范式向数字范式的转变,为52所提供了机会窗口。52所在1999年年底开始研制数字音视频监控系统核心产品。但国有科研院所科技体制的一些弊端和制约也使得一些科技人员觉得施展不开手脚,对下海蠢蠢欲动。

转机发生于2001年,美国"9·11"恐怖袭击事件给当时全球的监控市场带来了快速发展的机会。52所准备抓住这次机会,利用自己的优势大力发展数字音视频监控产业。2001年年底,陈宗年、胡扬忠等28位52所的骨干员工放弃了令人艳羡的铁饭碗,依靠52所和华中科技大学校友龚虹嘉共同提供的500万元启动资金,承担起创业创新重任,在当时杭州西湖区马塍路的一层简易办公楼开始了创业之旅,海康威视由此诞生。海康威视从成立伊始就引入了外部民营资本,成为国有控股企业中少有的中外合资的混合所有制企业,创新创业的基因与生俱来。

多次股权激励

公司创立初期,通过二股东龚虹嘉带来的先进技术和海康威视的国企背景,发展还算顺利,2006年和2007年,海康威视两次以未分配利润投入增资,注册资本达到1.4亿元,是原注册资金的28倍,各股东出资比例维持不变。

---

[1] 荆楚网.华科校友苦干30年掌舵安防龙头[EB/OL].http://finance.sina.com.cn/roll/2016-09-05/doc-ifxvpxua7875099.shtml,访问时间:2019年3月.

第 16 堂课
一企两制：海康威视的内部创业探索

按照公司创建时的约定，2007 年 11 月，正值海康威视发展蒸蒸日上之际，龚虹嘉将其持有的 15%海康威视股权（按公司的原始投资成本）作价 75 万元转让给了杭州威讯投资管理有限公司，该公司由以总经理胡扬忠为首的 49 名海康威视核心管理人员共同持股，完成了第一次的股权转让激励。这些股份换算成现在的市场价格超过 500 亿元人民币。通过这次股份转让，海康威视管理人员获得了大量股权，充分调动起了大家的工作积极性和主动性。

在 2010 年上市之后，海康威视于 2012 年、2014 年、2016 年实施了 3 期限制性股票激励计划，总计授予对象近 5 000 人次，覆盖了从高层、中层到基层管理人员及业务骨干的核心人才队伍，并且以业务骨干作为主要激励对象，极大地激发了员工的积极性和创造性。

以 2016 年为例，海康威视对 2 936 名员工实施了股权激励，共 5 200 多万股，占授予前公司总股本的比例为 0.86%。其中，15 名高管共被授予 132 万股，人均 8.8 万股；89 名中层管理人员被授予近 333 万股，人均 3.74 万股；149 名基层管理人员被授予 367 万多股，人均 2.46 万股；还有 2 683 名核心骨干人员被授予 4 400 万股，人均 1.64 万股。2015 年度公司员工共 15 222 人，也就是说，此次股权激励对象占总员工数的比例为 19.29%。①

二次创业寻找新增长点

遭遇天花板

2013 年，海康威视实现销售收入 100 亿元的突破，已连续 3 年蝉联 iHS 全球视频监控市场占有率第 1 位，但是随着行业竞争的日趋激烈和公司重庆项目的受挫，整体毛利率出现结构性下降，持续成长性受到外界关注。各方分析认为，海康威视发展正在遭遇天花板。海康威视由于是国企背景，有 30%以上的国内市场收入来自政府项目，其余部分来自大型企业和事业单位。随着宏观经济的下滑导致的政府预算和事业单位的安防预算削减，使得安防主营业务的一线销售压力变大。因此，公司亟须寻找新的增长点。

参考波士顿矩阵所描述的四类业务，胡扬忠认为除了海康威视已有的明

---

① 浙江在线.最近热议的员工持股　其实海康威视早就这么做了[EB/OL].http://www.cethik.com/news_detail.aspx? c_kind＝1&c_kind2＝9&id＝1307,访问时间:2019 年 3 月.

星业务和现金牛业务,还必须提前培育探索性、超前性的"问题业务"。一个公司不做"问题业务"就是最大的问题。

试点二次创业

2013年,海康威视推出了全新的民用品牌"萤石",进行充满风险的二次创业探索。一次创业解决"从无到有",二次创业就要追求"从有到优"。陈宗年在一次采访中说:"我们正在经历二次创业,海康威视的收入已经过100亿元,成为世界视频监控领域的第一,这意味着一次创业成功了,二次创业我们的目标是成为真正的世界级优秀企业,向收入千亿元迈进。成为世界级企业要具有品牌和规模,作为高科技企业还需要持续的盈利能力……有许多大型企业获得一定成就之后,因为找不到新的增长点和创新技术,开始走下坡路,一旦这个衰退的趋势形成就很难挽回,所以海康威视必须要找到新的发展空间。""我们不能肯定萤石一定能成功,但我们认为它很有希望,如果没有创业精神我们不会做这么冒险的事情。"①与此同时,海康威视开始深度学习技术的布局,希望借民用安防领域的发展势头来带动海康威视腾飞的第二春。2014年成立海康威视研究院,对于感知、智能分析、云存储、云计算以及视频大数据的研究均始于这一年。

酝酿创新业务跟投平台

陈宗年和胡扬忠等高管经过多次探讨,逐渐形成一个共识:公司要想成为千亿级的世界行业领先企业,必须要通过二次创业,寻找新增长点、再创新优势。可是,具体该如何推动二次创业呢?

二次创业首先要有创业的精神,创业有风险,要敢于闯,敢于面对不确定性。二次创业往往已经有良好的事业基础,钱也有了,这时候就容易懈怠下来,那怎样才能继续保持好的状态?

近几年,陈宗年曾多次跑北京向国资委领导汇报,争取国企股权激励改革试点机会。2015年5月,在习近平总书记视察完海康威视后,公司副总裁郑一波陪同国资委企业改革局人员考察了杭州的三家知名互联网企业:阿里巴巴、恒生电子和海康威视。作为民企的阿里巴巴和恒生电子都通过合伙人制度获

---

① 每日商报.海康威视陈宗年谈创新[EB/OL].http://www.tpy888.cn/news/201409/01/78096.html,访问时间:2019年3月.

第 16 堂课
一企两制：海康威视的内部创业探索

得了巨大成功，郑一波再次向国资委申请学习优秀经验，试点合伙人制度。2015 年 6 月，海康威视酝酿已久的核心员工跟投创新业务方案最终获得国资委的默许，这是国资委旗下员工跟投平台的首家试点企业。公司成立了战略委员会，由公司高管组成，负责创新跟投平台业务方案的酝酿设计。

核心员工跟投创新业务管理办法出台

2015 年 9 月初，在公司第三届董事会第五次会议前的一次内部讨论会议上，董事长陈宗年首先说道："我们的技术团队成员平均年龄只有 28 岁，但是他们却能一直坚持守拙创新，耐得住寂寞、抓住最核心的技术，去参与全球竞争。为的是什么，是那一份盼头，是能实现自己理想的希望。他们都是有技术有梦想的年轻人，如果我们海康不给他们这一次内部创业的机会，将来有机会他们还是会自己出去单干，与其失去一个人才，我们为什么不能通过内部创新创业这个平台来实现他们的抱负，把创新业务的发展与员工的事业梦想融为一体呢？"①

2015 年 9 月 8 日，董事长陈宗年主持的第三届董事会第五次会议以 9 票赞成、0 票反对、0 票弃权的投票结果，一致通过了《核心员工跟投创新业务管理办法（草案）》（以下简称《管理办法》）。在达成确立创新平台的意向之后，海康威视在当时已有的专注民用安防的萤石、雄鹰系列无人机、探索机器视觉的工业相机等产品中选择了与消费者接触最紧密的萤石系列产品作为创新平台的试验者，进行改制。

为了防止国有资产流失，海康威视的创新业务不仅有内部审计做监督，而且还专门聘请外部专业审计机构德勤华永会计师事务所辅助监督，在企业改制重组、产权交易、投资并购、物资采购、招标投标，以及产品定价、员工薪资等方面全部接受双重监督，将腐败扼杀在摇篮之中。

公司推行核心员工跟投创新业务机制后，员工设立的跟投平台成为萤石、汽车电子、海康机器人及其他创新业务的股东，大量核心员工成为与公司创新业务共担风险、共享收益的事业合伙人。跟投计划突破了原有国有企业员工激励的限制，成为市场化竞争国企改革创新的重要试点。

陈宗年说，在海康威视的创新业务上，公司和员工以 6∶4 的股权比例共创子公司，使一大批核心员工和技术骨干成为"合伙人"。

---

① 作者通过调研获取。

用"一企两制"做创新业务

如何确保公司现有主营业务持续稳步发展,并同时探索、培育战略性新业务?如何使得海康威视在具有国企的战略定力和稳健性的同时,也具有民企那样的灵活性?海康威视作为一家国企背景的安防行业领先企业,近年来在借鉴国内外先进企业经验教训的基础上,探索出了一条具有海康威视特色的"一企两制"内部创业机制。具体思路就是在现有主营业务之外的创新业务上大胆探索新的激励和运营机制。

陈宗年认为,人才问题是国企改革的通病,海康威视的创新业务跟投平台在同类国企中还属于首创,通过这个平台,突破了原有体制激励不足的限制,实质上把个体的创新创业积极性和公司的创新活力需求紧密结合在一起,核心员工变成了公司的合伙人,不再单纯只是打工人。

创新业务如何界定?

海康威视从2013年开始就围绕核心业务周边做了不少的业务拓展,除安防领域外,还有金融软件平台iVMS系列产品、车载取证系统、网络储存产品、萤石系列产品等。有一部分已经实现盈利并且发展较好,但是存在这么一些产品,如汽车电子等,虽然未来的发展前景不错,但是由于产品配套没有完成,在近期还需要持续的投入,并且将来并不一定能够成功。

为此,公司决定将一些发展前景存在较大不确定性的业务剥离出来,划分到创新业务平台之下。最终公司将已经设立的、尚未成熟的,并且投资周期较长、发展前景不明朗、具有较高风险的,目前还未盈利且需要继续投资探索的业务确定为创新业务。这些业务的市场前景较好,如果能够成功,将会成为公司持续成长的新动力。

创新业务6∶4股权分配

为了防止国有资产的流失,国资委规定国企员工不得持有其所在企业参股子公司的股权,在综合学习了华为、万科等公司的员工持股方案后,海康威视想出了一个折中的方案,即通过设立信托基金,员工不直接持有股份,而是通过工会来购买信托的形式间接持有。这样一来,不仅规避了国有资产流失

第 16 堂课
一企两制：海康威视的内部创业探索

的风险，而且能最大限度地实现员工持股。具体方案为：

由海康威视旗下的杭州海康威视投资管理有限公司和中建投信托有限责任公司共同成立跟投平台——杭州海康威视股权投资合伙企业（有限合伙），其持有创新业务 40% 的股权，另外的 60% 由母公司杭州海康威视数字技术股份有限公司持有。跟投平台中，中建投信托有限责任公司认缴 59 999 万元的信托基金作为有限合伙人，杭州海康威视投资管理有限公司认缴 1 万元作为普通合伙人实际控制。员工通过工会持有信托基金的份额作为创新业务的股份。有限合伙企业合伙人人数上限为 50 人，海康威视为了避开数量限制，将员工通过中建投信托计划注入创新平台，最终构建了一个开放持续的员工跟投持股计划，在首批人员的基础之上未来还会保持开放、继续吸纳更多的员工参与进来。

A、B 计划

海康威视作为技术密集型的高科技企业，对核心技术人员具有很强的依赖性。因此，针对激励对象的选择是本方案最关键的地方之一，尤其是非创新业务的高层管理人员是否应该持股存在一定分歧。最终，胡扬忠认为，公司及全资子公司的部分高管虽然不在创新业务里，但是考虑到这部分员工属于元老级人员，他们的意见和行为对新业务的发展起着重要的导向作用。创新业务的开展需要全公司的支持，只有通过股权将他们的利益和创新业务的兴衰捆绑到一起才能更好地保障后期的执行和资源供应。对到底谁才是"核心员工"，海康威视的确定原则是：第一，必须是全职员工；第二，核心员工原则上限于公司高层管理人员、对公司整体业绩和持续发展有直接影响的管理人员、核心技术人员和骨干员工。

创新业务的员工不仅包括技术人员，还应把核心的销售、财务等人员也纳入激励范围，可以进一步激发最广大核心员工的创造性和主动性。

最终得出的持股方案，根据对象不同分为 A 计划和 B 计划：

A 计划：由公司及全资子公司、创新业务子公司的中高层管理人员和核心骨干员工组成，强制跟投各类创新业务，这使得海康威视管理团队和创新业务子公司的利益得以绑定，形成共创、共担的业务平台。

B 计划：由创新业务子公司核心员工且是全职员工组成，自愿参与跟投某

249

一特定创新业务,该计划是业务层面的跟投制度,旨在进一步激发全体员工的创新精神和参与积极性。

退出机制

《管理办法》中也规定了合理的退出机制。无论是以直接方式还是以间接方式持有的股权,创新业务子公司跟投平台的股权或增值权原则上都只能由公司或子公司员工持有。不论何种原因(符合本办法规定的退休及执委会同意的例外情况除外),一旦员工与公司或子公司解除或终止劳动关系,该员工所持有的跟投平台股权或增值权即按照事先约定的条件转让给平台指定的主体。

对于员工直接持有或间接持有的创新业务子公司股权或增值权,公司可以决定进行整体回购;跟投平台可对外转让其持有的创新业务子公司股权,海康威视享有优先购买权;如创新业务子公司发展壮大,并符合独立上市条件,优先考虑及支持其上市。

搬离总部

为了使创新业务不受海康威视公司总部主营业务多年来形成的既有管理模式和国企文化的影响,海康威视的萤石、机器人、存储等业务在启动伊始都刻意搬离公司气派的双子塔总部大楼(杭州市滨江区阡陌路),如萤石、机器人等创新业务均在数公里外的兴耀科技园办公,而存储业务则是在数十公里外的富阳区中控产业园内办公。对此,曾在浙江大学管理学院获得管理学博士学位(技术与创新管理方向)的陈宗年董事长颇有心得。他的博士学位论文题目就是"新兴技术管理体系与策略研究——基于中国市场特性的分析"。陈宗年的创新业务管理理念其实受到二元性组织理论和颠覆式创新理论的重要影响。在变革时代,在一个组织中同时保持两种组织结构、两种不同的亚文化是非常关键的,也是比较难的。而打造二元性组织的一个具体可行思路就是把新业务和原有的主营业务尽可能地在地理上分隔开来,并且对于创新业务采取全新的激励机制和薪酬体系。

这两年创新业务的快速发展实践证明,这种"一企两制"的创新战略设计是非常行之有效的。

第 16 堂课
一企两制：海康威视的内部创业探索

初见成效

由于海康威视的前几次限制性股权激励措施和这十多年的快速发展让大家尝到了甜头，创新跟投平台刚推出时在员工层面并没有遇到什么阻碍，甚至是异常火爆，大家都纷纷愿意加入到新的平台中来。

在跟投创新业务提出的一年内，海康威视围绕安防视频监控的主营业务进行了横向拓展和纵向整合相结合，超前布局未来，成功把萤石转型升级成以智能家居为核心的创新业务；2016年，公司副总裁贾永华带领团队成立海康机器人，探索以工业自动化为核心的创新业务；同年杭州海康汽车技术有限公司成立，探索以汽车智能化为核心的创新业务；紧接着副总裁徐礼荣挂帅杭州海康微影传感科技有限公司，探索以红外视觉传感器解决方案为核心的创新业务。

其中，萤石系列产品代表着海康威视的互联网总体战略，萤石也是海康威视创新平台里的第一家创新业务子公司，是目前除公司主营业务之外最成功的创新业务，2017年已经突破10亿元销售额，成为公司首个盈利的创新业务。2017年年底，接入萤石云的设备达到2 800万台，萤石云 APP 用户数量超过2 000万人次。2017年萤石相继推出智能猫眼、智能门锁等新产品，丰富了中小微企业、家庭及个人用户的产品选择。

海康机器人主攻智能制造，开拓机器视觉、移动机器人以及行业级无人机等业务领域。海康威视依托多年来在图像处理、硬件设计及算法领域的技术积累，相继推出智能仓储机器人、智能搬运机器人、智能分拣机器人、智能泊车机器人等多个产品。传化云仓项目就采用了海康威视仓储机器人和智能仓储管理系统，相比人工仓库，作业效率提升了5倍以上，人力成本下降了15%—30%[1]。

在无人机领域，海康威视拥有"雄鹰"系列四旋翼、六旋翼飞行器，"指挥官"系列地面站，"防御者"系列无人机干扰器等全线产品，行业级无人机市场正在逐步打开。

汽车电子业务也全面铺开。视频、毫米波雷达等后装独立式产品形态不

---

[1] 中国安防行业网.海康威视创新业务—机器人 已实现市场成熟应用[EB/OL].http://www.sohu.com/a/252206787_99947626，访问时间：2019年3月。

断丰富,智能车载后视镜"云镜"、360°全景环视系统、车载智能化监控系统等智能化汽车电子产品与解决方案持续推出;在系统层面,综合前车碰撞预警、车道偏离预警、危险驾驶行为分析和右侧盲区侦测的 ADAS 产品推向市场,应用到前装客户和行业客户市场。

海康存储发布了多款行业级、消费级存储产品和家用存储中心产品,快速实现市场突破。海康微影扎实积累成像技术,通过较好的产品性价比优势,推动热成像产品从行业级应用走向大众市场。

"创新平台让我们做了很多之前不敢想、不敢做的事情。我们都是传统行业出来的,之前和普通工厂没多大区别,现在通过创新跟投平台,不仅建立了基于内部创业、创新风险共担、利益共享的长效机制,还探索出了一大批我们之前都不敢接触的创新业务,这些业务风险高,作为一家以国企为背景的上市公司,这样的机制我们是开创了先河。"[1]陈宗年每每想起进行的创新平台改革总是非常自豪。

内部创新平台的设立,使得普通员工也看到了希望,对于不少曾经有创业理想但是因家庭、资金等各种因素耽误的人来说,像这样既可以实现创业的梦想,又可以留在海康威视大平台的机会真是太宝贵了。持股计划一经推出就被抢购一空,结果出人意料得好。

实施结果也确实没有让大家失望,计划推出仅 1 年时间,公司 2016 年年报首次披露萤石、机器人和汽车电子等创新业务,实现营业收入约 6.48 亿元,占集团总收入的 2%。2017 年更是实现营业收入超过 16 亿元,同比增幅达 252%。

国企改革路在何方?

"国家发改委在《关于 2018 年国民经济和社会发展计划执行情况与 2019 年国民经济和社会发展计划草案》中,对国企改革作了很多安排,例如怎样整合、怎样混改、国有企业应该做哪些领域等问题都阐述得非常清晰,我们很受鼓舞。但是,还没有讲到国有高科技企业怎样改革。"2018 年两会期间,全国人大代表陈宗年在接受记者专访时说,"我建议,有关部门尽快把国有高科技

---

[1] 中国安防行业网.海康威视创新业务——机器人 已实现市场成熟应用[EB/OL].http://www.sohu.com/a/252206787_99947626,访问时间:2019 年 3 月.

企业单列出来,拿出改革方案。"①

陈宗年认为,现有的混合所有制改革意见是国企改革的重要突破口,但更多的是针对垄断行业、大企业,希望通过股权结构的改变,来优化这些企业的经营结构。混合所有制改革的各种条条框框设计得非常严密,对高科技企业的适用性却有限。

在陈宗年看来,高科技国企改革的主要问题不是混合所有制改革,而是监管放权,减少事前审批。"事前审批要'放',加强事中事后的监管,让高科技企业的经营机制更加灵活和市场化。"②

尾 声

海康威视的"一企两制"内部创业制度通过近几年的发展,取得了较为显著的阶段性成果,为公司"平台+生态"战略提供了源源不断的技术和产品创新。尝到了内部创业的甜头,海康威视决定将未来所有的产品开发都通过创新平台来进行管理。

作为国有企业,海康威视凭借其"一企两制"的创新举措已经成功迈出了变革时代国企改革创新与转型升级的第一步,但是在当前剧烈变革的时代,企业仍面临着各种不确定性,机会和风险并存。过去成功的经验无法确保在未来继续有效,企业必须要与时俱进,不断创新。海康威视的内部创业机制,还存在哪些风险和挑战?这些刚起步的创新业务,需要如何做才能够在竞争激烈的市场环境中脱颖而出、真正成长为公司的未来支柱业务?这些也是海康威视的掌舵者们最近正在认真考虑的问题。

30多年间从一个技术员一步步成长为海康威视掌舵人的陈宗年现在感觉肩上的责任更加重大了。他站在杭州滨江区核心位置的海康威视大厦顶楼办公室的玻璃幕墙前,看着窗外不远处已成为世界级企业的阿里巴巴、吉利集团等的办公大楼以及行业主要竞争对手大华技术等的总部大楼,陷入沉思之中。

---

① 王雪青.海康威视陈宗年:高科技国企改革等不起[EB/OL].http://money.163.com/18/0315/08/DCU4OE5V00258105.html,访问时间:2019年3月.

② 同上.

阅毕请思考：

1. 海康威视内部创业模式有什么特点？

2. 海康威视内部创业模式的具体方案设计应考虑哪些关键因素？有哪些实施要点？

3. 海康威视的内部创业模式对国有企业和其他企业的改革创新有哪些借鉴之处？是否具有可复制性？

4. 海康威视的内部创业模式可能面临哪些风险和挑战，存在哪些不足？又该如何进一步完善？

第17堂课

中国商飞的"双屏创新":用知识管理打造企业核心能力*

理论研究和实践发展都表明,核心能力是企业保持持续竞争优势的关键所在,而如何构建核心能力却经常成为企业实践的难题,作为中国民用航空领域的开拓者和引领者,中国商飞公司"第二块屏幕"建设中所体现的知识管理为核心能力建设提供了新的视角和思路。

"第二块屏幕"是中国商飞公司(以下简称"商飞")在技术中心、管理部门和生产车间等机构中全面推广的、旨在构建员工专业能力的知识管理工程,包含"建立电子图书馆、打造场景化知识应用平台、推进知识智能化服务"三个步骤。"第二块屏幕"形象地描述了公司员工在自己日常工作的电脑之外,再增加一块新的电脑屏幕作为正常工作的信息参考、数据支撑和知识借鉴媒介,对于提高员工工作绩效、完善公司的知识体系,打造学习型组织具有重要作用,为构建公司核心能力和持续竞争优势奠定了良好的基础。这就是商飞正在积极推行的管理创新,即"双屏创新"。

"双屏创新"是对"第二块屏幕"的全面"武装",它不仅仅是一块工作屏幕的增加和一种工作形式的丰富,其本质是企业对知识管理重视和学习能力优化的一种机制创新,在微观上让每位员工都能从"第二块屏幕"上受益,更科学、高效地解决实践中遇到的问题,同时让员工具有知识体系构建的参与感进

---

* 本案例由清华大学经济管理学院的赵闯、陈劲,公共管理学院薛澜撰写,作者拥有著作权中的署名权、修改权、改编权。未经允许,本案例的所有部分都不能以任何方式与手段擅自复制或传播。由于企业保密的要求,在本案例中对有关名称、数据等做了必要的掩饰性处理。本案例只供课堂讨论之用,并无意暗示或说明某种管理行为是否有效。

而享受创新绩效提升的获得感。基于这种全员参与的共享和创新,"双屏创新"在宏观上优化了企业学习氛围与组织学习机制,提高了企业作为一种创新主体的核心能力。

"双屏创新"主要包括以下三个方面:

1. 知识工程——建立电子图书馆,实现知识的"体系化"构建

"双屏创新"的第一步就是实现"第二块屏幕"的知识储备,即建立结构化知识的电子图书馆,将知识像资产和物资一样分门别类、科学梳理、有序存储,实现"隐性知识显性化,显性知识的体系化",比如商飞各工作岗位任务和流程手册的编写、知识历程图的编制和隐性知识的整理等。同时,建立与之相配套的知识管理制度,如考核、评估和激励制度等。通过重点单位的试点做法,提炼经验,从而更好地推广实施,实现知识的规范化和体系化,为商飞后续的知识应用、知识传承和岗位培训都奠定了扎实的基础。

2. 问题导向——服务产品生产制造,实现知识的"场景化"应用

知识的整理服务于知识的运用,知识"资产化"是为了更好地应用到实际情况和实际问题的解决之中,服务生产目标。基于资产化的数据库,形成工作平台,把资产化的知识和工作流程进行匹配、连接、组合,根据不同场景实现知识的标准化和模块化,将碎片化的资产直接面向工作场景的效率提升和质量提高。比如,上海飞机制造有限公司一个设计工装由原来的平均需要22个工作日缩短为14个工作日,部分工装设计的效率提升了36%。同时,继续完善知识管理制度,让面向问题的场景化知识梳理和整合工作成为工作常态和工作惯性。

3. 智慧企业——全面提升企业核心能力,实现知识的"智能化"服务

"双屏创新"的最终目标和愿景就是实现知识的智能推送功能、智能决策机制和智能纠错方法的整合创新,是一种智能地运用知识处理问题的能力。在服务于生产制造的过程时,智能化的知识管理系统使员工具有科学的操作方案和参考系统,从而能更好地做出科学决策;在执行的过程中会有最优方案的参考提示,执行的过程中和收尾时还会有自动纠错功能。借助于人工智能和大数据技术,智能化的知识体系也有自学习功能,不断优化算法、演化发展,

第 17 堂课
中国商飞的"双屏创新":用知识管理打造企业核心能力

提升自身的智能化水平。

基于"双屏创新"的知识管理模式(见图1)对满足核心能力需要的内外部知识进行筛选收集,通过过滤和编码,形成规范化、结构化、体系化的知识库,该体系面向问题解决和实际应用,通过转移转化和共享应用实现知识管理的场景化和智能化。"双屏创新"的体系化、场景化和智能化过程以野中郁次郎的SECI①模型为微观基础,这种知识转化和知识创造的循环为企业核心能力的构建和提升提供了源源不断的动力。

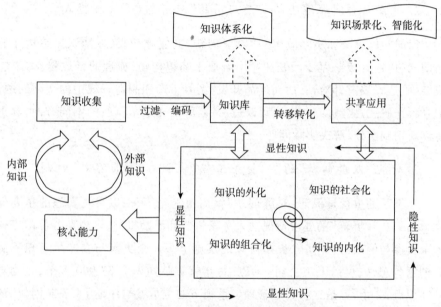

图 1 基于"双屏创新"的知识管理模式

资料来源:作者基于野中郁次郎的SECI知识管理模型和商飞的知识管理实践制作。

"双屏创新"的发展和应用不是简单的线性发展,而是并行进步,重点包括以下几个方面:

1. 打造以"双屏创新"为基础的企业核心能力

商飞提出的武装"第二块屏幕"就是提升管理水平、助力型号研制、促进科技创新的重要手段。作为一种知识管理手段,商飞的"双屏创新"通过企业知

---

① 指社会化(Socialization)、外化(Externalization)、组合化(Combination)、内化(Internalization)过程。

257

识管理流程与模式的改进,促进了组织资源的汇聚、能力的积累、信息的转移和学习的强化,从而有效地服务于企业核心能力的建设。在知识与智能化的发展背景下,知识基础与管理成为企业核心能力的关键,而"双屏创新"正是核心能力知识基础的集中体现和应用。建立知识分类体系、完善知识管理制度、促进隐性知识和显性知识的体系构建工作常态化,更加注重知识场景化方案和平台的建设,探索智能化知识管理体系的构建方向和实施方法,从而更好地服务于企业核心能力的构建。

2. 建立面向问题解决与实际应用的"双屏创新"管理模式

面向问题解决和实际应用是"双屏创新"的实施初衷,在知识体系构建的初期就"以终为始",基于问题和应用融通于知识构建、梳理的全过程。"第二块屏幕"建设要有针对性,面向产品开发、型号生产和制造一线中的实际问题,记录预先研究、成熟度开发、流程改造、工艺验证和技术革新的不同方面,真正将创新用到实处,解决实际问题。

3. 优化"双屏创新"的"一把手工程"机制与"全员参与"机制

一把手的重视是保证"双屏创新"策略由上至下、一以贯之实施的重要保障,将"第二块屏幕"的建设情况纳入考核机制和激励机制,可激发各部门工作和全员参与的动力,并使之长期持续地实施下去。全员参与会产生意想不到的创意和想法,仅以上飞公司①为例,每年就贡献知识点 37 000 多个,人均贡献知识点 12 个,正是这种高层管理者重视下的全员参与保证了"双屏创新"的推动有力、实施有效。

4. 实现"双屏创新"引导的企业内外部知识融合

"双屏创新"的实施也需要开放性创新的支撑,作为企业内部知识的重要补充,从政府、研究机构、供应商、用户等各利益相关方汲取灵感和智慧,善于学习其所处的企业创新生态系统中的知识和能力,并将其消化吸收,内化为企业的知识资产,更好地服务于企业核心能力建设和创新战略实施。

基于企业知识和经验的传承积累,"双屏创新"对于管理能力提升、核心产品研制和科技创新能力发展具有促进作用。这种服务于核心能力建设的"双

---

① 上飞公司是上海飞机制造有限公司的简称,是中国商用飞机有限责任公司的总装制造中心。

第17堂课
中国商飞的"双屏创新":用知识管理打造企业核心能力

屏创新",促进了知识的共享和创新,对于构建基业长青的学习型组织,构建基于知识管理的核心能力的企业创新系统具有重要意义。坚持"双屏创新",为产业层面的核心技术提升和突破提供了坚实丰富的知识积累和沉淀,对于民机学科体系的构建和完善等均具有重要的促进作用和价值。

阅毕请思考:

1. 中国商飞的"双屏创新"实施步骤有哪些?
2. 中国商飞基于"双屏创新"的知识管理模式有哪些保障措施?
3. 中国商飞的"双屏创新"对其他企业加强创新中的知识管理有哪些启发借鉴?是否有可复制性?

第18堂课
跨国并购视角下吉利整合式创新"逆袭"之路*

摘要： 作为半路杀进汽车行业的民营企业，"汽车狂人"李书福领航的浙江吉利控股集团有限公司（以下简称"吉利"）是如何成功"逆袭"，并跻身世界汽车品牌行列的？本文应用整合式创新理论，深度剖析吉利国际化成功之路，为提升中国企业整合式创新能力和国际竞争力、培育世界一流创新企业提供借鉴。

关键词： 整合式创新；并购；吉利；整合能力；跨国企业

引 言

自改革开放、尤其是加入世界贸易组织（WTO）以来，中国汽车市场持续快速发展。在这个过程中，合资汽车企业起到了重要的推动作用，但中国汽车市场的版图更多的是被合资企业占据。随着改革开放的日益深入和市场经济的不断发展，中国汽车市场的竞争格局发生了深刻的变化。一汽、东风和上汽集团，自20世纪80年代中后期开始发展轿车以来，通过与跨国企业的合资合作，取得了很大的发展；同时，一度被视为"杂牌军"的浙江吉利和安徽奇瑞等企业近年来也在中国轿车市场上具有出人意料的表现，它们在竞争激烈的市

---

* 本案例由清华大学经济管理学院陈劲、尹西明，河北工业大学管理学院蒋石梅共同撰写。核心内容刊于《清华管理评论》2019年第三期并得到作者及杂志社授权。由于企业保密的要求，在本案例中对有关名称、数据等做了必要的掩饰性处理。本案例仅供课堂讨论之用，并无意暗示或说明某种管理行为是否有效。

第18堂课
跨国并购视角下吉利整合式创新"逆袭"之路

场上拼杀突围,不断"逆袭"成为自主汽车品牌的新势力。而崛起于草莽的吉利则更是通过成功的跨国并购和整合式创新,跃升为中国汽车行业新一轮变革浪潮的领军者。

吉利是一家以汽车及汽车零部件生产经营为主要业务的大型民营企业集团,始建于1986年,经过三十几年的建设和发展,在汽车、摩托车、汽车发动机、变速箱、汽车零部件、高等教育、装潢材料制造、旅游和房地产等方面都取得了辉煌业绩。自1997年进入汽车制造领域以来,吉利快速成长为中国经济型轿车的主力品牌,并在2002年进入全国汽车"3+6"行列,跻身中国企业500强。吉利多年来专注实业,重视技术创新和人才培养,资产总值已超过1 000亿元,自2012年至2019年,已连续8年进入中国企业500强。当然,一个优秀的企业离不开一个优秀的领导人,李书福正是吉利汽车的优秀"驾驶员"。李书福是一个典型的浙商,敢冒险而且目标远大。他于1963年出生在一个农村家庭,19岁就下海经商,1982年拿着父亲给的120元钱做起了照相生意,赚到了人生第一桶金。但是在后来的发展中,他也遭遇了几次失败,失败后的李书福感到自己知识储备的不足,分别到深圳、上海、哈尔滨等地的大学进修学习过。回顾之前的失败经历,李书福总结的一个教训就是自己只能做实业,这也奠定了吉利专注实业的基础。

吉利的跨国并购在中国汽车行业并不是独创,上汽入主韩国双龙,上汽、南汽竞购英国罗孚,北汽收购瑞典萨博,都要先于吉利的跨国并购,但是它们的并购无一例外地都以巨额亏损收尾。而作为民营企业,"并购"一直是吉利发展的关键词,从2006年收购美国锰铜公司20%的股份开始,吉利在十几年间进行了8次海外并购,一路"买买买"地将自己推向了世界级舞台。并购虽难,但更难的是并购之后实现双赢和持续的创新突破。那么,吉利是如何成功驾驭跨国并购并由此加速创新崛起的呢?

吉元复始,利象更新

汽车行业发展环境变化莫测,这就要求企业随着环境的变化而快速变化。从吉利发展的核心事件梳理(见表1)可以初步看出,吉利的发展前后经历了两次战略转型,分别是2007年从低价战略转向质量战略,以及2014年由质量战略升级至品牌战略。而从吉利汽车的销量和增长趋势(见图1)可以窥见,吉利的这两次战略转型并不是"拍脑袋",而是在经过深思熟虑后的大跨步;更不是一蹴而就,而是应对阵痛和挑战的持续变革,每一次战略升级都促成了新的飞跃。

表1 吉利发展的核心事件

年份	事件
1984	创立冰箱厂,开启创业历程
1994	进入摩托车行业
1996	成立吉利控股集团有限公司,走上规模化发展道路
1997	进入汽车行业
1998	第一辆吉利汽车"豪情"在浙江临海下线
2001	成为中国首家获得轿车生产资格的民营企业
2003	首批轿车出口海外,实现吉利轿车出口的"零突破"
2005	在香港成功上市
2007	宣布战略转型,抛弃价格战,追求技术和品质
2009	收购澳大利亚DSI自动变速公司
2010	收购沃尔沃轿车公司,获得沃尔沃100%的股权及相关资产
2013	收购英国锰铜控股的业务与核心资产
2014	宣布进入品牌战略新时期,进行战略转型
2015	投资冰岛碳循环国际公司,致力于推广清洁能源和甲醇汽车
2017	收购宝腾;与美国飞行汽车制造商Terrafugia公司达成最终协议,宣布收购Terrafugia的全部业务及资产
2018	宣布已通过旗下海外企业主体收购戴姆勒股份公司9.69%具有表决权的股份

资料来源:作者根据相关资料整理。

抛弃价格战,追求技术和品质

2007年前后,有报告指出,预计未来十年内,中国将有5 000万中产阶级家庭诞生,总收入超过5 000亿美元。这对所有汽车企业来说,无疑是一个巨大的机遇。为了从低端市场迈向以中产消费者为主的中高端市场,从价格制胜到品质制胜的战略转型成为李书福和吉利的必然选择和重大挑战,也是吉利在2007年遭遇困境的一个重要原因。这就要求吉利在接下来的日子里,更要彻底地抛弃价格战,追求技术、品质提升带来的竞争力。

图 1　吉利近年汽车销量及增长率变化

从吉利自身的生存与发展来看,低端竞争不会被吉利放弃,它依旧要在这块领域保持优势,但同时,要在高层次竞争上布局。因为李书福发现,在世界汽车工业两次大的兼并浪潮中,低于两百万辆规模的企业都被兼并了,比如沃尔沃被福特收购。但是,要想做到两百万辆规模,就必须要实现从 A00 级、A0 级到 A 级,然后再到 B 级、C 级这样的跨越式发展。而且除了轿车,还得进军 SUV(运动型多用途汽车)、MPV(多用途汽车)。于是,2007 年 5 月 17 日,吉利汽车在吉利远景全球上市前夕,正式向外界宣布:吉利汽车已进入战略转型期。吉利毅然决定从"造老百姓买得起的好车",转向"造最安全、最环保、最节能的好车",把技术领先、品质领先和服务领先作为吉利在新的历史时期的发展战略和企业战略转型的核心思想,自此开启了 2007—2013 年"质量战略"驱动的转型与创新阶段。

高质量,塑品牌——造每个人的精品车

随着汽车市场进入全新的发展阶段,"80 后"成为市场的主力军,他们比此前的消费群体更加追求科技、品质和个性。李书福意识到,吉利必须主动进行战略调整。在这个背景下,2014 年年底吉利发布了全新的品牌使命——造每个人的精品车。这是自 2007 年向中高端转型后,吉利做出的又一次重大转型。

2014 年,吉利推出全新的战略旗舰车型博瑞,该车由沃尔沃元老彼得·霍布里设计,兼顾了国际设计潮流和中国古典审美,一经推出广受好评,获奖不断,成为中国自主品牌中高级车的一大奇迹。2016年3月,继博瑞之后,吉利又推出新车型博越,从而开启了吉利SUV元年。作为SUV市场的后来者,吉利对博越寄予了厚望,而博越也不负众望,好评不断。

十年坚持,终得收获

在长达10年向中高端汽车战略转型,坚持打技术战、品质战、品牌战、服务战的苦守和努力之后,吉利终于在2016年迎来了翻身的一年,当年的销量、营业收入、净利润分别为76.6万辆、537亿元和51.7亿元,较上年分别增长了50.1%、78.3%和125.9%。其收购的沃尔沃汽车也迎来了丰收的一年,2016年销量、营业收入、净利润分别为53.4万辆、199亿美元和8.2亿美元,较上年分别增长了6.2%、10.1%和50.4%。更难能可贵的是,吉利销量的大幅增长,并不是借由大部分企业采用的价格战来实现的,而是通过质量提升、口碑提升和车辆价格提升实现的。

2017年8月24日,由全国工商联发布的"2017中国民营企业500强排行榜"揭晓,吉利以约2 087亿元的营业收入位居全国民营企业第13位,在民营汽车制造业名列第一。吉利的雄厚实力有力地提升了企业产品的核心竞争力,支撑了企业的可持续发展,确保了企业战略转型的成功实施,名副其实地向公众、向市场树立起了"技术吉利"的新形象,吉利成为行业内技术创新的典范。

整合式创新能力演变——吉利的创变与"逆袭"

吉利的战略转型为何如此成功?经过我们的深入访谈和研究发现,这要归功于它强大的整合式创新能力,吉利的发展基于其战略视野引领下整合式创新能力的构建和成功赋能创新的过程,这最终成就了其在汽车行业的大跨步。整合式创新能力包含四个紧密相关又融合进阶的四个能力维度,分别是吸收能力、核心能力、动态能力和整合能力,我们从吉利发展历程中的重要事件,可以看到各个能力的构建、运用和效果。

纳新吐故,多维整合

2008年,金融海啸席卷全球,美国汽车巨头首当其冲,遭受重创。当时,瑞

第 18 堂课
跨国并购视角下吉利整合式创新"逆袭"之路

典的著名轿车品牌沃尔沃是美国汽车巨头福特汽车旗下的子公司。一直主张自主生产、不走合资道路的吉利,这个时候却打起了全资收购外国著名汽车企业的主意,那个时候中国的经济环境相比衰退迅速的欧美来说可算是强多了。

于是在 2008 年中期,吉利就收购沃尔沃汽车一案与福特汽车开始了谈判。2010 年 3 月 28 日,福特汽车正式以 18 亿美元的价格,将沃尔沃汽车出售给了吉利。2010 年 7 月,中国政府和欧盟正式同意了该交易。吉利于 2010 年 8 月完成向福特汽车的款项转移,首批付款 15 亿美元,其中 13 亿美元以现汇转账方式交付、2 亿美元以现钞支付方式交付,接下来的 3 亿美元则在此后逐一付清。吉利收购沃尔沃成为迄今为止涉及金额最大的中国汽车企业海外收购案。在这场收购案中,吉利可谓赚足了眼球。

并购之后的吉利和沃尔沃开始艰难地克服文化冲突和困难,品牌和技术是吉利的短板,市场和规模是沃尔沃的软肋。李书福的规划是吉利全球化、沃尔沃中国化,将吉利对本土市场的熟稔嫁接到沃尔沃上,把沃尔沃在技术、研发和质量管理方面的经验嫁接到吉利上,实现优势互补。事实证明这种做法收效甚佳:2011 年,吉利总收入约 209 亿元,同比增长 4.3%;净利润 15.4 亿元,同比增长 12.8%。同年吉利海外收入占营业收入的比例达到了 73%,海外资产占总资产的比例高达 67.33%,吉利的营业收入和资产国际化水平已达到欧洲发达国家跨国企业的水平,成为真正意义上的首家中国汽车跨国企业。

人才整合

如何消化沃尔沃的人才,这个是吉利"蛇吞象"最难的部分,国内其他行业,如联想并购 IBM、TCL 并购汤姆逊、波导并购萨基姆等诸多海外并购案,无一例外都遇到了人才大量流失的问题。为什么吉利能融合成功?

一方面,由于吉利的人才培养机制采用的是"自我培养+外部并购"这样的方式,使得人才流失率很低,特别是研发方面的技术人才。吉利并购沃尔沃后的第二年,沃尔沃员工的满意度达到了 84%,而在此前被福特收购的 10 年中,该指标从来没有超过 80%,这反映了沃尔沃员工在新架构下的向心力和凝聚力。

另一方面,李书福决心组建人才集中成长营,为吉利和沃尔沃寻找高级管家。在并购后的两年时间里,李书福频频出手,在各大汽车企业中挖墙脚,为其手中的汽车帝国配备了豪华的管理团队。诸如菲亚特的沈晖、上海大众的付强、索尼爱立信的宁述勇和一汽大众奥迪的柳燕等,这些人都是在各自行业中的风云人物。

人才整合归根结底是在文化整合基础上借由价值认同的高创造力团队打造的。文化整合对于企业并购后的发展起着非常大的作用,特别像中西方文化差异比较大的企业之间,如果不能够很好地处理企业之间的文化冲突,即便是并购了企业,也不能实现并购后原来两个团队的融合与整体创新能力的提升。吉利人才整合的具体做法是:

第一,吉利管理层认为,要在并购后实现双方文化的有效整合,或者能使整合工作顺利进行,首先要提高吉利管理层的文化整合能力。吉利挑选出一批优秀的高层管理者,以身作则,以自身强大的能力吸引和影响沃尔沃员工树立对吉利文化的认同,构建新的企业文化经营理念。当然,这些高层管理者并不限于在吉利内部员工中挑选,能者居上、任人唯贤,只要有能力的人都可以上任。吉利还可以在海外招聘一些熟悉瑞典文化和沃尔沃企业文化的海归人才,他们了解双方的文化差异,具有语言上的优势,把这种复合型人才直接加以利用,能极大地提升团队的素质和整合能力。

第二,建立、健全现有的沟通机制,打造以解决技术与市场难题为驱动的团队合作文化。吉利与沃尔沃完成并购之后就是一个团队,作为一个团队,相互之间的沟通和理解是非常重要的,这是解决双方矛盾冲突的非常有效的手段,也是管理层进行文化整合的关键,此时一个健全的沟通机制和体制就显得尤为重要。它能增强团体的凝聚力,增进彼此的信任和了解,减少团队内耗,使其团结一致地应对创新挑战。

第三,通过跨文化培训打造包容多元的全球型文化。文化是意识形态的问题,涉及面非常广,包括语言、沟通方式等一系列问题。吉利通过"吉利日""沃尔沃环球帆船赛"等活动培育并购后的一体文化。

管理整合

如何构建一个科学的组织结构、实现沃尔沃与吉利的有效融合,是一直萦绕在李书福脑海中的问题。沃尔沃应该是独立经营还是依赖总公司指导下的经营?李书福最终给出了答案:"吉利是吉利,沃尔沃是沃尔沃,两者是兄弟关系,不是父子关系。"李书福用一"国"两"制"避免了整合性并购带来的各种冲突。

李书福曾说,吉利造车才 13 年,沃尔沃造车已经 83 年了,我们怎么去指导人家,所以我们不派一个人去。结果就是吉利公开招聘了 CEO、CFO,组建

第18堂课
跨国并购视角下吉利整合式创新"逆袭"之路

了新的经营管理团队,李书福把很多欧洲企业家都请到了董事会里面,搭建了一个豪华董事会,然后由董事会给经营管理团队制定经营方向,确定年度经营目标,以及 KPI 考核指标和短期、中期、长期的激励政策。

吉利和沃尔沃分别独立运作,是两个具有不同定位的品牌,管理团队是分开的,只有李书福身兼两家公司的董事长,他在其中起协调作用,让两个品牌避免冲突和重复,一方面保持沃尔沃全球品牌的高端路线,另一方面维持吉利立足于本土的大众化品牌形象。

2010年9月,沃尔沃工会主席格林·伯格斯特罗姆一行到吉利杭州总部参观考察,并与吉利高层交流了关于吉利与沃尔沃之间关系的意见,对吉利管理沃尔沃的"沃人治沃"的理念表示支持。2010年11月,李书福在与瑞典国王的会见中就明确提出,吉利关于沃尔沃的管理方针是"全球化与本土化"相结合的战略。同年11月,吉利与沃尔沃宣布成立"沃尔沃—吉利对话与合作委员会",标志着以李书福为首的吉利高层在管理沃尔沃方面所抱持的求同存异的理念得到了完美的实践。全球视野、本土战略、相对独立、协同共创的整合思维,也成为吉利后续一系列国际化和创新举措的重要行动逻辑。

文化整合

如何应对文化差异?在国际并购中,一直存在着"七七"规律,即70%的并购未达到商业预期,其70%的原因是文化因素。这就像西餐的刀叉与中国的筷子相遇、欧美的汉堡包遇到中国的馒头和包子。有80多年发展历史的沃尔沃拥有一套适应本国国情的企业文化和成熟管理机制,合并之后,是吉利迁就沃尔沃,还是让沃尔沃顺从中国文化?

吉利收购沃尔沃之后便开始推行本土化管理,推行全球型企业文化(淡化或打破原有的国家、民族、宗教信仰、语言和局部文化特征,逐渐形成一种全新的企业文化和价值理念,它的核心特点是尊重、适应、包容与融合,最终目标是达到合作共赢和实现企业在全球市场的成功)。同时,为了让沃尔沃更好地了解吉利,沃尔沃的工会成员被允许来到中国,去吉利了解企业与员工之间的关系。李书福说,什么叫文化呢,文化就是企业当中经过长期磨合所共同创造出的价值观,它是一种氛围、一种习惯、一种环境,它不是花钱买来的,而是通过严格的制度和全体员工的实践塑造出来的。

吉利是一家负责任的企业,李书福从来没有将收购沃尔沃视为拯救或解放,他认为只有相互尊重、相互包容、相互理解,吉利和沃尔沃才能更好地融合。李书福在收购沃尔沃之后说过这样一段话:各美其美、美人之美,才能美美与共、天下大同。各美其美,就是说吉利和沃尔沃各有低成本之美和技术之美,美人之美就是说欣赏沃尔沃的技术之美,沃尔沃和吉利现在联合采购已经超过 70% 以上了,这样沃尔沃的成本优势也体现出来了,然后两个美合起来叫作美美与共,从而实现天下大同。这个大同就是吉利的目标,即打造强势的品牌,进军世界汽车行业十强,成为具有国际影响力、受人尊敬的世界 500 强企业。

市场整合

品牌是沃尔沃最核心的资产,也是吉利与沃尔沃差距较大的地方。在低端品牌与高端品牌的对接中,吉利采取了双方独立运作,最大限度地降低互相干扰。沃尔沃方面,在巩固和稳定现有欧美成熟市场的同时,积极开拓以中国为代表的新兴市场,在被收购后一年便扭亏为盈;吉利方面,借着沃尔沃的先进经验和市场成熟度也开始大幅进入欧洲市场。

现在看来,自 2011 年开始,李书福就加快了沃尔沃的国产化进程,沃尔沃一步步地向外界解构其精心构筑的中国版图:它以上海为中枢,建立一南(成都)一北(大庆)两个生产工厂,以及位于张家口的拥有 20 万台发动机的基地。其中,成都工厂总投资 40 亿元,设计年产能 5 万辆;大庆工厂总投资 45 亿元,于 2013 年建成投产。同时,沃尔沃也加快了在中国的渠道拓展,沃尔沃目前在国内共有 250 多家 4S 经销商,形成了全面覆盖的经销商网络。

以吉利收购沃尔沃为例,整个过程中涉及很多维度,如人才整合、文化整合、管理整合、市场整合,而这些都可以归结为强大的吸收能力。我们知道,之所以吉利能成功并购沃尔沃,是因为宏观环境、经济政策、技术考虑等多种因素,换成别的企业也许也能成功并购,但更重要的是并购后双方的融合度,并购只是第一步,融合后更好地发展才是目的。这个融合度其实就是吸收能力的体现,吉利和沃尔沃之间全方位的整合就是依靠这种能力完成的。

北斗之尊——技术

在汽车行业,一家企业只有具备自己的核心竞争力,才能在众多汽车企业中脱颖而出,那么,吉利的核心竞争力到底是什么?吉利进行过两次战略转型,第一次是在 2007 年,第二次是 2013 年,虽然吉利的管理模式、组织结构一直在变化,但一直未变的是它对技术创新的执着,以及对核心技术能力的高追求。纵观吉利的发展之路,我们不难看出吉利一直在专心做研发,在不断掌握

第18堂课
跨国并购视角下吉利整合式创新"逆袭"之路

最新的技术,在推进战略引领下的技术发展和积累。

"三自"之路——自主发展

1. 掌握核心技术

吉利在刚生产汽车时,使用的是天津一家公司的发动机。而在销量上来后,对方突然要求涨价。这件事让李书福意识到,吉利要想做大,就必须掌握核心技术,此后吉利下决心搞研发。经过一年的艰难攻关,吉利终于有了自己的发动机,并开始批量生产。除了发动机,变速箱也是汽车的核心部件。2002年,李书福从天津齿轮箱厂挖来徐柄宽到吉利成立变速箱公司,同时从日本和德国买来精密机床和加工中心,开始了研发工作。2005年,三速自动变速箱研发成功,装在了新车型自由舰上。找到了感觉的吉利,继续在研发路上前进。

2. 首次提出"三自"之路

2002年,吉利进入全国汽车"3+6"行列,跻身中国企业500强。同时,吉利聘请了职业经理人,开始从家族制企业向现代股份制企业转型。2003年3月24日,主营汽车业务的浙江吉利控股集团有限公司成立。

站在巨人的肩膀上发展说起来容易,但怎么站得稳、不被别人从肩膀上掀下来,吉利只有自力更生,走出一条属于自己的"三自之路":自主创新、自行开发,以及自己拥有核心知识产权。

3. 吉利在香港上市

2005年5月10日,吉利向外界正式发布消息称,已成功实现在香港交易所的整体上市。吉利的上市对其具有重要战略意义,李书福在接受采访时表示,作为一家内地民营企业,能如此快速地在境外上市,对企业的发展和成长是极其有利的;吉利将尽快建立与国际接轨的经营模式和管理体系,在国际化道路上再迈出重要的一步,在管理层次上更会有所提升;另外,吉利也由此拥有了一个良好的融资平台,使企业能够朝着预定的方向快速前进。

4. 实现研发突破

2006年9月,吉利自主开发的Z系列的自动变速器及产业化项目被评为2006年度中国汽车行业技术进步成果一等奖,填补了中国汽车行业自动变速器的产业化空白;同年10月,经汽车行业评审鉴定,吉利自主开发的JL 4J18型汽油机升功率为57kW/L,油耗在250L/kW·h以下,处于"国际先进、中国领先"水平。

2008年1月,吉利带着自主研发的世界首创爆胎监测与安全控制系统技术参加了在美国底特律的北美车展,轰动了整个汽车安全技术控制领域,被誉为成功破解汽车安全技术控制领域"哥德巴赫猜想"的成就,被组委会授予展会唯一的"技术创新"大奖。吉利此项技术的核心原理就是用智能装置代替人脑反应,在车辆突然发生爆胎时,由此项技术迅速接管车辆行驶,将车自动平稳调到安全速度,以避免突然爆胎引发的车毁人亡事故。这项技术的发明彻底改写了防爆胎事故只能被动防范的现状,第一次将轮胎导致的安全事故列入整车安全控制系统,这是我国汽车技术在安全控制领域的一大突破,同时也是对汽车技术标准的一次挑战,具有很深刻的历史意义。

"三自"之路——吸收积累

1. 并购澳大利亚 DSI 公司

DSI 公司是一家集研发、制造、销售为一体的自动变速器专业公司,是全球仅有的两家独立于汽车整车企业之外的自动变速器公司之一,具有年产18万台自动变速器的生产能力;该公司已有80多年的历史,拥有丰富的技术积累和产业经验。2009年2月中旬,受全球金融危机的影响,DSI 公司的部分客户在市场上受到严重冲击,不久公司宣布破产。吉利在得知 DSI 公司破产的消息后果断地提出收购计划,最终在15个买家中胜出,在不向银行举债的情况下仅用4个月即在香港完成融资,以7 000万澳元的价格全资收购了这家全球排名第二的汽车自动变速器独立生产商,填补了当时中国没有自动变速器的空白。

DSI 公司在被收购后,在不到半年的时间内实现扭亏为盈。吉利陆续建成了多个生产基地,大规模生产 DSI 自动变速器,把 DSI 公司的产品和技术引入中国汽车行业,为中国汽车企业提供世界先进的自动变速器产品,除了在吉利自有产品上搭载,长城等中国汽车品牌也陆续搭载了 DSI 技术。同时,吉利为 DSI 公司的新产品研发提供资金支持,确保 DSI 公司在国际市场上的领先地位。在自动变速器这一核心技术领域,吉利不仅自己不用再受制于人,还造福了其他中国汽车品牌。2009年12月7日,吉利 DSIH 变速器生产基地落户湖南湘潭,DSIH 基地是国内第一家拥有6速自动变速器开发和生产能力的自动变速器生产制造基地,是吉利技术最先进、规模最大的自动变速器生产制造基地,自此,吉利开启了自主品牌汽车的 6AT 时代。

2. 沃尔沃—吉利技术转让

2012年3月9日,"沃尔沃—吉利技术转让协议签字仪式"在上海举行,双方就沃尔沃向吉利转让技术达成协议,这是双方展开深入合作迈出的坚实一步。沃尔沃向吉利转让技术,为其旗下各款车型提供技术支持,这是中国汽车企业跨国并购取得的后续成果,也是跨国汽车企业首次向中国本土企业转让先进技术,将进一步推动中国汽车行业更好、更快地发展。

沃尔沃总裁斯蒂芬·雅各布在签约现场表示,作为兄弟公司的吉利和沃尔沃要努力深化合作,以应对全球汽车行业日益激烈的竞争形势及更好地满足客户需求。目前,双方正在积极联合开发小排量、高性能、绿色环保系列发动机,环保型的小型车平台,以及电动车、油电混合车及插入式混合动力等新能源汽车总成系统技术。

3. 吉利的"跑车梦"

2017年,吉利新增控股路特斯和宝腾两大品牌。在收购宝腾后,吉利借助宝腾的影响力进军东南亚市场。同时,获得路特斯的技术对吉利丰富其旗下高端产品线来说大有裨益。众所周知,路特斯是英国国宝级跑车品牌,在汽车工程及车身轻量化技术方面造诣颇深,收购路特斯后,这些技术都将为吉利所用,实现吉利的"跑车梦"。

"三自"之路——技术协同

2012年年初,吉利和沃尔沃开始讨论有关CMA平台投资的问题。李书福认为,吉利和沃尔沃通过自主研发车体架构,未来以低成本生产中型轿车,能满足生产需求并且提高产品的竞争力。2012年10月,吉利出资与沃尔沃共同建设CMA平台,吉利和沃尔沃的技术协同正式拉开了序幕。

2013年2月,吉利宣布在瑞典哥德堡设立欧洲研发中心,整合了双方的优势资源,努力打造新一代中级车模块化架构及相关部件,以满足沃尔沃和吉利未来的市场需求。

此次技术协同,即吉利和沃尔沃通过协同合作自主研发车体架构平台,共同研发基础技术,实现成果共享,不仅有助于将技术灵活应用于后期双方各自新产品的研发,降低成本,提高竞争力,而且还有一个意外收获——新品牌LYNK&CO(领克)。李书福坦言,吉利和沃尔沃各自掌握着独门技术,而基于吉利和沃尔沃共同的可扩展平台架构,也有了自己的技术。在此技术的基础上，形成了新的品牌 LYNK&CO。李书福并不讳言新品牌、吉利和沃尔沃之间的关联，但也明确表示三者的区别：它们的产品定位不一样，技术标准也不一样。

目前，吉利针对细分市场，清晰地规划出 FE、KC、CMA 三个平台，其中 FE 平台生产帝豪、远景等 A 级车，KC 平台生产博瑞等 B 级车，CMA 平台则是吉利和沃尔沃共同开发的平台，独立于吉利品牌，将打造 A 级、B 级和 SUV 等多种车型。2016 年 6 月，欧洲研发中心发展成吉利的子公司，在同一个 CMA 平台上生产沃尔沃和 LYNK&CO 两个品牌的汽车。

核心能力的体现

如何理解核心能力？我们不妨以一棵参天大树为例，尽管大树枝繁叶茂，但它始终离不开的是树根，是树根在不断地给予枝叶营养。再看吉利，它的核心能力就是技术发展和积累，它最初发展起来便始终牢记掌握核心技术，以技术为本、开枝散叶，一步一步地实现企业目标。

做实业首先要掌握技术，匹配以人才和资源，以技术创新为主导，撬动企业各个维度的质变。吉利的技术创新主要源于三个方面。

一是自力更生、自主研发。吉利在战略的引领下，吸收各方人才，整体发展，重点突破，自主实现技术的发展和进步。

二是通过并购吸收优秀企业的先进技术。吉利在并购企业的过程中取其精华、去其糟粕，以实现并购企业和吉利自身的共同进步。

三是向竞争对手学习，主动顺应市场变化。吉利从建立起前后经历了两次较大的战略转型，每一次转型都伴随着技术的突破和发展，而每一次转型的背后是李书福对市场的预测，是对竞争企业的回击，更是顺应市场需求的变革。

动态调整，适应战略

支撑第一次转型的调整

吉利的第一次战略转型始于 2007 年 5 月，它当时从自身的实践中就预感到，汽车这个行业靠打价格战，已经很难维持下去了，必须要从战略上进行彻底变革。为此，吉利毅然决定从"造老百姓买得起的好车"，转向"造最安全、最环保、最节能的好车"，把技术领先、品质领先和服务领先作为吉利在新的历

第18堂课
跨国并购视角下吉利整合式创新"逆袭"之路

史时期的发展战略和企业战略转型的核心思想。

根据这一战略转型要求,从 2007 年 5 月开始,吉利率先在国内汽车企业实施从"价格优势"向"技术领先"转变的战略转型,果断停止了有较大销量但受品质所限的豪情、美日、优利欧"老三样"产品的生产,及时切换到了一个全新的产品研究、生产和销售阶段,开发了全新的"全球鹰""帝豪""英伦"三大品牌;构建汇集 5 大技术平台、15 大产品平台、可衍生 42 款全新产品的技术研发体系;围绕安全、节能、环保、智能等方面的目标,在发动机、变速器、转向器、电子电器控制系统以及前后桥、车身设计等领域寻求重大技术突破与重大科学发现。根据战略转型的需要,吉利在人才的培养、培训,管理流程的再造,技术路线、产品路线的设计,产品的规划,配套体系、营销网络、售后服务的建设等方面进行了有针对性的改造和革新。

在内部学习方面,吉利除继续保持从研发中学习的方式外,开始注重知识的社会化和编码化。吉利研究院从 2006 年年底的 300 余人发展到 2010 年的 1 700 多人,其中海归 28 人,博士、硕士 200 多人,下设 25 个部、85 个科室。在研发团队不断壮大的同时,吉利还加强了研发基础设施建设。在外部学习方面,吉利努力抓住全球金融危机的机会,适时并购国外核心零部件生产企业和整车企业。2009 年,吉利收购澳大利亚 DSI 公司。此次并购强化了吉利自动变速器的研发与生产能力。DSI 的大扭矩自动变速箱技术正好与吉利当时掌握的 4 速自动变速箱技术形成互补,对未来吉利全面掌握中高档车的核心技术和提升竞争力大有裨益。2010 年,吉利收购沃尔沃 100%的股权并获得相关资产(包括知识产权);李书福出任沃尔沃董事长。随后经过对沃尔沃人才、管理、文化等各方面的整合,吉利和沃尔沃得到了共同的发展。吉利收购沃尔沃后,一方面沃尔沃结束了连年亏损的局面、得到新生,另一方面吉利则吸收了沃尔沃的先进技术,并在此基础上加以创新,在技术方面实现了质的飞跃。

在技术创新能力方面,吉利收获颇丰。2010 年 1 月 11 日,国家科学技术奖励大会在北京召开,吉利的"吉利战略转型的技术体系创新工程建设"项目荣获国家科技进步二等奖(一等奖空缺),吉利成为我国汽车行业唯一获奖企业。该奖项是我国汽车行业技术创新体系获得的国家级最高荣誉,这标志着吉利的技术创新能力和水平已跃居我国汽车行业的最高水平。吉利在实施战略转型时所创建的全新技术体系得到了国家的高度认可,这说明,无论是在体系架构运作、机制创新、战略规划创新、研发管理创新、知识积累创新方面,还是在核心技术突破、新车型研发方面,吉利都走在了我国汽车行业的前列。

支撑第二次转型的调整

吉利在 2014 年遭遇了挫折,营业收入和净利润都有大幅下滑,这成为吉利第二次战略转型的挑战和机遇。在品牌整合方面,吉利将原来的全球鹰品牌事业部、英伦品牌事业部、帝豪品牌事业部,重新按区域划分调整为南、中、北三个区域营销事业部。与此同时,在品牌推广上,吉利从上至下全面推广"GEELY"品牌。

在市场定位方面,吉利已清晰规划出 FE、KC、CMA 三个平台,其中 FE 平台生产帝豪、远景等 A 级车,KC 平台生产博瑞等 B 级车,CMA 平台则是吉利和沃尔沃共同开发的平台,独立于吉利品牌,将打造 A 级、B 级和 SUV 等多种车型。

从开放并购迈向整合跨越

彼得·德鲁克曾指出,企业并购只有在整合上取得了成功,才能称为一次成功的并购,否则只是在财务上的操纵,最终将导致业务上和财务上的双重失败。而吉利的成功并购之路,正说明了吉利整合能力的强大,反映出其整合式创新的管理思想探索与应用(见图 2)。

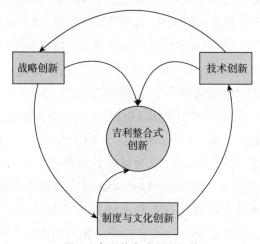

图 2 吉利整合式创新架构

第18堂课
跨国并购视角下吉利整合式创新"逆袭"之路

何为整合式创新

整合式创新即战略视野驱动下的全面创新和协同创新,它强调战略引领和全面协同的高效有机统一、纵向整合、动态发展,是对局部的、横向的和静态的创新范式的质的超越。领先企业无一不是在整体性战略视野的驱动下制定、构建和完善了企业自身的创新体系,在整合内外部资源的同时实现了战略、技术、文化等多维度的融合,实现了全要素、全员和全时空参与创新,并通过内外协同、上下协调的组织更新打造可持续竞争优势。

整合式创新是应用整体思维和全局观的全新创新思想,它赋予了企业强大的整合能力,包括吸收能力、核心能力和动态能力。有了战略的引领和整合能力的加持,企业可以多维度地提升自己。事实证明,企业要想构建稳定、柔性和可持续的核心竞争力,必须将战略、组织、资源与文化进行有机整合,着眼长远,实现动态创新。

简言之,整合能力是全方位、多维度的过程,不光是制度文化和一般管理上的整合,而是从战略视野的高度进行整合,表现为创新能力的提高。相对于其他企业来说,不管是汽车行业还是非汽车行业,吉利的整合能力在并购中体现得淋漓尽致:吉利将技术作为核心能力,相继进行了两次战略转型,并基于宏观大环境和自身战略的考量不断进行大手笔的并购,其组织结构和管理模式也在不断调整,这个过程展现了它的动态能力;而成功并购之后,吉利通过发挥其强大的吸收能力快速提升实力,进入新的发展阶段,这样,吸收能力、核心能力、动态能力构成了整合能力的铁三角,相辅相成,持续为企业输送创新能力。

形象地说,吉利的并购之路蕴含一种"滚雪球"的逻辑。通过自有资源收购第一家海外公司,接下来联合已收购公司的资源,形成连锁反应,随着收购的海外公司越多,其可以调动的资源就越多,规模也越大,从而实现影响力和收益的双重提高。

其实,跨国并购更多的是让中国企业获取国际化的视野、拥有更多的机会接触到最先进的技术。但由于国内的企业普遍比较年轻,经验不足,因此像吉利这样在海外发展比较成功的企业的经验就非常可贵,值得深入研究和借鉴。总的来说,企业要高瞻远瞩,放眼全球市场,更好地制定融入当地市场的策略,实现双赢。

吉利整合式创新的管理启示

第一,并购战略与目的要明确。企业需要对技术和市场的中长期趋势有客观认知,结合自己的愿景和使命,明确中长期发展规划,并依据战略规划目标制定合理的战略举措,尤其是制定通过并购手段获取跨越式发展的路径。

第二,确定并购目标,等待并购良机。企业应该做到同时加强核心环节与薄弱环节建设,在全球范围内树立不同的收购目标,通过整合全球资源来弥补企业短板;要持续观察、等待合适的并购时机,选择目标企业资金短缺或行业不景气的时候进行并购。

第三,后期整合要得力。并购的最终目的是获取海外资源来充实企业的关键竞争要素。没有强有力的整合方案,并购将拖累母公司的发展。吉利正是对并购后的运营方案具有详尽的计划,才获得了福特的青睐。

第四,充分运用整合式创新范式。在企业创新能力建设方面,整合式创新为企业提供了将战略管理、组织设计、文化建设与产业趋势相结合的系统观和整体观,有助于企业抓住产业变革和技术革新的"机会之窗",助力企业塑造可持续创新能力和核心竞争力。

未来展望

吉利未来的平台将会形成两套体系。一套体系是整合原有平台形成的体系,另一套体系则是在沃尔沃技术支持下形成的新的平台体系。因为沃尔沃在环保方面的领先技术,新平台将成为吉利发展新能源技术的主要平台。如果在新能源技术上有所领先,将会一改中国汽车在国际上的弱势地位。吉利本就有新能源技术的基础,再融合沃尔沃的技术,至少现在来看,吉利的新能源技术就有赶韩(韩国)超日(日本)的态势。

新技术革命驱动的智能化、绿色化、生态化是整个汽车行业的变革新趋势,吉利也不例外。吉利通过跨国并购为独具特色的整合式创新成功实施了两次战略转型,实现了一个民营企业的创新"逆袭",但是吉利能否成功引领汽车行业的新一轮变革,则取决于吉利能否将汽车安全、发动机和变速器等核心技术与以智能互联和智能驾驶为核心的智能化技术路线有机整合,实现持续

第 18 堂课
跨国并购视角下吉利整合式创新"逆袭"之路

的组织变革和创新突破。这不仅是吉利的挑战,也是同类企业面临的共同难题。

阅毕请思考:

1. 吉利整合式创新能力是如何形成与完善的?

2. 吉利通过跨国并购为独具特色的整合式创新成功实施了两次战略转型,这对中国企业转型升级、提升自主创新能力有哪些启发和借鉴?

附录1 教学案例使用说明示例

　　为保证 MBA 案例课堂教学效果,案例说明仅提供给任课老师使用,作为教学参考,不需要提供给学员。本书仅完整提供《江小白:一瓶青春小酒的社会化营销》的案例说明部分作为范例,其他案例说明略去。

　　如果您是一位 MBA/EMBA/EDP/企业培训等领域的任课教师,希望参考其他案例的使用说明,请按照如下方式申请:

（1）搜索微信公众号"北京大学经管书苑"（pupembook）,关注公众号;

（2）点击菜单栏"在线申请"—"教辅申请",按页面要求提交信息;

（3）工作人员收到申请后,会向您提交的电子邮箱发送教辅。

如果申请遇到问题,请联系编辑部:

邮箱:em@ pup.cn

电话:010-62767312

江小白：一瓶青春小酒的社会化营销

一、教学目的与用途

1. 本案例主要适用于 MBA/EMBA 创新管理及网络营销等课程中有关社会化营销、互联网思维等相关方面的案例教学，也可以作为本科、研究生相关课程的教学参考，同时也适用于针对企业营销人员的相关课程案例教学与培训。

2. 适用对象：工商管理全日制学术研究生、MBA、EMBA 及工商管理相关专业本科生。

3. 教学目的：案例介绍了江小白是如何在"互联网+"变革时代通过社会化营销快速崛起的，包括背景、过程、方法、效果，以及当前面临的机遇与挑战。教师通过组织学生对该案例进行分析和讨论，使学生全面理解社会化营销及灵活运用营销方法和策略，提高学生利用互联网思维分析和解决企业实际问题的能力。本案例对于传统企业如何依靠互联网思维、特别是社会化营销提升竞争优势具有参考价值。

二、启发思考题

1. 江小白为什么采用社会化营销？其与传统营销方法有哪些不同？
2. 江小白社会化营销成功的关键因素有哪些？
3. 面对质疑、抄袭和日趋激烈的竞争，江小白应该从哪些方面改进，以确保其社会化营销的优势，并促进其未来的发展？
4. 江小白社会化营销的成功对于其他传统企业转型升级有哪些可借鉴之处？

三、分析思路

教师可以根据自己的教学目标灵活使用本案例，以下提出本案例的分析思路，仅供参考。

1. 江小白为什么采用社会化营销？其与传统营销方法有哪些不同？

社会化营销是利用社会化网络如在线社区、博客、百科或者其他互联网协作平台和媒体，来传播和发布资讯，从而形成的营销、销售、公共关系处理和客户服务维护及开拓的一种方式。一般社会化营销工具包括论坛、微博、微信、博客、SNS 社区等可以发布和传播图片、视频的自媒体平台。近年来随着移动互联网和社交网络的兴起，社会化营销模式也被广泛应用。

附录 1
教学案例使用说明示例

受 2012 年白酒塑化剂事件,以及中央"限酒令"、中央军委"禁酒令"、严控"三公"经费等政策的影响,白酒行业整体处于下滑阶段。据商务部统计,2013 年上半年酒类毛利率同比下降 2.76%;加上进口葡萄酒和洋酒的冲击,很多白酒企业在愈发激烈的竞争中亏损、重组甚至倒闭。

江小白创始人陶石泉曾在传统白酒行业工作多年,深知行业的痛点和问题所在。特别是进入移动互联网时代后,消费者的消费理念、需求、品位有了新的变化,传统的白酒营销方式没有跟上网络的步伐,而且营销内容无法引起年轻人的情感共鸣。自 2011 年以来,微博等社交软件发展得如火如荼,这让陶石泉看到了社会化媒体的独特优势,他觉得可以依靠社交平台以极低的成本建立和推广一个新的品牌。

第一,高效的传播机制。

传播机制是对信息传播过程中各要素、关系和规律的探讨。在传授主体方面,传统的传播模式中,大众可以被分为信息创造者和信息接受者。社会化媒体时代,用户既可以创造,也可以传播、分享信息,所以一个人可以同时扮演好几个角色,即传授一体化。

在参与者地位方面,传统的传播模式中,传播者和接受者的地位是不平等的,在信息透明度不高的时候,传播者可以操控媒体,而接受者要发掘真相也相对困难。传统媒体主要是电视台、广播、报纸、杂志、门户网站等,使用这些渠道需要高额的费用;社会化网络时代信息实现了免费发布,每个用户都可以免费注册和使用社会化媒体账号,创造、发布和传播信息,很多重要的新闻事件并不是首先由新闻媒体机构发出的,而是由在现场的人发送到网络上的,这从某种层面上体现了社会化媒体中的人人平等。

在传播模式方面,传统媒体是"1—N",即从媒体到受众的单向模式,媒体发出信息,然后通过报纸、广播、杂志等载体自上而下地传播。社会化媒体的传播互动则是"N—N"的网状模式。每个互联网用户都可以创造信息,事件发生后可能有在场的 N 位用户在网络上创造并发布了信息,这种情况下,信息源头从过去的某一家新闻媒体变成了 N 个信息源。社会化媒体还允许接受信息的用户将自己的意见即时反馈给信息发布者,双方可以在线上互动和沟通。另外,社会化媒体是以关系为传播基础构建的,交流的用户是现实中认识的人,或者网上因为共同爱好等结交的朋友,所以存在一定的关系。这种关系增强了群体信任,也在一定程度上提高了信息的真实性,减弱了用户对接收信息的反感。所以说这是一种高效、交互、可信的传播模式。

第二,精准的营销目标。

2012年年底,中国总的网民数量已达到5.64亿人次,互联网普及率为42.1%,较2011年年底提升了3.8%。而且随着智能手机、平板电脑等终端设备的普及,无线网络费用的降低等,可以预测之后的网民数量将会快速增加。江小白将目标消费群体定位在"80后"和"90后",而根据当年的网民年龄结构统计,各年龄段的网民中20—29岁的人口数量最多,这些人群正是江小白的目标消费者。

在社会化媒体时代,用户在注册账号时一般会填写性别、年龄、地域、职业、爱好等信息,用户可以选择文艺、体育、明星、财经等各种标签来彰显自我或寻找同类。即使用户不做出选择,大数据也可以挖掘出目标用户群最近关注较多的话题、喜欢的产品及其特征、消费习惯等,所以企业可以更精准有效地细分客户市场、锁定目标人群,收集用户的个性化需求,并根据其特点选择营销方式,从而将营销信息精准、直接地传递给目标客户。

第三,可以积累粉丝,提高声誉。

社会化媒体使企业可以和用户平等、自由、礼貌地互动。企业更容易接触到用户情感的交流层面,加上事件营销或热点营销等新颖有趣的方式,更容易吸引受众;设法获得媒体上意见领袖们的支持和宣传,获取他们的粉丝和影响力,效果会比大面积撒网更好。粉丝不但是产品的使用者,更是传播者,可以形成口碑传播,而这类传播几乎是不花费成本的。

社会化营销过程中,企业可以及时对社会现象发声,表达自己的态度;可以及时对消费者的疑问做出回复,这样能让消费者快速了解企业的价值观和社会责任感,增加企业的好评度和无形资产,以用户之口提高企业的声誉。

第四,便于市场调查和舆论引导。

在传统营销中,市场调查一般是通过发放纸质版的调查卷,或者是实地走访,或者是收集一些二手资料进行的,成本高、效率低。如今社交媒体发达,只需做一个有奖励的小活动,就可以得到海量的用户反馈。此外,企业还可以分析社交平台积攒的大量数据,得到准确的用户需求,为产品研发提供很好的市场依据。

企业可以通过社交媒体进行及时的低成本舆论引导。在社交网络出现以前,企业很难对用户进行舆论监控,往往是舆论形成了一定的影响,企业才察觉到。而现在,企业可以及时对用户在社交媒体上的舆论进行监控,对有利舆论进行引导,扩大其影响范围;而不利的舆论都是从小范围开始扩散的,对此企业可以及时做出补救措施,控制负面舆论的继续传播,甚至可能扭转形势。

2. 江小白社会化营销成功的关键因素有哪些?

(1) 产品定位。

定位,是指在对市场进行深入分析、对消费者的需求进行准确判断的基础上,企业根据目标客户的需求创立产品、品牌,进行营销策划。

江小白创立之初,35—65岁的男性是中国白酒消费的主力军。根据中国城市居民调查研究数据,在所有每天至少喝1次白酒的消费者中,年龄在45岁以上的占68.5%。这是很难在短时间内改变的形势,直到2016年,这个指标仍然高达53%。

白酒企业也将这个年龄段的男性视为目标客户。然后根据这些客户的需求衍生出了具体的产品系列,比如工作需要的商务宴会酒、孝敬父母用的养生酒、送领导和长辈用的高档酒等。

很多白酒企业认为年轻人不喜欢白酒,那么他们就不是目标客户;并认为随着年龄的增长他们会习惯喝白酒,才会变成他们重点宣传的目标客户。

但是,陶石泉在这种不乐观的形势中看到了市场空白下的机会,因为年轻人才是未来消费的主要力量。于是他决定做一款专门针对"80后""90后"年轻人的白酒,其产品成为国内第一款"青春小酒",正是这个特征让消费者将它和其他白酒区分开来,由此实现了产品的差异化。因为此前国内没有专门针对年轻人的白酒,所以这在很大程度上避开了同大企业的直接竞争,没有被酒业巨头视为竞争对手而将其扼杀在摇篮之中。

(2) 产品质量。

在漫长的岁月里,中国的白酒分化成了很多品类。按酒香来分,主要有浓香、清香、酱香、米香等种类。按酒曲来分,有麦曲、大曲、小曲、红曲、麸曲等品类。既然江小白的目标群体是年轻人,那么就要以年轻人喜欢的低度化、不上头、可调配为质量标准。经过寻找和对比,陶石泉发现重庆有很多种高粱酒,单纯的高粱酒多为手工精酿,经天然发酵后酒体比较清淡。于是他在众多品类中选择了轻口味的小曲清香高粱酒。

为追求卓越的质量、创造更纯净清香的口感,江记酒庄在秉承传统优点的基础上,不断地研发、改良和创新,突破白酒35度的限度,将度数做到了25

度。这样一来,酒体不再像传统白酒那样辛辣,口味变得天然、纯粹、甜净,饮后不易醉,更加适合年轻人,尤其是对酒量不高的年轻女士友好了很多。江小白出众的质量使其成为国内第一款可以做基酒的白酒,也可以和其他饮料混合饮用,很多消费者在混搭上找到了乐趣,以至于网络流传江小白有108种混合喝法。

（3）产品外观。

受传统文化影响,传统白酒包装多以红、蓝为主要基调:红色喜庆,多数是婚宴、喜宴用酒;蓝色高端典雅,多为商务或政务场合所用。江小白瓶身的纸套颜色以蓝白为主,给人清新的感觉;其瓶身为透明的磨砂瓶,给人一种纯粹的感觉,一来磨砂质地不会显得低档,二来磨砂瓶身手感好、不易滑。至于酒瓶的大小,以往酒瓶容量多为500毫升,一两个人通常喝不了这么多,所以聚会时一般一桌有三四人以上喝白酒,才会开一瓶。于是我们常在酒桌听到:"你也喝白的吧,你喝我们就开一瓶"这样的话,而被劝的人往往会迁就。而"80后",尤其是"90后"的年轻人不愿意迁就,点什么饮品是他们的自由,他们喜欢单点,谁也别干涉谁,这种情况下,自己点一瓶果汁啤酒可以喝完,但是一瓶500毫升的白酒怕是没人敢点。对此,江小白在初期选择了125毫升和100毫升两个容量,这样一个人喝完一瓶就比较容易了,自己就可以点一瓶了。

（4）宣传渠道。

社会化网络时代,宣传渠道有很多,比如微博、博客、视频、SNS、论坛、邮箱等。江小白创立之初最热门的渠道是微博。2012年,我国微博用户规模为3.09亿,微博用户占全体网民的54.7%。微博的真实性、即时性、内容精简、一键转发等特性为社会化营销提供了一个最佳的平台。新浪微博的用户年龄集中在20—29岁,最符合江小白的目标客户年龄,又因为新浪微博有很多企业、媒体记者和知名艺人入驻,比腾讯微博信任度更高,且用户关注度也更高,最终江小白选择了新浪微博。

（5）宣传方式。

第一,情感营销。情感营销是指通过和消费者之间的感情互动,引发消费者产生心灵上的共鸣,以赢得消费者的信赖和偏爱的一种营销方式。

酒类不是生活必需品,喝酒对于年轻人的作用是释放情绪,因此酒类的营销离不开情感。江小白将感人或幽默的语录印在外包装上,引起了消费者的情感共鸣,所以在初期成功地打开了市场。为了维持与用户的情感联系,江小白有专人负责在微博和微信平台与粉丝聊天互动。

情感营销改变了企业和消费者之间单纯的买卖关系，让两者更似有共同话题的好友，不但能增加产品销量，而且使消费体验更加愉悦。消费者会对有情感共鸣的品牌产生偏爱，随着时间的推移容易建立品牌忠诚度。

第二，参与营销。让江小白"一战成名"的表达瓶是参与营销和情感营销的结合，用户可以通过网络将想说的话输入到虚拟的江小白包装上，并在底部署名，生成自己定制版的江小白。江小白的活动页面就成为目标消费者抒发感情、释放情绪、彰显个性的平台。用户参与热情顿时高涨，为了展示自己的"作品"纷纷转发，形成了热点，随后引来了其他媒体平台的报道。这样，消费者就参与到了品牌内容的共建中。江小白混饮也是参与营销成功的例子，它支持消费者尝试把江小白和各种饮料混合，调制属于自己的味道，并给混饮命名，然后将制作视频或成品图片发布到网上。

通过让消费者参与到产品的生产和使用过程中，江小白不但可以借用户之手创造内容，积累大量的文案和混饮方法，还可以借消费者的情感充实自己的产品精神和文化。

第三，场景营销。场景营销是指以场景来触发消费者的购物欲，向用户展现产品适合在什么样的场景下消费，到最后会在消费者脑中形成一种相对固定的认知，以致消费者一旦身处这样的场景，就会想到该产品，固定了产品和场景的独特搭配，比如大排档和啤酒、日料和清酒、法国大餐和红酒。根据尼尔森市场调研结果，受文化和广告的影响，"90后"已经习惯于在不同的场景选择不同的酒类。在他们的既有认知中，白酒不适合酒吧、KTV、大排档、火锅店、烧烤店这些场景。

为了改变消费者已经形成的场景和酒类搭配的认知，让江小白融入更多的消费场景。公司连续几年都在不同的城市举办约酒大会，约酒的规模大小不一，场所包括酒店、酒吧、火锅店等。约酒大会现场，江小白会组织各种受欢迎的游戏或者邀请歌手助兴，旨在让消费者感受到江小白这款白酒适合在玩游戏、K歌时饮用。除了约酒，江小白会在微博不定时地发布江小白在酒吧的各种调制方法的视频，营造产品和酒吧搭配的氛围。为了让江小白适合火锅店的饮用场景，公司专门制作了以江小白搭配火锅为背景的漫画。通过一系列的场景宣传让年轻人身处这些场景时想到江小白。

第四，IP营销。IP是企业赋予自己品牌的各种观念、主张、形象等，IP是品牌的人格。IP营销就是让用户因为喜欢IP内容而购买产品。江小白通过微博"不约儿童""维护祖国统一"塑造了有担当的形象;通过举办艺术展、音乐节和赞助车队参加环塔拉力赛,宣扬了爱艺术、爱音乐、爱挑战的价值观;通过在《北上广依然相信爱情》《好先生》《后来的我们》等影视作品中的植入表达了江小白对这些作品所宣扬的正能量的认同;通过以江小白为男主角的漫画和动漫,展现了品牌倡导的生活态度和处世原则。

江小白将产品特征和价值理念植入影视作品的方式,既可以提高产品的知名度和销量,还可以通过影视作品中的人物和情节,充实产品的感情色彩。江小白根据IP推出了相应的产品,比如动漫同名小酒"我是江小白",以及《后来的我们》定制版小酒,将观众对角色的喜爱之情转移为促进销售的力量。

第五,跨界营销。跨界营销是将原本与自己不相干的元素渗透、融合到自己的品牌中,并以这些因素促进销售。江小白借艺术展吸引爱好艺术的青年,然后将艺术画和卡通画作为外包装推出了相应的"万物生长"和"看见萌世界"两个限量版的产品。通过举办规模浩大的有路原创嘻哈音乐节和JustBattle国际街舞大赛,江小白成功地将自己原来不具备的嘻哈和街舞元素融入到自己的品牌中,然后推出了YOLO表达瓶、纪念版等产品,并在活动现场免费赠送,让说唱和街舞青年接受了这个新的品牌。

通过跨界营销,江小白丰富了品牌的IP,增加了品牌的标签。最初,江小白将自己塑造成文艺小酒,通过跨界营销又添加了说唱和街舞的元素,使自己的品牌调性不但符合文艺青年,还符合说唱和街舞青年,扩大了潜在消费者的范围。

第六,社会化思维。江小白通过官方微博和微信,塑造了品牌的形象和理念,实现了低成本的品牌推广,实现了和用户平等的双向沟通、建立了与用户的情感共鸣。多次让用户转发微博赢取奖品的活动则很好地利用了基于关系的链式传播。约酒大会有时会根据用户爱好划分落座区域,江小白与音乐、街舞、车队等的联合也是为了实现基于社群的品牌共建。

3. 面对质疑、抄袭和日趋激烈的竞争,江小白应该从哪些方面改进,以确保其社会化营销的优势,并促进其未来的发展?

(1)加强情感连接,巩固客户基础。

江小白依靠能打动消费者内心的语录和与消费者的互动,在消费者心中建立了情感优势。此后应将原来的风格不断渗透和强化,从而让消费者形成

附录 1 教学案例使用说明示例

消费习惯和感情依赖,留住原有客户。从江小白的 IP 来看,其文艺形象已经丰满,但是嘻哈和街舞元素是江小白 IP 的新增内容,从心理上没有给消费者长时间的接受和强化过程,只是以大型活动短时间地迅速吸引了喜欢嘻哈和街舞的年轻人的关注,所以要在文化属性上巩固嘻哈和街舞的元素,将因音乐节和街舞大赛而关注江小白的用户吸纳为自己的忠诚客户。

(2)开放更多的参与节点。

目前,江小白的语录和喝法是允许用户自创后反馈给企业,然后再由企业推广的,这不仅激发了很多用户参与和分享的热情,也引来了无数媒体的免费报道,可谓"一箭双雕"。但随着时间的流逝,新鲜的事物在消费者那里会慢慢变成习以为常,如今参加自己撰写语录活动的消费者人数已大幅下降,甚至不及活动刚开始的十分之一,媒体也不再进行相关报道。虽然目前消费者对混饮的热情仍在,但是也不可能永远持续,所以江小白要有计划地开放更多的参与节点,比如瓶身的设计、活动的策划等。如果主打产品不想多变,那么江小白只有比较频繁地推出限量系列才可承接用户的热情。

(3)打造新的爆款。

江小白打造出爆款产品表达瓶之后,就一直消费着这款酒的人气,表达瓶至今已经迭代了十几版,但是除了上面的语录,并没有其他变化。虽然也有开发不同款产品,这些不同款的产品酒体多数都是 40 度的粮食酒,不同的是其传达的感情色彩,但是这些产品的感情号召力都比较弱。总之,企业要挖掘新的创意,努力打造第二个爆款。

(4)加强包装专利保护。

江小白被外界称为"白酒界的段子手""一瓶卖文案的小酒",这道出了其成功的主要原因:包装。包装上的语录和卡通形象也一度成为江小白的代表,而这也成为如今众多小酒抄袭和模仿的地方。所以,江小白要积极申请外观设计专利,通过包装设计自主知识产权来保护自己,避免产品外观设计被任意模仿;必要时,用法律武器来维护自己的权益。

(5)与新的媒体平台合作。

目前,江小白使用的社会化媒体基本只有微博和微信。当下各种 APP 如雨后春笋般涌现,第三屏会成为日益重要的营销阵地,江小白应该针对这种情况早做跨屏准备,及早布局。比如,前期全民参与的答题赢钱游戏、跳一跳,如今最火爆的抖音、小红书等。根据极光大数据的报告,抖音视频的日点播次数可以达到 10 亿。抖音用户中 20—29 岁的用户占总人数的 60.7%，也就是说，抖音的大部分消费者年龄符合江小白目标消费者的年龄，所以建议江小白向类似的媒体渠道寻求合作。

另外，不管是优酷视频，还是爱奇艺和腾讯视频，在视频播放之前或中间的广告都有较高的观看量，江小白也可借此推广。

（6）利用热点进行营销。

热点营销分两种情况，一种是自己制造热点然后进行营销，比如江小白的 YOLO 音乐节成为热点之后，企业借此营销音乐小酒。江小白创造热点时多数都会随后推出产品，这方面做得比较好。

但是热点营销还有另一种情况，就是借助热点、头条等正在势头上的热门事件宣传一下自己的公司或产品，也称借势营销。比如 2017 年萨德事件后，中国民众抵制韩国、抵制乐天的情绪高潮，这时候卫龙宣布将不再与乐天玛特超市合作，令媒体争相报道，消费者也对卫龙好感骤增，其天猫旗舰店内的商品被抢购一空，可谓名利双收。

江小白在借势营销方面虽然一直有行动，但是没有大的反响。江小白采用的是长图文案，这种形式已不新鲜，不如短视频受欢迎。江小白并非没有短视频，比如 2018 年 4 月 18 日江小白在微博上传了与父爱相关的秒拍，如果将这个视频放到父亲节会更好。江小白拍了 12 集同名动漫《我是江小白》，可见其具备拍短视频的资金和技术，建议江小白更多地以短视频的形式来借势营销。

借势营销的态度要更鲜明，内容要更有创意；最好要避开负面热点，以免引起反感。此前滴滴顺风车司机杀害乘客的案件成为热点后，名为"二更食堂"的微信公众号为追求转发量使用了不尊重死者的描述，引起网友愤怒，最后以封号收场。

（7）举行线下促销。

促销对于喜欢实惠的消费者有较强的吸引力，而且能不断加深和巩固品牌在消费者心中的印象；可以让消费者产生获利的感觉，形成愉悦的购物心理。为此江小白可以采取会员制促销，或者举行促销活动。

会员制促销是指建立会员记录，设立不同级别，根据消费额度进行积累后升级，对不同级别的客户给予不同的折扣或赠品。对大客户和高端客户赠送限量礼品，彰显其尊贵身份。另外，还可以像约酒大会一样，组织专门针对大客户和高端客户的约酒活动，既能为他们搭建社交平台，又能促进企业和客户间的情感连接。

促销活动是指企业组织专门的促销人员到商店、酒吧、饭店等主要的终端消费场所，举办促销活动，如组织多买多送、免费试饮、赠代金券、赠送各种礼品的活动。还有一种形式是同其他商品进行捆绑促销，比如可以联合与江小白表达瓶相呼应的电影院，举办"团购电影票，赠送江小白"的活动。

（8）提升产品质量和口感。

从目前的情况来看，江小白出色的社会化营销模式及品牌影响力与其市场销量、地位不尽匹配，营销优势并未充分转化为销量优势。江小白是面向新生代人群的"轻口味高粱酒"，其口感、定位与传统白酒消费者的预期并不完全吻合，而江小白所定位的"80后""90后"城市年轻人尽管十分接受江小白的社会化营销和文案，但相当一部分客户对其口感并不是很满意。所以，江小白目前正在进行多种尝试和迭代，包括口感的利口化、轻度化、国际化，作为一种基酒跨界混搭，以及包括农庄+、酒庄+、味道+、市场+和品牌+等在内的全产业链"+号"战略。

4. 江小白社会化营销的成功对于其他传统企业转型升级有哪些可借鉴之处？

江小白近几年的快速崛起证明，"互联网+传统产业"大有可为。

产品品质是1，是社会化营销的基础。互联网思维、社会化营销、商业模式等是后面的0。如果产品本身品质不够好，基础不牢固，社会化营销、互联网思维等做得再好也不可持续。

要想创新逆袭，必须另辟蹊径。如果江小白按照茅台、五粮液、红星二锅头等传统白酒的方式去做传统营销，短时间内是很难异军突起的。

江小白近年来依托的互联网思维，社会化营销理念、模式、具体做法等，如IP营销、场景营销、情感营销、参与营销等方式值得借鉴。

四、理论依据及分析

社会化营销是利用社会化网络、在线社区、博客、百科或者其他互联网协作平台和媒体来传播和发布资讯，从而形成的营销、销售、公共关系处理和客户关系服务维护及开拓的一种方式。一般社会化营销工具包括论坛、微博、微信、博客、SNS社区等可以发布和传播图片、视频的自媒体平台。社会化营销的精髓在于互联网思维。

社会化营销跟传统营销的最大区别，其实不在"媒体"，而在于过程。企业和品牌要变成社会化品牌（Social Brand），必须跟消费者"社交"起来：聊天、互动、玩游戏、开玩笑，放下身段，让品牌活在人群里，成为一个鲜活的品牌（Living Brand）。

这完全颠覆了既有的营销规则，也重新定义了企业与消费者的关系：双方不是简单的买家和卖家关系，而是朋友关系，企业要让消费者成为产品和品牌的拥趸者，成为口碑传播者。

如果我们说传统营销只能完成"联系"（Connect）这个过程，加上活动营销、客户服务、客户服务管理就可以完成管理（Manage）这个过程。那么，再加上借助社会媒体上与消费者交流互动，就能做到"深化关系"（Engage）。参与社会化营销的目的是成为一个社会化品牌，而并不是做社会化营销。这是一个让客户参与进来的过程，让品牌可以聆听市场的声音以及与外面的世界互动的过程。

社会化营销具有以下六个特点：

（1）重视自媒体。以前我们获取信息一般只能通过读报纸杂志、看电视、听电台广播等，但我们想要发出自己的声音、说出代表自己的话。后来互联网时代来了，我们不得不感谢这一伟大的时代，它的匿名性、自由化，给了我们轻松自由的舆论环境，让我们有了发表己见的平台，为传播有价值的信息加持了无限力量，从而影响了我们的生活和世界。在不讨论内容性质的情况下，互联网无疑赋予了我们更充分的话语权。我们能在论坛上发帖，能在博客、微博上写文章，在社交网络自建讨论小组。仿佛，我们也成了一个"大众媒体"，有自己的信息发布阵地，有自己的听众和观众，我们称之为"自媒体"。

重视自媒体，其内涵是十分丰富的，既要在认识上重视，也要在行动上重视。认识包括认识自媒体的特点、类别、运行机制及商业应用。而行动就是在了解自媒体的相关知识后，考虑其实际应用，以使营销体系更加强大。一般来说，对于自媒体我们要做到趋利避害：趋利是鼓励、引导客户在网上发出正面的声音，然后整合到营销中；避害是要建立响应机制，当出现负面的声音时，要主动聆听，然后把问题处理在萌芽之中。

（2）平等、自由、礼貌地对话。以对话形式参与营销，优点很多。它在使企业更具亲和力的同时，使企业更容易接触到用户情感的交流层面；而对用户来说，他们可以方便地找到反馈渠道。此外，基于情感的对话，容易形成口碑传播,以用户之口,提高企业的声誉和知名度,塑造良好的品牌形象。

(3)去中心化营销。去中心化营销是指营销不局限于单一明星用户、单一营销手段、单一营销环节、单一营销平台,而是要有组织、有计划地建立立体营销,层次分明,有主有次,聚合资源,合理分配,讲求总体效益。去中心化营销搭建的不是一个工厂或几栋民居,而是一个城市:既有高耸入云的大厦,也有古色古香的庙宇;既有幽静的山区绿道,又有旅店、房屋、游乐场等。

(4)巧用关系。社会化媒体下同质人群(同需要、同兴趣)的组织结构有无限延伸的传播模式,在社会化媒体上很容易就能产生口碑营销。要进行社会化网络时代的关系营销,其重点当然是关系,而培养与客户的关系就是重中之重。要收集资料,了解用户,积极对话,加强互动;并通过社会化媒体的有效工具加深彼此的认识,增进感情。

(5)鼓励创造。企业需要用户积极参与、积极表达,需要大众协助、共同创造以完成内容。这样可以充实企业在社会化媒体中的内容,既方便企业在该平台的展示,同时也利于平台用户搜索并获得企业信息。网友创造内容后经过分享就可以把企业的信息传播出去,并播下"回归"的种子。

(6)回归人性,突出个性。把客户当成普通人来看待,企业和客户之间要互相尊重,双方之间是平等的。企业要把客户当成有思想、有独特需求的人看待,尊重他们以各种方式发出的声音。

社会化营销的评估方式有定量评估和定性评估两种。

(1)定量评估,它主要包括如下几项:

第一,曝光次数:指总体发布量、阅读数量(点击数量)、转载数量、回复数量等常规内容数据。

第二,广告当量:总结统计出每次营销活动中,加精华、加置顶这些内容的总量,可以折合成多少对应的传播网站对外报价的费用,可得出此次营销的附加价值。

第三,单人点击成本(CPC):计算每次营销的平均 CPC 值,将其与 IT 行业常规平均 4—5 元的 CPC 值进行对比,即可评估此次营销效果。

第四,转化率:对比前后用户的使用、关注、参与的数据,例如线上活动的注册人数、参与人数、网站页面浏览量、销售量等,即可得出转化率数据。

第五,第三方数据:在营销实施前后,对比 Google 趋势、百度指数等数据,或者委托第三方调研公司,调查品牌或产品的知名度及美誉度变化情况。

(2) 定性评估,它主要包括如下几项:

第一,网络舆论分析:①分析微博、论坛、博客、SNS 等社会化媒体传播渠道中的跟帖评价比率、互动的评价比率,评估出舆论的感情倾向;②分析搜索引擎的正面、中性、负面新闻评论比率。

第二,影响力分析:①有无名人博客/微博自发撰文讨论或引用相关内容,有无社区和网站在显著位置推荐;②有无其他非合作媒体进行话题的跟进及二次传播放大(尤其要留意平面、电视、广播等传统媒体)。

五、关键要点

(1) 揭示江小白运用社会化媒体进行营销的时代背景、行业背景和创始人背景,了解内外动因和新的创业机会。

(2) 分析江小白获得社会化营销成功的关键因素。

(3) 指出江小白社会化营销过程中面临的问题和挑战,并对其未来发展给出建议。

六、建议课堂计划

本案例以江小白的发展过程和具体营销方式为主线,提供了较为详细的案例信息,在教学中可以通过案例讨论结合理论分析的形式进行授课。以下是按照时间进度提供的课堂计划建议,仅供参考。

整个案例课的课堂时间控制在 150 分钟(以 8 组同学为例)。

1. 课前计划

(1) 提前两周提供案例正文,提出预读思考题,请学员在课前完成阅读和初步思考。推荐阅读书目《社会化营销:构建 360 度微资源生态圈》让学生对社会化营销有初步了解。

(2) 让学生以 5—8 人为一组自由分组,针对思考题进行小组讨论,并将讨论结果以文字形式简单归纳。然后以本案例为启发,选择某一企业为其设计相应的社会化营销方案,并准备好 PPT 展示。

2. 课中计划

(1) 建议安排岛屿式座次,同一小组的人坐到一起,讨论要包括简要的开场白、案例回顾,明确主题、流程和要求。(5 分钟)

(2) 各小组派一位代表轮流汇报思考题的讨论结果。告知发言要求,突出重点,观点重复的可以简略带过。每组展示结束后都允许其他人提问。(每组 5 分钟,控制在 40 分钟)

(3) 教师引导学生进一步讨论。(5分钟)

(4) 教师进行归纳总结、介绍理论依据。(10分钟)

(5) 各组依次展示营销方案PPT。每组结束后,其他人可以提问或者提出建议。(每组展示6—8分钟,提问4分钟,控制在80分钟)

(6) 全体学员匿名投票选出自己最喜欢的三个组的展示方案(通过微信进行在线问卷填写或是现场举手表决),当场公布投票结果,教师对各组方案进行点评。(10分钟)

3. 课后计划

如有必要,请学员结合课堂讨论,修改和完善小组的思考题报告和企业营销方案。

七、主要参考文献

[1] Castronovo, C. & Lei, H. Social media in an alternative marketing communication model[J]. *Journal of Marketing Development and Competitiveness*, 2012, 6(1): 117-131.

[2] Tracy L.Tuten & Michael R. Solomon. *Social Media Marketing*[M]. Los Angeles: Sage Publications ltd, 2017.

[3] 邓江林.2017.江小白:要做有灵魂的品牌,无惧抄袭和模仿[EB/OL].http://spirit.tjkx.com/detail/1038460.htm

[4] 郭金霞.2016."江小白陶石泉:用未来去验证自己的想象力"[EB/OL].http://finance.sina.com.cn/china/gncj/2016-02-26/doc-ifxpvysx1697497.shtml

[5] 胡恒飞.社会化营销:构建360度微资源生态圈[M].杭州:浙江大学出版社,2015.

[6] 胡清霞.2017.MLE& 江小白:跨界携手为爱告白[EB/OL].http://www.zb580.tv/company/shijiyuan/newsshow/174938.html

[7] 林楠,张宇.江小白保持100%增速的秘诀[J].支点,2015(9):84-87.

[8] 石磊.社会化营销成就了"江小白"[N].华夏酒报,2013,(52):1-3.

[9] 苏菲.2017.这家只开一天的江小白小酒馆昨天high爆了苏州[EB/OL].http://www.sohu.com/a/209231161_158832

[10] 陶石泉.2016.大品类新营销[EB/OL].http://www.cmmo.cn/article-204073-1.html

[11] 陶石泉.2014.江小白的另类营销[EB/OL].http://business.sohu.com/20130927/n387267942.shtml

[12] 陶石泉.2013.一瓶小酒的"白日梦"是如何酿成的[EB/OL].http://business.sohu.com/20130927/n387267942.shtml

[13] 王振家.江小白:青春小酒的逆袭[J].光彩,2013,(09):18-19.

［14］杨叶护.2017.江小白营销前总监:社会化营销的 5 个打法［EB/OL］.http://www.shichangbu.com/article-30413-1.html

［15］叶明.2017.产品主义是品牌建设的原点之产品方法论［EB/OL］.https://www.ddvip.com/weixin/20170407A00YTD00.html

［16］张朋朋,张圆圆.江小白:把白酒调到"90 后频道"［J］.中外管理,2014,(11):94-95.

［17］卓伊.江小白:即使砍掉 2017 年的广告费,我们也能增长 80%［EB/OL］.http://www.shichangbu.com/article-28903-1.html

附录2 案例分析涉及的主要理论依据

一、互联网思维

互联网+时代的创新与创新管理的焦点在于商业思维模式的变革,即"互联网思维",它是指"在(移动)互联网、大数据、云计算等科技不断发展的背景下,对市场、用户、产品、企业价值链乃至对整个商业生态进行重新审视的思考方式"。

基于这种商业逻辑从直线型工业思维向圆形互联网思维模式的转移,研究与实践进一步细分了互联网思维的构成,如图1所示。

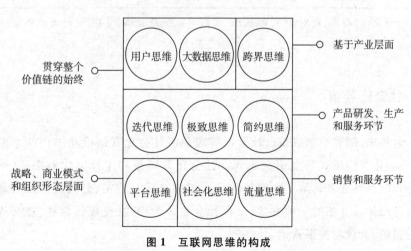

图1 互联网思维的构成

资料来源:赵大伟.互联网思维——独孤九剑[M].北京:机械工业出版社,2014.

表1列示了工业思维与互联网思维的不同之处：

表1 工业思维与互联网思维的对比

	工业思维	互联网思维
研发的思维模式	直线型思维	圆形思维
特征表现	前向式，不可逆，一步到位 状态A → 状态B	循环往复，不断迭代 （螺旋图示：A_1–A_6, C_2–C_5, P_1–P_7, O_1–O_6）
风险属性	规模大、鲁棒性弱	分阶段、风险可控
形式举例	羊毛出在羊身上	羊毛出在猪身上
营销模式	斥巨资用于广告营销	口碑营销、社会化直销
创新模式	封闭式创新	开放式创新
创新主体	研发人员创新	用户参与创新
盈利思想	依靠产品本身获取利润	产品本身可以免费
商业模式要点	规模、成本、质量	用户体验、用户参与

资料来源：孙黎、魏刚.牛人都在用"圆形思维"，你造吗？[J].中欧商业评论，2015（01）.

二、社会化营销

近年来，随着小米、Uber、杜蕾斯等现象级社会化营销成功案例的不断涌现，社会化营销模式日益引起重视。社会化营销是利用社会化网络、在线社区、博客、百科或者其他互联网协作平台媒体来进行营销、公共关系处理和客户服务维护及开拓的一种方式，又称社会媒体营销、社交媒体营销、社交媒体整合营销、大众弱关系营销。

三、颠覆式创新

哈佛商学院创新理论大师克莱顿·克里斯坦森(Clayton Christensen)教授在其1997年出版的代表性巨著《创新者的窘境》中提出了破坏性创新,又称颠覆式创新(Disruptive Innovation)理论。克里斯坦森将创新分为两种:维持性创新与颠覆式创新。维持性创新致力于在消费者所重视的维度上对现有产品的改进,以及向现有市场提供更好的产品;而颠覆式创新则要么创造新市场,要么提出一种新的价值主张来重塑现有市场。该理论认为,老企业之所以不能成功应对颠覆性变化,是因为老企业原有的能力只能够进行维持性创新,即通过改进原产品和服务来留住原来的主流客户。颠覆式创新则是通过推出新产品或新服务来开创一个全新的市场。颠覆式创新基于够用技术(Good Enough Technology)的原则,建立在新技术或各种技术融合、集成的基础之上;偏离主流市场用户所重视的绩效属性,引入低端用户或新用户看重的绩效属性或属性组合的产品或服务,通过先占领低端市场或新市场,从而拓展现有市场或开辟新的市场,引起部分替代或颠覆现有主流市场的产品或服务的一类不连续技术创新①。克里斯坦森提出了两种基本的破坏方式:低端破坏和新市场破坏,如图2所示。

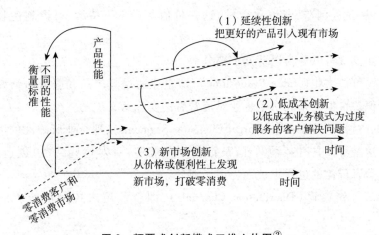

图2 颠覆式创新模式三维立体图②

---

① 陈劲,郑刚.创新管理:赢得持续竞争优势(第三版)[M].北京:北京大学出版社,2016.
② 克莱顿·M.克里斯坦森,迈克尔·E.雷纳.困境与出路[M].北京:中信出版社,2004.

陈劲和郑刚以导致颠覆的方式和导入颠覆的市场切入点为分析维度,划分了颠覆式创新的六种方式,如图3所示。

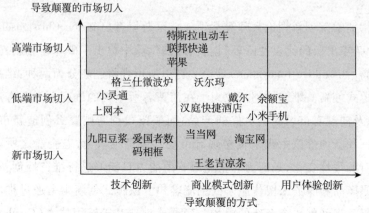

图3　颠覆式创新的分析矩阵示例[①]

四、商业模式创新

目前,管理界最为接受的关于商业模式的定义是:商业模式是一种包含一系列要素及其关系的概念性工具,用以阐明某个特定实体的商业逻辑。它描述了企业能为客户提供的价值以及企业的内部结构、合作伙伴网络和关系资本等用以实现(创造、营销和交付)这一价值并产生可持续、可盈利性收入的要素。

商业模式可以分为以下九个部分[②]:

(1)价值主张(Value Proposition),即企业通过其产品和服务向消费者提供的价值。价值主张确认了企业对消费者的实际意义。

(2)目标消费者群体(Target Customer Segments),即企业所瞄准的消费者群体。这些群体具有某种共性,从而使企业能够(针对这些共性)创造价值。定义消费者群体的过程也被称为市场划分。

(3)分销渠道(Distribution Channels),即企业用来接触消费者的各种途径。

[①] 陈劲,郑刚.创新管理:赢得持续竞争优势(第三版)[M].北京:北京大学出版社,2016.

[②] 亚历山大·奥斯特瓦德,伊夫·皮尼厄.商业模式新生代[M].王帅,毛心宇,严威,译.北京:机械工业出版社,2011.

(4) 客户关系(Customer Relationships),即企业同其他消费者群体之间所建立的联系。

(5) 价值配置(Value Configurations),即资源和活动的配置。

(6) 核心能力(Core Capabilities),即企业执行其商业模式所需的能力和资格。

(7) 合作伙伴网络(Partner Network),即企业之间为有效地提供价值并实现其商业化而形成的合作关系网络。

(8) 成本结构(Cost Structure),即企业所使用的工具和方法的货币描述。

(9) 收入模型(Revenue Model),即企业通过各种收入流来创造财富的途径。

分析商业模式的实用工具是商业模式画布,如图4所示:

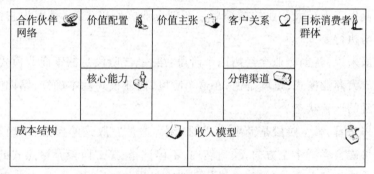

图4　商业模式画布示意

资料来源:亚历山大·奥斯特瓦德,伊夫·皮尼厄.商业模式新生代[M].王帅,毛心宇,严威,译.北京:机械工业出版社,2011。

五、精益创业理论

精益创业(Lean Startup)的概念由美国硅谷创业家埃里克·莱斯(Eric Rise)于2012年在其著作《精益创业》一书中提出,是近年来兴起于硅谷并日益产生全球影响的一种非常实用的创业基本方法论。其核心思想深受硅谷创业教父史蒂夫·布兰克(Steve Blank)的《四步创业法》中的"客户开发"方式的影响。史蒂夫为精益创业提供了很多的案例和精彩点评,他是一位连续创业者,先后开办了八家公司,其中有四家公司已经上市。史蒂夫在《哈佛商业评论》中预言:精益创业将改变一切!

几十年来,传统创业思维的基本假设在于:环境是确定性的;未来是可以预测的;用户需求基本是已知的;解决方案也是非常确定的。但现实绝非如此。我们当前所处的商业环境正在发生颠覆性巨变,不确定性和风险日益增加。

精益创业的核心思想是,先尽快提供一个最小可行产品(Minimum Viable Product,MVP),然后通过不断学习和获取有价值的客户反馈,对产品进行快速迭代优化,以期适应市场。其理念可以追溯到软件行业的敏捷开发管理,可以将其理解为敏捷开发模式的一种延续。

精益创业不能保证创业一定成功,但无疑会大大降低创业失败率、加快低成本试错、提升创业成功率。

新创企业与大企业两者的真正区别在于商业模式是否已知,大企业已经有被验证了的商业模式,而新创企业没有。大企业执行已知或已经确认的商业模式,更多是在运营和执行的层面,而新创企业则是探索未知的商业模式。新创企业肯定不是大企业的微缩版。新创企业之所以失败,是因为它们混淆了探索与执行。

一般来说,新创企业会经历四个阶段:第一、二阶段是探索商业模式;第三阶段是放大商业模式,也就是说,在这个阶段,商业模式基本确立;第四阶段是进入正常的运营状态。

具体来看,第一阶段是商业模式的探索,这是发散式的探索,不确定性极高。你可能会尝试多个方向,快速转向,不停试错;第二阶段是聚焦式的探索,已经初步确立了方向,有可能在两三个路径中选择商业模式;第三阶段,商业模式确立,进入放大阶段;第四阶段是商业模式的正常执行。

史蒂夫提出基于精益创业理念的"四步创业法",分两大阶段、四个步骤,如图5所示:

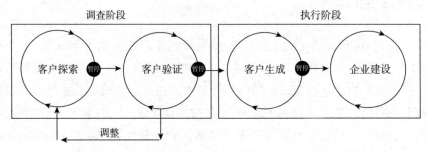

图5 四步创业法的步骤

资料来源:史蒂夫·布兰克,鲍勃·多夫.创业者手册[M].新华都商学院,译.北京:机械工业出版社,2013.

六、技术追赶与二次创新理论

对于后发国家的产业技术追赶,国内外学者已经进行了大量研究并取得了丰富而重要的成果。在对我国企业技术引进和创新的总体特征进行观察的基础上,吴晓波提出了一个在技术引进基础上进行的"二次创新过程模型"。基于 Dosi 提出的"技术范式""技术轨迹"的概念,"一次创新"指主导了技术范式和技术轨迹的形成、发展和变革的技术创新,主要由发达国家企业完成。"二次创新"是指在技术引进基础上进行的,囿于已有技术范式,并沿既定技术轨迹而发展的技术创新,是后发国家企业技术创新的主流。关于二次创新的动态过程模型如图 6 所示。

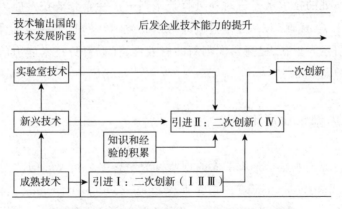

图 6 技术引进的动态性和二次创新的动态过程

资料来源:吴晓波.二次创新的进化过程[J].科研管理,1995(2):29-37.

从图 6 中我们可以看出,在后发企业的发展初期,主要是对第 I 类技术——成熟技术的引进。原因在于此时企业技术能力比较薄弱,引进这类技术有利于快速提升企业的技术能力。这类技术在引进时一般已处于技术生命周期的成熟阶段,工艺创新和产品创新的效率在逐渐降低,竞争的焦点已经转向产品与工艺的渐进改进。

七、动态能力

动态能力的概念起源于约瑟夫·熊彼特基于创新竞争的观点,他认为竞争优势来源于对现有资源的创造性破坏以及重新组合所形成的新的企业能力。Teece 等人认为,动态能力是整合、建立和再配置内外部资源的能力。Eisenhardt 和 Martin 认为动态能力是一种可识别的常规惯例和过程。Wang 和 Ahmed 则认为动态能力是指企业不断地整合、再配置、更新和再创造资源和能力的行为导向,更重要的是,它能够利用独特的资源升级、重构核心能力以回应日益变化的市场来获得并维持持续竞争优势。综合上述分析,动态能力是企业不断地对其资源进行整合、配置,并根据外部环境的变化对它们进行重组的能力,它能够有效地整合企业内外部资源,不断推出适应市场发展需要的优质产品和服务,给客户带来价值增值的产品和服务,使企业获得持续的竞争优势。

技术追赶与二次创新的过程也是一个动态的过程。在这个过程中,企业根据自己所处的技术水平适时地进行技术引进。随着企业技术能力的提升,企业从第 Ⅰ 类(成熟)技术逐渐过渡到对第 Ⅱ 类(新兴)技术的引进,同时不断加强自主研发与创新,提高二次创新的有效性,促进自身技术能力的提升,并成功实现追赶。

八、企业内部创业理论

企业内部创业是指企业层面的创业行为。有多个相关的词,"企业创业"(Corporate Entrepreneurship)、"内企业家精神"(Intrapreneurship)、"内部企业家精神"(Internal Entrepreneurship)、"企业风险活动"(Corporate Venturing)、"创业导向"(Entrepreneurial Orientation)等。

Miller 于 1983 年首次提出了企业创业的理论和测量工具。根据 Sharma 和 Chrisman 的观点,企业创业是指组织内部的个体或群体通过与组织联合来创建新的业务机构、推动组织内部战略更新和创新的过程。企业创业对于企业的生存和发展具有极其重要的意义。

郑馨按照企业参与程度和控制权程度的高低,总结出内部创新的四种模式:内部创新提案、新项目小组或新事业部、创业孵化器以及衍生裂变创业(见图 7)。张武保和任荣伟提出企业内部创业的层次、结构与内容逻辑。企业内部创业可以划分为公司内新创事业和企业外衍生创业两个集合(见图 8)。

附录 2
案例分析涉及的主要理论依据

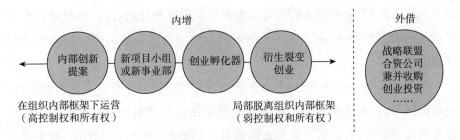

图 7　内部创业的模式

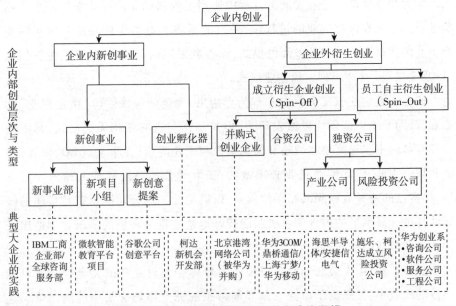

图 8　企业内部创业的层次、结构与内容逻辑

图 7 中的衍生裂变创业指现有企业将某一业务部门分拆出去创立新企业，或者由员工离职创办新企业。国内出现的"华为系""阿里系"，以及美国硅谷的"硅谷族谱"等，都是由母体企业不断衍生裂变形成的。衍生裂变的新创企业通常与原有企业保持千丝万缕的联系，如资源的传承、业务上的往来。衍生创业者会选择成为大企业上游的原材料供应商、下游的销售商或服务商，或作为母体企业的竞争者从事类似或相同业务。

Zahra 等人认为企业创业是企业在运营中所表现出的为鼓励创新和承担可计量风险所采取的行动，包括创新、风险和更新三种活动。

内部创业最核心的本质是激发创新，并且能够提升企业竞争能力。相对

303

于个人创业而言,企业创业需要克服组织惯性和官僚化的侵蚀,解决新旧业务活动之间的种种冲突,善于从多个创业机会中选择适合成为未来战略内容的发展方向。

对于大多数企业而言,只有当企业遭遇发展困境时才会去考虑内部创新、创业的问题,但是优秀的企业却会在遭遇瓶颈前就开始行动。谷歌的创新往往走在世界前列,就是因为它考虑问题具有前瞻性,领先一步开展"裂变式创业",避免企业的发展陷入停滞状态,也保证了优秀人才不会外流。

华为和谷歌都在企业发展的过程中使用了内部创业的方式来帮助企业不断进步。华为在内部创业的过程中,采取的是将企业的非核心业务内部创业为企业的代理商或外包业务商的模式;而谷歌采用的是"20%时间关注新创项目+现金奖励"这样一种内部创业模式。

硅谷精益创业教父史蒂夫·布兰克指出,大企业应该效仿"精益创业"的形式,鼓励员工内部创业以激发活力,但是怎样与现有架构无缝衔接,却不是一件容易的事。这需要在战略和架构层面与企业高层(董事会、CEO、高管)达成共识。为此,内部创业企业必须做到:获取母公司高层权威人物的稳定支持,将自己的业务流程隔离和保护起来,以避免受到母公司既得利益集团的毁灭性打击。高水平的内部创业机制能较好地适应竞争环境的要求并创造出一种新的竞争战略模式。

总体来看,衍生裂变创业既避免了由母体企业对业务的完全控制而可能导致的低效率,又避免了由独立创业而带来的完全市场交易中的高风险。这种模式有利于大企业持续不断地孕育更多的创业精神、解决内部创新动力不足的问题,另一方面也为自我驱动力强、有创新基因的员工提供了自由空间和强有力的激励,避免了人才流失。

但衍生裂变创业也有潜在的风险。大企业作为新创企业的摇篮,如果完全失去对衍生企业的所有权和控制权,衍生企业很有可能成长为兼具创造力和破坏力的力量,甚至威胁到原有大企业的利益。例如,2000年左右,华为曾鼓励内部创业。李一男离开华为,独自创建了港湾网络,带走了不少顶尖研发和销售人员。港湾网络后来发展成为华为企业级数据通信市场的主要竞争对手。这一事件以华为实施狙击,最终收购港湾网络收尾,被视为华为衍生裂变创业的滑铁卢之役。

九、激励理论

激励理论是关于如何满足人的各种需要、调动人的积极性的原则和方法的概括总结。激励的目的在于激发人的正确行为动机,调动人的积极性和创造性,以充分发挥人的智力效应,做出最大成绩。

1. 内容激励理论

所谓内容激励理论,是指针对激励的原因与起激励作用的因素的具体内容进行研究的理论。这种理论着眼于满足人们需要的内容,即人们需要什么就满足什么,从而激起人们的动机。

内容激励理论重点研究激发动机的诱因,主要包括亚伯拉罕·哈罗德·马斯洛(Abraham H. Maslow)的"需要层次理论"、弗雷德里克·赫茨伯格(Fredrick Herzberg)的"双因素理论"和戴维·麦克利兰(David C. McClelland)的"成就需要理论"。

马斯洛于1943年初次提出了"需要层次理论",他把人类纷繁复杂的需要分为生理的需要、安全的需要、友爱与归属的需要、尊重的需要和自我实现的需要五个层次。1954年,马斯洛又把人的需要层次发展为七个,由低到高为:生理的需要、安全的需要、友爱与归属的需要、尊重的需要、求知的需要、求美的需要和自我实现的需要。

双因素理论强调:不是所有的需要得到满足都能激励起人的积极性。只有那些被称为激励因素的需要得到满足时,人的积极性才能最大限度地发挥出来。如果缺乏激励因素,并不会引起很大的不满。而保健因素的缺乏,将引起很大的不满,然而具备了保健因素时并不一定会激发强烈的动机。

成就需要理论也称激励需要理论,是20世纪50年代初期,美国哈佛大学心理学家戴维·麦克利兰提出的。他认为,在人的生存需要基本得到满足的前提下,成就需要、权利需要和合群需要是人最主要的三种需要。成就需要的高低对一个人、一家企业的发展起着特别重要的作用。

2. 过程激励理论

过程激励理论重点研究从动机的产生到采取行动的心理过程,主要包括维克多·弗鲁姆(Victor Vroom)的"期望理论"和斯塔西·亚当斯(Stacy Adams)的"公平理论"等。

期望理论认为,人们之所以采取某种行为,是因为他觉得这种行为可以有把握地达到某种结果,并且这种结果对他有足够的价值。

公平理论,又称社会比较理论,它是美国行为科学家亚当斯提出来的一种激励理论。该理论侧重于研究工资报酬分配的合理性、公平性及其对职工生产积极性的影响。

3. 行为后果理论

行为后果理论是以行为后果为对象,研究如何对行为进行后续激励。这一理论包括强化理论和归因理论。

强化理论是美国心理学家和行为科学家伯尔赫斯·斯金纳(Burrhus Skinner)等人提出的一种理论。所谓强化,从其最基本的形式来讲,指的是对一种行为的肯定或否定的后果(报酬或惩罚)。

根据强化的性质和目的,可把强化分为正强化和负强化。在管理上,正强化就是奖励那些组织上需要的行为,从而加强这种行为;负强化是告知人们某种行为是不可取的,如果做了这种行为会受到什么惩罚,从而削弱这种行为。

归因理论是美国心理学家弗里茨·海德(Fritz Heider)于1958年提出的,后因美国心理学家伯纳德·韦纳(Bernard Weiner)及其同事的研究而再次活跃起来。归因理论是探讨人们行为的原因与分析因果关系的各种理论和方法的总称,即研究人的行为受到激励是"因为什么"的问题。

4. 综合激励理论

综合激励理论的代表者是美国心理学家和管理学家爱德华·劳勒(Edward Lawer)和莱曼·波特(Lyman Porter),他们于1968年提出一个"综合激励模型"。该模型吸收了需要理论、期望理论和公平理论的成果,使其更为全面、更为完善。

十、合伙制

最早的合伙制诞生于公元10世纪的欧洲。当时欧洲海上贸易发达,欧洲人通力合作,贵族商人出钱资助,航海家提供航海技术,力气大的充当水手,利润按照规定进行分配,形成了利益共同体。

1. 合伙制的主要形式

(1)股份合伙是指通过共同出资的形式,成为企业股东,按照股份进行利润共享和风险共担。

(2) 事业合伙是以项目跟投的形式参与,员工认购企业设立的虚拟股份,实现共同经营、共担风险、共享利润。一般情况下不改变企业的法人主体。

事业合伙主要有两类:第一种是在企业原有的业务、项目基础之上,通过项目跟投和入股的方式,参与共同经营;第二种是不区分项目,所有合伙人共同出资设立基金,员工分红按照企业总体的盈利情况进行分配。

(3) 业务合伙不需要付出资金,常见的有两种形式:一种是以"人"为主要资产的机构,以团队形式进行的业务开拓,享有团队经营所得,比如常见的会计事务所、律所等;另一种是增量合伙制,在企业确定业绩指标的基础之上,享有增值部分收益,如永辉超市的一线合伙人制。

2. 合伙制的优点

合伙制企业指按照《合伙企业法》注册的合伙企业,或者合伙企业作为持股平台,通常有一个普通合伙人(General Partner, GP),即企业实际控制人;一个或多个有限合伙人(Limited Partner, LP),身份是投资人,没有决策权和代表权,仅分享收益。有限合伙企业是大多数股权投资基金采用的法律架构,也适用于内部创业中用来参股的创业项目,有限合伙制在内部创业中相比公司制有着天然的优势。

内部创业由于涉及人员较广,经常会有股东人员流动的情况发生。在收益分配上,公司制需要公司整体有盈利才可以分配,而有限合伙制企业则不受《公司法》约束,可以采取按项目单独分配收益的机制。

公司制一般要求同股同利,相同的股份享有同等的收益分配。《合伙企业法》规定有限合伙制在分配时可以充分考虑各合伙人的技术、劳务、资源等实际贡献,而不单纯只是出资比例。

公司制有两层税收,企业层面缴纳企业所得税,股东需要缴纳个人所得税,而合伙制只需要缴纳个人所得税。

3. 从雇佣制到合伙制的转变

合伙制更能突显企业家精神的力量,从单纯的员工或者管理者转变为合伙人,促进资源与劳动的更深层次的结合。雇佣形式的合伙制,是从企业经营管理角度建立一套企业分配体制,把职业经理人的身份转变为合伙人,即把员工从被动转为主动,以实现利益共享、风险共担。它体现的是以人为本的管理思想,企业的治理结构会更加健全,员工之间会变得平等,协作效率和沟通效率都有所提升。

4. 事业合伙制的优点

(1) 形成长期的激励与约束。传统经理人式的管理是自上而下地通过指令进行管理和执行，以及事后的利益分配进行激励来达到管理的目的。而事业合伙制可以重新界定企业与员工的关系，更多地强调基于企业价值和文化的创造来赋能，强调的是自我驱动；需要员工具有发自内心的动力和兴趣来持续地激发自身的工作意愿。

(2) 凝聚人心，留住人才。事业合伙制相对于传统合伙制更认可企业的文化，只有建立在高度认同的企业文化的基础之上，组织和企业才能对员工真正赋能。同时，事业合伙人的身份也能给予员工精神激励和身份认同，提升工作的成就感，进而增强对企业的认同，转变"为别人打工"成"为自己打工"，真正找到创业的感觉。

(3) 将员工与管理者转变成利益相关者。将传统的"股东利益最大化"目标转变为"利益相关者利益最大化"，解决了委托代理理论中股东与经营者之间利益不一致的问题。

5. 合伙制的虚拟股权激励

虚拟股权激励不是给员工分配真正意义上的股权，员工持有的仅仅是持有股权所对应的金额，可享有相应的分红权，不具有对应企业的所有权。虚拟股权是一种合伙制下的长期激励模式，企业通过设立信托基金，员工通过工会持有相应的基金份额，且不可出售与转让，在员工离职后不再享有相应权益，虚拟股权可以在不稀释大股东的持股比例下，实行大范围的股权激励。

十一、创新生态系统理论

美国经济学家詹姆斯·摩尔（James F. Moore）1993年从企业生态观视角正式提出了"商业生态系统"（Business Ecosystem）的概念（见图9）。企业不再是孤军奋战的经营体，而是商业生态系统有机体的一部分。同时，每个商业生态系统之间还可能发生交互和共演，并嵌入更广泛的经济生态系统（Economic Ecosystem）中。这种变化影响着企业经营管理的方方面面。例如，通信技术的发展为商业生态系统的形成提供了技术条件，而消费者需求驱动经济（Demand-driven Economy）则加速了这一过程。再如，商业生态系统打破了传统的行业界线,使不同行业的企业走到了一起,从而增加了共创共赢的市场机会。此外,超分工整合(Super Dis-integration)的发展促使企业更关注自己的生态位,以及如何从超出组织边界的资源中获益。

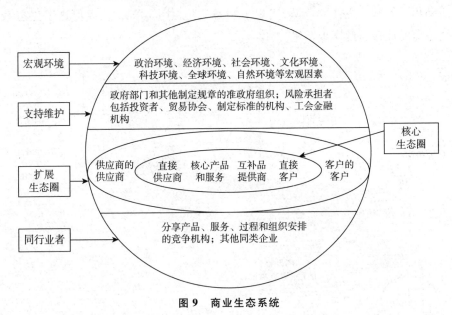

图 9　商业生态系统

资料来源:Mooer, J. F. The death of competition: Leadership and strategy in the age of business ecosystem [M]. Harper Collins Publishers, 1996.

2006 年,罗恩·阿德纳(Ron Adner)在商业生态系统的基础上进一步提出"**创新生态系统**"的概念,认为**创新生态系统本质上是指一种协同机制**,这种机制能够通过人力、设备、资金、知识、技能、关系、品牌等资源的开放共享降低研发成本,分散市场风险,实现网络效应和规模效益。一个创新生态系统可以为商业运作中的创新提供引导,也将商业战略由简单的联合工作向协同、系统的合作转变,从产品竞争向平台竞争转变,从企业独立的发展向共同演化转变,从而为管理战略的制定提供依据。此时,竞争已不再局限于企业与企业之间,还同时存在于生态系统之间,组织竞争优势还依赖于外部环境的变化和生态系统成员的共同参与。

我国管理学者陈劲等人梳理了企业创新生态系统的演化阶段及属性,区别了第三代高度基于战略管理导向的创新体系,以及第四代企业创新生态体系(见图10和表2)。第三代创新体系强调创新战略在企业战略中的核心作用,及其与企业领导治理决策系统的紧密关系,认为企业战略的主导性有效实现了创新所需的各项管理职能(包含研发、制造、设计、营销等)相关协调匹配关系的顶层设计,完善了企业创新战略对于企业战略与竞争优势提升的嵌入关系。而第四代创新生态体系则进一步打破了企业边界,整合了与企业创新活动相关的利益主体的资源,实现了利益共生、协同共演,从而促进了生态系统价值的优化与健康地演进。

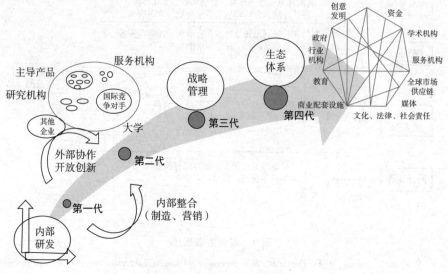

图 10 企业技术创新体系演化

资料来源:陈劲,黄淑芳.企业技术创新体系演化研究[J].管理工程学报,2014,4:219-227.

表 2　各代企业创新体系的特点

代际	名称	特点
第一代(20 世纪 50 年代—60 年代中期)	以研发为中心的创新体系	内部、自主
第二代(20 世纪 60 年代—80 年代中期)	基于协同/整合的创新体系	互动、开放
第三代(20 世纪 80 年代—90 年代)	高度基于战略管理导向的创新体系	战略、治理
第四代(20 世纪 90 年代至今)	创新生态体系	生态、核心

资料来源:陈劲,黄淑芳.企业技术创新体系演化研究[J].管理工程学报,2014,4:219-227.

与较为规则的网络不同,企业生态系统具有复杂性、动态性和交叉性等特征。如果传统创新网络的创新主体之间有$(n-1)/2$个协作节点,那么创新生态网络各创新主体之间就有可能产生 $n×(n-1)/2$ 个协作节点(见图11),因此创新生态系统的网络节点比传统创新的网络连接节点多了 n 倍,交易越多意味着整个系统产生的经济效应可能越大。

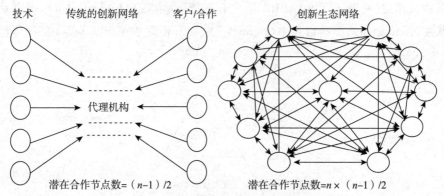

图11 传统创新合作与创新生态网络合作节点

资料来源:维克多·黄,格雷格·霍洛维茨.硅谷生态圈:创新的雨林法则[M].诸葛越,许斌,林翔,志鹏,王霞,译.北京:机械工业出版社,2015.

十二、增长黑客与裂变营销

"增长黑客"(Growth Hacker)这一概念近年来兴起于美国互联网创业圈,最早是2010年由互联网创业者西恩·埃利斯(Sean Ellis)提出。它指的是一种用户增长的方式,就是通过某些手段和策略帮助创业企业实现快速成长。对创业实现特别是初创企业来说,在没有广告预算、市场营销活动及市场推广专员的情况下,增长黑客可以获得良好的效果。2012年,增长黑客在硅谷被业界广泛关注,我们熟知的 Facebook、Twitter、Quora、Linkedin、Dropbox 都是利用其实现用户增长的典型案例。当时,这些企业甚至专门设立了增长黑客这个职位[①]。

增长黑客是介于技术和市场之间的新型团队角色,主要依靠技术和数据的力量来达成各种营销目标,而非传统意义上靠砸钱来获取用户的市场推广角色。他们能从单线思维者时常忽略的角度和难以企及的高度通盘考虑影响产品发展的因素,提出基于产品本身的改造和开发策略,以切实的依据、低廉

---

① 范冰.增长黑客:创业公司的用户与收入增长秘籍[M].北京:电子工业出版社,2015.

的成本、可控的风险来达到用户增长、活跃度上升、收入额增加等商业目的。简单来说,就是低成本甚至零成本地用"技术"来让产品获得有效增长。

为了获取流量,AARRR 模式已经成为近几年兴起的增长黑客中推崇的运营增长模型(见图 12)。AARRR 模式分别指:获取用户(Acquisition)、提高活跃度(Activation)、提高留存率(Retention)、收入获取变现(Revenue)和自传播(Refer)。

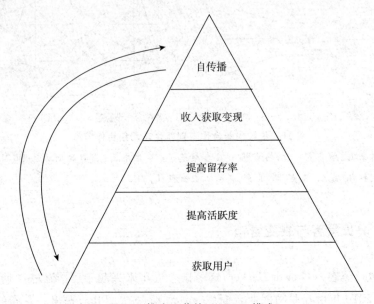

图 12 推广运营的 AARRR 模式

资料来源:杨飞.流量池[M].北京:中信出版社,2018.

企业在营销过程中可以按照以下五步来检验营销效果。

(1)获取用户。这是运营一款应用的第一步,所有企业建立品牌、推广、营销的最直接的目的都是获取用户。

(2)提高活跃度。很多用户在第一次使用产品的场景时其实很被动,有些品牌,也许用户只使用一次就舍弃了,那么这一种获客就是无效的,因为并没有成为真正的用户。企业要通过运营或者有趣的营销手段,快速提高用户的消费频次,将初次用户转化为忠实用户。

(3)提高留存率。当下,一个产品获客留存率能保留 10% 已经很难了,如果达到 20%—30%,那就可以称作爆品了。用户用过产品后就舍弃,说明用户体验不太好,更糟糕的是,如果企业付出了市场教育费,而用户舍弃了产品,去选择竞争对手的产品,就相当于帮别人打了广告。

(4)收入获取变现。变现是产品最核心的部分,也是企业最关心的部分。很多互联网产品在采用补贴策略后,却无法实现收入变现(如共享单车)。让产品盈利,才能使企业生存下去,所以前三步只是获取收入的基础,而收入获取变现才是决定企业生存与否的关键。

(5)自传播。自传播在当今互联网时代尤为重要。如果用户觉得产品好玩、有趣或者有利益驱动就会自发分享传播,才能产生裂变拉新,使营销产生指数级效益。所以,自传播也就是产品的流量裂变。

可以看出,在 AARRR 模式中,获取用户是流量入口,提高活跃度是惊喜时刻,提高留存率是产品价值,收入获取变现是单位价值,而自传播就是通过裂变放大传播效益。可裂变是什么呢?

《道德经》讲"道生一,一生二,二生三,三生万物",此即万物生长的裂变过程。而裂变营销也是这个含义,从运营角度来看,裂变营销符合 AARRR 模式中的"自传播"环节,即传播个体通过社交分享,帮助企业进行拉新运营,达到一个老用户带来多个新用户的增长目标,以实现最低成本、最大限度的获客增长。与传统营销相比,裂变营销不同之处在于以下两点:

(1)强调分享。即必须通过老用户分享带来新用户,以降低成本,扩大效益。

(2)后付奖励。将原来事前拉新获客的广告费用,分解成老用户推荐和新用户注册的奖励费用,即广告成本=老用户拉新奖励成本+新用户注册奖励成本。

根据以上两点,运营者的主要任务就是以数据驱动营销决策,在维持企业原有用户使用习惯、活跃度的同时,通过技术手段反复测试以提高分享率,并不断对新用户产生刺激,将广告费用奖励给用户,贯彻增长目标,为企业带来利润。

十三、蒂蒙斯创业学模型

杰弗里·蒂蒙斯(Jeffry Timmons)于 1999 年在他所著的《新企业的创建》一书中提出一个创业管理模式,他认为成功的创业活动,必须要能将机会、创业团队和资源三者做出最适当的搭配,并且也要能随着事业发展而做出动态的平衡(见图13)。创业流程由机会所启动,在组成创业团队之后取得必要的资源,创业计划方能顺利开展。

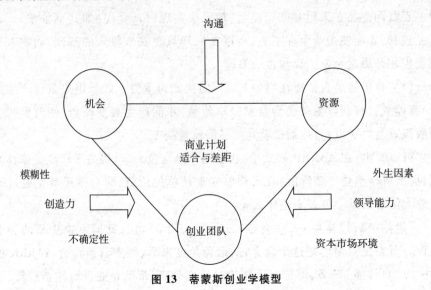

图 13 蒂蒙斯创业学模型

资料来源:杰弗里·蒂蒙斯.创业企业融资[M].北京:华夏出版社,2002.

蒂蒙斯认为在创业前期,机会的发掘与选择最为关键,创业初期的重点则在于团队的组成,当新事业顺利启动后,才会增加对于资源的需求。也就是说,蒂蒙斯的模型十分强调弹性与动态平衡,他认为创业活动随着时空变迁,机会、团队、资源三项因素会因比重发生变化而产生失衡的现象。良好的创业管理就必须要能及时进行调整,掌握当时的活动重心,使创业活动重新获得平衡。

蒂蒙斯认为创业过程中,由于机会的模糊、市场的不确定性、资本市场的风险以及外在环境的变迁等,经常影响到创业活动,使得创业过程充满了风险。因此就必须要依靠创业者的领导、创造力与沟通能力来发掘问题,掌握关键要素,弹性调整机会、资源、团队三个层面的搭配组合,使得新事业能够顺利进行。

此模型认为创业是一个高度动态的过程,其中机会、资源、创业团队是创业过程最重要的驱动因素:机会是创业过程的核心要素,创业的核心是发现和开发机会,并利用机会实施创业,因此,识别与评估市场机会是创业过程的起点,也是创业过程中一个具有关键意义的阶段;资源是创业过程的必要支持,为了合理利用和控制资源,创业者往往要竭力设计创业精巧、用资谨慎的战略,这种战略往往对新创企业极为重要;创业团队是新创企业的关键组织要素。蒂蒙斯认为,创业领导者和创业团队必备的基本素质有:较强的学习能力,能够自如地对付逆境,有正直、可行、诚实的品质,富有决心、恒心和创造力、领导能力、沟通能力,但最为重要的是团队要具有柔性,能够适应市场环境的变化。

蒂蒙斯模型的特点是,三个核心要素构成一个倒立的三角形,创业团队位于三角形的底部。在创业初始阶段,机会较大而资源较为缺乏,三角形将向左边倾斜。随着企业的发展,企业拥有较多的资源,但这时原有的机会可能变得相对有限,这就导致另一种不均衡。创业领导者需要不断探求更大的机会,进行资源的合理运用,使企业发展保持合适的平衡。这三者的不断调整,最终实现了动态均衡,这就是新创企业发展的实际过程。

十四、二元性组织

二元性(Ambidexterity)一词来自拉丁语"ambi",意思是"同时"和"右手",在生物科学里,具有二元性的人能同时熟练地运用左右手,美国管理学者邓肯(Duncan)首开先河将二元性的概念运用到了管理学中,提出了术语"组织二元性"。詹姆斯·马奇(James March)将探索和利用进行了定义,他认为,探索包括搜索、变化、承担风险、实验、柔性、发现、创新,而利用则是精炼、选择、生产、效率、筛选、执行。这两种活动要求不同的组织结构(有机式或机械式)、战略和情境、管理模式,在企业内争夺资源,并都有自我强化的趋势。

哈佛大学商学院教授迈克尔·塔什曼认为,当一家企业非常强大的时候,以往成功的经验反而会助力埋下失败的种子。企业要在不断变化的环境中持续成长,关键是建立起二元性的组织架构:既要确保现有主营业务的成长并充分利用其优势,又要培育未来有颠覆可能性的新兴业务,打造探索性能力。

不过,在这两种不同的组织架构中,可能存在管理上的冲突,比如对两种业务模块的考核可能是不一样的,一种是要保持效率,一种是容忍更多失败。企业要具备二元型组织管理能力,即能同时管理不同形态的组织管理模式,通过建立共同的价值观来凝聚起不同的业务单元。吴晓波等人提出技术—市场跨领域二元性的框架(见图14)。

塔什曼和奥赖利在邓肯的基础之上提出了结构二元性,即通过将新兴业务单元和既有业务单元进行空间分离,组织可以在探索式创新和利用式创新两个方面都可以表现得更为突出。詹森等学者发现当环境动荡性和环境竞争性越强时,组织更会倾向同时进行探索式创新和利用式创新。

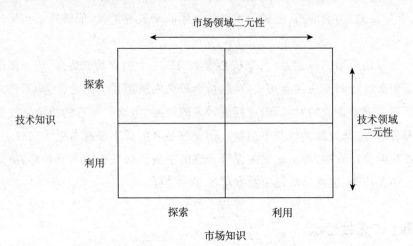

图14 组织学习领域二元性的研究

资料来源:吴晓波,雷李楠,陈颖.组织二元性的新机制——跨领域二元性[J].西安电子科技大学学报(社科版),2015(5).

十五、创业机会识别

1. 创业机会识别

创业机会识别(Entrepreneurial Opportunity Recognition)是指创业者识别新的创业机会的过程,是创业的初始阶段。

与创业机会的两种观点相对应,研究者们关于机会识别的理解同样分为两种。持客观观点的学者认为,机会是客观存在于外部环境之中的,需要创业者去发现。另一些则认为机会识别事实上是主观的、是创造过程而非发现过程,甚至机会识别本身就是创造性的。随着探索的不断深入,研究者们逐渐意识到以上两种观点并不矛盾,而是互相补充的。研究提出创业者在信息加工过程中会同时使用算法和探索两种方式,因而创业机会既可以被发现、也可以被创造。甚至有研究认为机会识别中主客观因素的作用是同等重要的。

2. 创业机会识别的因素

创业机会识别作为一种主动行为,带有浓厚的主观色彩,创业者的个体因

附录 2
案例分析涉及的主要理论依据

素起到了重要作用。此外,一些研究者逐渐认识到机会识别是个体与环境的互动过程,外部因素尤其是环境中的客观机会因素本身的影响同样不容忽视。

(1) 个体因素。它包括企业警觉性、先验知识、创造力和社会资本。

第一,创业警觉性。它指一种持续关注未被发觉的机会的能力。

第二,先验知识。人们更容易注意到与自己已有知识相联系的刺激,对于创业者而言,丰富且广泛的生活阅历是识别潜在商机的主要决定因素,它们帮助创业者识别新信息的潜在价值。每个个体都有自己独特的先验知识,这就构成了其有别于他人的知识"走廊",这种特异性就解释了为何有些人更容易发现一些特定的机会,而其他人则不能。先验知识包括特殊兴趣和产业知识两个维度。前者指对某一领域及其相关知识的强烈兴趣。后者是由创业者在多年工作中积累而来的知识和经验。也有研究提出对创业机会识别起关键作用的先验知识有四种:特殊兴趣的知识和产业知识的结合,关于市场的知识,关于服务市场的方式的知识,以及有关客户问题的知识。还有研究表明,先验知识不仅被用来搜索机会,更重要的是,它还与认知过程中结构关系的匹配有系统的联系。

第三,创造力。创造性或创新能力最早与乐观、自我效能等因素一同被归为成功创业者的性格特质中的一种。虽然近年来,有关性格特质对创业过程的研究越来越少,但与一般人格特质不同,创造性的重要作用却日益显现。发散性思维和聚合性思维共同构成了创造力,研究发现,信息多样化与发散性思维存在交互作用,只有在信息多样化的条件下,发散性思维才对企业经营理念的形成产生显著的影响。甚至有研究认为机会识别本身就是创造性活动,而非仅仅受创造力这一特质的影响。

第四,社会资本。社会资本又称社会网络,是联系创业者和机会的纽带与桥梁,创业者需通过自己的社会网络获得有关创业机会的信息。创业者自身社会网络的规模大小、多样性、强度及密度将对机会识别产生重要的影响。

(2) 机会因素。

不论是过去还是现在,在创业机会识别过程中,研究者重点关注的都是创业者的差异,即影响机会识别的个体因素。针对这一情形,有研究提出,在机会识别领域,个体因素的研究成果已颇为丰硕,今后研究应将更多的关注放在机会本身上。进而,他们强调了机会的差异在创业机会识别中的作用,认为相对隐性的机会比较容易通过先前经验识别,而相对显性和规范的机会则比较容易通过系统搜索识别。研究表明,创业者更偏好于有价值的并且与自己以往知识有关的机会,因为这种机会符合创业者的愿望并具有一定的可行性。

(3) 各因素的交互作用。

尽管创业机会识别的影响因素在不断地丰富和完善,但单一影响因素的作用已不足以解释整个过程,因此对各影响因素交互作用的探讨成为必然趋势。

3. 创业机会识别的阶段

施雷德(Shrader R.C.)和伦普金(Lumpkin G.J.)提出以创造力为基础(Creativity-based)的多维度机会识别过程模型,该模型将机会识别分为以下五个阶段:

(1) 准备(Preparation)阶段,指知识和技能的准备,这些知识和技能可能来自创业者的个人背景、工作或学习经历、爱好以及社会网络。

(2) 沉思(Incubation)阶段,指创业者的创新构思活动,这一过程并非有意识地解决问题或系统分析,而是对各种可能和选择的无意识考虑。

(3) 洞察(Insight)阶段,指创意从潜意识中迸发出来,或经他人提点,被创业者意识到,这类似于问题解决的领悟阶段,可以用"豁然开朗"来形容。

(4) 评估(Evaluation)阶段,即有意识地对创意的价值和可行性进行评定和判断,评估的方式包括初步的市场调查、与他人进行交流以及对商业前景的考察。

(5) 经营(Elaboration)阶段,是指对创意进一步细化和精确,使创意得以实现。

十六、技术创业

技术创业(Technology Entrepreneurship)属于全面创业活动的部分集合,指创业者在高层次技术的基础下进行的创业活动。美国斯坦福大学托马斯·拜尔斯(Thomas Byers)教授对"技术创业"定义如下:技术创业是对一个地区、一个国家甚至整个世界产生重大影响的创业行为。技术创业是一种创业领导力的形式。技术创业者必须能够识别技术密集型创业机会、为了实现机会必须能够募集人才和资金。技术创业应该立足于革命性技术进步或者渐进性技术改善。技术创业的目标市场可能是现有市场,也可能会形成完全新的市场。技术创业的主体可能是相对独立的研究人员,也可能是属于现有企业的研发人员。技术创业本质上就是基于技术创新的创业。

从美国、日本发达国家的高新技术小企业成长的过程来看,技术创业的驱动力构成包括四个基本要素:市场拉力、技术推力、技术创业机制和创业精神,其中市场拉力和技术推力又起着主导作用。在以上驱动力的作用下,高科技企业的创业团队开始整合内外部的创业资源,并领导创业组织,形成自身的核心能力,制定相应的技术发展战略和市场竞争策略,以获取超额利润。基于以上的创业要素,构建起高科技企业的技术创业过程动态模型(见图15)。

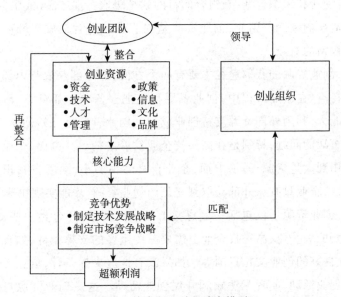

图 15　技术创业过程动态模型

模型中,创业团队处于核心的地位,技术创业的成败与否取决于创业团队是否团结一致。创业不是个人行为,是创业团队共同努力的成果。一个团队的团结是企业根本的竞争力。有了创业团队后,才开始整合内外的创业资源。拥有必要的创业资源是高科技企业成功创业的重要支撑。然而,创业资源并非越多越好,成功的创业企业往往更着眼于最优化使用资源并且控制资源,而不是试图完全拥有资源。高科技企业的管理者需要有效识别各种创业资源,并且积极借助企业内外部的力量对创业资源进行组织和整合,提高企业的核心竞争力,促进创业企业的成长。与一般的资源不同,高科技创业企业发展所需的资源有其独特性,它们所涵盖的内容侧重点也与一般的企业有所不同,需要从创业成长的视角进行分析,把握高科技企业的创建和成长中的最关键要素。因此,本文把高科技企业创立以及成长过程中所需要的各种生产要素和支撑条件定义为创业资源,以区别于一般的企业资源。对于这个概念,可以从以下三个方面深入理解。

首先,从创业过程本身来看,高科企业创业的过程就是创业者组合创业资源、形成产品(或服务)并创造价值的过程。

熊彼特认为"创业者的功能就是实现新组合",这种新组合的对象就是创业资源,创业者实施新组合的途径包括产品(或服务)创新、工艺创新、市场创新、原材料创新和组织创新,新组合的目的就是赚取实现产品(或服务)的市场价值并创造超额利润。因此,创业资源是创业者必须时刻放在最重要地位并反复估量权衡的对象。

其次,创业资源的获取途径主要有两个方面,即外部获取与内部积累。由于创业的特点,在创业过程中,创业者要积极把握各项外部资源,拓展外部获取资源的能力,利用外部资源支持创业成长。创业者一旦开始创业,一般都会遇到资源短缺的问题,特别是在高科技企业发展之初。一方面,企业的创新和成长需要用到大量资源;另一方面,企业自身还很弱小,缺乏自我积累资源的实力。所以,企业只有从外部获取到充足的创业资源,才能实现快速成长。

最后,创业资源不仅包括一般意义上的生产要素,还包括一些支撑条件。相对于成熟的大企业,高科技企业更需要一些重要的支撑条件,如政策上的允许和优惠、良好的创业文化氛围等。如果没有这些支撑条件,创业者或者根本无法开展创业活动,或者无法顺利开展创业活动。这是创业资源与一般企业在发展中急需的经济资源的重大差异,创业者必须意识到这些资源的重要性,充分发挥它们对创业成长的重要支持作用。

因此,本文将创业资源分为要素资源和环境资源,对于那些直接参与高科技企业日常生产、经营活动的资源,称之为创业所需的要素资源,而那些虽然未直接参与企业生产,但是其存在极大地提高了企业运营有效性的资源则称为创业所需的环境资源。要素资源包括资金、技术、人才、管理资源;环境资源包括政策、信息、文化、品牌资源。

高科技企业所拥有的创业资源必须加以有效整合,才能形成企业的核心竞争优势,在市场上获得长期的生命力,如果仅仅是资源的摆设,只会造成大量的资源浪费,最终导致企业被市场淘汰。资源整合,就是把企业所拥有的自然资源、信息资源和知识资源在时间和空间上加以合理配置、重新组合,以实

附录 2
案例分析涉及的主要理论依据

现资源效用的最大化。必须注意的是,这种资源效用的最大化,并非是简单的各项资源各安其位、各司其职,而是能够通过重新整合规划,创造企业独特的核心竞争力,实现企业在市场上的竞争优势。通过资源整合实现企业的竞争优势,才能认为企业资源整合合理到位。

对于高科技企业来说,战略定位不清晰、核心竞争力不明确是其发展的主要障碍,所以有效的资源整合能够帮助创业者重新认识企业的竞争优势,制定切实可行的战略规划,为新创企业的成长打下良好的基础。当然,对于不同的企业来说,资源整合具有不同的内容,只有根据自身内外资源和市场状况的现实进行整合,才能使企业的资源配置最优。同时,创业团队还要领导创业组织,创业组织要与企业制定的战略相匹配,包括与相应的技术发展战略、市场竞争战略相匹配,以更好地执行企业的战略规划。

资源基础论认为,资源是企业能力的来源,企业能力是企业核心竞争力的来源,核心竞争力是竞争优势的基础。因此,要想形成企业的竞争优势,必须从企业的资源出发,不断整合,最终形成企业的竞争优势,以获取超额利润。之后创业团队要重新整合创业资源以实现企业的可持续发展。

十七、战略生物性理论

企业运营环境正变得愈加复杂。商业环境的多样化、变化速度和相互联接程度前所未有,可预测性也大大降低。

然而,很多企业在战略设计方面仍旧固守着所谓的经典方法。这些方法诞生于过去较为稳定的商业环境下,聚焦于短期业绩的分析和规划,而非企业的基业长青。那么,这些企业如今的表现如何?为了回答这一问题,一份长达 50 年的调查统计了美国超过 3 万家上市公司的寿命。结果相当残酷:今天企业消失的速度超过了以往任何时候。三分之一的上市公司在 5 年时间内由于倒闭、清算和并购等原因退市。尽管人们普遍认为企业是能历久弥新的组织,然而它们的平均寿命远远短于其员工。企业的高死亡率不因规模、年限和行业而有所区别,再大的规模、再多的经验都于事无补。

那么,如今的企业如何保证生存、获得发展?我们的研究融合了企业战略、生物系统和复杂系统的知识,聚焦于如何让复杂系统——从热带雨林到股票市场,再到企业本身——更加强健。已经有一些商业思想家试图从生物学中提炼出商业智慧,并获得了不同程度的成功。我们认为,企业在一个重要的方面与生物物种惊人地相似:它们都是复杂自适应系统。因此,提高系统鲁棒性的原则,无论是自然系统还是人工系统,都可直接适用于企业。为了解如何应用这些原则,我们首先要掌握复杂自适应系统是什么,以及它们的运作机理。

由于企业无法适应越来越复杂的商业环境,企业的生命周期越来越短。它们采用的战略过于强调短期战略,而忽略了企业的长期强健。与生物物种一样,企业也是"复杂自适应系统",并且在不断地进行难以预料的进化。系统内部自发的互动会引发连锁反应,重塑整个系统形态;新的系统结构会进一步影响个体参与者,最终使系统发生更大的变化。提升自然界复杂自适应系统鲁棒性的六大原则也可以应用在企业中,它们是:①保持员工、创新和行动的异质性;②保持模块化的结构;③在不同的组成部分之间保留冗余;④接受意外,但要降低不确定性;⑤建立反馈循环和自适应机制;⑥在商业生态系统中建立信任和互惠。

不同的原则应对不同的风险,如表3所示。

表3 不同原则所对应的不同风险

结构原则	应对的风险
异质性:人才、创意、创新和行动的多样化	**崩溃性风险**:行业内部或外部的变革使企业的商业模式过时淘汰
模块化:在商业系统之间保持松散的连接或设置屏障	**传染性风险**:在经济或业务生态系统中某个部分的风险快速扩散至其他组成部分
冗余:商业系统中不同组成部分保持备份,形成产能缓冲	**不可抗力风险**:罕见但严重的风险,如自然灾难、恐怖主义和政治动荡
接受意外,但要降低不确定性:收集信号,发现变化的规律,设想合理的结果,并提前采取行动	**断续性风险**:商业环境突然发生难以预料的进化
建立反馈循环和自适应机制:监控变化,鼓励多样化、实验、创新和快速迭代	**过时风险**:客户需求、竞争创新或环境发生变化,企业无法适应
建立信任和互惠:企业的行为要有利于系统中的其他参与者,建立互惠的机制	**拒绝风险**:商业生态中的其他参与者拒绝与企业合作

十八、跨越 S 曲线

美国斯坦福大学教授埃弗雷特·罗杰斯（Everett Rogers）在 2010 年出版的《创新的扩散》一书中提出的 S 曲线反映了某一特定市场、行业乃至产品的发展轨迹，即从平稳开端，进入快速增长，然后显现下滑态势。为避免步入颓势，企业需要不断发现新领域，及时地跨越到另一条 S 曲线，从而实现企业绩效的持续性增长（见图 16）。

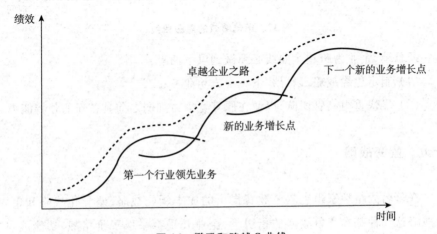

图 16　攀登和跨越 S 曲线

《跨越 S 曲线：如何突破业绩增长周期》一书提到，多数企业花费大量精力延伸现有业务线（财务 S 曲线），而未能投入足够精力，为创建成功的新业务打下基础。与此相反的是，卓越企业主动攀升三条隐藏的 S 曲线，即竞争、能力和人才 S 曲线，这些曲线在财务 S 曲线达到顶峰前早已步入衰退。在核心业务持续发展的情况下早日跨越这些曲线，才能为持续繁荣奠定坚实的基础。最初支撑企业攀缘下一个 S 曲线的市场、能力、人才等因素，都在随着市场的变化而变化，呈现出由盛至衰的 S 形发展过程。只不过这些曲线与财务曲线相比，不容易为人所知，是"隐形的 S 曲线"。当财务曲线还在蓬勃向上的时候，这些隐藏的曲线却已经接近生命周期的尾声，企业在不知不觉中逐渐失去原先拥有的优势（见图 17）。

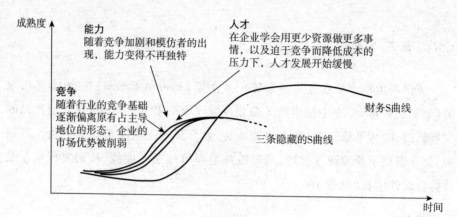

图 17　卓越绩效的隐藏曲线

经总结,企业为跨越 S 曲线必须做到以下两点:

(1) 制定边缘战略,以寻找下一个成功业务;

(2) 尽快重组高管团队,以便在原有竞争力削弱之前具备新的独特能力。

十九、蓝海战略

在著名战略学家迈克尔·波特提出的成本领先战略、差异化战略和集中化战略这三种基本竞争战略的指引下,企业几乎都采取了价格战、功能战、广告战、促销战、服务战、品类战来建立自己的竞争优势,以此来打败竞争对手。然而,过度地打击对手并未使自己变得更好,大家都陷入了价格战的困境。

针对传统竞争战略理论的缺陷,欧洲工商管理学院战略学家 W. 钱·金(W.Chan Kim)教授和战略学家勒妮·莫博涅(Renée Mauborgne)教授于 2005 年提出了蓝海战略(Blue Ocean Strategy)。"蓝海"是相对"红海"而言的,传统的竞争极端激烈的市场是"红海",而"蓝海"是一个未知的市场空间,没有竞争的领域。

蓝海战略认为,聚焦于红海等于接受了商战的限制性因素,即在有限的土地上求胜,却否认了商业世界开创新市场的可能。运用蓝海战略,视线将超越竞争对手移向买方需求,跨越现有竞争边界,将不同市场的买方价值元素筛选并重新排序,从给定结构下的定位选择向改变市场结构本身转变。企业可以通过价值创新手段得到崭新的市场领域,获得更快的增长和更高的利润。红海战略和蓝海战略的比较如表 4 所示。

附录 2
案例分析涉及的主要理论依据

表 4　红海战略和蓝海战略比较

红海战略	蓝海战略
在已经存在的市场内竞争	拓展非竞争性市场空间
参与竞争	规避竞争
争夺现有需求	创造并攫取新需求
遵循价值与成本互替定律	打破价值与成本互替定律
根据差异化或低成本的战略选择,把企业行为整合成一个体系	同时追求差异化和低成本,把企业行为整合为一个体系

资料来源:W.钱·金,勒妮·莫博涅.蓝海战略[M].北京:商务印书馆,2005.

蓝海战略共提出六项原则,具体如下。

(1) 跨越他择产业看市场。

从硬碰硬的竞争到开创蓝海,使用六条路径重建市场边界:

第一,重建市场边界;

第二,跨越产业内不同的战略集团看市场;

第三,重新界定产业的买方群体;

第四,跨越互补性产品和服务看市场;

第五,跨越针对卖方的产业功能与情感导向;

第六,跨越时间参与塑造外部潮流。

(2) 注重全局而非数字。

一家企业永远不应将其眼睛外包给别人,伟大的战略洞察力是走入基层、挑战竞争边界的结果。蓝海战略建议绘制战略布局图将一家企业在市场中现有战略定位以视觉形式表现出来,激发企业组织各类人员的创造性,把视线引向蓝海。

(3) 超越现有需求。

通常,企业为增加自己的市场份额努力保留和拓展现有客户,常常导致更精微的市场细分,然而为使蓝海规模最大化,企业需要反其道而行,不应只把视线集中于客户,还需要关注非客户。将非客户置于客户之前,将共同点置于差异点之前,将合并细分市场置于多层次细分市场之前。

(4) 遵循合理的战略顺序。

遵循合理的战略顺序,建立强劲的商业模式,确保将蓝海创意付诸战略执行,从而获得蓝海利润,合理的战略顺序可分为买方效用、价格、成本、接受四步骤。

(5) 克服关键组织障碍。

企业管理者证明执行蓝海战略的挑战是严峻的,他们面临着四重障碍:一是认知障碍,即过度沉迷于现状的组织;二是有限的资源,因为执行战略需要大量的资源;三是动力障碍,即缺乏有干劲的员工;四是组织政治障碍,即来自强大既得利益者的反对。

(6) 将战略执行作为战略的一部分。

执行蓝海战略,企业最终需要求助于最根本的行动基础,即组织基层员工的态度和行为,因而必须创造一种充满信任和忠诚的文化来鼓舞人们认同战略。当人们被要求走出习惯范围、改变工作方式时,恐慌情绪便会增长,他们会猜测这种变化背后的真正理由。

二十、企业转型

许多学者认为,企业战略的形成是实现组织内外部环境之间的匹配过程,企业的战略发展过程就是不断对内外条件变化进行动态平衡的过程。因此,企业内外部环境变化会推动企业战略转型,企业战略转型既受到来自外部环境的影响,也受到企业内部环境的驱动。许多学者从不同视角对企业战略转型的关键因素进行了剖析。内生理论强调"自主成长",概括成组织资源能力、组织学习、组织复杂行为三个方面的因素。外生理论强调"强迫成长",总结为市场结构、组织种群和超竞争三个方面,也有研究指出中小企业战略转型的六种环境力量是竞争者力量、科技力量、客户力量、供应商力量、协作者力量和运营规范力量。邓少军和唐孝文均从动态能力角度进行了研究,后者认为转型动因、动态能力、转型准备、转型实施、转型整合及其相互之间的关系是影响战略转型的主要因素,而由环境洞察能力、规划设计能力、组织学习能力和变革领导能力构成的动态能力是关键。曾庆丰聚焦于电子商务转型的研究,将转型能力分解为企业战略与愿景转型能力、组织结构转型能力、产品与市场转型能力、业务流程转型能力和企业文化转型能力五个关键维度。李小玉将前人研究概括为三个理论视角:资源和能力、外部环境、管理者特征和动机。

拉尔夫·吉尔曼(Ralph Kilmann)对企业转型的关键成功要素进行了研究,列举的至关重要的几个要素是文化、技能、团队工作、愿景、持续改进、流程再造和学习型组织,强调员工的认知、行为以及观念的变化是促进企业成功转型的重要基础。

有学者对企业战略转型中遇到的阻力进行研究,反证企业战略转型的关键影响因素。图什曼和奥赖利认为阻力主要包括惯例阻力、员工阻力和技术阻力等。企业惯例具有双重性,深嵌于企业战略转型过程中的组织行为之中,表现为由隐性知识组成的组织记忆、组织文化和技巧(如管理者心智模式),易产生知识的路径依赖性,是产生组织惰性的主要来源。企业员工阻力产生的原因是员工对战略转型未知的恐惧、缺乏战略转型的沟通与理解、担心岗位及个人既得利益的丧失等。企业技术阻力体现在企业倘若没有技术资源与能力,就会在战略方向、战略模式及战略时机方面滞后,无法引领未来。张黎明认为企业变革的障碍有八点:第一,利益障碍,来自高层领导团队和员工;第二,观念障碍,即缺乏共同的远景规划;第三,行为习惯障碍,许多人囿于行为习惯,缺少变革的紧迫感和压力;第四,沟通障碍,即沟通不足;第五,市场障碍,指阻碍市场经济健康发展的消极因素和现象;第六,人才障碍;第七,缺乏系统的规划;第八,缺乏变革的强化。

主要参考文献

[1] 马丁·里维斯,纳特·汉拿斯,詹美贾亚·辛哈.战略的本质:复杂商业环境中的最优竞争战略[M].王喆,韩阳,译.北京:中信出版集团,2016.

[2] 陈润.超预期:小米的产品设计及营销方法[M].北京:中国华侨出版社,2015.

[3] 金错刀.爆品战略:39个超级爆品案例的故事、逻辑与方法[M].北京:北京联合出版公司,2016.

[4] 刘德.湖畔大学刘德演讲:哪些智慧和军事理论成就小米生态?[EB/OL].http://36kr.com/p/5063291.html,2017-2-8.

[5] 宋旭岚,许新.生态战略:如何打造生态型企业[M].北京:机械工业出版社,2016.

[6] 孙然.小米生态链大起底[EB/OL].http://www.pintu360.com/article/38688.html,2016-2-28.

[7] 吴正炜.小米逻辑[M].北京:北京理工大学出版社,2016.

[8] 喻晓马,程宇宁,喻卫东.互联网生态:重构商业规则[M].北京:中国人民大学出版社,2016.

后 记
创新者的逆袭：变革时代的创新思维与创新战略

郑 刚

1. 创新者的窘境与创新者的逆袭

创新者的窘境

当前，我们正在面临 VUCA 大变革时代，主要表现是不稳定（Volatility）、不确定性（Uncertainty）、复杂性（Complexity）、模糊性（Ambiguity），各行各业都正在发生颠覆性变革。

比如 3D 打印技术，24 小时内 3D 打印出一套可以住人的房子；再比如大数据，过去，你去银行贷款 8 万元，需要抵押，从提交申请到拿到这笔钱可能需要两个星期甚至更长的时间。但现在，去蚂蚁金服申请 8 万元贷款，只要 3 分钟提交申请，1 分钟放贷，0 人工干预，并且不需要抵押。这是传统银行做不到的。产品生命周期越来越短，跨界颠覆式创新层出不穷……

过去十年间，一些如日中天的行业巨头从巅峰跌落，如诺基亚、摩托罗拉、柯达等；还有一些曾经引领潮流的行业领先企业虽然没倒，但也似乎风光不再，正在遭遇哈佛大学商学院克里斯坦森教授所说的"创新者的窘境"，如索尼、东芝、通用汽车等。

已经引领全球软件行业数十年风骚的微软，虽然目前总市值仍高达 8 000 亿美元（截至 2019 年 2 月 9 日），但同样在近年来遭遇了一定的"创新者的窘境"：在 PC 时代，电脑使用的操作系统曾经几乎 90% 以上是 Windows 系统。

但进入移动互联网时代,随着智能手机的日益普及,移动上网已成为当今上网的主流方式,例如2018年天猫"双11"的销售额为2 135亿元,其中通过智能手机、平板电脑等移动客户端购物的占比超过90%。微软很尴尬地发现,进入移动互联网时代,智能手机用的操作系统,主要是苹果的iOS、谷歌的Android系统等,世界最大的电子消费市场调研机构NetMarketShare的统计数据显示,微软手机操作系统的份额不足1%(见表1)。

表1　2018年智能手机操作系统的全球市场占有率

平台	市场份额
Android	70.24%
iOS	28.34%
Unknown	1.14%
Windows Phone OS	0.10%
Series 40	0.09%
RIM OS	0.04%
Linux	0.03%
Symbian	0.01%
Bada	0.01%
Windows Mobile	0.00%

资料来源:详见https://netmarketshare.com,访问时间:2019年3月。

同样,称霸半导体行业数十年的英特尔,虽然2018年的营业收入为708亿美元,目前市值仍有2 196.33亿美元(截至2019年2月9日),但相对于其1999年市值就达5 000亿美元来说,近年来的发展并不理想。非常重要的是,尽管在PC时代,英特尔的CPU曾经占据90%以上的市场份额,但进入移动互联网时代,英特尔也很尴尬地发现,目前智能手机和平板电脑用的CPU主要是基于ARM架构的高通、联发科等,华为近年来也开发出了麒麟移动芯片。英特尔目前在移动芯片市场份额不足2%。当然,幸亏英特尔研发实力比较强劲,底子也比较雄厚,近几年来也在努力转型升级,在云计算、服务器、物联网芯片、数据中心等新领域发展态势良好。事实上,从综合性能来看,英特尔的CPU目前仍然是性能最好、速度最快的。但为什么智能手机没有像原先PC时代那样自然而然地使用英特尔的CPU?

后 记

原因在于，在 PC 时代，台式机、笔记本电脑用户最关心的 CPU 性能是速度，所以英特尔发挥其雄厚的研发实力，不断推出运转越来越快的 CPU。而进入智能手机时代，新用户最关心的手机 CPU 的性能指标已经不是速度了，而是 CPU 的功耗，即是否省电、能否让待机时间更长。那 PC 时代为什么用户不太关心功耗指标呢？因为当时电脑一般都是插电用的，功耗不是大问题；如果 CPU 发热高，机箱里有 CPU 风扇，并且离用户比较远，用户并不会直接感受到烫手。但在智能手机时代，即便你的手机 CPU 速度很快，但发热很高、功耗很大，这将直接影响用户体验。遗憾的是，英特尔并没有根据价值网络的变化而做出相应的改变，依然花了很多的精力及很大的研发投入在不断提升 CPU 的速度上，一定程度上忽视了智能手机新用户的需求的变化。这就是为什么英特尔近年来在移动互联网领域遭遇"创新者的窘境"的重要原因。

创新者的逆袭

与诺基亚、柯达等原先如日中天的行业领先企业从巅峰跌落相反，近年来，我们注意到一些新锐企业或产品却依靠创新快速异军突起。

如 2013 年才开始起步的微信支付，依靠近年来微信的巨大流量、"抢红包"的社会化营销方式等，短短 5 年内积累了 8.7 亿的用户（截至 2018 年年底），月活跃用户数已经超过了早 9 年（2004 年）起步的支付宝。

再比如天弘基金，一个 2012 年亏损 1 000 万元、全国排第 50 位、名不见经传的小货币基金公司，基金规模只有 99 亿元。当时的行业老大华夏基金有 2 300 多亿元的基金规模，按照传统的套路发展，天弘基金几乎不可能赶得上华夏基金。而天弘基金就是靠另辟蹊径，凭借与支付宝 2013 年合作推出的余额宝互联网理财产品，短短几年内摇身变为全国第一大货币基金，成功实现逆袭。余额宝有什么重大科技突破和科技创新在里面吗？答案是否定的。事实上，创新不一定需要高科技，而且创新不一定需要很多钱。对于余额宝而言，天弘基金和支付宝双方一共投入了几千万元来研发该产品及相关的服务器等技术支持。

再比如华为、海康威视、大疆创新、小米、三只松鼠、今日头条、京东、曹操出行⋯⋯这些不同行业、不同技术层次、不同起点的企业能快速逆袭靠的是什么？其中又有什么规律可循？

我们在克里斯坦森教授的颠覆式创新理论基础上开发了颠覆式创新矩

阵,可以很好地揭示这些创新逆袭企业背后的规律。横坐标是颠覆的方式,纵坐标是市场切入点(见图1)。

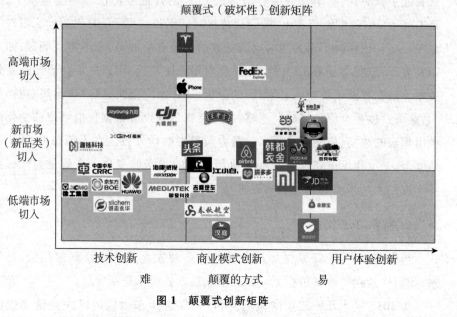

图1 颠覆式创新矩阵

我们发现,这些创新者的逆袭,其颠覆的方式上主要有技术创新、商业模式创新、用户体验创新;其市场切入点有高端市场切入、新市场切入、低端市场切入。

具体先看颠覆的方式:

(1)颠覆式技术创新。比如华为,成立以来坚持拿出营业收入的10%以上投入研发创新。2018年华为的营业收入是1 085亿美元(7 311亿元人民币),同比增长21%。研发投入超过128亿美元,并在5G等通信装备领域成为全球领先者。另外,格力、大疆创新、海康威视等都是中国能拿得出手的在各自行业的科技创新型企业。

(2)颠覆式商业模式创新。创新逆袭并不一定非要掌握核心技术,尤其是在起步阶段。对于一些一开始起步时并没有核心技术优势的新进入者,如小米公司,刚起步的几年主要是靠开辟互联网手机的商业模式创新而异军突起的。

(3)颠覆式用户体验创新。在刚起步阶段,很多企业可能暂时还没有独特的技术优势,也没有差异化的商业模式,这种情况下能不能实现创新逆袭呢？答案是肯定的。即使与同行采用同样的技术和商业模式，如果我们可以把用户体验做得明显比别人更好，仍然是有机会的。例如，同样是卖数码产品和家电，苏宁和京东的差异在哪呢？2004年，苏宁的营业收入是91亿元，而当时京东只有0.1亿元。但13年后，京东的净营业收入和市值已经超过苏宁很多（见图2）。同样的产品、同样的质量，京东为什么能在十多年后逆袭苏宁？一是商业模式创新，二是用户体验。例如，自营物流是京东的核心竞争力之一，可以做到前天晚上下单、第二天早上就能送到家。

接下来看市场切入点：

（1）要么先从低端市场切入，像吉利汽车，刚起步时主打三四万元起步的"老百姓买得起的车"，当时主流的跨国汽车企业是不屑于做这块利润很薄的低端市场的，但吉利汽车先依靠低端市场切入占领低端市场，解决了生存问题，然后不断进行产品升级迭代，并于2010年收购了沃尔沃，实现了巨大飞跃，现在已经可以在主流市场与跨国公司竞争。

（2）要么开辟一个全新的市场、新的品类，例如当年九阳豆浆机最先开辟了家庭豆浆机的新市场，大疆开辟了消费级无人机的新市场，王老吉开辟了罐装凉茶的新市场等。

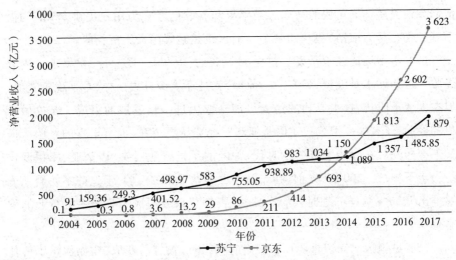

图2　京东、苏宁历年净营业收入情况（2004—2017）

（3）还有一种是先从高端市场切入，例如特斯拉电动车，最初做的是几十万美元一辆的豪华电动跑车，先切入高端、小众市场，建立口碑和声誉，但高端市场往往市场容量有限，近年来特斯拉陆续推出Model S（10万美元级别）、

Model 3（3—5万美元级别）等，逐渐进入主流市场。

新创企业如何才能依靠颠覆式创新异军突起？根据以上案例，我们给出的基本建议是：不能以巨头的方式去挑战巨头，不能按照巨头的方式去追赶巨头，必须另辟蹊径。与其更好，不如不同。

变革时代，有四句话和大家共勉：

（1）方向远比勤劳重要！在技术范式发生大变革的时代，如果方向错了，你再努力也事倍功半。像柯达，一直努力想要把胶卷做得越来越好，色彩越来越鲜艳，价格越来越便宜，但是可惜方向错了，新用户已经不再需要胶卷。2007年，诺基亚手机正如日中天，是全球手机市场的领导者，当时手机的销售额和利润都达到历史最高峰，但可惜向智能手机的转型慢了。尽管诺基亚一直很重视创新，每年花费数十亿美元用于研发新产品，手机质量也非常好，上网、拍照等功能也都有，但用户体验等方面明显逊色于苹果 iPhone 等新崛起的智能手机。最后，诺基亚手机业务很遗憾地卖给了微软。当时诺基亚的 CEO 约玛·奥利拉黯然神伤地说了一句经典的话："我们并没有做错什么，但不知为什么，我们输了。"

福特汽车创始人亨利·福特有一句名言："如果你问你的顾客需要什么，他们会说需要一辆更快的马车。"当苹果和谷歌已经在为用户提供"汽车"时，诺基亚仍在努力推销"更快的马车"，而这也是它曾经最为擅长的。

（2）学习远比经验重要！过去有句老话：干一行，爱一行，积累越久越有经验。这句话本身没错，但有一个前提，就是环境像过去一样，是平稳不变的，但在大变革时代，过去成功的经验可能会成为进一步发展的束缚。若论做手机的经验，还有哪一家公司比诺基亚和摩托罗拉更资深、拥有丰富的经验？但又怎么样呢？在智能手机变革时代，曾经的手机行业巨头，诺基亚、摩托罗拉纷纷走下神坛。2007年之前，乔布斯并没有做手机的经验，但这并不妨碍他能够推出 iPhone 这样的划时代的产品，并带领苹果公司成为智能手机行业的领军企业。

（3）见识远比知识重要！在网络时代，知识很容易获取，比如你想了解什么是区块链、比特币，借助网络搜索引擎，你能很容易地搜索到想了解的知识。但不是光看看书学到知识就能自然而然地增长见识的。常言道，读万卷书不如行万里路，行万里路不如阅人无数。见识指一个人对某件事的洞察能力或感知能力，它指一个人对知识面涉猎广泛的程度。见识是智慧的展现，来自个

后 记

人的丰富经验以及对知识的淬炼,当然,深厚的知识与经验有助于见识的产生。人的见识是通过学习、实践、借鉴正反两个方面的经验,以及遇事多思考、多分析、多总结而逐渐积累起来的。见识是知识积累与实践的产物。

(4)团队远比资源重要!当前,移动互联网时代已经进入下半场,很多企业已经看到下一波科技革命浪潮应该是物联网、区块链、人工智能、大数据,但如果企业原来是做传统产业的,暂时没有这方面的资源,但又想介入,应该如何采取行动呢?其实可以先组建或引进精干的基本团队,然后通过他们慢慢吸引、整合更多的外部资源。组建一个具有创业精神的优秀团队远比其他资源更重要。20世纪90年代后期,靠脑黄金一度成为中国首富的史玉柱因为盖巨人大厦导致资金链断裂,公司处在破产的边缘,背上了巨额债务。最困窘的时候,他连张火车票都买不起,手头仅剩的是跟随他经历过大起大落过的核心团队。当时,他的女助理程晨甚至向自己的父亲借了10万美元给史玉柱,以支持史玉柱重整旗鼓,而史玉柱也没有令大家失望。他后来带着4人核心团队,到了江苏,开发出脑白金,东山再起。史玉柱凭借这款产品还清了2.5亿元人民币的欠款。随后,他又进军网游行业,成为一名互联网大佬。

2. 变革时代的创新战略

如何在复杂不确定性时代制定战略?

旧有的战略制定法则并不能适应当今激变的商业环境,马丁·里维斯、西蒙·莱文、上田大地在《哈佛商业评论》2016年第1期发表《企业战略生物学》一文,他们认为,与生物物种一样,企业也是"复杂自适应系统",并且不断地进行难以预料的进化。系统内部自发的互动会引发连锁反应,重塑整个系统形态;新的系统结构进一步影响个体参与者,最终使系统发生更大的变化。提升自然界复杂自适应系统鲁棒性的六大规则也可以应用在企业中,他们综合运用生物学和复杂系统知识,提出了企业战略制定的新六大法则,这将有助于企业适应新的商业环境。

(1)保持员工、创新和行动的异质性。复杂自适应系统内部参与者的多样性可以让系统更加适应不断变化的环境。在商业环境中,领导者必须保证企业在三个层面上保持足够的多样性:员工、创新和行动。培植多样性可能会导致短期效率的降低,但它对系统的强健必不可少。要促进多样性,一个比较简便的方法是雇用具备不同个性、教育水平和工作风格的员工。明确的文化转型和主动的管理层支持,甚至鼓励员工犯错,可以帮助员工进行创新。实际上,没有错误意味着企业失去了很多机遇,最终导致企业的脆弱性提高。很多硅谷的企业都欢迎有意义的、"学习性"的失败,它们认为成功离不开这些失败的贡献。

20世纪90年代末,数字成像技术进入消费市场,并迅速吞噬了胶卷的市场需求。富士胶片为此实施了一系列激进的改革措施,使其业务更加多样化,例如结成新的伙伴关系,加大研发投资力度并且收购了40家公司。与胶片业另一位巨人柯达的做法不同,富士不仅探索了密切相关行业的新业务,也进入了全新的业务领域,如制药和化妆品。在这些行业中,富士能发挥其在化学和材料领域的优势。这些探索并非浅尝辄止,而是达到了足够深度。公司的多样性探索收到了回报:2000年胶片市场达到顶峰,在之后的10年,其规模缩水了90%。然而在此期间,富士的业绩不降反升。反观老对手柯达则在2012年宣布破产。

(2)保持模块化的结构。高模块化的系统可以防止风险在各个组成部分间传播,使整个系统更加强健。在一家企业中,不同业务或区域之间的紧密连接可促进信息流动和创新,也会让企业在面对严重风险时更脆弱。在2008年全球金融危机中,加拿大金融业监管较严,容忍风险度要远远低于美国,通过一系列举措保证了高度的模块化,因此限制了复杂金融工具的风险暴露。最终金融危机没有对其造成太大影响,也没有发生政府担保和资产重组的情况。

(3)在不同的组成部分之间保留冗余。在冗余的系统中,多个部分扮演同样的角色。当其中一个失效时,其他部分可以完成同样的功能。在快速变化的环境中,风险事件发生的频率更高,冗余就变得尤为重要。然而企业往往对冗余避之不及,它们将其视为精益和效率的大敌。这导致了一些灾难性的后果。20世纪90年代,爱立信是全球领先的手机制造商之一。它采用单一货源的策略采购手机的关键部件。2000年,一场大火让飞利浦的微型芯片制造厂陷入瘫痪。爱立信无法短时间内找到可以替代的供应商,不得不停产长达数月,当年手机部门就宣告亏损高达17亿美元,最终导致该部门被索尼收购。

腾讯公司创始人马化腾在总结腾讯公司成功经验时认为,在公司内部往往需要一些冗余度,容忍失败,允许适度浪费,鼓励内部竞争和试错。创新往往意味着巨大的不确定性,不创造各种可能性就难以获得真正的创新,有时候

后 记

创新者的逆袭：变革时代的创新思维与创新战略

为创新而创新反而会让创新动作变形。很多创新往往是自下而上的，总是在不经意的边缘地方出现。比如微信，并不是在成熟的无线业务里诞生的，反而是在以前做邮箱业务的广州研发中心诞生的。腾讯有款很受用户青睐的游戏叫"王者荣耀"，它是由不太受人关注的腾讯成都研发团队做出来的。以腾讯公司的微信产品为例，当时腾讯内部有三个团队几乎同时在做类似"微信"的产品，一个是位于腾讯公司深圳总部的无线事业部（QQ 团队），一个是广州研发中心张小龙团队，一个是成都研发团队。他们互相之间不告诉对方研发的进展。在此过程中，马化腾刻意保持对创新产品的冗余度，默许三支团队同时开发，"赛马而不相马"，没有为了追求精细化管理而让其他两支团队停止开发。我们知道最后胜出的是张小龙团队，而不是原先最有优势的总部无线事业部。

（4）接受意外，但是降低不确定性。复杂自适应系统的一个关键特征是我们无法准确预测其未来状态。但是，我们能收集信号、判断变化的模式并设想出合理的结果。这样我们就能根据预测采取行动，将负面结果的可能性降到最低。在商业环境中，没有什么能比新技术的发展和影响更难预测。但企业可以对竞争对手进行监测，并随之采取行动，避免被不起眼的竞争对手打个措手不及。例如，如果公司是在位企业，它们首先要承认现实：它们的商业模式总有一天会被取代。因此它们需要思考，商业模式如何被取代以及应对措施。此外，它们要明白，变革往往来自行业的边缘，来自那些别无选择、必须颠覆在位企业商业模式的初创企业和挑战者。认识到了这一点，它们就会先下手为强，复制创新、收购初创企业或主动提前建立防御体制，而不是像当年的诺基亚手机那样，销售额利润明显下滑后才被动采取措施，但为时已晚。

（5）建立反馈循环和自适应机制。塔塔咨询公司开发了 4E 模型来增强公司的自适应能力，其中 4E 指开发（Explore）、支持（Enable）、推广（Evangelize）和应用（Exploit）。塔塔公司首先会通过很多小规模的实验进行探索，再根据市场反馈扩大或缩小实验规模。为支持该战略，公司在分析和知识管理能力上投入重金。成功的实验会在公司内部进行推广，从而让公司可以扩大规模，对这些成功经验进行应用。该战略帮助塔塔公司获得了巨大成功。公司的收入从 1991 年的 2 000 万美元提升到 2003 年的 10 亿美元，在 2015 年更达到 150 亿美元。

（6）在商业生态系统中建立信任和互惠。当今的竞争，已经不仅仅是企业间的竞争,更是商业生态系统的竞争。例如,在中国互联网行业,BAT(百度、阿里巴巴、腾讯)三大巨头已经各自形成了庞大的商业生态系统。再如小米近年来也投资孵化了上百家生态链企业,形成了以小米公司为核心的"小米系"商业生态系统。企业要想保持持续竞争优势,除自身的努力之外,在商业生态系统中建立信任和互惠变得越来越重要。在社会的大环境下,各个复杂自适应系统需要相互合作才能提升各自的鲁棒性。企业领导者应思考,他们的企业如何为生态系统中的其他利益相关方做出贡献。即便在追求自身利益最大化时,他们也必须保证为整个系统提供价值。

变革时代的三大创新战略

综合国内外相关研究,我们总结了**变革时代的三大战略路径**。

1. 战略路径一:全面创新制胜

具体可从创新理念、创新路径、创新方式、创新重点、创新关键五个方面展开。

(1)创新理念:实施全面创新管理。创新不光是技术方面的,除科技创新以外,战略、组织、文化、市场、制度、服务,这些方面的创新也都非常重要。浙江大学创新研究团队总结了国内外最新创新理论及我国大量企业经营管理成败的经验教训,指出:当今企业为适应环境的变化,必须以企业战略为导向,持续地开展以技术创新为中心的全面创新,培育和提高企业的技术创新能力;并首次从理论上系统提出了企业经营管理的全面创新规律。在此基础上,在2002年进一步提出"全面创新管理"(Total Innovation Management,TIM)的创新管理新范式。

全面创新管理是以培养核心能力、提高持续竞争力为导向,以价值创造/增加为最终目标,以各种创新要素(如技术、组织、市场、战略、管理、文化、制度等)的有机组合与协同创新为手段,通过有效的创新管理机制、方法和工具,力求做到人人创新、事事创新、时时创新、处处创新。

全面创新管理范式的内涵是"**三全一协同**",即全要素创新、全时空创新、全员创新及全面协同。

全面创新观与传统创新观的显著区别在于,前者突破了以往仅由研发部门孤立创新的格局,突出了以人为本的创新生态观,并使创新的要素与时空范围大大扩展(见图3)。

后 记

创新者的逆袭：变革时代的创新思维与创新战略

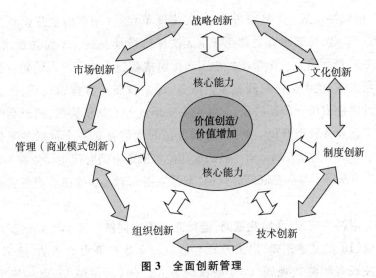

图3　全面创新管理

资料来源：许庆瑞,郑刚.全面创新管理(TIM)：企业创新管理的新趋势——基于海尔集团[J].科研管理,2003(5)：1—5.

（2）创新路径：凭借颠覆式创新异军突起。如前所述，根据颠覆式创新理论，初创企业或新锐企业要想异军突起，实现创新逆袭，不太可能一开始就以巨头的方式去挑战巨头，而是要另辟蹊径，依靠颠覆式技术、商业模式或用户体验，先从低端市场切入或开辟新市场、新品类取得突破。颠覆式创新策略，包括采用颠覆式技术、颠覆现有商业模式及颠覆用户体验。如何把复杂的事情变得更简单，把贵的东西变得更便宜甚至免费，这里面就孕育着机会。

（3）创新方式：通过"互联网+"和开放式创新整合资源。例如2012年在安徽芜湖的一间民房内创办的三只松鼠，凭借网上卖坚果，2017年实现收入68.5亿元，其成功主要靠什么？三只松鼠卖的是山核桃、碧根果等坚果，产品并没有什么高科技含量，公司也并没有掌握什么核心科技，但凭借其独特的"互联网+坚果"商业模式创新和做"全淘宝用户体验最好的网络零食品牌"这一定位，短短几年内异军突起。再如江小白，自2012年起步，连续几年达到了100%的增长率，2017年的营业收入达到近10亿元。江小白卖来卖去，卖的还是白酒，在整个白酒行业整体不太景气的当下，它的快速逆袭靠什么？"互联网+白酒"的独特商业模式以及面向城市年轻人的"青春小酒"定位，在传统白酒行业率先引入以扎心文案为代表的社会化营销方式等，使得公司快速崛起。

（4）创新重点：以增量带动提升存量。在VUCA大变革时代，企业如果孤注一掷,把宝押在某一个转型方向上,先去变革存量(现有的主营业务),风险太大,万一失败,可能现有主营业务也无法保持持续发展。不妨先做增量(探索新业务),例如组建一个精干的小团队按照精益创业的原则去做新业务的探索。即便失败,也不会影响现有主营业务,而一旦新业务探索成功,还会为企业转型升级探索出一条新路径,确保企业在新业务上站稳脚跟,同时会吸引带动原有主营业务转型升级。例如,腾讯公司的微信就是一个鲜活的案例。广州研发中心张小龙开发的微信产品的成功使得原来电脑时代主要依靠QQ业务的腾讯公司获得了移动互联网时代的"船票",并带动QQ等原有业务实现转型升级。

（5）创新关键:改变游戏规则,进行商业模式创新。商业模式创新是改变企业价值创造的基本逻辑,以提升顾客价值和企业竞争力的活动,通俗地说,就是改变现有的游戏规则,改变赚钱的方式。例如,在淘宝、京东等主流电商模式大行其道的时候,拼多多凭借其"社交电商"的商业模式创新,短短三年时间内异军突起。再如,十多年前,家电两大巨头国美、苏宁都是靠线下一家家开实体家电卖场不断扩大规模,而京东则选择了"网上卖家电"这一卖家电的新商业模式,实现了创新逆袭。具体来说,可以参考商业模式画布去分析诊断企业商业模式现状,发现优缺点,并提出针对性的商业模式创新对策(见图4)。

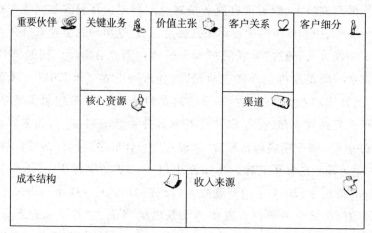

图4　商业模式画布

资料来源:亚历山大·奥斯特瓦德,伊夫·皮尼厄.商业模式新生代[M].王帅,毛心宇,严威,译.北京:机械工业出版社,2011.

2. 战略路径二：精益战略

现在很多企业战略要做五年或十年规划，但在当今颠覆式变革的时代，你如何知道五年或十年后发生的事情。那些做彩电的10年前怎么知道会出现小米电视？在变革时代，我们建议采取小步快跑、快速迭代的精益战略。精益战略借鉴了"精益创业"的方法论，其核心思想是，先尽快拿出一个最小可行性产品（MVP），然后通过不断地学习和获取有价值的客户反馈，对产品进行快速迭代和优化。微信就是典型的采取精益战略、快速迭代的例子。"微信之父"张小龙曾说过，产品不是规划出来的，而是演化出来的。"互联网时代最大的变化是不确定性严重压倒确定性变成社会常态。互联网时代没有人告诉你需要什么，这就是现在做产品最大的痛点。我永远不知道微信6个月后是什么样的。今天发布产品的1.0版本，不是为了把这些功能全部做完。产品一旦发布上线，马上丢给目标用户，听取他们的反馈，所有的反馈意见会收集上来，作为2.0版本的输入。"

顺丰嘿客是顺丰2014年时从传统物流服务向商业零售扩张时试水的一个O2O线下社区便利店项目，旨在借助于"嘿客"这种线下实体店形式建立起顺丰"线上+线下+物流"的新型商业模式。这个逻辑听起来没问题，现实中顺丰也开始快速布局。2014年5月18日，全国518家顺丰嘿客店同时开业，后来1年内开了近3 000家店。按平均每家30多万元的投入计算，其先期投入成本约10亿元。然而运行1年后，绝大部分的嘿客都处于赔本状态。2015年5月18日，顺丰宣布将顺丰嘿客O2O项目"升级"为"顺丰家"，虽然顺丰否认失败，但外界普遍认为这是嘿客因消费体验差而落幕的象征。

顺丰嘿客O2O项目的一大教训是：违背精益创业原则，没有充分验证商业假设就盲目扩张。如果当时顺丰决策层学过精益创业方法论，相信当时不会这么未经充分验证商业逻辑和假设就盲目扩张，也不至于赔上10亿元学费。

3. 战略路径三：一企两制，建立二元性组织

哈佛大学商学院教授迈克尔·塔什曼认为，当一家企业非常强大的时候，以往成功的经验反而会助力埋下失败的种子。变革时代，企业要具备二元型组织（Ambidextrous Organization）管理能力，既要确保现有主营业务的成长，同时要培育未来具有颠覆可能的新兴业务，激活企业内部的创新活力。让新员工在新的空间、以新的机制去做全新的业务，让原有员工以现有的模式继续做

好现有的业务,这就是"一企两制"、二元性组织。当然,对一个企业来说同时保持两种文化、两种组织结构、两种体制,是非常难的,但理论研究和国内外企业实践都证明,优秀的企业是可以做到二者的平衡的。

美的集团除了传统主流家电业务,近年来也专门设立了"第二跑道"和"另起炉灶"项目,鼓励一小部分力量关注企业未来颠覆性的技术或业务,它们与浙江大学管理学院共同开发了一个"美创"平台,在变革时代用开放式创新来整合外部创意、创新和创业资源,这是一个传统企业应对变革、构建二元性组织的积极探索案例。

海康威视也是"一企两制,建立二元性组织"的典型案例。海康威视成立于 2001 年,脱胎于原中国电子科技集团第五十二研究所。依托 500 万元注册资本的普通音视频压缩板卡公司起步,逐步发展成为 2017 年营业收入 419 亿元、净利润 94 亿元、市值逾 3 000 亿元的国际安防行业龙头企业。从 2015 年开始,在安防主营业务发展日趋成熟、行业增长趋缓的背景下,海康威视居安思危,大胆改革,在确保安防视频监控主营业务持续增长的前提下,积极探索面向未来的颠覆式创新业务,设立了创新业务跟投平台,探索出以"一企两制"为特色的国有企业内部创业的新模式,通过合理的激励机制创新使员工从打工者转变为"合伙人",极大激发了员工的创新积极性和主动性,并且很大程度上克服了大企业病、创新活力不足等弊端。海康威视将一些发展前景存在较大不确定的业务剥离出来,划分到创新业务平台之下。最终将公司已经设立的尚未成熟的,并且投资周期较长、业务发展前景不明朗、具有较高风险,目前还未盈利且需要继续投资探索的业务,确定为创新业务。这些业务的市场前景较广,如果能够成功,将会成为公司持续成长的新动力。海康威视的"一企两制"值得国企改革创新和其他企业依靠创新转型升级参考借鉴。